Wirtschaftsmathematik verstehen und anwenden

Jürgen Stiefl

Wirtschaftsmathematik verstehen und anwenden

WILEY

Bibliografische Information der Deutschen Nationalbibliothek
Die Deutsche Nationalbibliothek verzeichnet diese Publikation
in der Deutschen Nationalbibliografie;
detaillierte bibliografische Daten sind im Internet über
http://dnb.d-nb.de abrufbar.

1. Auflage 2016
© 2016 WILEY-VCH Verlag GmbH & Co. KGaA, Weinheim

Alle Rechte vorbehalten inklusive des Rechtes auf Reproduktion im Ganzen oder in Teilen und
in jeglicher Form. Dieses Buch wird mit Genehmigung von John Wiley and Sons, Inc. publiziert.

Wiley and related trademarks and trade dress are trademarks or registered trademarks
of John Wiley & Sons, Inc. and/or its affiliates, in the United States and other countries. Used by permission.

Wiley und darauf bezogene Gestaltungen sind Marken oder eingetragene Marken von John Wiley & Sons, Inc., USA,
Deutschland und in anderen Ländern.

Das vorliegende Werk wurde sorgfältig erarbeitet. Dennoch übernehmen Autoren und Verlag für die
Richtigkeit von Angaben, Hinweisen und Ratschlägen sowie eventuelle Druckfehler keine Haftung.

Coverfoto: Pit_Berlin/iStock
Korrektur: Wilhelm Kulisch
Satz: Beltz Bad Langensalza GmbH, Bad Langensalza
Druck und Bindung: ∎∎∎

Print ISBN: 978-3-527-53029-8

Inhalt

Einleitung — 9

1 Einführung — 11

1.1 Motivation und Zielsetzung des Buches *11*
1.2 Was bedeutet Wirtschaftsmathematik? *11*
1.3 Aufbau des Buches *12*
1.4 Zielkonflikte zwischen Wirtschaftsmathematik und der Ökonomie? *14*

2 Basis der Wirtschaftsmathematik — 17

2.1 Zahlenmengen *17*
2.2 Rechenregeln *18*
2.2.1 Binomische Formeln *19*
2.2.2 Bruchrechenregeln *19*
    2.2.2.1 Addition von Brüchen *19*
    2.2.2.2 Subtraktion von Brüchen *19*
    2.2.2.3 Multiplikation von Brüchen *19*
    2.2.2.4 Division von Brüchen *19*
2.2.3 Potenzgesetze *20*
2.3 Lösen von Gleichungssystemen *20*
2.3.1 Lineare Gleichungen mit einer Unbekannten *20*
2.3.2 Lineare Gleichungen mit mehreren Unbekannten *21*
2.3.3 Die quadratische Gleichung als wichtigste nichtlineare Gleichung *21*

3 Grundlagen der Betriebswirtschaftslehre

3.1 Woraus besteht die Betriebswirtschaftslehre? *23*
3.2 Rechnungswesen *23*
3.2.1 Arithmetische und geometrische Folgen und Reihen *24*
    3.2.1.1 Arithmetische Folge *24*
    3.2.1.2 Beispiele *25*
    3.2.1.3 Arithmetische Reihe *25*
    3.2.1.4 Geometrische Folge *25*
    3.2.1.5 Geometrische Reihe *26*
    3.2.1.6 Ökonomische Anwendungen *26*
3.2.2 Zinsrechnungen und Kapitalwerte *28*
    3.2.2.1 Unterjährige Verzinsung *28*
    3.2.2.2 Mehrperiodige Verzinsung *30*
    3.2.2.3 Der Kapitalwert und die Kapitalwertmethode *31*
    3.2.2.4 Ökonomische Anwendungen *33*

3.2.3 Rentenrechnung 35
    3.2.3.1 Nachschüssige Rentenzahlung 35
    3.2.3.2 Vorschüssige Rentenzahlung 37
    3.2.3.3 Ökonomische Anwendungen 37
3.2.4 Tilgungsrechnung 39
    3.2.4.1 Die möglichen Tilgungskonditionen 39
    3.2.4.2 Auszahlungsbetrag entspricht Rückzahlungsbetrag 40
    3.2.4.3 Rückzahlungsbetrag übersteigt den Auszahlungsbetrag 42
    3.2.4.4 Ökonomische Anwendungen 43
3.2.5 Kursrechnung 45
    3.2.5.1 Der „faire" Preis eines Finanztitels 45
    3.2.5.2 Ökonomische Anwendungen 47
3.3 Produktion und Absatz 48
3.3.1 Besondere ökonomische Funktionen 48
    3.3.1.1 Grundlagen 48
    3.3.1.2 Lineare Funktionen 49
    3.3.1.3 Quadratische Funktionen 51
    3.3.1.4 Potenzfunktionen 52
    3.3.1.5 Exponentialfunktionen 53
    3.3.1.6 Logarithmusfunktionen 54
    3.3.1.7 Ökonomische Anwendungen 55
3.3.2 Eigenschaften ökonomischer Funktionen 58
    3.3.2.1 Verschiebung und Drehung 58
    3.3.2.2 Inverse Funktionen 61
    3.3.2.3 Monotonie von Funktionen 62
    3.3.2.4 Ökonomische Anwendungen 63
3.3.3 Differentialrechnung ökonomischer Funktionen 64
    3.3.3.1 Grundlagen 64
    3.3.3.2 Grundregeln des Differenzierens 66
    3.3.3.3 Kurvendiskussion 68
    3.3.3.4 Verhalten von Funktionen 70
    3.3.3.5 Nullstellen von Funktionen 70
    3.3.3.6 Exkurs: Das Horner-Schema zur Nullstellenbestimmung 71
    3.3.3.7 Bereiche fallender und steigender Funktionswerte 73
    3.3.3.8 Extremwerte von Funktionen 73
    3.3.3.9 Exkurs 74
    3.3.3.10 Wendepunkt von Funktionen 74
    3.3.3.11 Ökonomische Anwendungen 75
3.3.4 Lineare Optimierung 83
    3.3.4.1 Beschreibung eines Beispiels 84
    3.3.4.2 Lösungsversuch 85
    3.3.4.3 Graphische Lösung 85
    3.3.4.4 Simplexmethode als algebraische Lösung 87

	3.3.4.5 Sonderfälle der Entartung und mehrerer optimaler Lösungen *90*
	3.3.4.6 Ökonomische Anwendungen *93*
3.3.5	Lineare Gleichungen *95*
	3.3.5.1 Grundlagen *95*
	3.3.5.2 Lösung eines Gleichungssystems *95*
	3.3.5.3 Typologie von Gleichungssystemen *96*
	3.3.5.4 Das Aufstellen von Gleichungssystemen *96*
	3.3.5.5 Graphische Lösungen von Gleichungssystemen im R2-Fall *98*
	3.3.5.6 Der Gauß-Algorithmus für den regulären Fall *101*
	3.3.5.7 Der Gauß-Algorithmus für den nichtregulären Fall *103*
	3.3.5.8 Zusammenfassung *107*
	3.3.5.9 Ökonomische Anwendungen *108*
3.3.6	Matrizen *110*
	3.3.6.1 Matrizenrechnung *110*
	3.3.6.2 Matrizenoperationen *111*
	3.3.6.3 Matrizenrechnungen *114*
	3.3.6.4 Lineare Gleichungssysteme mittels der Inversen berechnen *118*
	3.3.6.5 Zusammenfassung *119*
	3.3.6.6 Ökonomische Anwendungen *126*
3.3.7	Lineare Programmierung *128*
	3.3.7.1 Transportoptimierung *128*
	3.3.7.2 Ökonomische Anwendungen *130*
3.3.8	Lageroptimierung *134*
	3.3.8.1 Die Materialbedarfsermittlung *135*
	3.3.8.2 Die Materialklassifizierung *136*
	3.3.8.3 Die Lagerplanung *138*
	3.3.8.4 Ökonomische Anwendungen *140*
3.4	Risikomanagement *142*
3.4.1	Entscheidungen unter Unsicherheit *142*
	3.4.1.1 Grundlagen *142*
	3.4.1.2 Entscheidungen unter Ungewissheit *143*
	3.4.1.3 Entscheidungen unter Risiko *153*
	3.4.1.4 Ökonomische Anwendungen *156*
3.4.2	Risikobewertung *159*
	3.4.2.1 Grundlagen *159*
	3.4.2.2 Risikospezifische Verteilungsfunktionen *159*
	3.4.2.3 Ökonomische Anwendungen *169*
	3.4.2.4 Spezielle Instrumente der Risikobewertung *173*
	3.4.2.5 Ökonomische Anwendungen *189*

4 Grundlagen der Volkswirtschaftslehre 193
- 4.1 Aus was besteht die Volkswirtschaftslehre? *193*
- 4.2 Mikroökonomie *193*
  - 4.2.1 Elastizitäten ökonomischer Funktionen *194*
    - 4.2.1.1 Grundlagen *194*
    - 4.2.1.2 Elastizitäten von Komplementär- und Substitutionsgütern *196*
    - 4.2.1.3 Der Triffinsche Koeffizient *197*
    - 4.2.1.4 Ökonomische Anwendungen *200*
  - 4.2.2 Integralrechnung ökonomischer Funktionen *202*
    - 4.2.2.1 Grundlagen *202*
    - 4.2.2.2 Unbestimmte und bestimmte Integrale *203*
    - 4.2.2.3 Ökonomische Anwendungen *205*
- 4.3 Makroökonomie *209*
  - 4.3.1 Grundlagen der Spieltheorie *209*
    - 4.3.1.1 Grundkonzepte *209*
    - 4.3.1.2 Sattelpunkt in einem Zwei-Personen-Nullsummenspiel *210*
    - 4.3.1.3 Sattelpunkt in einem Zwei-Personen-Nichtnullsummenspiel *210*
    - 4.3.1.4 Wirtschaftswissenschaften und das Gefangenendilemma *211*
    - 4.3.1.5 Kooperation bei Spielwiederholungen *212*
    - 4.3.1.6 Ökonomische Anwendungen *212*
  - 4.3.2 Grundlagen der multiplen Regression *213*
    - 4.3.2.1 Das Grundmodell der multiplen Regression *213*
    - 4.3.2.2 Ökonomische Anwendung *214*

5 Fallstudien 221

6 Lösungen zu den Fallstudien 235

Literaturverzeichnis 279

Anhang 281

Abbildungsverzeichnis 283

Tabellenverzeichnis 285

Index 289

Vorwort zur ersten Auflage

Das vorliegende Buch beinhaltet mit den Kapiteln Basis der Wirtschaftsmathematik, Grundlagen der Betriebswirtschaftslehre (BWL) und Grundlagen der Volkswirtschaftslehre (VWL) grundlegende Themen dieser drei Disziplinen und ist auf der Grundlage von mehrjährigen Vorlesungen in dem Bereich der Wirtschaftsmathematik, aber auch der Wirtschaftsstatistik, der allgemeinen VWL, der allgemeinen BWL, der Kostenrechnung, des Finanzmanagements und dessen Schwerpunkten entstanden.

Die Zielsetzung des Buches besteht darin, den Studierenden an Hochschulen, aber auch den betriebs- und volkswirtschaftlich orientierten Praktikern einen Überblick über die wichtigsten wirtschaftsmathematischen Verfahren und deren Bedeutung für die BWL und VWL zu geben. Insbesondere besteht das Anliegen des Buches darin, die Angst vor der Materie zu nehmen. Nicht zuletzt deshalb wurde auf die teilweise komplexe Herleitung der einzelnen Verfahren verzichtet. Es geht darum, dem Leser Instrumente an die Hand zu geben, die im weiteren Verlauf des Studiums, aber auch im Berufsleben von Bedeutung sein werden.

Aus diesem Grund verweisen Fußnoten auf entsprechende Fallstudien, die die theoretische und praktische Thematik noch einmal aufgreifen und vertiefen sollen. Zur Lernkontrolle enthält das Buch die Lösungen dieser Fallstudien.

Bedanken möchte ich mich an dieser Stelle bei meinen Studentinnen und Studenten, die mich zu diesem Buch ermutigt und mir auch durch Hinweise und Fragestellungen wertvolle Tipps gegeben haben.

Jürgen Stiefl

Dezember 2015

1 Einführung

1.1 Motivation und Zielsetzung des Buches

Wie Sie dem Buchtitel „Wirtschaftsmathematik für Wirtschaftswissenschaftler" entnehmen können, besteht bereits das erste Wort **„Wirtschaftsmathematik"** aus einem **Unwort**. Zum einen lächeln viele Mathematiker milde, wenn sie sich untereinander über die Wirtschaftswissenschaftler, bestehend aus den Ökonomen der BWL und VWL, unterhalten. Zum anderen läuft es vielen Wirtschaftswissenschaftlern eiskalt über den Rücken, wenn sie sich zu verschiedenen Problemen und Fragestellungen aus ihrem Bereich konkret, d. h. quantitativ äußern sollen. Eine solche Frage könnte z. B. lauten: „Sollen wir als Unternehmen die Preise der Produkte besser erhöhen, senken, oder gleich lassen? Und wie wird sich bei diesen Möglichkeiten die Gewinnmarge verändern?" Zugegebenermaßen sind diese Fragen sehr vage formuliert.

An diesen Punkten aber setzt das Buch an. Es enthält neben theoretischem Basiswissen zu großen Bereichen der (Wirtschafts-)Mathematik immer die Hinführung zu Praxisbeispielen. Es soll den Studierenden der BWL und VWL, aber auch den Praktikern die Angst vor den Formeln und den daraus abgeleiteten Zahlen und Ergebnissen nehmen. Im Anschluss sollen dann Fallstudien zu wichtigen Bereichen der BWL und VWL den Leser in die Lage versetzen, sich selbst von der Sinnhaftigkeit des Themas, aber auch den Möglichkeiten zur Umsetzung zu überzeugen. Sollten die Fallstudien noch nicht selbständig gelöst werden, so können anhand der verfügbaren Fallstudienlösung die noch bestehenden Fragen (hoffentlich) beantwortet werden.

1.2 Was bedeutet Wirtschaftsmathematik?

Die Wirtschaftsmathematik ist ein Teilgebiet der Mathematik und der stochastischen Methoden und wird oft in wirtschaftswissenschaftlichen Bereichen verwendet. Im Rahmen der VWL, die im Wesentlichen die Schwerpunkte der Mikro- und Makroökonomie umfasst, geht es dabei hauptsächlich um lineare und nichtlineare Funktionen sowie die Integral- und Differentialrechnung. Die Wirtschaftsmathematik konzentriert sich dann hauptsächlich auf die Analysis und die lineare Algebra, beinhaltet aber auch Bereiche der Entscheidungstheorie. Die BWL, bestehend aus vielen quantitativen Bereichen (internes/externes Rechnungswesen, Produktion/Absatz, Risikomanagement etc.) umfasst auch Gebiete der Finanzmathematik. Als Verfasser des Buches hoffe ich, dass im nächsten Abschnitt „Aufbau des Buches" alles etwas konkreter verdeutlicht wird.

1.3 Aufbau des Buches

Die folgende Abbildung beschreibt den Aufbau (Gliederung) des Buches. In einem einführenden Teil werden Basiselemente und Rechenregeln, also die Grundlagen der Wirtschaftsmathematik, kurz beschrieben. Dazu zählen insbesondere die Potenz- und Bruchrechnung sowie das Lösen von Gleichungssystemen. Das sind Themen, die Sie aus der Schule kennen sollten. Ich wiederhole sie hier noch einmal, weil sie für alle Bereiche der Wirtschaftsmathematik wichtig sind. Es folgen auf der zweiten Ebene die wohl wichtigsten Bereiche der Wirtschaftswissenschaften, also der BWL und VWL, die alle gleich aufgebaut sind. Nach einer kurzen Einführung zu den betriebs- und volkswirtschaftlichen Grundlagen folgt die entsprechende wirtschaftsmathematische Theorie, im Anschluss Praxisbeispiele, bevor dann Fallstudien sowie deren Lösungen aus diesen Bereichen die Materie abrunden sollen.

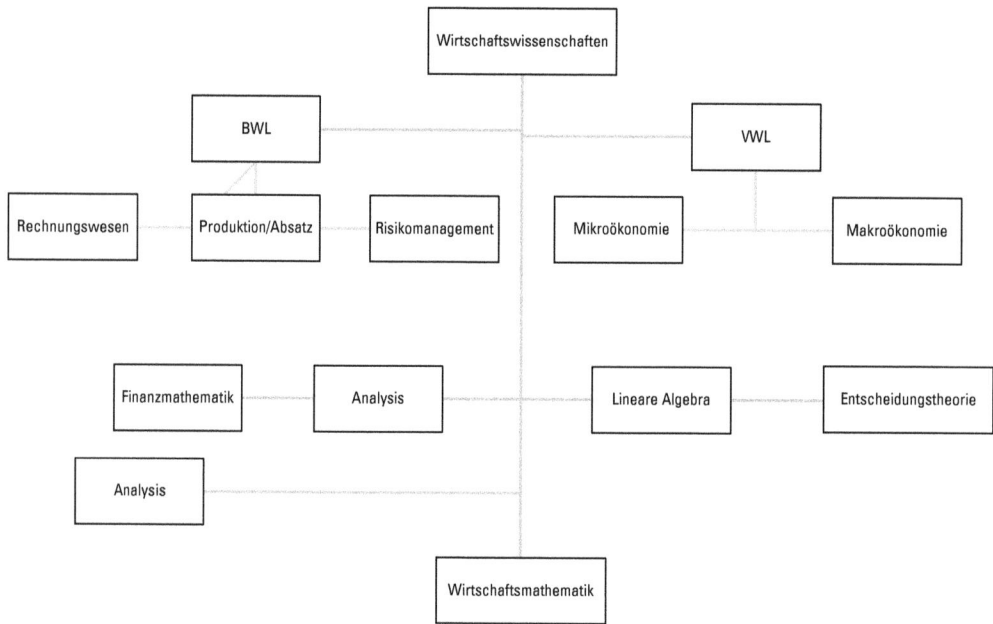

Abbildung 1.1 Aufbau und Inhalt des Buches

Nachfolgend sind die betriebswirtschaftlichen und volkswirtschaftlichen Bereiche (Rechnungswesen, Produktion/Absatz, Risikomanagement, Mikro- und Makroökonomie) sowie die Schwerpunkte der Wirtschaftsmathematik (Finanzmathematik, Analysis, Lineare Algebra und die Entscheidungstheorie) kurz umrissen, die dann später näher erläutert werden. Dabei ist das Buch so aufgebaut, dass es sich an den Bedürfnissen der Wirtschaftswissenschaften orientiert und nicht an denen der Mathematik. So werden Funktionen, Matrizen und lineare Gleichungen dort erklärt, wo Sie diese in den Wirtschaftswissenschaften anwenden können. Wirtschaftsmathematik ist schließlich nicht Selbstzweck, sie soll uns an einigen Stellen den Zugang zu wirtschaftswissenschaftlichen Fragestellungen erleichtern oder gar erst ermöglichen. Manche Bereiche der Mathematik werden in verschiedenen Disziplinen der Wirtschaftswissenschaften eingesetzt. Ich erkläre diese dann an der Stelle, die mir am sinnvollsten erscheint und verweise manchmal auch auf Gebiete, die anderweitig einmal von Bedeutung sein können.

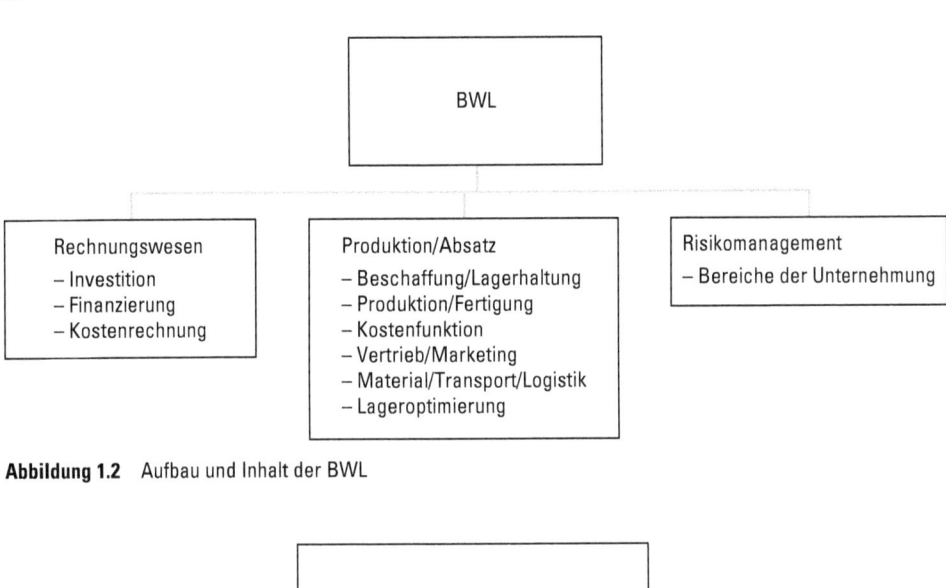

Abbildung 1.2 Aufbau und Inhalt der BWL

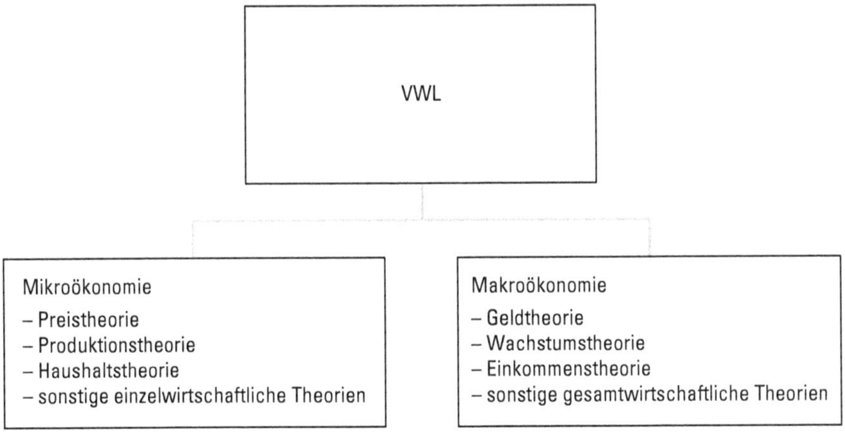

Abbildung 1.3 Aufbau und Inhalt der VWL

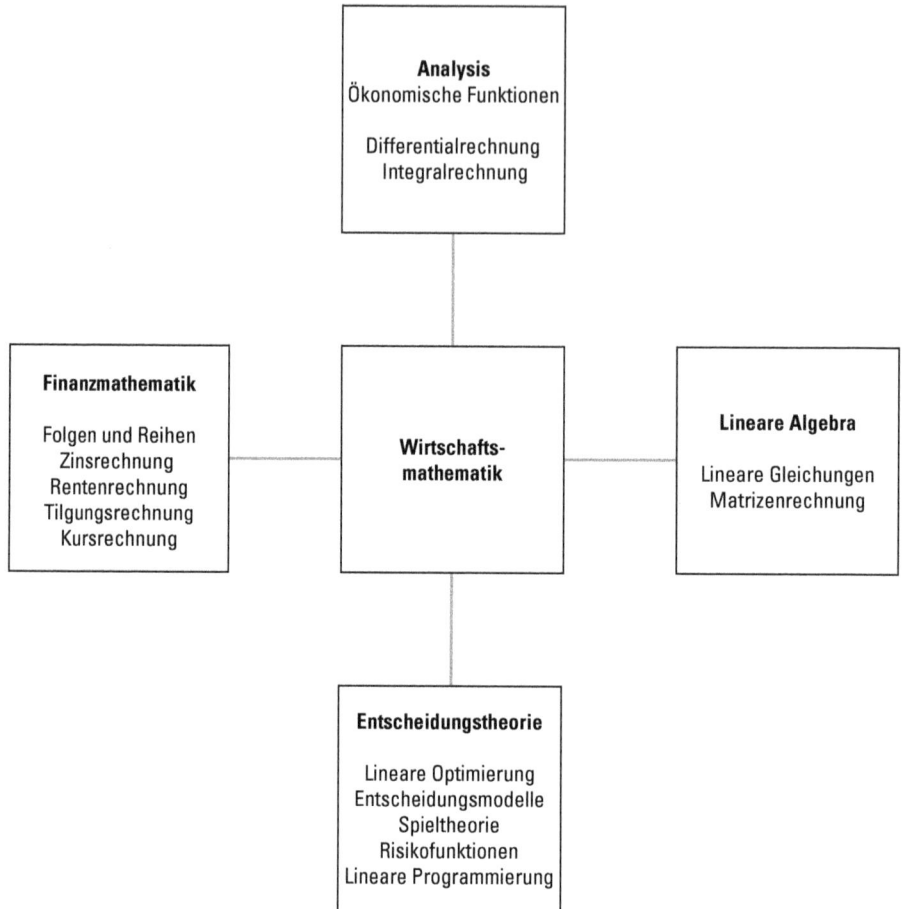

Abbildung 1.4 Aufbau und Inhalt der Wirtschaftsmathematik

1.4 Zielkonflikte zwischen Wirtschaftsmathematik und der Ökonomie?

In der Überschrift wurde bewusst das Wort Zielkonflikt zwischen der Wirtschaftsmathematik und den Wirtschaftswissenschaften verwendet, denn es ist immer wieder die Frage, wo bzw. ob es überhaupt Unterschiede und damit möglicherweise Zielkonflikte zwischen den beiden Bereichen gibt. Dies soll anhand einer kleinen Abbildung, die den so genannten Triffinschen Koeffizienten enthält, beschrieben werden.

Die Abbildung soll zunächst verdeutlichen, dass es zwischen bspw. der Mikroökonomie (VWL) und der Kosten- und Absatztheorie (BWL) sehr viele Gemeinsamkeiten gibt, die

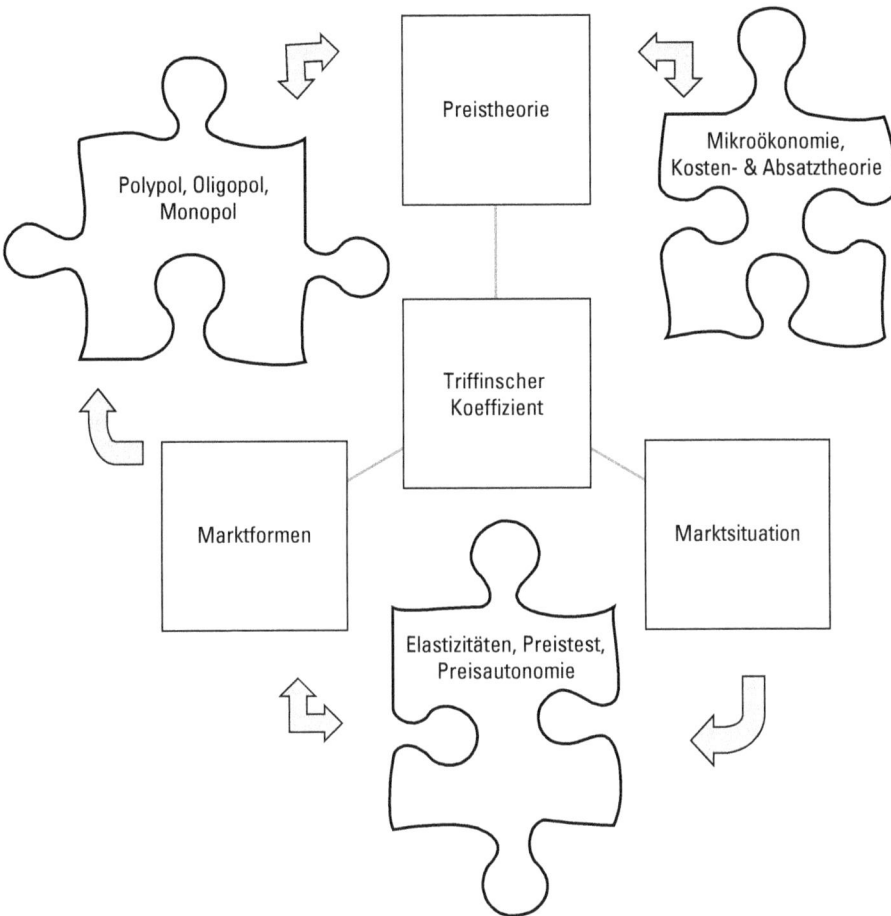

Abbildung 1.5 Zielkonflikte zwischen Wirtschaftsmathematik und Wirtschaftswissenschaften?

sich dann schlussendlich zu einem (kleinen) Puzzle zusammensetzen lassen. Wie später noch gezeigt wird, werden die wirtschaftsmathematischen Elastizitätskoeffizienten, zu denen auch die Kreuzpreiselastizität als Triffinscher Koeffizient gehört, zwar im Bereich der Mikroökonomie erklärt, hätten aber auch genauso der Kosten- oder Absatztheorie zugewiesen werden können.[1]

---

[1] Vgl. hierzu Hennies M., 2001, S. 66ff.

2 Basis der Wirtschaftsmathematik

Bevor im weiteren Verlauf dieses Buches auf die wichtigsten Bereiche der aus den Wirtschaftswissenschaften abgeleiteten Wirtschaftsmathematik eingegangen wird, sollen zunächst, wenn auch nur sehr kurz umrissen, elementare Grundlagen beschrieben werden. Diese Grundlagen sollten Sie in den anderen Bereichen der Wirtschaftsmathematik beherrschen, die im Rest des Buches beschrieben werden. Es lohnt sich also, hier ein wenig genauer hinzuschauen, wenn Sie noch nicht ganz sicher in der Mathematik sind.

Zu diesen Grundlagen zählen die Zahlenmengen, die (wichtigsten) Rechenregeln und das Lösen von Gleichungssystemen.

2.1 Zahlenmengen

Die Basis einer jeden Berechnung, sei es die einfache Addition, Subtraktion, Multiplikation oder Division von Zahlen oder aber die komplexeren Berechnungen wie z. B. die Differential- oder Integralrechnung bilden bestimmte Zahlen. Dazu gehören im besonderen Fall die

- natürlichen Zahlen
- ganzen Zahlen und die
- rationalen Zahlen.

Als **natürliche Zahlen** werden immer die Mengen von Zahlen bezeichnet, die zum Zählen verwendet werden; sie ergeben sich immer durch Addition und Multiplikation. Natürliche Zahlen sind immer positiv, gelegentlich wird aber auch die Null als kleinste Zahl festgelegt. Natürliche Zahlen bilden die Basis der gesamten Wirtschaftsmathematik. Für die Schreibweise gilt:

Natürliche Zahlen: $N = (1,2,3,4,5...)$ oder $N = (0,1,2,3,4,5...)$

Die **ganzen Zahlen** unterscheiden sich nur sehr unwesentlich von den natürlichen Zahlen. Hier werden auch negative Zahlen berücksichtigt, die ebenso elementar im Bereich der Wirtschaftsmathematik sind.

Ganze Zahlen: $Z = (...,-3,-2,-1,0,1,2,3...)$

Die **rationalen Zahlen** bilden die „Erweiterung" der natürlichen und ganzen Zahlen und somit die Hauptbasis der Wirtschaftsmathematik. Rationale Zahlen beschreiben das Verhältnis zweier ganzer Zahlen. Diese erlauben nicht nur die Addition und Subtraktion von Zahlen, sondern auch die Multiplikation und Division. Soll z. B. die natürliche/ganze Zahl 1 durch die natürliche/ganze Zahl 2 dividiert werden, kann man das als Bruch oder als Dezimalzahl ausdrücken.

Beispiel für Rationale Zahlen : $R = \dfrac{1}{2} = 0{,}5$

Es gibt noch weitere Zahlenmengen, aber die werden wir in diesem Buch nicht brauchen, deshalb lasse ich sie hier aus.

2.2 Rechenregeln

Neben den oben kurz dargestellten und wahrscheinlich auch bekannten Zahlenversionen werden nun wichtige Rechenregeln der Wirtschaftsmathematik vorgestellt. Auch diese sind, vielleicht mit Ausnahme der Bruch- und Potenzrechnung so selbsterklärend, dass sich konkrete Beispiele größtenteils erübrigen. Die wohl bedeutendsten Rechenregeln im Bereich der Wirtschaftsmathematik sind:

- Kommutativgesetz der Addition
- Kommutativgesetz der Multiplikation
- Distributivgesetze
- Nicht definierte Division
- Satz zum Nullpunkt
- Binomische Formeln
- Bruchrechenregeln (Addition, Subtraktion, Multiplikation und Division) und
- Potenzrechnung

die nun mit Ausnahme der Bruch- und Potenzrechenverfahren ohne Beispiele kurz skizziert werden. Diese werden etwas ausführlicher behandelt.

Das Wort **Kommutativ** bedeutet lateinisch „vertauschen". Bezogen auf das **Kommutativgesetz** bedeutet es konkret, dass sich Werte vertauschen lassen, ohne dass sich das Ergebnis verändert.

Kommutativgesetz der Addition: $a + b = b + a$
Assoziativgesetz der Addition: $(a + b) + c = a + (b + c) = a + b + c$
Neutrales Element der Addition: $a + 0 = a$
Inverses Element der Addition: $a + (-a) = 0$
Kommutativgesetz der Multiplikation: $a \cdot b = b \cdot a$
Assoziativgesetz der Multiplikation: $(a \cdot b) \cdot c = a \cdot (b \cdot c) = a \cdot b \cdot c$
Neutrales Element der Multiplikation: $a \cdot 1 = a$
Inverses Element der Multiplikation: $a \cdot \dfrac{1}{a} = 1$

Das Wort **Distributiv** bedeutet lateinisch „verteilen". Bezogen auf das Distributivgesetz können also z. B. Klammern durch Ausmultiplizieren aufgelöst und somit verteilt werden, ohne dass sich der Gesamtwert verändert.

Distributivgesetze $a \cdot (b + c) = a \cdot b + a \cdot c$
$(a + b) \cdot c = a \cdot c + b \cdot c$

Nicht definierte Division: $\dfrac{a}{0}$ ist nicht definiert (n. d.)

Satz vom Nullpunkt $\quad a \cdot b = 0 \quad \Rightarrow \quad a = 0 \quad \text{oder} \quad b = 0$

2.2.1 Binomische Formeln

Es gibt drei Binomische Formeln, die man als Spezialfälle des oben beschriebenen Distributivgesetzes beschreiben kann. Jedes Glied einer Klammer wird mit jedem der anderen Klammer multipliziert, was nun anhand der ersten Binomischen Formel (Plus-Formel), der zweiten Binomischen Formel (Minus-Formel) und der dritten Binomischen Formel (Plus-Minus-Formel) erklärt werden soll.

$$(a+b)^2 = (a+b) \cdot (a+b) = a^2 + a \cdot b + b \cdot a + b^2 = a^2 + 2 \cdot a \cdot b + b^2$$
$$= \text{Plusformel}$$
$$(a-b)^2 = (a-b) \cdot (a-b) = a^2 - a \cdot b - b \cdot a + b^2 = a^2 - 2 \cdot a \cdot b + b^2$$
$$= \text{Minusformel}$$
$$(a+b) \cdot (a-b) = a^2 - b \cdot a + b \cdot a - b^2 = a^2 - b^2 = \text{Plus} - \text{Minus} - \text{Formel}$$

2.2.2 Bruchrechenregeln

Es folgen nun die Rechenregeln der Addition, Subtraktion, Multiplikation und Division von Brüchen. Ein kurzes Zahlenbeispiel erklärt Ihnen dann jeweils den etwas abstrakten theoretischen Hintergrund.

2.2.2.1 Addition von Brüchen

$$\dfrac{a}{b} + \dfrac{c}{d} = \dfrac{ad + bc}{bd} \quad \text{Beispiel:} \quad \dfrac{1}{2} + \dfrac{3}{4} = \dfrac{1 \cdot 4 + 2 \cdot 3}{2 \cdot 4} = \dfrac{10}{8} = \dfrac{5}{4}$$

2.2.2.2 Subtraktion von Brüchen

$$\dfrac{a}{b} - \dfrac{c}{d} = \dfrac{ad - bc}{bd} \quad \text{Beispiel:} \quad \dfrac{1}{2} - \dfrac{3}{4} = \dfrac{1 \cdot 4 - 2 \cdot 3}{2 \cdot 4} = -\dfrac{2}{8} = -\dfrac{1}{4}$$

2.2.2.3 Multiplikation von Brüchen

$$\dfrac{a}{b} \cdot \dfrac{c}{d} = \dfrac{ac}{bd} \quad \text{Beispiel:} \quad \dfrac{1}{2} \cdot \dfrac{3}{4} = \dfrac{1 \cdot 3}{2 \cdot 4} = \dfrac{3}{8}$$

2.2.2.4 Division von Brüchen

$$\dfrac{a}{b} / \dfrac{c}{d} = \dfrac{ad}{bc} \quad \text{Beispiel:} \quad \dfrac{1}{2} / \dfrac{3}{4} = \dfrac{1 \cdot 4}{2 \cdot 3} = \dfrac{4}{6} = \dfrac{2}{3}$$

2.2.3 Potenzgesetze

Folgende Beispiele beinhalten (alle) **Potenzgesetze**, die sehr oft, insbesondere im Bereich der Finanzmathematik und Analysis, aber auch bei vielen Entscheidungsmethoden zum Einsatz kommen.

$a^m \cdot a^n = a^{m+n}$ Beispiel: $2^2 \cdot 2^1 = 2^3 = 8$

$a^m / a^n = a^{m-n}$ Beispiel: $2^2 / 2^1 = 2^1 = 2$

$a^n \cdot b^n = (a \cdot b)^n$ Beispiel: $4^2 \cdot 2^2 = 8^2 = 64$

$a^n / b^n = (a/b)^n$ Beispiel: $4^2 / 2^2 = 2^2 = 4$

$(a^m)^n = a^{m \cdot n}$ Beispiel: $(2^3)^2 = 2^6 = 64$

$\sqrt[n]{a} \cdot \sqrt[n]{b} = \sqrt[n]{a \cdot b}$ Beispiel: $\sqrt[3]{3} \cdot \sqrt[3]{9} = \sqrt[3]{27} = 3$

$\sqrt[n]{a} / \sqrt[n]{b} = \sqrt[n]{a/b}$ Beispiel: $\sqrt[3]{54} / \sqrt[3]{2} = \sqrt[3]{27} = 3^2$

$a^{-n} = \dfrac{1}{a^n}$ Beispiel: $3^{-2} = \dfrac{1}{9}$

$a^{1/n} = \sqrt[n]{a}$ Beispiel: $27^{1/3} = \sqrt[3]{27} = 3$

$a^{m/n} = \sqrt[n]{a^m}$ Beispiel: $4^{3/2} = \sqrt[2]{4^3} = 8$

$a^{-(m/n)} = \dfrac{1}{\sqrt[n]{a^m}}$ Beispiel: $4^{-(3/2)} = \dfrac{1}{\sqrt[2]{4^3}} = \dfrac{1}{8}$

2.3 Lösen von Gleichungssystemen

Im weiteren Verlauf dieses Buches, z. B. im Bereich der Finanzmathematik, der Analysis und der linearen Algebra werden recht komplexe Gleichungssysteme gezeigt, die dann oft mit Hilfe von Algorithmen gelöst werden. Bei den nun folgenden Grundlagen des Lösens von Gleichungssystemen werden zunächst einmal recht einfache Beispiele erklärt.

- Lineare Gleichungen mit einer Unbekannten
- Lineare Gleichungen mit mehreren Unbekannten
- Nichtlineare Gleichungen

2.3.1 Lineare Gleichungen mit einer Unbekannten

Diese Gleichungen kommen in der Wirtschaftsmathematik eher selten vor, sind aber sehr einfach zu lösen. Folgende Gleichung wird nach der unbekannten Variablen x aufgelöst. Im ersten Schritt wird durch Subtraktion von 5 und im zweiten Schritt durch Subtraktion von 1x der Wert der Unbekannten (x = 10) bestimmt.

$$2x + 5 = 1x + 15 \quad |-5 \quad \Rightarrow \quad 2x = 1x + 10 \quad |-1x \quad \Rightarrow \quad x = 10.$$

---

2 — Dieses Potenzgesetz bietet sich besonders im Bereich der Wirtschaftsmathematik an (z. B. die Bar- oder Kapitalwertmethode).

2.3.2 Lineare Gleichungen mit mehreren Unbekannten

Etwas komplexer sind lineare Gleichungen mit mehreren Variablen zu lösen, die sehr häufig in der BWL, aber auch der VWL zum Einsatz kommen. Hier kann das Additions- oder Gleichsetzungsverfahren weiterhelfen. Die nun gezeigten zwei Gleichungen mit den beiden Unbekannten x und y werden nach dem Additionsverfahren gelöst. Dabei muss eine Gleichung so modifiziert werden (hier die 1. Gleichung), dass durch anschließende Addition beider Gleichungen eine Variable verschwindet (hier x).

1. Gleichung: $2x + 3y = 20$
2. Gleichung: $4x + 2y = 20$

Lösung:
1. Gleichung $(\cdot -2)$: $-4x - 6y = -40$
2. Gleichung (bleibt): $4x + 2y = 20$

Durch Addition folgt: $-4y = -20 \Rightarrow y = 5$

Wenn Sie jetzt y = 5 in Gleichung 1 oder 2 einsetzen, erhalten Sie den Wert von x:

x = 2,5

2.3.3 Die quadratische Gleichung als wichtigste nichtlineare Gleichung

Quadratische Gleichungen sind besonders in der Kostenrechnung wichtig. Sind z. B. Umsatzerlöse nach Maximum oder Minimum zu berechnen, werden häufig (Normal) Parabeln und somit quadratische Gleichungen berechnet, was anhand eines kleinen Beispiels erklärt werden soll.

Beispiel einer quadratischen Gleichung

$$x^2 - 8x + 7 = 0$$

Um eine quadratische Gleichung lösen zu können, müssen wir sie erst in die Normalform überführen. Für die Normalform der quadratischen Gleichung

$$x^2 + px + q = 0$$

gibt es die Lösungen gemäß folgender Formel, die auch p/q-Formel genannt wird:

$$x_{1,2} = -\frac{p}{2} \pm \sqrt{\left(\frac{p}{2}\right)^2 - q}$$

Wenn Sie in diese Formel die obigen Werte des Beispiels einsetzen, erhalten Sie:

$$x_{1,2} = \frac{8}{2} \pm \sqrt{\left(\frac{8}{2}\right)^2 - 7}$$

und damit die Lösungen:

$x_1 = 4 + 3 = 7$ und
$x_2 = 4 - 3 = 1$

3 Grundlagen der Betriebswirtschaftslehre

3.1 Woraus besteht die Betriebswirtschaftslehre?

Diese Frage zu beantworten ist je nach Struktur sehr komplex, kann aber auch recht einfach sein. Steht man zum Beispiel kurz vor dem Berufsexamen des Steuer- oder Wirtschaftsprüfers, so werden die Steuerlehre, die Revision und verschiedene andere Themen des Rechnungswesens sehr komplex und vertiefend nachgefragt und eingefordert. Etwas „oberflächlicher" gestaltet sich möglicherweise die Bachelorvorlesung der Allgemeinen BWL des ersten Semesters. Hier werden zum Beispiel Strukturen der Unternehmensformen, des Marketings, der Kostenrechnung etc. nur grob umrissen, um dann im Anschluss auf Vertiefungen in den kommenden Semestern hinzuweisen.

Das vorliegende Buch besteht wahrscheinlich aus einem „Mix". Es geht darum, quantitative und damit wirtschaftsmathematische Elemente der BWL und später der VWL zu beschreiben. Dazu bieten sich nach Meinung des Verfassers die bereits oben beschriebenen Bereiche an, die nun weiter erläutert werden sollen.

3.2 Rechnungswesen

Das Rechnungswesen gliedert sich in das interne und externe Rechnungswesen. Wie die Namen schon vermuten lassen, zählen zum **internen Rechnungswesen** alle Bereiche, die nicht nach außen gegeben werden. Dazu zählt zum Beispiel die Kosten- und Leistungsrechnung. Ein Unternehmen möchte sicher die Stückgewinne der Produkte oder deren Deckungsbeiträge, also die Abweichung der Produktpreise von den variablen Kosten, selbst berechnen können, sie aber nicht der Öffentlichkeit preisgeben. Dann nämlich würde das Risiko bestehen, dass die Produktpreise von den Kunden nicht in dieser Höhe akzeptiert würden. Ebenso ist das interne Rechnungswesen freiwillig, muss also vom Unternehmen nicht durchgeführt werden. Auch der Aufbau, also bspw. die Aufteilung einer Kostenrechnung in Voll- oder Teilkostenrechnung (Gemein-, Einzelkosten bzw. variable und fixe Kosten) kann willkürlich erfolgen. Die Liquiditätsrechnung oder den Finanzplan zählt man auch zum internen Rechnungswesen. Gleichwohl zeigt sich immer wieder, dass fehlende Liquidität einer der Hauptkonkursgründe eines Unternehmens ist. In diesem Buch werden Bereiche des internen Rechnungswesens erst später durch die Wirtschaftsmathematik beschrieben. So werden wesentliche Kostenfunktionen im Bereich Produktion/Absatz erklärt. (Möchten Sie also diese Funktionen genauer erklärt und verstanden wissen, so gehen Sie bitte zum Kapitel 3.3.)

In den nächsten Unterkapiteln geht es hauptsächlich um das **externe Rechnungswesen**. Mathematisch interessant sind hier in erster Linie Investition und Finanzierung. Bildlich gesprochen bestehen die Investitionen aus der Aktivseite einer Bilanz und die Finanzierungen aus der Passivseite. Eine Bilanz beinhaltet somit die Grundstruktur eines Jahresabschlusses und wird je nach Unternehmensform unterschiedlich gegliedert. Das Eigenkapital einer Aktiengesellschaft beinhaltet die Kapital- und Gewinnrücklage, die bei einer Personengesellschaft, zum Beispiel einer GbR, nicht gezeigt wird. Nachfolgend wird die Struktur der Bilanz einer Aktiengesellschaft dargestellt, die sehr vereinfacht die Finanzierungsseite (Eigen- und Fremdkapital) und die Investitionsseite (Anlage- und Umlaufvermögen) darstellt.

Bilanz

AKTIVA	PASSIVA
Immaterielle Vermögensgegenstände	Gezeichnetes Kapital
Grundstücke und Gebäude	Kapitalrücklage
Betriebs- und Geschäftsausstattung	Gewinnrücklage
Fuhrpark	Gewinn-/Verlustvortrag
	Jahresüberschuss/Jahresfehlbetrag
Anlagevermögen	Eigenkapital
Vorräte	Rückstellungen
Forderungen	Bankendarlehen
Sonstige Vermögensgegenstände	Lieferantenverbindlichkeiten
Wertpapiere	Sonstige Verbindlichkeiten
Liquide Mittel	
Umlaufvermögen	Fremdkapital
Bilanzsumme	**Bilanzsumme**

Abbildung 3.1 Bilanz als Ausgangsbasis der Finanzmathematik

Die Finanzmathematik beschäftigt sich mit arithmetischen und geometrischen Folgen und Reihen, die sowohl Abschreibungen des Anlagevermögens, aber auch Komponenten des Fremd- und Eigenkapitals enthalten. Es folgen dann Zinsberechnungen und Kapitalwerte, Renten- und Tilgungsrechnungen sowie im Rahmen von Schuldverschreibungen auch Kursberechnungen.

3.2.1 Arithmetische und geometrische Folgen und Reihen

3.2.1.1 Arithmetische Folge

Eine **arithmetische Folge** ist eine regelmäßige (wirtschafts)mathematische Zahlenfolge, bei der die Differenz **d** (Abweichung) zweier benachbarter Folgeglieder immer konstant ist.[3] Die arithmetische Folge ist, wie bereits oben beschrieben, die Ausgangsbasis bzw. Hinführung zu verschiedenen Ausprägungen der Finanzmathematik.
Das **Bildungsgesetz** der arithmetischen Folge ist gegeben durch:

$$a_n = a_1 + (n-1) \cdot d$$

---

3 Vgl. hierzu auch Rinne H./Thomas R., 09/1979, S. 33ff. Häufig wird die hier beschriebene arithmetische Folge auch als **arithmetische Folge erster Ordnung** bezeichnet. Es gibt in der Mathematik gelegentlich auch die arithmetischen Folgen höherer Ordnung, die hier aber nicht erklärt werden, da sie im Bereich der Wirtschaftsmathematik praktisch keine Rolle spielen.

3.2.1.2 Beispiele

Beispiel 1: Durch $a_n = 2n - 1$, wobei n ε N (natürliche Zahl), ist die Folge der ungeraden natürliche Zahlen 1, 3, 5, 7, ... definiert.

Beispiel 2: Die Folge mit den Anfangsgliedern 7, 4, 1, -2 ... weist für aufeinander folgende Glieder die konstante Differenz d = -3 auf und ist daher arithmetisch. Mit dem Anfangsglied $a_1 = 7$ ergibt sich das Bildungsgesetz

$$a_n = 7 + (n-1) \cdot (-3)$$

Wird z.B. das 5. Glied aus obiger Reihe gesucht, so ergibt sich dies durch

$$a_5 = 7 + (5-1) \cdot (-3) = -5$$

3.2.1.3 Arithmetische Reihe

Im Abschnitt über die arithmetische Folge wurde bereits a_n als Zahlenfolge beschrieben. Die Summe der n ersten Glieder beschreibt dann die arithmetische Reihe und wird hier als s_n beschrieben. Das Bildungsgesetz der (endlichen) Zahlenreihe ist dann gegeben durch:

$$s_n = a_1 + a_2 + \ldots + a_n = \sum_{i=1}^{n} a_i$$

Es beschreibt die Erweiterung der arithmetischen Folge im Rahmen der Finanzmathematik.

Beispiel: Die Zahlenreihe der ersten sechs natürlichen Zahlen ist gegeben durch:

$$s_n = s_6 = 1 + 2 + 3 + 4 + 5 + 6 = 21$$

Die arithmetische Zahlenreihe erhält man aus der arithmetischen Zahlenfolge. Das **Bildungsgesetz** der arithmetischen Reihe ist gegeben durch

$$s_n = \frac{n}{2} \cdot (a_1 + a_n)$$

Beispiel: Die Summe der ersten 5 Glieder der arithmetischen Reihe 1, 3, 5, 7, 9 lautet

$$s_n = s_5 = 5/2 \cdot (1 + 9) = 25$$

3.2.1.4 Geometrische Folge

Neben den arithmetischen Folgen sind vor allem die geometrischen Folgen von Interesse, die in der Finanzmathematik und Investitionsrechnung große Bedeutung haben. Sind alle Glieder einer Zahlenfolge a_n von Null verschieden und ist die zugehörige Quotientenfolge a_{n+1}/a_n eine konstante Folge, so ist a_n eine geometrische Folge. Eine geo-

metrische Folge ist durch ihr Anfangsglied a_1 und den konstanten Quotienten $q = a_{n+1}/a_n$ vollständig definiert.
Das **Bildungsgesetz** der geometrischen Folge ist gegeben durch:

$$a_n = a_1 \cdot q^{n-1}$$

Beispiel: Die Folge mit den Anfangsgliedern 2, -6, 18, -54, 162... weist für aufeinander folgende Glieder den konstanten Quotienten $q = a_{n+1}/a_n = -3$ auf und ist daher geometrisch. Mit dem Anfangsglied $a_1 = 2$ ergibt sich das Bildungsgesetz

$$a_n = 2 \cdot (-3)^{n-1}$$

Wird z.B. das 6. Glied aus obiger Reihe gesucht, so ergibt sich dies durch

$$a_6 = 2 \cdot (-3)^{6-1} = -486$$

3.2.1.5 Geometrische Reihe

Die geometrische Zahlenreihe erhält man aus der geometrischen Zahlenfolge, indem man alle n Werte addiert. Das **Bildungsgesetz** der geometrischen Reihe ist gegeben durch

$$s_n = a_1 \cdot \frac{(1-q^n)}{(1-q)} \quad \text{für} \quad q \neq 1 \quad \text{und} \quad s_n = a_1 \cdot n \quad \text{für} \quad q = 1$$

Beispiel: Gegeben ist die Reihe 100; 90; 81; 72,9. Daraus entsteht der konstante Quotient $q = a_{n+1}/a_n = 0,9$. Gesucht ist die Summe aller 4 Werte (n = 4).[4]

$$s_4 = 100 \cdot \frac{(1-0,9^4)}{(1-0,9)} = 343,9$$

3.2.1.6 Ökonomische Anwendungen

In diesem Abschnitt sollen nun wichtige ökonomische Beispiele für Folgen und Reihen erläutert werden.
Beispiel 1: Ein Unternehmer zahlt 5 Jahre lang jeweils am Jahresende 624,- Euro auf ein Sparkonto ein, das mit p = 8 % zinseszinslich verzinst wird. Über welches Guthaben verfügt er am Ende des fünften Jahres?
Lösung: Es handelt sich um eine geometrische Reihe, die die in Tabelle 3.1 dargestellten Jahre und deren Kapitalentwicklung beinhaltet:[5]

---

[4] Sie hätten ebenso im Bruch anstatt $(1 - q^n)/(1 - q)$ auch $(q^n - 1)/(q - 1)$ rechnen können, was Ihnen später z.B. im Rahmen der Rentenrechnung auffallen wird. Aufgrund der beiden Darstellungsmöglichkeiten habe ich beide Versionen vorgestellt.
[5] Je nachdem, mit wieviel Nachkommastellen Sie rechnen, kann Ihr Erbgebnis etwas von meinem abweichen

Ende des Jahres	Wertentwicklung in Euro	Endwert
1	624	624
2	624 · 1,08 + 624	1.297,92
3	624 · 1,08² + 624 · 1,08 + 624	2.025,75
4	624 · 1,08³ + 624 · 1,08² + 624 · 1,08 + 624	2.811,32
5	624 · 1,08⁴ + 624 · 1,08³ + 624 · 1,08² + 624 · 1,08 + 624	**3.660,76**

Tabelle 3.1 Entwicklung einer geometrischen Reihe

In der Summe kommt der Anleger also auf einen Endwert am Ende des 5. Jahres in Höhe von 3.660,76 Euro. So zu rechnen wie in der Abbildung wäre aber ziemlich lästig. Etwas leichter und schneller ergibt sich dieser Wert bei der Berücksichtigung der geometrischen Reihe gemäß:

$$s_n = a_1 \cdot \frac{(1-q^n)}{(1-q)} = 624 \cdot \frac{(1-1{,}08^5)}{(1-1{,}08)} = 3.660{,}76$$

Beispiel 2: Ein Unternehmer zahlt am Ende des ersten Jahres **einmalig** 624,- Euro auf ein Sparkonto, das mit p = 8 % zinseszinslich verzinst wird. Über welches Guthaben verfügt er am Ende des siebten Jahres?

Lösung: Es handelt sich diesmal um eine geometrische Folge, im Gegensatz zur vorherigen Aufgabe der Betrag lediglich einmalig eingezahlt wird und sich zinseszinslich weiterentwickelt (Tabelle 3.2).

Ende des Jahres	Wertentwicklung in Euro	Endwert
1	624	624
2	624 · 1,08	673,92
3	624 · 1,08²	727,83
4	624 · 1,08³	786,06
5	624 · 1,08⁴	848,95
6	624 · 1,08⁵	916,86
7	624 · 1,08⁶	**990,21**

Tabelle 3.2 Entwicklung einer geometrischen Folge

Auch diesen Betrag erhält man etwas schneller, wenn man direkt das Bildungsgesetz verwendet. [6]

$$a_n = a_1 \cdot q^{n-1} = 624 \cdot 1{,}08^{7-1} = 990{,}21$$

[6] Siehe Fallstudie 1 und 2.

3.2.2 Zinsrechnungen und Kapitalwerte

3.2.2.1 Unterjährige Verzinsung

Im Rahmen der Finanzmathematik ist die Frage der Verzinsung von Wertpositionen oftmals eine ganz entscheidende. Ein unterschätzter Aspekt ist dabei die Häufigkeit, mit der Zinszahlungen vorgenommen werden. Diese können sowohl unterjährig, wie hier dargestellt, aber auch mehrjährig erfolgen.[7]

Beträgt die Zeitspanne der Zinszahlung zwischen den Zeitpunkten t_0 und t_1 ein Jahr, so wird der Endwert K_1 in t_1 durch die Formel:

$$K_1 = K_0 \cdot (1 + i)$$

bestimmt, wobei die Verzinsung (i) als prozentuale Größe in Form einer Dezimalzahl dargestellt wird. K_0 beschreibt das Anfangskapital.

Wird ein Anfangswert von 100,- Euro mit 6 % verzinst und die Zinszahlung erfolgt am Jahresende, so beträgt der Wert

$$K_1 = 100 \cdot (1 + 0{,}06) = 106{,}- \text{ Euro}$$

Wie verhält es sich aber, wenn mit dem Investor eine mehrmalige unterjährige Zinszahlung vereinbart wurde?

Werden Zinsen bspw. halbjährlich gezahlt, so bedeutet dies, dass nach dem ersten Halbjahr Zinsen zum halben Zinssatz gezahlt und diese dann im zweiten Halbjahr wieder angelegt und wiederum zum halben Zinssatz verzinst werden.

Die Berechnung lautet dann:

$$K_1 = K_0 \cdot \left(1 + \frac{i}{2}\right) \cdot \left(1 + \frac{i}{2}\right) = K_0 \cdot \left(1 + \frac{i}{2}\right)^2$$

Für das obige Beispiel folgt, dass der Wert zum Jahresende gegenüber der Einmalzahlung etwas höher ist:

$$K_1 = K_0 \cdot \left(1 + \frac{i}{2}\right)^2 = 100 \cdot \left(1 + \frac{0{,}06}{2}\right)^2 = 106{,}09$$

Bei vierteljährlicher Zinszahlung würde man auf 106,14 Euro (gerundet) kommen. Vielleicht überzeugen Sie sich selbst von der Richtigkeit der Aussage.

Allgemein bestimmt sich der Endwert somit aus der Häufigkeit der unterjährigen Zinszahlung gemäß:

$$K_1 = K_0 \cdot \left(1 + \frac{i}{n}\right) \cdot \left(1 + \frac{i}{n}\right) \cdot \ldots \cdot \left(1 + \frac{i}{n}\right) = K_0 \cdot \left(1 + \frac{i}{n}\right)^n$$

Der Wert n bezieht sich auf die Häufigkeit, mit der unterjährig Zinsen gezahlt werden. Geht man jetzt noch einen Schritt weiter und lässt die Anzahl der unterjährigen

---

[7] Vgl. hierzu auch Stiefl J., 2010, S. 58ff.

Zinszahlungen gegen unendlich gehen, so ergibt sich der Wert K_1 zum Zeitpunkt t_1 durch:

$$K_1 = K_0 \cdot e^i .$$

Dies ist die Vorgehensweise zur Ermittlung der **unterjährigen kontinuierlichen Verzinsung**. Bitte beachten Sie bei dieser Formel, dass der Wert e für die sogenannte Eulersche Zahl 2,718 steht! Sie wird in den Wirtschaftswissenschaften sehr häufig eingesetzt und ist die Basis der Exponentialfunktion, aber auch des natürlichen Logarithmus. Beide kommen in diesem Buch ebenfalls vor. Obige Formel aufgelöst nach i ergibt:

$$e^i = \frac{K_1}{K_0} , \quad \text{durch logarithmieren folgt}$$

$$i \cdot \ln e = \ln \frac{K_1}{K_0} \quad \text{und daraus} \quad i = \ln \frac{K_1}{K_0} = \ln K_1 - \ln K_0 .$$

Um kenntlich zu machen, dass es sich bei i nicht um den gewöhnlichen auf das Jahr bezogenen Zinssatz, sondern um den kontinuierlichen Zins handelt, der also unterstellt, dass das Kapital unendlich oft im Jahr verzinst wird, ersetzen wir i durch i_k (kontinuierlicher Zinssatz):

$$i_k = \ln \frac{K_1}{K_0} = \ln K_1 - \ln K_0$$

Aus $\quad K_1 = K_0 \cdot e^{i_k} \quad$ und $\quad K_1 = K_0 \cdot (1 + i) \quad$ folgt

$$1 + i = e^{i_k} \quad \text{bzw.} \quad i = e^{i_k} - 1 \quad \text{bzw.} \quad i_k = \ln(1 + i)$$

Zu jedem auf das Jahr bezogenen Zinssatz i gibt es folglich eine entsprechende kontinuierliche Rendite i_k. Hoffentlich können Sie dieses kryptische Beispiel nachvollziehen. Wenn nicht, möchte ich Ihnen nun einige kontinuierliche Zinssätze vorstellen. Betrachten Sie Tabelle 3.3.

Diskrete Verzinsung (i)	Kontinuierliche Verzinsung (i_k)
1 %	0,995 %
2 %	1,980 %
3 %	2,956 %
4 %	3,922 %
5 %	4,879 %
10 %	9,531 %

Tabelle 3.3 Diskrete und kontinuierliche Verzinsungen

Würde man also bspw. mit der Bank eine einmalige jährliche Verzinsung in Höhe von 3 % vereinbaren, hätte man den gleichen Kapitalwert bei einer kontinuierlichen Zinszahlung von 2,956 %.

Die Unterscheidung in diesem Punkt ist entscheidend, um später die Volatilitäten – bspw. von Wertpapieren – verstehen zu können.

3.2.2.2 Mehrperiodige Verzinsung

Wie im letzten Gliederungspunkt bereits angesprochen, ist neben der Frage nach der unterjährigen Verzinsung bzw. der Anzahl der unterjährigen Zinszahlungen häufig von Interesse, welchen Wert zum Beispiel eine Kapitalanlage nach einer bestimmten Anzahl von Jahren hat, wenn das Anfangskapital inklusive der Zinszahlungen immer wieder (zinseszinslich) angelegt wird.

Ein mit dem Zinssatz i angelegtes Anfangskapital K_0 hat bekanntlich am Ende des ersten abgelaufenen Jahres einen Wert K_1 in Höhe von:

$$K_1 = K_0 \cdot (1 + i)$$

Sollten Sie dieses noch nicht gelesen, oder vielleicht wieder vergessen haben, so schauen Sie bitte noch einmal im letzten Gliederungspunkt nach. Wird das nun verfügbare Kapital ein weiteres Jahr zu den gleichen Zinskonditionen angelegt, erhöht sich der Wert gemäß

$$K_2 = K_1 \cdot (1 + i)$$

oder alternativ

$$K_2 = K_0 \cdot (1 + i) \cdot (1 + i) = K_0 \cdot (1 + i)^2$$

Im Rahmen der Diskussion der geometrischen Reihe wurde ja bereits der Aufzinsungsfaktor q=(1+i) beschrieben. Es ergibt sich dann:

$$K_n = K_0 \cdot q^n$$

Wird bspw. ein Anfangskapital von 100,- Euro fünf Jahre hintereinander zu 3 % zinseszinslich angelegt, hat sich der Wert nach diesen fünf Jahren auf

$$K_n = 100 \cdot 1{,}03^5 = 115{,}93 \text{ Euro}$$

erhöht.

Diese Konstellation macht man sich auch beim Kapitalwert zunutze, aus dem die Kapitalwertmethode abgeleitet wird.[8]

---

[8] Das folgende Kapitel ist in meinem Buch "Risikomanagement und Existenzsicherung" ansatzweise enthalten und wird dort an späterer Stelle auch durch risikospezifische Verteilungsfunktionen und spezielle Instrumente der Risikomessung/-bewertung ergänzt.

3.2.2.3 Der Kapitalwert und die Kapitalwertmethode

Kapitalwert und die Kapitalwertmethode haben einen sehr hohen Stellenwert, wenn es darum geht, Periodenergebnisse miteinander vergleichen zu können.

Ich selbst stelle in Vorlesungen den Studierenden oftmals die folgende Frage: „Was ist Ihnen lieber? Ich schenke Ihnen heute 100,- Euro, oder heute 50,- Euro und genau heute in einem Jahr die verbleibenden 50,- Euro?" Glücklicherweise wurde die Herausgabe des Geldes nie eingefordert. Diese Frage war ja auch rein hypothetisch, um den Studierenden die Bedeutung des Kapitalwertes und der daraus abgeleiteten Kapitalwertmethode zu verdeutlichen.

Auch bildet die Kapitalwertmethode die Basis im Rahmen der Unternehmensbewertungsverfahren. Auch wird der Kapitalwert häufig als Barwert (Barwertmethode) oder Ertragswert (Ertragswertmethode) bezeichnet.

Ich möchte noch einmal auf den obigen Fall zurückkommen. Stellt man also einen Entscheidungsträger vor die Alternative, ihm entweder zum Zeitpunkt t_0 einen Betrag von 100,- Euro auszuhändigen (Alternative A_1) oder zum Zeitpunkt t_0 50,- Euro und zum Zeitpunkt t_1 (ein Jahr später) weitere 50,- Euro (Alternative A_2), so wird er sich aller Voraussicht nach für die 1. Variante (A_1) entscheiden. Warum aber ist das so?

Offensichtlich „bewertet" der Anleger bei A_1 den Konsum- bzw. den Zinseffekt, da er bspw. die 100,- Euro bereits heute verkonsumieren, oder alternativ das Geld zu einem bestimmten Zinssatz i anlegen kann und somit auf einen höheren Endwert kommt als bei A_2.

Nun möchte ich etwas genauer die Kapitalwertmethode beschreiben. Diese vergleicht immer verschiedene Ein- und Auszahlungen zu unterschiedlichen Zeitpunkten miteinander. Zunächst erläutere ich das Prinzip, bevor dann im Anschluss ein Zahlenbeispiel folgt:

a) Es werden dabei periodische Zahlungsreihen ermittelt, wobei die Zahlungen immer nachschüssig, d.h. am Periodenende erfolgen.
b) Die Zahlungsreihe kann dabei aus Ein- und Auszahlungsströmen bestehen, wobei dann pro Periode aufgrund der leichteren rechnerischen Handhabung immer deren Differenzen betrachtet werden.
c) Die Zahlungen der einzelnen Perioden werden, um deren Vergleichbarkeit zu gewährleisten, auf einen Bewertungsstichtag abgezinst, i.d.R. ist dies t_0.
d) Die Summe dieser einzelnen so genannten Barwerte ergibt dann den Kapitalwert.
e) Entscheidend ist in diesem Zusammenhang die Wahl des Kapitalisierungszinssatzes. Dieser spiegelt immer die geforderte Verzinsung des Investors wider.

Ziel ist es, am Ende zu berechnen, ob sich eine bestimmte Investition gelohnt hat, oder ob man das Geld besser zu einem gewissen Zinssatz angelegt hätte bzw. ob es sich lohnt einen Kredit aufzunehmen.

Ein **Beispiel** soll den Sachverhalt erläutern (Tabelle 3.4). Ein Unternehmer erwägt den Kauf einer Maschine, die 100.000,- Euro kosten soll und in den kommenden 3 Jahren zu folgenden geplanten Ein- und Auszahlungen führt:

Jahr	Einzahlungen	Auszahlungen	Einzahlungsüberschuss
1	190.000,–	140.000,–	50.000,–
2	170.000,–	130.000,–	40.000,–
3	140.000,–	110.000,–	30.000,–

Tabelle 3.4 Ermittlung von jährlichen Einzahlungsüberschüssen

Sollten Sie sich an dieser Stelle fragen, was es mit dem Einzahlungsüberschuss auf sich hat, so ist dies relativ einfach zu erklären. Es ist pro Jahr immer die Differenz zwischen der entsprechenden Einzahlung und der Auszahlung. Im Jahr 1 also die 190.000,– abzüglich der 140.000,– usw. Der Unternehmer kalkuliert in diesem Beispiel mit einem Zinssatz vom 10 % (i = 0,1).[9]

Die Formel der Kapitalwertmethode lautet:

$$K_0 = E_0 + \frac{E_1}{1+i} + \frac{E_2}{(1+i)^2} + \ldots + \frac{E_n}{(1+i)^n} - A_0 - \frac{A_1}{1+i} - \frac{A_2}{(1+i)^2} - \ldots - \frac{A}{(1+i)^n}$$

wobei: K_0 = Kapitalwert zum Zeitpunkt t_0
E_t = Einzahlungen am Ende der Periode t
A_t = Auszahlungen am Ende der Periode t
i = Zinssatz am vollkommenen Kapitalmarkt
n = Anzahl der Jahre

Es ergibt sich im Beispiel (in TEuro):[10]

$$K_0 = -100 + \frac{50}{(1+0,1)^1} + \frac{40}{(1+0,1)^2} + \frac{30}{(1+0,1)^3}$$

$$= -100 + 45{,}45454 + 33{,}05785 + 22{,}53944 = 1{,}05183$$

Diese Zahlenreihe besagt:

- Die investierten 100.000,– Euro haben sich amortisiert.
- Die geforderte 10 %ige Verzinsung hat sich übererfüllt, denn es ist ein Überschuss in Höhe von 1.051,83 Euro entstanden.
- Die positiven Werte der obigen Zahlungsreihe sind die so genannten **Barwerte** zum Bewertungsstichtag t_0. Würde man nämlich zum Zeitpunkt t_0 obige 45,45 TEuro bzw. 33,05 TEuro bzw. 22,53 TEuro anlegen, hätte man bei einer Verzinsung von 10 % die korrespondierenden 50 TEuro in t_1 bzw. 40 TEuro in t_2 bzw. 30 TEuro in t_3 realisiert.

---

9   Heute, also im Jahr 2015 sind Zinssätze von 10% eher unwahrscheinlich. Dennoch werden sie hier einmal angenommen.
10 Die bereits vorgestellten Potenzgesetze geben an, wie man auftretende Exponenten berechnet. Es gilt: $1/a^n = a^{-n}$. Bezogen auf den hier gezeigten Einzahlungsüberschuss (50 TEuro) kann man neben $50/(1{,}1)^1$ auch rechnen: $50 \cdot 1{,}1^{-1}$.

Unter der Annahme, dass die Investition tatsächlich mit einem Kredit zu 10 % finanziert wird und die Einzahlungsüberschüsse der Folgejahre zur Kredittilgung benutzt würden, ergäben sich die Zahlungsreihen in Tabelle 3.5.

Jahr	Nettozahlungen	Zinsen	Tilgung	Restschuld/Vermögen
0	−100.000			−100.000
1	+50.000	10.000	40.000	−60.000
2	+40.000	6.000	34.000	−26.000
3	+30.000	2.600	26.000	+1.400

Tabelle 3.5 Entwicklung einer Tilgungsrechnung

Ich möchte Sie an dieser Stelle nicht verunsichern. Die hier genannten Nettozahlungen der Jahre 1 bis 3 entsprechen den Einzahlungsüberschüssen in Tabelle 3.4.
Im ersten Jahr (hier das Jahr 0) ist die Restschuld in Höhe von 100.000,- Euro mit 10 % zu verzinsen.[11]
Der Kapitalwert eines Investments ist der Betrag, den man alternativ am Kapitalmarkt anlegen muss, um den gleichen Einkommensstrom wie aus dem vergleichbaren Investitionsobjekt zu erhalten.

$$K_3 = 1.051{,}83 \cdot (1 + 0{,}1)^3 = 1.400{,}- \text{ Euro}$$

Würde man folglich in t_0 1.051,83 zu den korrespondierenden 10 % anlegen, hätte man am Ende des 3. Jahres, also in t_3, 1.400,- Euro verfügbar. Den Kapitalwert erhält man somit über die Gegenrechnung.

$$K_0 = 1.400 \cdot \frac{1}{(1 + 0{,}1)^3} = 1.051{,}83$$

3.2.2.4 Ökonomische Anwendungen

Die folgenden Beispiele sollen die unterjährige und mehrperiodige Zinsrechnung sowie die Kapitalwerte verdeutlichen.

Beispiel 1: Ein festverzinsliches Wertpapier, dessen Nominalwert 100,- Euro beträgt, wird mit 3 % p.a. verzinst. Es wird also im ersten Jahr, sofern die Zinszahlung am Jahresende erfolgt, auf 103,- Euro anwachsen. Wie lautet der Wert am Ende des ersten Jahres, wenn

a) die Zinszahlung monatlich erfolgt,
b) halbjährlich Zinsen gezahlt werden?

---

11 Im Jahr 1 werden folglich 10.000 Euro Zinsen angesetzt. Die Differenz zur Nettozahlung wird dann zur Tilgung benutzt, also 40.000 Euro. Ähnlich sind die Jahre 2 und 3 zu berechnen.

Lösung:
Zu a) Die Zinszahlung erfolgt monatlich:

$$K_1 = K_0 \cdot \left(1 + \frac{i}{n}\right)^n = 100 \cdot \left(1 + \frac{0{,}03}{12}\right)^{12} = 103{,}04 \text{ Euro}$$

Bei monatlichen Zinszahlungen beträgt der Jahresendwert 103,04 Euro.
Zu b) Die Zinszahlung erfolgt zweimal im Jahr:

$$K_1 = K_0 \cdot \left(1 + \frac{i}{n}\right)^n = 100 \cdot \left(1 + \frac{0{,}03}{2}\right)^2 = 103{,}02$$

Bei einer halbjährlichen Zinszahlung beträgt der Jahresendwert 103,02 Euro.

Beispiel 2: Ein Investor hat 100.000,- Euro zur Verfügung, die er in unterschiedliche Objekte investieren kann.

a) Objekt 1 verspricht für die Laufzeit von 6 Jahren eine jährliche Verzinsung von 3,5 %. Welchen Wert hätte der Investor am Ende des 6. Jahres?
b) Bei Objekt 2 wird am Ende des 6. Jahres ein Wertzuwachs von insgesamt 30 % prognostiziert. Welchem durchschnittlichen jährlichen Zinssatz entspricht der Wertzuwachs?
c) Beim Objekt 3 handelt es sich um ein sehr risikoreiches Investment, bei dem man von einer durchschnittlichen jährlichen Rendite von 9 % ausgeht. Wie viel Jahre müsste der Investor sein Geld investieren, um sein Startkapital zu verdoppeln?

Lösung:
Zu a) Über die insgesamt sechs Jahre entwickelt sich der Wert wie folgt:

$$K_n = K_0 \cdot q^n = 100.000 \cdot 1{,}035^6 = 122.925{,}53 \text{ Euro}$$

Der Endwert nach Ablauf des 6. Jahres beträgt also 122.925,53 Euro.
Zu b) Die Formel

$$K_n = K_0 \cdot q^n$$

aufgelöst nach q ergibt:

$$q = \sqrt[n]{\frac{K_n}{K_0}} = \sqrt[6]{\frac{130.000}{100.000}} = 1{,}0447 \equiv 4{,}47\ \%$$

Der jährliche durchschnittliche Zinssatz beläuft sich auf 4,47 %.
Zu c) Die Formel

$$K_n = K_0 \cdot q^n$$

aufgelöst nach n ergibt:

$$n = \frac{\ln K_n - \ln K_0}{\ln q} = \frac{\ln 200.000 - \ln 100.000}{\ln 1{,}09} = 8{,}04 \text{ Jahre}$$

Bei einer unterstellten jährlichen 9 %igen Verzinsung müsste der Investor das Geld etwas länger als 8 Jahre anlegen, damit sich sein Startkapital verdoppelt.[12]

3.2.3 Rentenrechnung

Als Rente bezeichnet man den konstanten (Geld)Betrag, der regelmäßig Ein- und Auszahlungen beschreibt. Man unterscheidet dabei jährliche vor- und nachschüssige Renten, die aber auch verschiedene Zahlungen pro Jahr beinhalten können.

3.2.3.1 Nachschüssige Rentenzahlung

Die nachschüssigen Rentenzahlungen erfolgen entweder direkt jeweils am Jahresende (einmalig), können aber auch mehrmals jährlich erfolgen. Wundern Sie sich nicht über den nun folgenden Aufbau der **einmaligen nachschüssigen** Rentenzahlungen. Ebenso hätte man die bereits in diesem Buch beschriebene geometrische Reihe benutzen können. Bewusst wurde hier die Standardformel der Finanzmathematik gewählt:

$$R_n = r \cdot \frac{(q^n - 1)}{(q - 1)}$$

R_n = Rentenendwert
r = konstante Rente
q = (1+i/100) = Aufzinsungsfaktor
i = Zinssatz
n = Laufzeit in Jahren

Beispiel: Ein Unternehmer zahlt jeweils am Jahresende 8.000 Euro auf ein Bankkonto, das eine jährliche Verzinsung von 6 % bringt. Wie groß ist dieses Vermögen am Ende des 3. Jahres?

Ohne Berücksichtigung der obigen Formel ergeben sich folgende Rentenendwerte:

R_1 = 8.000,- Euro   (Wert am Ende des 1. Jahres)

R_2 = 8.000,- + 8.000,- · 1,06 = 16.480,- Euro   (Wert am Ende des 2. Jahres)

R_3 = 8.000,- + 16.480,- · 1,06 = 25.468,80 Euro   (Wert am Ende des 3. Jahres)

Wendet man die oben angegebenen Formeln an, erhält man das gleiche Ergebnis:

$$R_3 = 8.000 \cdot \frac{(1{,}06^3 - 1)}{(1{,}06 - 1)} = 25.468{,}80 \text{ Euro}$$

Neben dem Begriff des Rentenendwertes wird im Rahmen der Finanzmathematik auch häufig vom sogenannten **Rentenbarwert** gesprochen. Dieser gibt an, was eine zukünftige über n-Perioden zu zahlende Rentenrate heute, also zum Zeitpunkt t_0, an Wert besitzt.

---

12   Siehe Fallstudie 3 und 4.

Dazu wird der Rentenendwert (R_n) auf den Zeitpunkt t_0 abgezinst und deshalb durch q^n dividiert.

$$R_0 = r \cdot \frac{(q^n - 1)}{(q - 1)} \cdot \frac{1}{q^n}$$

Bezogen auf obiges Beispiel ergibt sich der Rentenbarwert:

$$R_0 = 8.000 \cdot \frac{(1{,}06^3 - 1)}{(1{,}06 - 1)} \cdot \frac{1}{1{,}06^3} = 21.384{,}096$$

Würde man also heute diesen Betrag zinseszinslich anlegen, hätte man drei Jahre später den Rentenendwert R_3 in Höhe von 25.468,80 Euro erzielt. Die Probe ergibt:

$$R_3 = 21.384{,}096 \cdot 1{,}06^3 = 25.468{,}80$$

Ebenso kann man die nachschüssige **Rentenrate** aus dem Rentenendwert oder dem Rentenbarwert ermitteln:

$$r = R_n \cdot \frac{(q-1)}{(q^n - 1)} \Rightarrow \text{aus dem Rentenendwert}$$

$$r = R_0 \cdot q^n \frac{(q-1)}{(q^n - 1)} \Rightarrow \text{aus dem Rentenbarwert}$$

Stellt sich die Frage, wie hoch die nachschüssig zu zahlende Rente sein muss, um bei einer 6 %igen Verzinsung am Ende des 3. Jahres 25.468,80 Euro zu erhalten, so ergibt sich exakt 8.000 Euro. Gemäß der Formel des Rentenendwertes ergibt sich:

$$r = R_n \cdot \frac{(q-1)}{(q^n - 1)} = 25.468{,}80 \cdot \frac{(1{,}06 - 1)}{(1{,}06^3 - 1)} = 8.000{,}- \text{ Euro}$$

Auch denkbar ist die Berechnung der nachschüssigen **Rentenperiode** n. Durch Logarithmieren kann n wie folgt berechnet werden (hier Rentenendwert):

$$n = \frac{\ln(R_n / r \cdot (q - 1) + 1)}{\ln(q)} = \frac{\ln(25.468{,}80 / 8.000 \cdot (1{,}06 - 1) + 1)}{\ln(1{,}06)}$$

$$= \frac{\ln 1{,}191016}{\ln 1{,}06} = 3$$

Exkurs: Für mehrmalige jährliche Zahlungen, die zu den nachschüssigen Rentenzahlungen gehören, gelten folgende Formeln für Rentenzahlung bzw. Rentenbarwerte:

$$R_n = r \cdot \frac{(q^{n/m} - 1)}{(q^{1/m} - 1)} \quad \text{Formel der Rentenzahlung}$$

m = Anzahl der jährlichen Rentenzahlungen

$$R_0 = r \cdot \frac{(q^{n/m} - 1)}{(q^{1/m} - 1)} \cdot \frac{1}{q^{n/m}} \quad \text{Formel des Rentenbarwertes}$$

3.2.3.2 Vorschüssige Rentenzahlung

Im Gegensatz zur nachschüssigen Rente erfolgt hier die Rentenzahlung jeweils zum Jahresbeginn. Aber ebenso wie bei der nachschüssigen Rente sind auch hier Rentenzahlungen mehrmals pro Jahr möglich. Die Formeln des Rentenendwertes bzw. -barwertes sind hier leicht modifiziert:

$$R_n = r \cdot q \cdot \frac{(q^n - 1)}{(q - 1)} \Rightarrow \text{Rentenendwert}$$

$$R_0 = r \cdot \frac{(q^n - 1)}{(q - 1)} \cdot \frac{1}{q^{n-1}} \Rightarrow \text{Rentenbarwert}$$

Zahlt, wie im Beispiel zur nachschüssigen Rente beschrieben, der Unternehmer die Rente von 8.000 Euro immer zu Beginn des Jahres zu 6 % ein, gilt für die Entwicklung innerhalb der 3 Jahre:

$R_1 = 8.000 \cdot 1{,}06 = 8.480{,}-$ Euro   (Wert am Ende des 1. Jahres)

$R_2 = (8.000 + 8.480) \cdot 1{,}06 = 17.468{,}80$ Euro   (Wert am Ende des 2. Jahres)

$R_3 = (8.000 + 17.468{,}8) \cdot 1{,}06 = 26.996{,}93$ Euro   (Wert am Ende des 3. Jahres)

Die Probe ergibt:

$$R_n = 8.000 \cdot 1{,}06 \cdot \frac{(1{,}06^3 - 1)}{(1{,}06 - 1)} = 26.996{,}93 \text{ Euro}$$

Exkurs: Für mehrmalige jährliche Zahlungen, zu den vorschüssigen Rentenzahlungen gehören, gelten folgende Formeln für Rentenzahlung bzw. Rentenbarwerte:

$$R_n = r \cdot q^{1/m} \cdot \frac{(q^{n/m} - 1)}{(q^{1/m} - 1)} \Rightarrow \text{Formel der Rentenzahlung}$$

m=Anzahl der jährlichen Rentenzahlungen

$$R_0 = r \cdot \frac{(q^{n/m} - 1)}{(q^{1/m} - 1)} \cdot \frac{1}{q^{(n-1)/m}} \Rightarrow \text{Formel des Rentenbarwertes}$$

3.2.3.3 Ökonomische Anwendungen

Folgende Beispiele zeigen verschiedene Rentenzahlungen.

Beispiel 1: Der Buchhalter eines Unternehmens soll Rückstellungen einbuchen.

a) Wie viel Geld müsste er heute bei einem Zinssatz von 0,8 % anlegen, um einem Mitarbeiter jährlich 2.000 Euro insgesamt 5 Jahre vorschüssig zahlen zu können?
b) Wie würde sich der Rückstellungsbetrag unter Berücksichtigung der Zinsen und Auszahlungen entwickeln?
c) Wie verändert sich das rückzustellende Geld, wenn es nachschüssig anzulegen ist?

Lösung:
Zu a)

$$R_0 = r \cdot \frac{(q^n - 1)}{(q - 1)} \cdot \frac{1}{q^{n-1}} = 2000 \cdot \frac{(1{,}008^5 - 1)}{(1{,}008 - 1)} \cdot \frac{1}{1{,}008^4} = 9.842{,}53 \text{ Euro}^{13}$$

Zu b) In den 5 Jahren würden sich die Rückstellungen (Anfangswert der Jahre) wie in Tabelle 3.6 dargestellt reduzieren:

	t_1	t_2	t_3	t_4	t_5
Anfangswert	9.842,52461	7.905,26481	5.952,50693	3.984,12698	2.000
Auszahlung	2.000	2.000	2.000	2.000	2.000
Restbetrag	7.842,52461	5.905,26481	3.952,50693	1.984,12698	0
Zinsen	62,7401969	47,2421185	31,6200554	15,8730159	0

Tabelle 3.6 Ermittlung einer fünfjährigen Pensionsrückstellung

Im 5. Jahr würde also der Rückstellungsbetrag vollständig aufgelöst.
Zu c)

$$R_0 = r \cdot \frac{(q^n - 1)}{(q - 1)} \cdot \frac{1}{q^n} = 2000 \cdot \frac{(1{,}008^5 - 1)}{(1{,}008 - 1)} \cdot \frac{1}{1{,}008^5} = 9.764{,}41$$

Beispiel 2: Der Gesellschafter eines Unternehmens, der heute seinen 50. Geburtstag begeht, möchte durch eine Einmalzahlung seinen Altersruhestand vorbereiten. Dieser ist für den 65. Geburtstag vorgesehen, umfasst jährlich 15.000 Euro, wobei ab diesem Zeitraum 15 Jahre anvisiert werden. Welchen Betrag muss er jetzt einzahlen, wenn seine Hausbank in der Ansparphase 1,5 % p.a. garantiert?[14]

Lösung:

$$R_{65} = r \cdot \frac{(q^n - 1)}{(q - 1)} \cdot \frac{1}{q^{n-1}} = 15.000 \cdot \frac{(1{,}015^{15} - 1)}{(1{,}015 - 1)} \cdot \frac{1}{1{,}015^{14}} = 203.150{,}73 \text{ Euro}$$

$$R_{50} = \frac{203.150{,}73}{1{,}015^{15}} = 162.490{,}42$$

---

13 — Der Wert ist gerundet. Mit 5 Nachkommastellen beträgt er 9.842,52461.
14 — Siehe Fallstudie 5 und 6.

3.2.4 Tilgungsrechnung

3.2.4.1 Die möglichen Tilgungskonditionen

In den letzten Passagen habe ich Ihnen schon bedeutende wirtschaftsmathematische Methoden des Rechnungswesens erklärt, wozu die geometrischen Folgen und Reihen, die Zinsrechnungen und Kapitalwerte sowie die Rentenrechnungen zählen. Im Folgenden möchte ich Ihnen nun mögliche Tilgungskonditionen zeigen, die entscheidenden Einfluss immer dann haben, wenn Unternehmen Fremdkapital aufnehmen. Dazu gehören besonders bei kleineren Unternehmen Bankendarlehen zu denen

a) das Festdarlehen,
b) das Abzahlungsdarlehen und
c) das Annuitätendarlehen zählen.

Beim **Festdarlehen** handelt es sich um einen langfristigen Kredit, der am Ende der Laufzeit in einer Summe zurückgezahlt wird, während innerhalb der Laufzeit lediglich Zinsen zu zahlen sind. Die Tilgung erfolgt also erst zum Laufzeitende und wird besonders von Unternehmen gewünscht, die in den ersten Jahren über wenig liquide Mittel verfügen.

Das **Abzahlungsdarlehen** ist oft die vorrangige Darlehensform bei Realkrediten an Unternehmen. Dabei wird das Darlehen über die Laufzeit in gleich hohen Tilgungsbeträgen einschließlich der anfallenden Zinsen zurückgezahlt. Auch bei dieser Darlehensform können bei Liquiditätsproblemen, ähnlich wie beim Festdarlehen, zunächst tilgungsfreie Jahre zu Beginn der Laufzeit vereinbart werden.

Das **Annuitätendarlehen** ist die am meisten verbreitete Darlehensart in der Wohnungsbaufinanzierung, aber auch bei der Finanzierung des Fuhrparks. Annuität bedeutet relativ einfach gesprochen eine jährlich gleich bleibende Jahresleistung, die sich aus jährlich fallenden Zinsen und jährlich steigenden Tilgungsraten zusammensetzt. Der Darlehensbetrag vermindert sich jeweils um den in der Annuität enthaltenen Tilgungsanteil. Die gesamten Finanzierungskosten ergeben sich aus der Summe der jährlich angefallenen Zins- und Tilgungszahlungen oder als Produkt aus Annuität pro Jahr und Finanzierungslaufzeit. Habe ich beim Abzahlungsdarlehen von möglichen tilgungsfreien Jahren gesprochen, ist dies auch beim Annuitätendarlehen möglich. Dann sind die Annuitäten in den verbleibenden Jahren entsprechend höher.

Die Annuität wird durch Multiplikation des Barwertes des Darlehens mit dem so genannten Wiedergewinnungsfaktor ermittelt. Der Barwert des Darlehens ist der vereinbarte Kreditbetrag.

Im **Wiedergewinnungsfaktor** (WGF) spiegeln sich Laufzeit und Zinskonditionen wider:

$$WGF = q^n \cdot \frac{(q-1)}{(q^n - 1)}$$

Damit gilt für die **Annuität**:

$$A = K_0 \cdot q^n \cdot \frac{(q-1)}{(q^n - 1)}$$

mit:

K_0 = Barwert des Darlehens; q = 1+i; i = Nominalzinssatz in % p.a.; n = Laufzeit des Darlehens in Jahren

Alle möglichen Tilgungskonditionen haben eins gemeinsam. Da langfristige Kredite der langfristigen Investitionsfinanzierung dienen, sollten sich die **Tilgungskonditionen** prinzipiell auch dem langfristigen Amortisationsverlauf des Investitionsgutes anpassen, damit der Kapitaldienst vorrangig aus den durch den Umsatzprozess verdienten Abschreibungsgegenwerten erfolgen kann.[15]

Bevor ich Ihnen nun die oben kurz erklärten Tilgungskonditionen anhand von kleinen Beispielen erklären will, möchte ich noch folgendes erwähnen. Bei allen Darlehensformen unterscheidet man Fälle, in denen der Darlehensauszahlungsbetrag gleich dem Rückzahlungsbetrag ist und Fälle, in denen der Auszahlungskurs unter dem Rückzahlungsbetrag liegt (in diesen Fällen arbeitet man mit einem Abschlag = Disagio). Nachfolgend sind deshalb Beispiele aufgeführt, die beide Möglichkeiten erläutern.[16]

Starten möchte ich mit dem nächsten Gliederungspunkt, in dem Auszahlungs- und Rückzahlungsbetrag identisch sind.

3.2.4.2 Auszahlungsbetrag entspricht Rückzahlungsbetrag

Zu den im letzten Gliederungspunkt aufgeführten möglichen Tilgungskonditionen betrachte ich ein Beispiel, das alle Fälle beinhaltet.

Beispiel: Ein Unternehmen plant den Bau einer neuen Lagerhalle. Das Investitionsvorhaben soll 7 Mio. Euro betragen. Die Bank bietet dem Unternehmen wahlweise den Abschluss eines Fest-, Abzahlungs- oder Annuitätendarlehens an.

Die folgenden Konditionen sind zu beachten:

Zins p.a.:   4,75 %   Laufzeit: 5 Jahre

Der Zins- und Tilgungsplan des **Festdarlehens** ist in Tabelle 3.7 dargestellt.

Das **Abzahlungsdarlehen** beinhaltet eine kontinuierliche Tilgung und im Zeitablauf sinkende Zinszahlung (Tabelle 3.8).

Tabelle 3.9 zeigt den Zins- und Tilgungsplan des **Annuitätendarlehens**.

---

15 Vgl. Stiefl J., 2008, S. 69ff.
16 Darüber hinaus kann man noch Fälle unterscheiden, in denen unterjährig Zinsen gezahlt werden. Hierauf wird im Rahmen der Industrieobligationen eingegangen. Ist gegenüber diesem Gliederungspunkt der Rückzahlungsbetrag > Auszahlungsbetrag, so spielt die sogenannte Effektivverzinsung eine entscheidende Rolle. Dies kommt im folgenden Gliederungspunkt zur Sprache.

Jahr	Schuld am 01.01	Zinsen	Tilgung	Schuld am 31.12
1	7.000.000,00	332.500,00		7.000.000,00
2	7.000.000,00	332.500,00		7.000.000,00
3	7.000.000,00	332.500,00		7.000.000,00
4	7.000.000,00	332.500,00		7.000.000,00
5	7.000.000,00	332.500,00	7.000.000,00	0
Σ		1.662.500,00	7.000.000,00	

Tabelle 3.7 Zins- und Tilgungsplan eines Festdarlehens

Jahr	Schuld am 01.01	Zinsen	Tilgung	Schuld am 31.12
1	7.000.000,00	332.500,00	1.400.000,00	5.600.000,00
2	5.600.000,00	266.000,00	1.400.000,00	4.200.000,00
3	4.200.000,00	199.500,00	1.400.000,00	2.800.000,00
4	2.800.000,00	133.000,00	1.400.000,00	1.400.000,00
5	1.400.000,00	66.500,00	1.400.000,00	0
Σ		997.500,00	7.000.000,00	

Tabelle 3.8 Zins- und Tilgungsplan eines Abzahlungsdarlehens

Die Formel der Annuität wurde im letzten Gliederungspunkt beschrieben und ergibt dann:[17]

$$A = K_0 \cdot q^n \cdot \frac{(q-1)}{(q^n-1)} = 7.000.000 \cdot 1{,}0475^5 \cdot \frac{(1{,}0475-1)}{(1{,}0475^5-1)} = 1.605.666{,}30 \text{ Euro}$$

Jahr	Schuld am 01.01	Annuität	Zinsen	Tilgung	Schuld am 31.12
1	7.000.000,00	1.605.666,30	332.500,00	1.273.166,30	5.726.833,70
2	5.726.833,70	1.605.666,30	272.024,60	1.333.641,69	4.393.192,01
3	4.393.192,01	1.605.666,30	208.676,62	1.396.989,67	2.996.202,34
4	2.996.202,34	1.605.666,30	142.319,61	1.463.346,68	1.532.855,65
5	1.532.855,65	1.605.666,30	72.810,64	1.532.855,65	0,00
Σ		8.028.331,48	1.028.331,48	7.000.000,00	

Tabelle 3.9 Zins- und Tilgungsplan eines Annuitätendarlehens

17 Bei verschiedenen Nachkommastellen können sich manchmal Rundungsdifferenzen ergeben.

Vergleicht man die drei Darlehensformen, erscheint das Abzahlungsdarlehen mit einer Gesamtbelastung von 7.997.500 Euro gegenüber dem Annuitätendarlehen (8.028.331,48 Euro) und dem Festdarlehen (8.662.500 Euro) am attraktivsten. Dabei muss man allerdings berücksichtigen, dass im Gegenzug in den einzelnen Jahren entsprechend viel an liquiden Mitteln aufgewendet werden muss, und dass ferner die nicht benötigte Liquidität in den ersten vier Jahren beim Festdarlehen verzinslich angelegt werden kann. Somit entscheiden die Liquiditätsspielräume des Unternehmens einerseits und die alternativen Anlagemöglichkeiten andererseits über die wirtschaftlichste Art der Darlehensform.

3.2.4.3 Rückzahlungsbetrag übersteigt den Auszahlungsbetrag

Habe ich Ihnen im letzten Gliederungspunkt die drei Tilgungsmöglichkeiten erläutert, bei denen die Auszahlungsbeträge den Rückzahlungebeträgen entsprechen, so folgen jetzt die beiden konträren Möglichkeiten. Dort muss mehr zurückgezahlt werden, als zu Beginn des Darlehens ausgezahlt wurde.

Deshalb muss nun die **Effektivverzinsung** angesprochen werden, die von der Höhe des Nominalzinssatzes, der Differenz zwischen Auszahlungs- und Rückzahlungskurs, der Tilgungsart und auch der Zahl der Frei- und Tilgungsjahre abhängig ist.

Die Effektivverzinsung ist dabei die objektive durchschnittliche Gesamtverzinsung eines Kredites bezogen auf ein Jahr. Sie kann durch Näherungsverfahren oder aber auf finanzmathematischer Basis ermittelt werden.

Die finanzmathematische Variante zur Bestimmung des effektiven Zinssatzes ist die exaktere und basiert auf den beiden maßgeblichen Varianten des **Abzahlungs-** und des **Festdarlehens**. Diese möchte ich Ihnen nun erklären.

Beim **Festdarlehen** wird zunächst der so genannte Restwertverteilungsfaktor ausgerechnet, der dann im Zähler des zu berechnenden effektiven Zinssatzes das Disagio (Differenz zwischen Rückzahlungs- und Auszahlungskurs) gewichtet. Formal sind zu berechnen:

$$r = \frac{(i + (RK - AK) \cdot RVF)}{AK} \qquad RVF = \frac{i}{((1 + i)^n - 1)}$$

r = effektiver Zinssatz
RK = Rückzahlungskurs
RVF = Restwertverteilungsfaktor

i = Nominalzins
AK = Auszahlungskurs
n = Darlehenslaufzeit

Das **Abzahlungsdarlehen** berücksichtigt lediglich noch mögliche tilgungsfreie Jahre, so dass sich der Restwertverteilungsfaktor etwas verändert darstellt:

$$RVF = \frac{i}{((1 + i)^m - 1)} \qquad m = \text{Freijahre} + \frac{(\text{Tilgungsjahre} + 1)}{2}$$

Der Exponent m beschreibt somit die mittlere Darlehenslaufzeit.

Beispiel: Die Bank eines Unternehmens gewährt diesem ein langfristiges Darlehen mit folgenden Konditionen.

Nominalzins = 4,5 %   Auszahlungskurs = 90 %   Gesamtlaufzeit = 20 Jahre

Die Bank bietet dem Unternehmen unterschiedliche Tilgungsmodelle an. Der kaufmännische Geschäftsführer errechnet nun die unterschiedlichen Effektivzinssätze in % für eine Darlehenstilgung beim Festdarlehen und für eine Tilgung in gleich hohen Raten mit einer tilgungsfreien Zeit von 3 Jahren. Er kommt zu folgenden Ergebnissen:
Der **Effektivzins** beim **Festdarlehen** ergibt gerundet 5,35 %:

$$RVF = \frac{0{,}045}{((1+0{,}045)^{20} - 1)} = 0{,}0318761$$

$$r = \frac{(0{,}045 + (1-0{,}90) \cdot 0{,}0318761)}{0{,}90} = 0{,}05354 = 5{,}35\%$$

Der Effektivzins beim Abzahlungsdarlehen berechnet sich wie folgt:

$$m = 3 + \frac{(17+1)}{2} = 12$$

$$RVF = \frac{0{,}045}{((1+0{,}045)^{12} - 1)} = 0{,}0646662$$

$$r = \frac{(0{,}045 + (1-0{,}90) \cdot 0{,}0646662)}{0{,}90} = 0{,}05718 = 5{,}72\%$$

Bedingt durch das Disagio in Höhe von 10 % beträgt der Effektivzinssatz, also die tatsächliche jährliche Belastung des Darlehensnehmers, beim Festdarlehen 5,35 % und beim Abzahlungsdarlehen sogar 5,72 %.

3.2.4.4 Ökonomische Anwendungen

Folgende Beispiele beinhalten diverse Tilgungsrechnungen.[18]

Beispiel 1: Ein Unternehmen benötigt zum Kauf einer Immobilie ein Darlehen über 90.000 Euro. Die Hausbank bietet wahlweise folgende Konditionen an:
Alternative 1: Laufzeit 3 Jahre, Zinssatz 9 % p.a., Tilgung am Ende
Alternative 2: Laufzeit 3 Jahre, Zinssatz 5,2 % bei einem Disagio von 9 %, Tilgung am Ende

a) Stellen Sie zu beiden Varianten den Zins- und Tilgungsplan auf.
b) Wie hoch ist die Liquiditätsentlastung bei Alternative 2?
c) Ermitteln Sie den Effektivzinssatz von Alternative 2.

---

18   Vgl. Beck C., 2003, S. 4ff.

Lösung:
Zu a) Zins- und Tilgungspläne
Alternative 1:

Jahr	Schuld am 01.01	Zinsen	Tilgung
1	90.000 Euro	8.100 Euro	0 Euro
2	90.000 Euro	8.100 Euro	0 Euro
3	90.000 Euro	8.100 Euro	90.000 Euro
Σ		24.300 Euro	90.000 Euro

Alternative 2: Bei einem Disagio von 9 % und einer erforderlichen Auszahlung von 90.000 beträgt der Rückzahlungsbetrag (Darlehenssumme) also 90.000/0,91 = 98.901,10.

Jahr	Schuld am 01.01	Zinsen	Tilgung
1	98.901,10 Euro	5.142,86 Euro	0 Euro
2	98.901,10 Euro	5.142,86 Euro	0 Euro
3	98.901,10 Euro	5.142,86 Euro	98.901,10 Euro
Σ		15.428,58 Euro	98.901,10 Euro

Zu b) Liquiditätsentlastung/Liquiditätseffekt

Jahr	Zins- und Tilgungsleistung von Alternative 1	Zins- und Tilgungsleistung von Alternative 2	Liquiditätseffekt
1	8.100,00 Euro	5.142,86 Euro	2.957,14 Euro
2	8.100,00 Euro	5.142,86 Euro	2.957,14 Euro
3	98.100,00 Euro	104.043,96 Euro	−5.943,96 Euro

In den ersten beiden Jahren entsteht für Alternative 2 eine Liquiditätsentlastung von jeweils 2.957,14 Euro, die aber im 3. Jahr vollständig aufgezehrt wird. Da beide Alternativen in der Summe der Rückzahlungsbeträge nahezu identisch sind, ist zu vermuten, dass die Effektivverzinsung der Alternative 2 in der Nähe des Nominalzinses der Alternative 1 (9 %) liegt.

Zu c) Effektivverzinsung der Alternative 2

$$RVF = \frac{0,052}{((1+0,052)^3 - 1)} = 0,3165855$$

$$r = \frac{(0,052 + (1-0,91) \cdot 0,3165855)}{0,91} = 0,08845 = 8,85\ \%$$

Mit 8,85 % entspricht die Effektivverzinsung der Alternative 2 etwa dem Nominalzins der Alternative 1.

Beispiel 2: Ein mittelständisches Unternehmen benötigt ein langfristiges Darlehen in Höhe von 80.000 Euro für die Laufzeit von sechs Jahren. Die Sparkasse bietet folgende Konditionen an: Zinssatz 8 %, Auszahlung 98 %, Tilgung jährlich in gleichen Raten. Die Handelsbank unterbreitet folgenden Vorschlag: Zinssatz 7 %, Auszahlung 95 %, Tilgung nach zwei tilgungsfreien Jahren in jährlich gleichen Raten. Ermitteln Sie für beide Varianten den Effektivzinssatz.

Lösung:
Die Effektivverzinsung der Sparkasse:

$$m = \frac{(6+1)}{2} = 3,5$$

$$RVF = \frac{0,08}{((1+0,08)^{3,5} - 1)} = 0,2587899$$

$$r = \frac{(0,08 + (1-0,98) \cdot 0,2587899)}{0,98} = 0,0869 = 8,69\ \%$$

Die Effektivverzinsung der Handelsbank:

$$m = 2 + \frac{(4+1)}{2} = 4,5$$

$$RVF = \frac{0,07}{((1+0,07)^{4,5} - 1)} = 0,1966856$$

$$r = \frac{(0,07 + (1-0,95) \cdot 0,1966856)}{0,95} = 0,0840 = 8,40\ \%$$

Der Kredit der Handelsbank ist im Hinblick auf die Effektivverzinsung um 0,29 % günstiger.[19]

3.2.5 Kursrechnung

3.2.5.1 Der „faire" Preis eines Finanztitels

Das Ziel der Kursrechnung besteht immer darin, den sogenannten fairen Preis eines Finanztitels zu bestimmen. Dabei handelt es sich um die Kapital- bzw. Geldrückflüsse, die bei allen Finanztiteln, also z.B. Obligationen, Anleihen oder Aktien entstehen.

---

19 Siehe Fallstudie 7 und 8.

Häufig wird in diesem Zusammenhang das Basis-Zinsmodell diskutiert. Alternativ gibt es die Überlegungen des Barwertkonzeptes, aber auch der Kapitalwertmethode.
Es gilt:

$$P_f = \sum_{t=1}^{n} \frac{Z_t}{(1+i)^t}$$

Dabei bezeichnet P_f den „fairen" Preis, Z_t die Zins- und Tilgungszahlungen im Zeitpunkt t, i die durchschnittliche Verzinsung von alternativen Geldanlagen, also z.B. alternative Anleihen. Dies bezeichnet man innerhalb der Finanzmathematik als **Umlaufrendite**.

Ein **Beispiel** soll den Sachverhalt verdeutlichen. Ein Unternehmen emittiert Anleihen zum Wert von 100,- Euro, die am Ende des 3. Jahres ausgezahlt werden. Für die Dauer der Laufzeit werden 4 % Nominalzinsen (Coupon) gezahlt, die durchschnittliche Umlaufrendite betrage zum Zeitpunkt der Ausgabe 4,5 %. Der faire Preis, auch **Marktwert** oder **Barwert** der Anleihe genannt, ergibt sich wie folgt:

$$P_f = \frac{4}{(1+0{,}045)^1} + \frac{4}{(1+0{,}045)^2} + \frac{104}{(1+0{,}045)^3}$$

$$P_f = 3{,}8278 \text{ Euro} + 3{,}6629 \text{ Euro} + 91{,}1348 \text{ Euro} = 98{,}6255 \text{ Euro}$$

D. h., der „faire" Wert der Anleihe zum Zeitpunkt der Ausgabe beträgt 98,6255 Euro. Würde der Käufer diesen Betrag nämlich zur aktuellen Umlaufrendite von 4,5 % in einer Alternativinvestition anlegen, so hätte er am Ende des 3. Jahres

$K_3 = 98.6255 \cdot 1{,}045^3 = 112{,}548$ Euro angespart.

Dies entspricht exakt der Summe, die der Investor aus der Obligation zu den vereinbarten Konditionen erhält unter der Bedingung, dass er die Coupons wieder verzinslich anlegt:

$K_3 = 4 \cdot 1{,}045^2 + 4 \cdot 1{,}045 + 104 = 112{,}548$ Euro

Die 4,- Euro des ersten Jahres können noch 2 Jahre zur aktuellen Umlaufrendite angelegt werden, die 4,- Euro des zweiten Jahres noch ein Jahr, während der 4,- Euro-Coupon des 3. Jahres sowie der Auszahlungsbetrag über 100,- Euro nicht mehr verzinst werden.

Exkurs: Der „faire" Preis im Rahmen einer **Unternehmensbewertung**
Alternativ kann der „faire" Preis oder auch Wert eines Finanztitels im Rahmen der BWL durch die Festlegung des „fairen" Unternehmenswertes berechnet werden. Dies kann z.B. durch die Ertrags- oder Discounted-Cashflow-Methode erfolgen.
Beide Verfahren bauen auf der bereits oben beschriebenen Kapitalwertmethode auf.

$$P_f = \sum_{t=1}^{n} \frac{Z_t}{(1+i)^t}$$

Z_t beschreibt dabei die geplanten Ertrags- bzw. Cashflowüberschüsse der folgenden t Jahre. Die Variable i steht für den Kapitalisierungszins, der die Summe der risikolosen Anleihe inklusive des Risikozuschlags verkörpert.[20]

Plant das Unternehmen bspw. in den nächsten drei Jahren Einzahlungsüberschüsse von t_1 = 4.500 Euro, t_2 = 7.000 Euro und t_3 = 9.800 Euro und geht von einem Kapitalisierungszins von i=9 % aus, so beträgt der faire Preis des Unternehmens 17.587,60 Euro.

$$P_f = \frac{4.500}{1{,}09^1} + \frac{7.000}{1{,}09^2} + \frac{9.800}{1{,}09^3} = 17.587{,}60 \text{ Euro}$$

3.2.5.2 Ökonomische Anwendungen

Die nun folgenden Anwendungen beziehen sich auf den „fairen" Preis von Finanztiteln. Dazu gehören natürlich verschiedene Möglichkeiten, wie z.B. Obligationen, sonstige Anleihen, aber auch Aktien.

Beispiel 1: Eine Industrieobligation zum Nominalwert von 100,- Euro ist mit einem Coupon von 6,5 % ausgestattet. Die börsentäglich errechnete Umlaufrendite vergleichbarer Anleihen beträgt 5,3 %. Die Anleihe wird heute in fünf Jahren zurückgezahlt, gleichzeitig ist heute Zinszahlungstermin. Wie viel sollte ein Investor höchstens für diese Anleihe bezahlen?

Lösung: Durch den gleich bleibenden Coupon sowie die konstante Umlaufrendite ergibt sich der Barwert der Industrieobligation wir folgt:

$$AK = \frac{6{,}5 \text{ Euro}}{(1+0{,}053)^1} + \frac{6{,}5 \text{ Euro}}{(1+0{,}053)^2} + \frac{6{,}5 \text{ Euro}}{(1+0{,}053)^3} + \frac{6{,}5 \text{ Euro}}{(1+0{,}053)^4}$$
$$+ \frac{106{,}5 \text{ Euro}}{(1+0{,}053)^5} = 105{,}15 \text{ Euro}$$

D. h., der Investor sollte maximal 105,15 Euro, den so genannten „fairen" Preis, für die Industrieobligation bezahlen.

Probe: Würde der Investor heute 105,15 Euro zu 5,3 % anlegen, hätte er nach 5 Jahren 136,13 Euro (K_5 = 105,15 · $1{,}053^5$). Dies entspricht der Summe, die der Investor aus der Obligation zu den vereinbarten Konditionen erhält unter der Bedingung, dass er die Coupons wieder verzinslich anlegt (K_5 = 6,5·$1{,}053^4$ + 6,5·$1{,}053^3$ + 6,5·$1{,}053^2$ + 6,5·1,053 + 106,5 = 136,13 Euro).

Beispiel 2: Die Anleihe eines Schuldners erster Bonität zum Nominalwert von 100,- Euro ist mit einem jährlich um 2,- Euro steigenden Coupon ausgestattet. Die erste Couponzahlung beträgt 1,- Euro. Die Anleihe wird in fünf Jahren zurückgezahlt. Zu welchem Preis sollte ein Investor diese Anleihe höchstens zeichnen? Die börsentäglich errechnete Umlaufrendite vergleichbarer Anleihen betrage 5,3 %.

---

20 Oftmals beinhaltet die Unternehmensbewertung auch die „ewige Rente". Diese beschreibt die zukünftige Zeit nach den relativ kurzfristig geplanten Ertrags- oder Cashflowüberschüssen und geht davon aus, dass das Unternehmen „ewig" existieren wird.

Lösung: Bedingt durch den jährlich ansteigenden Coupon stellt sich der Wert der Anleihe zum Kaufzeitpunkt wie folgt ein:

$$AK = \frac{1\text{ Euro}}{(1+0{,}053)^1} + \frac{3\text{ Euro}}{(1+0{,}053)^2} + \frac{5\text{ Euro}}{(1+0{,}053)^3} + \frac{7\text{ Euro}}{(1+0{,}053)^4} + \frac{109\text{ Euro}}{(1+0{,}053)^5} = 97{,}83\text{ Euro}$$

Mehr als 97,83 Euro sollte ein Käufer somit nicht für die Anleihe zahlen.

Probe: Würde der Investor heute 97,83 Euro zu 5,3 % anlegen, hätte er nach 5 Jahren 126,65 Euro ($K_5 = 97{,}83 \cdot 1{,}053^5$). Dies entspricht der Summe, die der Investor aus der Obligation zu den vereinbarten Konditionen erhält unter der Bedingung, dass er die Coupons wieder verzinslich anlegt ($K_5 = 1 \cdot 1{,}053^4 + 3 \cdot 1{,}053^3 + 5 \cdot 1{,}053^2 + 7 \cdot 1{,}053 + 109 = 126{,}65$ Euro).[21]

3.3 Produktion und Absatz

Der Bereich Produktion und Absatz beinhaltet eigentlich, unabhängig von den Branchen, alle quantitativen Möglichkeiten eines Unternehmens. Zum einen gehören die Beschaffung und die Lagerhaltung von Vorräten dazu. Dazu zählen je nach Unternehmen die Roh-, Hilfs- und Betriebsstoffe oder die fertigen oder unfertigen Erzeugnisse. Auch Dienstleistungsunternehmen beschäftigen sich gelegentlich mit Vorratsvermögen. Zum anderen gibt es die Produktion und Fertigung von Produkten, mit denen sich dann im Rahmen des Rechnungswesens auch Kosten-, Erlös- und Gewinnfunktionen auseinandersetzen. Einher gehen die Bereiche Vertrieb und Marketing, aber auch die Materialwirtschaft, das Transportmanagement und die Logistik. Gelegentlich werden auch Lageroptimierungsmodelle diskutiert.

Dieses Kapitel enthält nun einige wirtschaftsmathematische Bereiche der Analysis, der linearen Algebra, aber auch der Entscheidungstheorie.

3.3.1 Besondere ökonomische Funktionen[22]

3.3.1.1 Grundlagen

Eine Funktion f ist eine Vorschrift, die jeder reellen Zahl aus einer Definitionsmenge D eindeutig eine (andere) reelle Zahl zuordnet.

Allgemein gilt folgende Notation (Schreibweise):

$x \mapsto f(x)$ d.h. f(x) ist der Funktionswert von x.

Gelegentlich wird f(x) auch als y-Wert beschrieben.

---

21 Siehe Fallstudie 9 und 10.
22 Vgl. hierzu auch Sydsaeter K./Hammond P./Strom A., 2013, S. 118ff.

x ist die Funktionsvariable, die unabhängige (auch Argument), exogene oder erklärende Variable; y ist die abhängige, endogene oder die zu erklärende Variable.
Als erstes kleines Beispiel möge folgende Funktion dienen:

$$y = 20 + 2x$$

Der Funktionswert von x ergibt sich aus der Multiplikation des x-Werte mit 2 und der anschließenden Addition des konstanten Faktors 20.
Die VWL und BWL kennen eine Reihe von Funktionen.
Die graphische Darstellung erfolgt immer im Koordinatensystem. Die horizontale Achse, auch Abszisse genannt, zeigt die x-Variable. Die vertikale Achse, auch Ordinate genannt, zeigt die y-Variable.

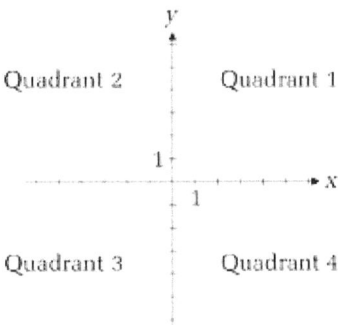

Abbildung 3.2 Quadranten von volks- und betriebswirtschaftlichen Funktionen

Die Quadranten werden in den Wirtschaftswissenschaften immer gleich gezeigt. Im Quadrant 1 sind beide Variablen positiv, im Quadrant 3 negativ. Im Quadranten 2 ist die Variable x immer negativ und y positiv, im Quadranten 4 genau umgekehrt.

3.3.1.2 Lineare Funktionen

Lineare Funktionen (Abb. 3.3) kommen in den wirtschaftswissenschaftlichen Disziplinen relativ häufig vor. In der einfachsten Form sind exogene und endogene Variable identisch. Es gilt also:

$$y = x$$

Beinhaltet die Funktion zusätzlich eine Konstante, so gilt[23]:

$$y = a \cdot x + b$$

---

[23] Wundern Sie sich nicht, dass in der Funktion das Produkt a · x und in der Abbildung lediglich ax steht; dies entspricht den beiden gewöhnlichen Notationen.

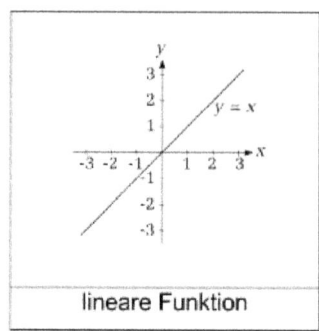

Abbildung 3.3 Eine lineare Funktion

Der Parameter a beschreibt das Steigungsmaß, während der Parameter b die Konstante angibt. Die Konstante b entspricht dem Schnittpunkt mit der Ordinate, also der y-Achse. Im Falle von a < 0 ist die Steigung also negativ, die Funktion hat einen sinkenden Verlauf. Umgekehrt verhält es sich im Falle a > 0, bei der die Steigung positiv ist. In Abb. 3.4 sind beide Varianten dargestellt.

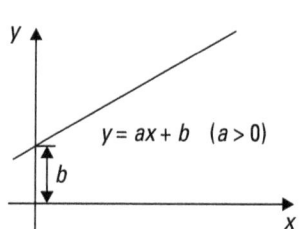 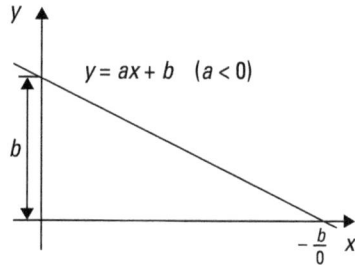

Abbildung 3.4 Steigungsverhalten zweier Funktionen

Wenn die Steigung den Wert +4 und der Schnittpunkt mit der Ordinate +20 beträgt, dann lautet die Gleichung (Funktion)

$$y = 4x + 20 \quad \text{bzw.} \quad y = 20 + 4x$$

Ist die lineare Gleichung noch nicht definiert, kann sie mit Hilfe der **Zwei-Punkte-Form** oder der **Punkt-Steigungsform** ermittelt werden.

Beispiel 1: Zwei Punkte sind gegeben. Der erste bildet den Koordinatenpunkt $x_1 = 2$ und $y_1 = 28$, der zweite den Punkt $x_2 = 4$ und $y_2 = 36$.
Die **Zwei-Punkte-Form** liefert die lineare Funktion über die Formel

$$y = \frac{(y_2 - y_1)}{(x_2 - x_1)} \cdot (x - x_1) + y_1$$

Eingesetzt erhält man:

$$y = \frac{(36 - 28)}{(4 - 2)} \cdot (x - 2) + 28 \Rightarrow y = 4x + 20$$

Beispiel 2: Im Koordinatenpunkt $x_1 = 2$ und $y_1 = 28$ beträgt die Steigung a=4.
Die **Punkt-Steigungsform** liefert die lineare Funktion über die Formel

$$y = a \cdot (x - x_1) + y_1$$

Eingesetzt ergibt sich:

$$y = 4 \cdot (x - 2) + 28 \Rightarrow y = 4x + 20$$

3.3.1.3 Quadratische Funktionen

Ebenso wie die linearen Funktionen besitzen quadratische Funktionen eine hohe ökonomische Relevanz, bspw. im Bereich der (Kosten)Optimierung. Es gilt die allgemeine Funktion:

$$y = ax^2 + bx + c$$

Ist a > 0 (also positiv), ist die Parabel nach oben geöffnet, sie hat ein Minimum.
Ist a < 0 (also negativ), ist die Parabel nach unten geöffnet, sie hat ein Maximum.
Ist $b^2 = 4ac$, dann liegt der Scheitelpunkt der Parabel (Hoch- oder Tiefpunkt) auf der x-Achse.

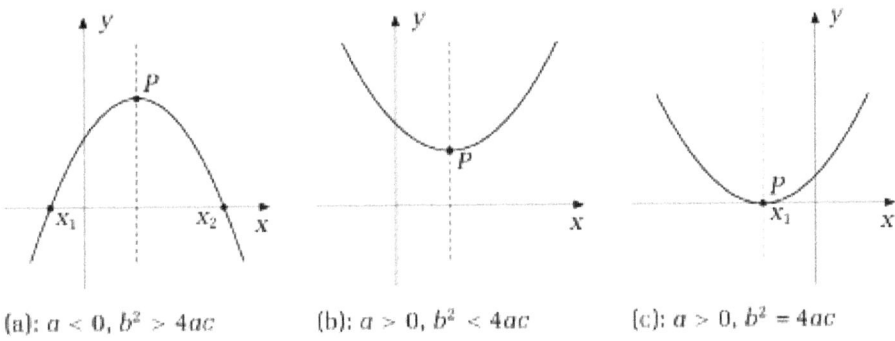

(a): $a < 0$, $b^2 > 4ac$ (b): $a > 0$, $b^2 < 4ac$ (c): $a > 0$, $b^2 = 4ac$

Abbildung 3.5 Quadratische Funktionen

Wird obige Gleichung Null gesetzt, also

$$0 = ax^2 + bx + c$$

dann lautet die Lösungsformel

$$x_{1,2} = \frac{-b \pm \sqrt{b^2 - 4ac}}{2a}$$

Eine quadratische hat

- 2 Lösungen, wenn $b^2 - 4ac > 0$
- 1 Lösung, wenn $b^2 - 4ac = 0$
- keine Lösung, wenn $b^2 - 4ac < 0$.

Beispiel 1: Wie lauten die Lösungen der Gleichung $2x^2 - 8x + 6 = 0$?

$$x_{1,2} = \frac{-b \pm \sqrt{b^2 - 4ac}}{2a} = \frac{8 \pm \sqrt{64 - 4 \cdot 2 \cdot 6}}{2 \cdot 2}$$

Lösungen:

$$x_1 = \frac{8 + \sqrt{16}}{2 \cdot 2} = 3 \qquad x_2 = \frac{8 - \sqrt{16}}{2 \cdot 2} = 1$$

Es handelt sich also um 2 Lösungen, da $b^2 - 4ac > 0$, denn $8^2 - 4 \cdot 2 \cdot 6 > 0$.

Beispiel 2: Wie lauten die Lösungen der Gleichung $3x^2 - 6x + 3 = 0$?

$$x_{1,2} = \frac{-b \pm \sqrt{b^2 - 4ac}}{2a} = \frac{6 \pm \sqrt{36 - 4 \cdot 3 \cdot 3}}{2 \cdot 3}$$

Lösungen:

$$x_1 = \frac{6 + \sqrt{0}}{2 \cdot 3} = 1 \qquad x_2 = \frac{6 - \sqrt{0}}{2 \cdot 3} = 1$$

Es handelt sich also um eine Lösung, da $b^2 - 4ac = 0$, denn $6^2 - 4 \cdot 3 \cdot 3 = 0$.

Beispiel 3: Wie lauten die Lösungen der Gleichung $2x^2 - 3x + 4 = 0$?

$$x_{1,2} = \frac{-b \pm \sqrt{b^2 - 4ac}}{2a} = \frac{3 \pm \sqrt{9 - 4 \cdot 2 \cdot 4}}{2 \cdot 2} = \frac{3 \pm \sqrt{-23}}{4} = n.\,d.$$

Lösungen:
Da die Wurzel negativ ist, gibt es keine Lösungen, da diese nicht definiert sind. Etwas später, im Rahmen der „Differentialrechnung der ökonomischen Funktionen" wird auch die normierte Form der quadratischen Funktion vorgestellt.

3.3.1.4 Potenzfunktionen

Eine Potenzfunktion beinhaltet in der Basis die Variable und im Exponenten eine Konstante. Werden verschiedene Potenzfunktionen addiert, ergibt sich eine Polynomfunktion.
Die allgemeine Potenzfunktion lautet:

$$y = ax^r$$

Potenzfunktionen sind beispielsweise:

$$y = x \qquad y = x^2 \qquad y = x^3 \qquad y = x^{1/2} \qquad y = x^{1/3}$$

Graphisch ergeben sich daraus Funktionen, die linear, progressiv oder degressiv verlaufen (Abb. 3.6).

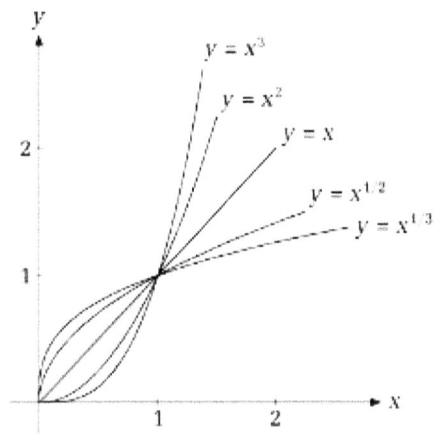

Abbildung 3.6 Potenzfunktionen

Die Funktion $y = x^{\frac{1}{2}}$ ist identisch zu $y = \sqrt{x}$.

Beispiele: Es sollen die obigen Potenzfunktionen mit allen ganzzahligen x-Werten von -2 bis +2 (inklusive 0) berechnet werden.

x	$y=x$	$y=x^2$	$y=x^3$	$y=\sqrt{x}$	$y=x^{1/3}$
-2	-2	4	-8	n. d.	n. d.
-1	-1	1	-1	n. d.	n. d.
0	0	0	0	0	0
1	1	1	1	1	1
2	2	4	8	1,41	1,26

Tabelle 3.10 Darstellung von Potenzfunktionen

3.3.1.5 Exponentialfunktionen

Von den Potenzfunktionen unterscheiden sich Exponentialfunktionen dahingehend, dass bei diesen die Basis eine Konstante beinhaltet, während der Exponent variabel ist. Die allgemeine Exponentialfunktion lautet:

$$y = a^x$$

Da in sehr vielen Exponentialfunktionen die Zeit t als maßgebliche Größe enthalten ist, wird in diesem Fall die Funktionsvariable t verwendet. Dann lautet die Funktion:

$$f(t) = a^t$$

Besonders hervorzuheben ist die **natürliche Exponentialfunktion**, die als Basis die Eulersche Zahl **e** (2,71828...) enthält:

$$y = e^x$$

Die Rechenregeln der e-Funktion wurden bereits dargestellt, sie lauten:

$$e^s \cdot e^t = e^{s+t} \qquad e^s/e^t = e^{s-t}$$

Wollen Sie die e-Funktion noch einmal ökonomisch nachvollziehen, empfehle ich Ihnen in diesem Buch den Gliederungspunkt „Unterjährige Verzinsung" im Bereich der Zinsrechnung und Kapitalwerte.

Generell verändert sich die Exponentialfunktion überproportional, was auch anhand der Graphik in Abb. 3.7 veranschaulicht werden kann.

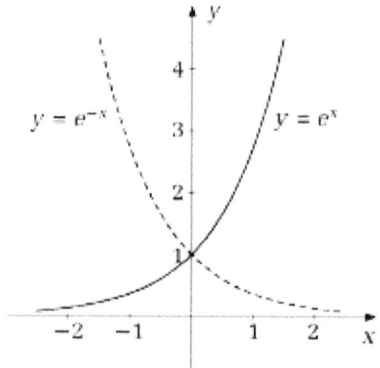

Abbildung 3.7 Exponentialfunktionen

Beispiel: Der Besitzer eines 100,- Euro-Scheins legt ihn zu einem Zins von jährlich 5 % für die kommenden 6 Jahre an. Wie ist die Wertentwicklung?[24]

Die Funktion lautet $f(t) = 100 \cdot 1{,}05^t$, denn $a = 1 + i/100 = 1 + 5/100 = 1{,}05$.

Die folgende Tabelle zeigt die Weiterentwicklung.

Zeit t [Jahr]	0	1	2	3	4	5	6
	100,00	105,00	110,25	115,76	121,55	127,63	134,00

Tabelle 3.11 Darstellung von Exponentialfunktionen

Sucht man beispielsweise den Wert der 100,- am Ende des 5. Jahres, so folgt:

$$f(t) = 100 \cdot 1{,}05^5 = 127{,}63 \text{ Euro}$$

Natürlich kann man diesen Wert auch durch Addition von jeweils 5 % auf den aktuellsten Wert, also durch Berechnung der Zinseszinsen berechnen.

3.3.1.6 Logarithmusfunktionen

Im Bereich der Exponentialfunktionen wird die unbekannte zu berechnende Variable, z.B. x oder t im Exponenten dargestellt. Durch logarithmieren kann die Variable dann berechnet werden.

---

24 — Dieses Beispiel enthält nicht die bereits erwähnte Euler'sche Zahl.

Betrachten Sie noch einmal die obige Gleichung:

$$f(t) = a^t$$

Im Beispiel ergeben sich dann durch Berücksichtigung des Startwertes A = 100,- Euro, des Zinses a = 1,05 und der jeweiligen Jahre t die Jahresbeträge. Am Ende des 6. Jahres entspricht der ursprüngliche 100,- Euro-Schein 134 Euro.

$$f(t) = 100 \cdot 1{,}05^6 = 134 \text{ Euro}$$

Die Frage kann ebenso lauten, nach wie viel Jahren sich der Startwert von A=100,- Euro durch eine 5 %ige jährliche Verzinsung (a = 1,05) auf f(t)=134,- Euro erhöht.[25] Zu berechnen ist also in diesem Fall der Wert t, also die Anzahl der Jahre. Hierzu dient die natürliche Logarithmusfunktion:

$$\ln f(t) = \ln A + t \ln a$$

Bei einem Logarithmus einer Potenz (hier a^t) wird also der Exponent (t) mit dem Logarithmus der Basis (a) multipliziert.
Aufgelöst nach dem gesuchten Wert t ergibt sich dann die Berechnung:

$$t = \frac{(\ln f(t) - \ln A)}{\ln a} = \frac{(\ln 134 - \ln 100)}{\ln 1{,}05} \approx 6$$

Nach ungefähr 6 Jahren hat sich also der Startwert von 100,- Euro bei einer 5 %igen Verzinsung unter Berücksichtigung der Zinseszinsen auf 134,- Euro erhöht.
Die bekanntesten Regeln für den natürlichen Logarithmus (ln) lauten:

$$\ln(xy) = \ln x + \ln y \qquad \ln\left(\frac{x}{y}\right) = \ln x - \ln y$$

$$\ln(x^t) = t \ln x \qquad \ln e = 1 \qquad \ln 1 = 0$$

3.3.1.7 Ökonomische Anwendungen

Die nun folgenden Anwendungen beziehen sich auf verschiedene Bereiche.

Beispiel 1: Ein Unternehmen, das nur 1 Produkt herstellt, hat folgende Kosten- und Preisabsatzfunktion:

$$K = 0{,}2x^2 + 2x + 20 \quad \text{Kostenfunktion}$$

$$p = 32 - 0{,}3x \quad \text{Preisabsatzfunktion}$$

Welche Menge sollte das Unternehmen produzieren, um den Gewinn zu maximieren? Wie hoch ist dann der Gewinn?

---

25 A beschreibt hier den Basiswert (Startwert).

Lösung:
Gesucht ist also der Gewinn, der sich aus den Erlösen minus Kosten zusammensetzt, also

$$G = E - K$$

Die Kostenfunktion ist bereits bekannt, der Erlös ergibt sich durch Multiplikation der Preisabsatzfunktion mit der Menge x und beträgt:

$$E = 32x - 0{,}3x^2 \quad \text{Erlösfunktion}$$

Daraus folgt $G_{\max} = E' - K' = 0 \Rightarrow E' = K'$

$$32 - 0{,}6x = 0{,}4x + 2 \Rightarrow x = 30$$

$$G = E - K = 32x - 0{,}3x^2 - 0{,}2x^2 - 2x - 20$$

$$G = 32 \cdot 30 - 0{,}3 \cdot 30^2 - 0{,}2 \cdot 30^2 - 2 \cdot 30 - 20 = 430$$

Dass es sich wirklich um ein Gewinnmaximum handelt, erfährt man auch, indem man als Ausbringungsmenge x = 29 bzw. x = 31, also einen niedrigeren und einen höheren Wert einsetzt. Es ergibt sich jeweils ein Gewinn von 429,50 Euro. Folglich ist die Ausbringungsmenge x = 30 wirklich das Gewinnmaximum (Abb. 3.8).

Habe ich Ihr Interesse geweckt? Gerne können Sie sich in diesem Buch den Gliederungspunkt „Kurvendiskussion" anschauen. Dort erkläre ich Ihnen algebraisch und graphisch die Extremwerte von Funktionen, zu denen (relative) Maximum- und Minimumstellen zählen.

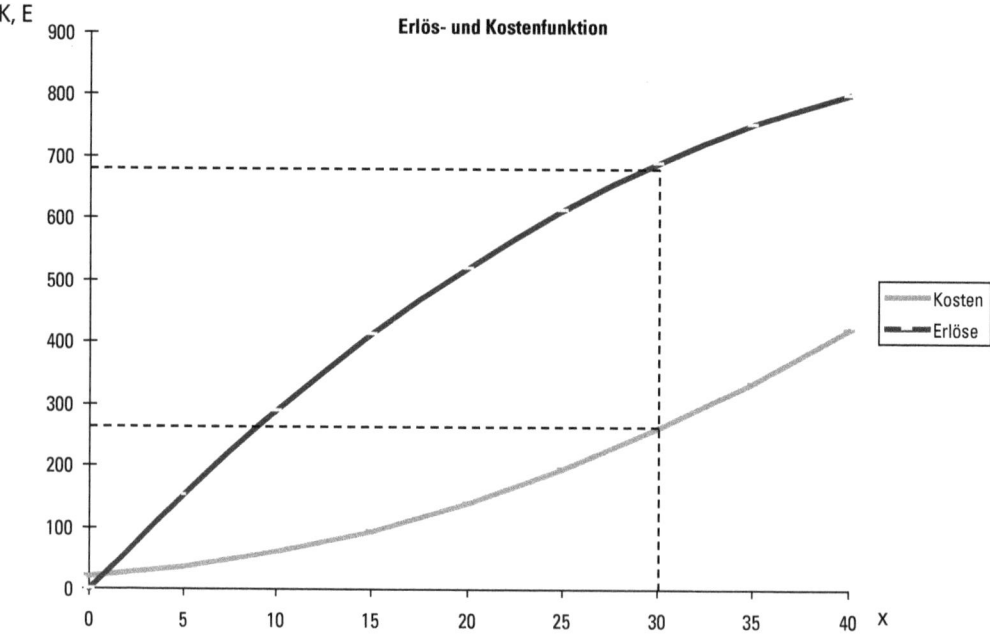

Abbildung 3.8 Kosten- und Erlösfunktion

Beispiel 2: Ein Unternehmen hat folgende Erlös- und Kostenfunktion.

$$E(x) = -0{,}2x^2 + 2x \qquad K(x) = 0{,}2x + 1{,}6$$

a) Stellen Sie die Funktionen graphisch dar und bestimmen Sie anhand konstanter Ausbringungsmengen den maximalen Gewinn?
b) Bestimmen Sie anhand der Graphik die Erlös- und Gewinnschwellenmengen?
c) Bestimmen Sie die Gewinnschwellen?

Lösung:
Zu a) siehe Abb. 3.9

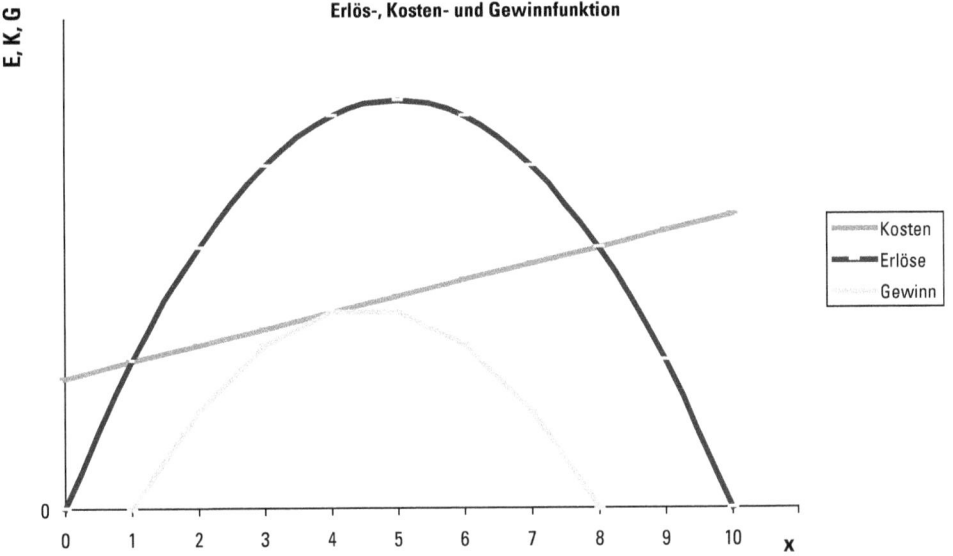

Abbildung 3.9 Erlös-, Kosten- und Gewinnfunktion

Die Erlösfunktion scheint ein Maximum bei x = 5 Einheiten zu haben und ist eine Parabel, die nach unten geöffnet ist. Die Kostenfunktion verläuft linear nach oben. Die Gewinnfunktion gleicht etwas der Erlösfunktion, sie ist eine Parabel, die ebenfalls nach unten geöffnet ist. Anhand der konstanten Ausbringungsmengen ist allerdings das Gewinnmaximum noch nicht erkennbar. Es scheint zwischen 4 und 5 Einheiten zu liegen.
Zu b) Die Erlösfunktion hat eine Schwelle bei 0 und eine Grenze bei 10 Einheiten. Die Gewinnfunktion hat eine Schwelle bei 1 und eine Grenze bei 8 Einheiten.
Zu c) Bestimmung der Gewinnschwellen

$$G(x) = E(x) - K(x) = -0{,}2x^2 + 1{,}8x - 1{,}6 = 0$$

$$-0{,}2x^2 + 1{,}8x - 1{,}6 = 0$$

Die Standardformel zur Lösung einer quadratischen Funktion lautet:

$$0 = ax^2 + bx + c$$

aus der dann die Lösungsformel $x_{1,2} = \dfrac{-b \pm \sqrt{b^2 - 4ac}}{2a}$ abgeleitet wird. Bezogen auf obige Gleichung ergibt sich:

$$0 = x^2 - 9x + 8$$

$$x_{1,2} = \frac{9 \pm \sqrt{(-9)^2 - 4 \cdot 1 \cdot 8}}{2 \cdot 1} \qquad x_1 = \frac{9 + \sqrt{49}}{2} = 8 \qquad x_2 = \frac{9 - \sqrt{49}}{2} = 1$$

Wie bereits die Graphik gezeigt hat, liegen die Gewinnschwellen (Nullstellen) bei x_1=8 und x_2=1. Später, im Rahmen der Differentialrechnung und der daraus abgeleiteten Extremwertbestimmung wird das Gewinnmaximum noch erklärt. Beispiele und Fallstudien werden dann zeigen, wie man Maximum- und Minimumstellen berechnet.

Beispiel 3: Ein Staat möchte der Europäischen Union beitreten und bespricht das geplante Wirtschaftswachstum mit deren Vertretern. Der Staat geht in den nächsten 7 Jahren von einem Anstieg des Bruttosozialproduktes (BSP) pro Jahr von 1,8 % aus. Der jetzige Index liegt bei 100.

a) Wie hoch wird der Index des BSP nach diesen 7 Jahren sein?
b) Nach wie vielen Jahren würde bei gleicher Wachstumsrate der Index 120 betragen?

Lösung:
Zu a) Die Exponentialfunktion $f(t) = a^t$ lautet $f(t) = 100 \cdot 1{,}018^7$. Der Index des BSP nach 7 Jahren wird folglich auf 113,30 geschätzt.
Zu b) Die Exponentialfunktion wird logarithmiert und ergibt[26]

$$t = \frac{(\ln f(t) - \ln A)}{\ln a} = \frac{(\ln 120 - \ln 100)}{\ln 1{,}018} \approx 10{,}22 \text{ Jahre}$$

3.3.2 Eigenschaften ökonomischer Funktionen

3.3.2.1 Verschiebung und Drehung

Im Rahmen ökonomischer Sachverhalte kommt es immer wieder einmal vor, dass sich Beziehungen ändern, indem sich bspw. fixe oder variable Kosten erhöhen oder geringer ausfallen. Im Rahmen des Abschnitts über lineare Funktionen wurde die Gleichung $y = 4x + 20$ vorgestellt. Etwas modifiziert könnte so eine Kostenfunktion (K) aussehen. Die variablen Kosten würden dann 4 Euro und die fixen Kosten 20 Euro betragen.

$$K = 20 + 4x$$

Eine Verschiebung bedeutet eine Erhöhung/Reduktion der Fixkosten.

---

26 — Siehe Fallstudie 11 und 12.

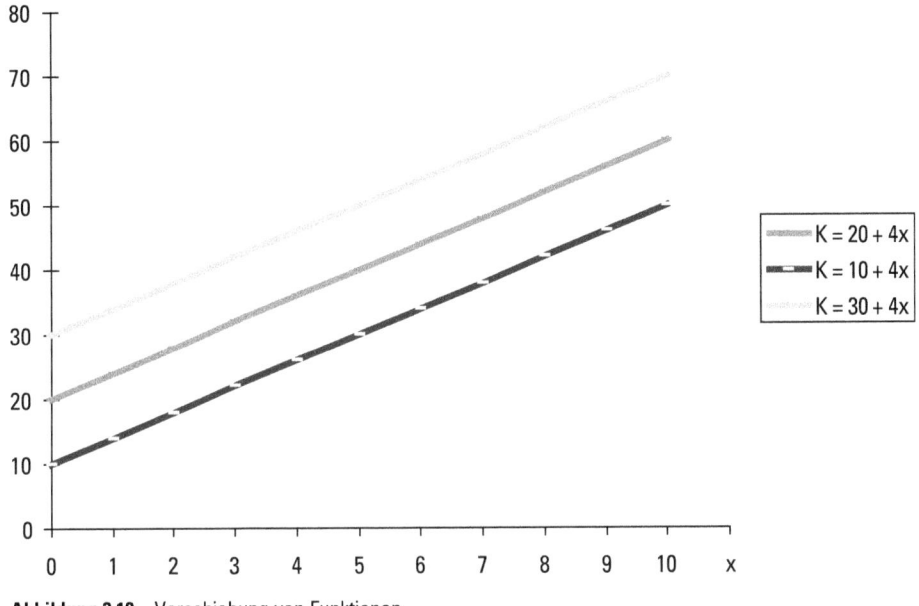

Abbildung 3.10 Verschiebung von Funktionen

Wie Abbildung 3.10 zeigt, bewirkt die Erhöhung der Fixkosten von 20 auf 30 Einheiten eine Parallelverschiebung nach oben, während eine Fixkostenreduktion von 20 auf 10 Einheiten eine Parallelverschiebung nach unten bedeutet.

Eine Drehung wird herbeigeführt, sobald sich die variablen Kosten verändern. Wie im weiteren Verlauf im Abschnitt über die Differentialrechnung gezeigt wird, bedeutet eine Drehung eine Veränderung der Steigung einer (linearen) Funktion.

In Abbildung 3.11 verursacht ein Anstieg der variablen Kosten von 4 auf 6 Einheiten einen Anstieg des Steigungsmaßes und somit eine Drehung nach links oben, während eine Verringerung der variablen Kosten von 4 auf 2 Einheiten die lineare Funktion flacher verlaufen lässt, was eine Drehung nach rechts unten bedeutet.

Viele ökonomische Fragestellungen beziehen sich auch auf Funktionsverschiebungen, die durch Mengen- und/oder Preisänderungen entstehen. Abbildung 3.12 zeigt eine Linksverschiebung einer Güterangebotskurve (A), was eine Mengenverknappung und gleichzeitige Preiserhöhung zur Folge hat. Natürlich nur dann, wenn die Güternachfragekurve (N) konstant bleibt.

Natürlich können auch bei auch nichtlinearen Funktionen Verschiebungen bzw. Drehungen auftreten. Abb 3.13 zeigt als Beispiel eine Verschiebung einer Wurzelfunktion.[27]

---

27 Vgl. hierzu auch Sydsaeter K./Hammond P./Strom A., 2013, S. 165ff.

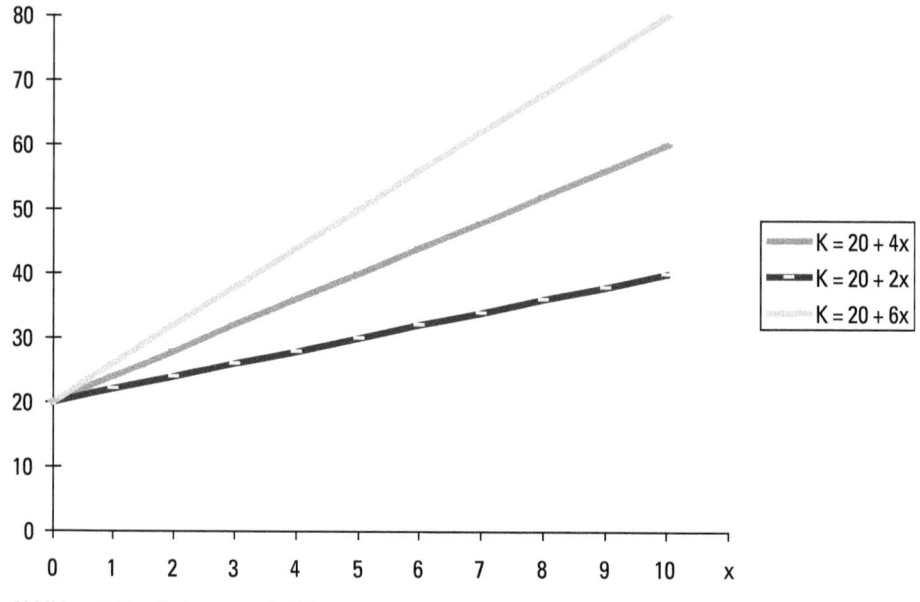

Abbildung 3.11 Drehung von Funktionen

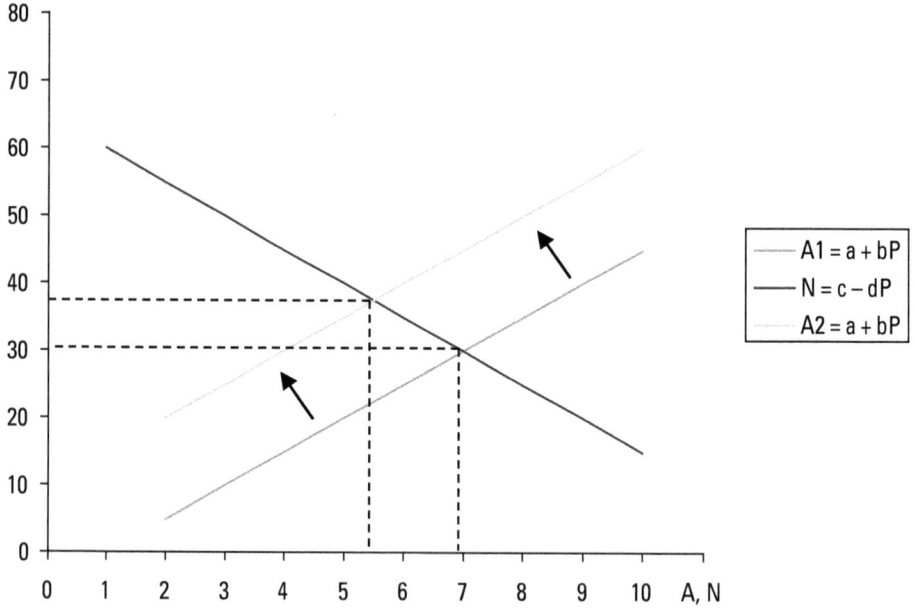

Abbildung 3.12 Angebots- und Nachfragefunktionen

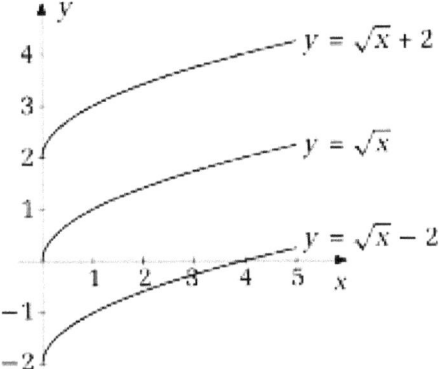 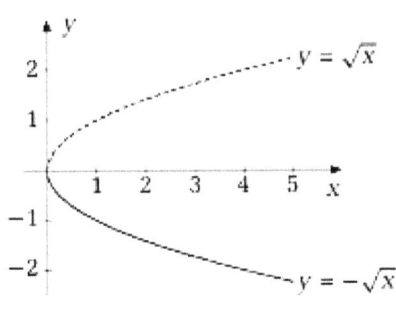

Abbildung 3.13 Verschiebung der Wurzelfunktion

3.3.2.2 Inverse Funktionen

Bezüglich der inversen Funktionen werden im Bereich der BWL und VWL häufig ganz unterschiedliche Fragen gestellt, die eigentlich gleiche oder zumindest ähnliche Inhalte haben. Wie im Abschnitt über lineare Funktionen bereits beschrieben, kann man folgende Funktion betrachten:

$y = 2x + 1$

Die Variable y ist also eindeutig von der Variablen x abhängig. Etwas konkreter könnte man die beiden Variablen auch durch A bzw. P ersetzen. Dabei ist A z. B. das Güterangebot eines Produktes und P der Preis.

$A = 2P + 1$

Steigt also der Preis des Produktes, so erhöht sich auch das Güterangebot. Bezogen auf eine Preisspanne ergeben sich dann diverse Angebotsmengen.

P	2	3	4	5	6	7	8
A	5	7	9	11	13	15	17

Tabelle 3.12 Darstellung einer inversen Funktion I

Ebenso gut kann sich der Unternehmer, der dieses Gut produziert, auch die Frage stellen, ob nicht vielmehr der Preis von der angebotenen Menge abhängig ist. Der Unternehmer würde sich also für die umgekehrte Funktion und damit die Inverse Funktion interessieren. Löst man also obige Funktion nach P auf, so ergibt sich:

$P = 0{,}5A - 0{,}5$

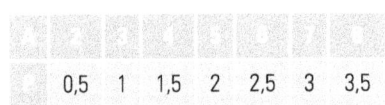

Tabelle 3.13 Darstellung einer inversen Funktion II

Die Ursprungsfunktion und deren Inverse zeigen demzufolge einen umgekehrten Verlauf.[28]

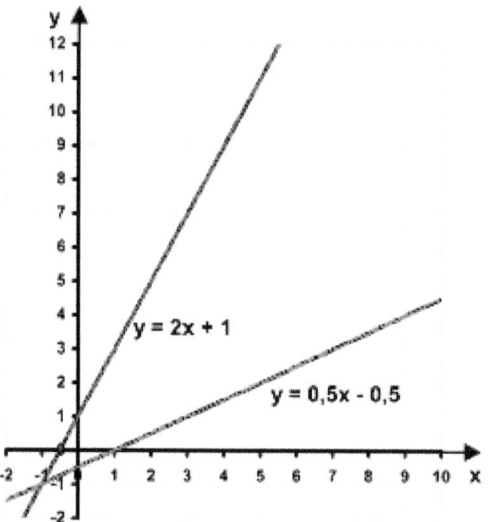

Abbildung 3.14   Inverse Funktion

Die steil verlaufende Funktion in Abb. 3.14 beschreibt die Angebotsfunktion, bei der das Angebot vom Preis abhängig ist. Die flacher verlaufende (untere) Funktion hingegen stellt die Preisfunktion dar. Es handelt sich also um die **Inverse**. Graphisch stellen somit die zu erklärenden Variablen immer die Ordinate, also die y-Achse dar! Ähnliche Umkehrfunktionen, also Inversen, kann man sich (natürlich) auch für nicht lineare Funktionen vorstellen, was im späteren Verlauf auch (indirekt) beschrieben wird.

3.3.2.3 Monotonie von Funktionen

Im Rahmen vieler ökonomischer Fragestellungen stellt sich häufiger die Frage, wie sich die zu beschreibende, abhängige Variable y nach der Veränderung der beschreibenden, also unabhängigen Variablen x ebenfalls verändert. Wichtig ist dies z.B. bei der Frage, wie sich Gesamtkosten eines Unternehmens bei den Änderungen der fixen und/oder der variablen Kosten verhalten.
Zu unterscheiden sind vier spezielle ökonomische Beziehungen, die durch entsprechende Definitionsbereiche charakterisiert sind:
Eine Funktion f heißt in einem Intervall I ihres Definitionsbereiches

- schwach monoton wachsend, wenn $f(x_1) \leq f(x_2)$, mit $x_1 < x_2$
- schwach monoton fallend, wenn $f(x_1) \geq f(x_2)$, mit $x_1 < x_2$

---

28   In dem Beispiel wird als erklärende (unabhängige) Variable immer x und als zu erklärende (abhängige) Variable immer y gewählt.

Eine Funktion f heißt in einem Intervall I ihres Definitionsbereiches

- streng monoton wachsend, wenn $f(x_1) < f(x_2)$, mit $x_1 < x_2$
- streng monoton fallend, wenn $f(x_1) > f(x_2)$, mit $x_1 < x_2$

Beispiel für eine schwach monoton wachsende Funktion:
Gegeben sei die Funktion:

$$y = \begin{cases} 0{,}60 \Rightarrow 0 < x \leq 50 \\ 0{,}80 \Rightarrow 50 < x \leq 100 \\ 1{,}00 \Rightarrow 100 < x \leq 200 \end{cases}.$$

Innerhalb des ersten Intervalls, wenn also bspw. folgendes gilt:

$x_1 = 49 < x_2 = 50$

bleibt der Wert konstant, d.h. $f(x_1) = 0{,}60 \leq f(x_2) = 0{,}60$

Verändert sich die erklärende Variable allerdings, z.B.

$x_2 = 50 < x_3 = 51$, so steigt der Funktionswert $f(x_2) = 0{,}60 \leq f(x_3) = 0{,}80$.

Beispiel für eine streng monoton fallende Funktion, die durch $y = 1/x$ erklärt werden soll.
Die Funktion ist im Definitionsbereich $I_1 = (-\infty, 0)$ und $I_2 = (0; \infty)$ streng monoton fallend, nicht aber in ihrem gesamten Definitionsbereich. Es ist nämlich z.B.

$x_1 = -1 < x_2 = 1 \Rightarrow f(x_1) < f(x_2)$

In den Definitionsbereichen I_1 und I_2 gilt die strenge Monotonie aber immer, z. B.

$x_1 = 2 < x_2 = 3 \Rightarrow f(x_1) = 0{,}50 > f(x_2) = 0{,}33$

$x_2 = 3 < x_3 = 4 \Rightarrow f(x_2) = 0{,}33 > f(x_3) = 0{,}25$

3.3.2.4 Ökonomische Anwendungen

Nun werden verschiedene Beispiele für spezielle Eigenschaften von ökonomischen Funktionen (Monotonie, Verschiebung/Drehung bzw. Umkehrbarkeit) erläutert.

Beispiel 1: Ein Unternehmen hat ein homogenes Gut, das variable Kosten von 2,- Euro pro Stück und Fixkosten von 20,- Euro hat. Entscheiden Sie, ob die Kostenfunktionen monoton steigend oder monoton fallend sind. Geben Sie an, in welchem Fall eine Drehung oder Verschiebung zu erwarten ist.

Lösung:
Die Gesamtkostenfunktion lautet: $K = 2x + 20$. Diese ist monoton steigend, denn mit jeder Ausbringungsmenge steigt sie stetig um immer 2,- Euro an.

x	0	1	2	3	4	5	6	7	8	9	10
K	20	22	24	26	28	30	32	34	36	38	40

Die Stückkostenfunktion lautet $k = \dfrac{(2x + 20)}{x}$ und ist monoton fallend, da mit jeder Ausbringungsmenge (x) die Stückkosten (unterproportional) zurückgehen.

x	0	1	2	3	4	5	6	7	8	9	10
k	n. d.	22	12	8,67	7,00	6,00	5,33	4,86	4,50	4,22	4,00

Eine Verschiebung würde sich bei Änderung der Fixkosten ergeben. Steigen/sinken die Fixkosten, verschiebt sich die Gesamtkostenfunktion nach links oben/rechts unten. Eine Drehung der Gesamtkostenfunktion findet wie folgt statt. Steigen die variablen Kosten, dreht sich die Gesamtkostenfunktion nach links oben, verläuft also steiler. Sinken die variablen Kosten, dreht sich die Gesamtkostenfunktion nach rechts unten, verläuft also flacher.[29]

Beispiel 2: Der neue Mitarbeiter des Vertriebsbereiches eines Unternehmens erhält pro Monat ein Fixgehalt von 500,- Euro und ein variables Gehalt von 25,- Euro/Stunde.

a) Wie hoch ist das Monatsgehalt (M) bei abgeleisteten 180 Stunden (S)?
b) Wie viele Stunden müssten abgeleistet werden, um 7.000 Euro zu verdienen?

Lösung:
Zu a)

$$M = 500 + 25S \quad \text{oder} \quad y = 500 + 25x \Rightarrow y = 500 + 25 \cdot 180 = 5.000,-\text{ Euro}$$

Bei dem fixen Gehalt von 500,- Euro und dem variablen Gehalt von 4.500,- Euro beträgt das Monatsgehalt bei den 180 Stunden 5.000,- Euro.

Zu b) Zu der bei Aufgabe a) erstellten Funktion wird die Inverse (Umkehrfunktion) abgeleitet, d.h. x wird als abhängige und y als unabhängige Variable bestimmt.[30]

$$S = \frac{1}{25} \cdot M - 20 \quad \text{oder} \quad y = \frac{1}{25} \cdot x - 20 \Rightarrow y = \frac{1}{25} \cdot 7000 - 20 = 260$$

Folglich müssten 260 Stunden abgeleistet werden, um 7.000 Euro zu erhalten.[31]

3.3.3 Differentialrechnung ökonomischer Funktionen

3.3.3.1 Grundlagen

Bei der Untersuchung von Funktionen sind oft nicht nur deren generelle Eigenschaften (wie z. B. die oben beschriebene Monotonie, inverse Funktionen etc.) von Interesse, sondern z. B. auch ihre Steigung oder ihr Krümmungsverhalten. Jede Funktion f(x) hat an jedem Punkt x_0 ihres Definitionsbereiches eine Steigung (mit Ausnahme der Unste-

---

[29] Sollten Ihnen die Verschiebungen oder Drehungen von Funktionen unbekannt sein, verweise ich auf die letzten Gliederungspunkte.
[30] Siehe Fallstudie 13 und 14.
[31] Man kann das Beispiel auch graphisch darstellen, das wäre aber aufgrund der Werte sehr unübersichtlich.

tigkeitsstellen). Sie ist definiert als die Steigung der im Punkt x_0 an die Kurve der betreffenden Funktion angelegten Tangente.
Abbildung 29 soll diesen Zusammenhang veranschaulichen.

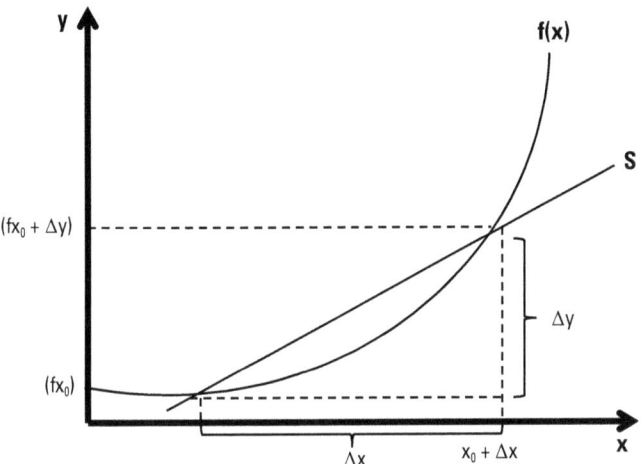

Abbildung 3.15 Grundlagen der Differentialrechnung

Das Schaubild legt nahe, die unbekannte Steigung der Tangente T durch die Steigung der Sekante S zu approximieren, die durch den **Differenzenquotienten**

$$\frac{f(x_0 + \Delta x) - f(x_0)}{\Delta x} = \frac{\Delta y}{\Delta x}$$

gegeben ist. Der Fehler, den man dabei macht, ist offensichtlich umso kleiner, je näher man an den Punkt x_0 herankommt, d.h., je kleiner Δx wird.
Der Fehler verschwindet schließlich ganz, wenn man den Grenzwert des Differenzenquotienten für $\Delta x \to 0$ betrachtet.
Dann lautet die **Definition:**

$$\lim \Delta x \to \infty \quad \frac{f(x_0 + \Delta x) - f(x_0)}{\Delta x} = \frac{df}{dx}(x_0)$$

Die infinitesimalen Größen df und dx heißen Differentiale; df/dx heißt **Differentialquotient** oder **Ableitung** (an der Stelle x_0) und wird alternativ durch die Symbolik $f'(x_0)$ ersetzt.

Ist eine Funktion f(x) in allen Punkten eines Intervalls differenzierbar, so ist die entstehende Abbildung wieder eine Funktion f'(x), die man als Ableitung von f(x) bezeichnet.
Die Berechnung selbst einfacher Ableitungen ist oft sehr aufwendig. Es gibt jedoch für viele Funktionstypen einfache Differentiationsregeln, die in folgender Tabelle zusammengestellt sind.

Nr.	Funktion	Ableitung	Nr.	Funktion	Ableitung	Bedingung
1	C	0	9	e^x	e^x	
2	X	1	10	$e^{f(x)}$	$f'(x) \cdot e^{f(x)}$	
3	x^n	nx^{n-1}	11	$\ln x$	$\dfrac{1}{x}$	$x > 0$
4	$\dfrac{1}{x}$	$-\dfrac{1}{x^2}$	12	$\sin x$	$\cos x$	
5	$\dfrac{1}{x^n}$	$-\dfrac{n}{x^{n+1}}$	13	$\cos x$	$-\sin x$	
6	$\sqrt{x}$	$\dfrac{1}{2 \cdot \sqrt{x}}$	14	$\tan x$	$\dfrac{1}{(\cos x)^2}$	$\cos x \neq 0$
7	$\sqrt[n]{x}$	$\dfrac{1}{n \cdot \sqrt[n]{x^{n-1}}}$	15	$\ctg x$	$-\dfrac{1}{(\sin x)^2}$	$\sin x \neq 0$
8	x^r	rx^{r-1}				

Tabelle 3.14 Einfache Ableitung bekannter Funktionen

3.3.3.2 Grundregeln des Differenzierens

Es gibt einige Grundregeln, die bei Differenzieren beachtet werden müssen. Sie erleichtern Ihnen die Rechnung und helfen, Fehler zu vermeiden. Im Folgenden werden die Regeln vorgestellt und durch Beispiele veranschaulicht:

a) die Summenregel
b) die Produktregel
c) die Quotientenregel und
d) die Kettenregel.

Zu a) die **Summenregel**

Definition: Die Funktionen $f_1(x)$, $f_2(x)$, ..., $f_n(x)$ seien auf dem Intervall I in allen Punkten differenzierbar. Bei einer Funktion der Form:

$$f(x) = f_1(x) + f_2(x) + \ldots + f_n(x) \quad \text{lautet die 1. Ableitung:}$$

$$f'(x) = f_1'(x_0) + f_2'(x_0) + \ldots + f_n'(x_0)$$

Beispiel:

$$f_1(x) = 9x^2 \quad f_2(x) = e^x \quad f_3(x) = -\sin x$$

Daraus folgt die Originalfunktion f(x) und die 1. Ableitung f'(x):

$$f(x) = 9x^2 + e^x - \sin x$$

$$f'(x) = 18x + e^x - \cos x$$

Zu b) die **Produktregel**
Definition: Die Funktionen u(x) und v(x) seien auf dem Intervall I in allen Punkten differenzierbar. Bei einer Funktion der Form:

$$f(x) = u(x) \cdot v(x) \quad \text{lautet die 1. Ableitung:}$$

$$f'(x) = u'(x_0) \cdot v(x_0) + v'(x_0) \cdot u(x_0)$$

Beispiel:

$$u(x) = 2x \qquad v(x) = x^2 + 5x + 7$$

Daraus folgt die Originalfunktion f(x) und die 1. Ableitung f'(x):

$$f(x) = 2x \cdot (x^2 + 5x + 7)$$

$$f'(x) = 2 \cdot (x^2 + 5x + 7) + (2x + 5) \cdot 2x = 2x^2 + 10x + 14 + 4x^2 + 10x$$
$$= 6x^2 + 20x + 14$$

Zu c) die **Quotientenregel**
Definition: Die Funktionen u(x) und v(x) seien auf dem Intervall I in allen Punkten differenzierbar. Bei einer Funktion der Form:

$$f(x) = \frac{u(x)}{v(x)} \quad \text{lautet die 1. Ableitung:}$$

$$f'(x) = \frac{u'(x_0) \cdot v(x_0) - v'(x_0) \cdot u(x_0)}{v(x_0)^2}$$

Beispiel:

$$u(x) = 2x^2 \qquad v(x) = 5x$$

Daraus folgt die Originalfunktion f(x) und die 1. Ableitung f'(x):

$$f(x) = \frac{2x^2}{5x}$$

$$f'(x) = \frac{4x \cdot 5x - 5 \cdot 2x^2}{25x^2} = \frac{20x^2 - 10x^2}{25x^2} = \frac{2}{5}$$

Zu d) die **Kettenregel**
Definition: Gegeben sei die mittelbare (zusammengesetzte) Funktion:

$$f(x) = g[h(x)]$$

wobei sowohl die **innere Funktion** h(x) als auch die **äußere Funktion** g[h(x)] differenzierbar sei: Dann gilt

$$f'(x) = g'[h(x)] \cdot h'(x)$$

Beispiel:

$$h(x) = 1 - x^2 = u$$
$$g(u) = \sqrt{u}$$

Daraus folgt die Originalfunktion f(x) und die 1. Ableitung f'(x):

$$f(x) = \sqrt{(1-x^2)}$$

$$f'(x) = \frac{1}{2\sqrt{(1-x^2)}} \cdot (-2x) \quad \text{(innere Ableitung mal äußere Ableitung)}$$

Vielleicht ist es für Sie auch etwas leichter, wenn ich die Originalfunktion etwas umschreibe und diese ableite.

$$f(x) = (1-x^2)^{\frac{1}{2}}$$

$$f'(x) = \frac{1}{2}(1-x^2)^{-\frac{1}{2}} \cdot -2x \Rightarrow f'(x) = \frac{1}{2\sqrt{(1-x^2)}} \cdot -2x$$

Es führt natürlich exakt zum gleichen Ergebnis. Wichtig ist, dass man bei der Kettenregel die beiden „Funktionsparameter" erkannt und dadurch die innere Ableitung (hier –2x) und die äußere Ableitung berechnen kann.

3.3.3.3 Kurvendiskussion

Unter einer vollständigen Kurvendiskussion versteht man die Untersuchung einer Funktion hinsichtlich folgender Punkte:

1. Definitionsbereich von f(x)
2. Unstetigkeitsstellen von f(x)
3. Verhalten von f(x) für x → ∞ und x → –∞
4. Nullstellen von f(x), f'(x) und f''(x)
5. Bereiche, in denen f(x) wächst bzw. fällt
6. Extremwerte, größte und kleinste Werte (Maximum- bzw. Minimumwerte)
7. Wendepunkte
8. Wertetabelle
9. Graph der Funktion

Die Kurvendiskussion wird nun anhand der Funktion

$$f(x) = x + x^2 - \frac{x^3}{3}$$

erklärt, wobei aus didaktischen Gründen mit dem Graph der Funktion begonnen wird!

Graph von Funktionen

Die folgende Abbildung 3.16 zeigt die oben beschriebene s-förmig verlaufende Funktion, die offensichtlich ein relatives Minimum bei ca. $x_1 = -0,4$ und ein relatives Maximum bei ca. $x_2 = +2,4$ hat. Diese Funktion verlässt dann bei etwa $x_3 = +3,8$ den positiven Bereich der abhängigen Variablen, also von y. Ab dort werden die Funktionswerte negativ.

Die 1. Ableitung lautet $f'(x) = 1 + 2x - x^2$ und bildet eine negativ verlaufende Parabel. Die 2. Ableitung bildet eine negativ verlaufende lineare Funktion und beträgt $f''(x) = 2 - 2x$. Offensichtlich hat die 1. Ableitung bei den Nullstellen der x-Variable etwas mit dem relativen Minimum und Maximum der Ursprungsfunktion zu tun, während die 2. Ableitung eine Nullstelle bei x = 1 besitzt und dort den Wendepunkt der ursprünglichen Funktion beschreibt.

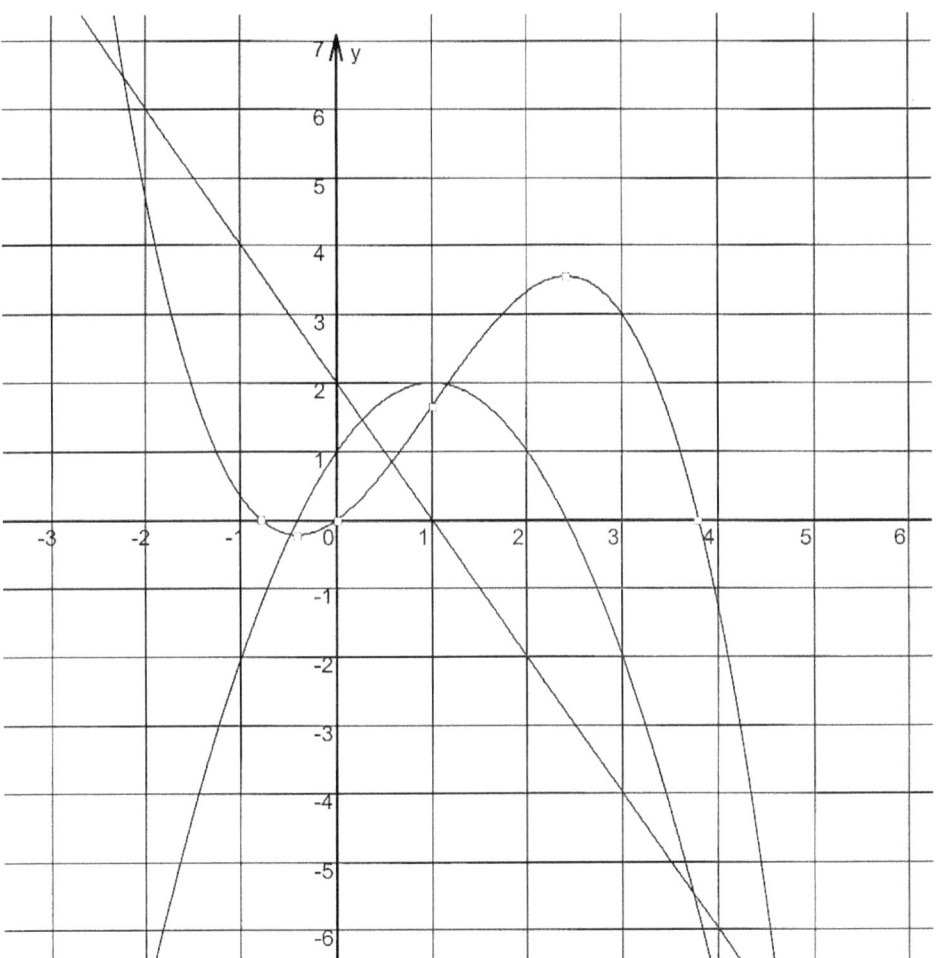

Abbildung 3.16 Graphen von Funktionen

Unstetigkeitsstellen von Funktionen
Definition: Die Stetigkeit einer Funktion ist dann gegeben, wenn die Funktion in ihrem gesamten Intervall definiert ist. Graphisch kann man Stetigkeit daran erkennen, dass sich die Funktion „durchzeichnen" lässt.
Von den elementaren Funktionen sind:

- **stetig im gesamten Definitionsbereich:** ganze rationale Funktionen sowie die Funktionen sin x, cos x, und ex
- **stetig im Definitionsbereich mit Abbruch am Rand des Definitionsbereichs:** irrationale Funktionen (Wurzeln) mit ganzzahligen Wurzelexponenten mit einem Polynom als Radiant oder die Funktion log x.

Beispiel:

$f(x) = x + x^2 - \dfrac{x^3}{3}$ ist stetig im gesamten Definitionsbereich

3.3.3.4 Verhalten von Funktionen

Definition: Hier geht es darum festzustellen, ob f(x) gegen einen endlichen Grenzwert konvergiert, wenn x über alle Grenzen wächst (x → ∞) oder unter alle Grenzen fällt (x → -∞).

Beispiel:

$f(x) = x + x^2 - \dfrac{x^3}{3}$ ist eine Funktion, für die gilt:

x → +∞ ⇒ f(x) → -∞

x → -∞ ⇒ f(x) → +∞

3.3.3.5 Nullstellen von Funktionen

Definition: Um signifikante Werte der Funktion f(x) zu erhalten, werden im Rahmen der Kurvendiskussion die Nullstellen ermittelt. Es handelt sich hierbei um Werte der unabhängigen Variablen x_0, die, eingesetzt in die Funktionsgleichung, dort den Wert 0 ergeben. Die Anzahl der maximal möglichen Nullstellen wird durch den Polynomgrad bestimmt (y = x^3 bspw. liefert maximal 3 Nullwerte).

Beispiel:

$f(x) = x + x^2 - \dfrac{x^3}{3}$ liefert eine erste Nullstelle von f(x) bei $x_1 = 0$ (Ursprung).

Die zweite und dritte Nullstelle ermitteln wir durch **Polynomdivision** (Teilung der Originalfunktion durch die erste Nullstelle) mit anschließender Auflösung der quadratischen Gleichung.

$(x + x^2 - x^3/3)/(x - 0) = 1 + x - x^2/3$

$1 + x - x^2/3 = 0$ wird umgeformt zu

$3 + 3x - x^2 = 0$ bzw.

$x^2 - 3x - 3 = 0$

Dies ist die sogenannte normierte Form der quadratischen Gleichung mit der allgemeinen Form:[32]

$x^2 + px + q = 0$

und den Nullstellen bei:

$$x_2 = -\frac{p}{2} + \sqrt{\left(\frac{p}{2}\right)^2 - q}$$

$$x_3 = -\frac{p}{2} - \sqrt{\left(\frac{p}{2}\right)^2 - q}$$

Für $x^2 - 3x - 3 = 0$ ergibt sich dann:

$$x_2 = \frac{3}{2} + \sqrt{\left(\frac{3}{2}\right)^2 + 3} = 3{,}7913$$

$$x_3 = \frac{3}{2} - \sqrt{\left(\frac{3}{2}\right)^2 + 3} = -0{,}7913$$

Insgesamt ergeben sich für die Funktion somit die Nullstellen:
$x_1 = 0$; $x_2 = 3{,}7913$ und $x_3 = -0{,}7913$

3.3.3.6 Exkurs: Das Horner-Schema zur Nullstellenbestimmung

Da die Nullstellenbestimmung von Funktionen sehr wichtig ist, aber auch sehr zeitintensiv sein kann, können Nullstellen mit dem so genannten Horner-Schema berechnet werden, was anhand eines kleinen **Beispiels** erklärt wird. Eine Funktion lautet:

$f(x) = x^4 - 25x^2 - 60x - 36$

Abbildung 3.17 enthält alle Schritte des Horner-Schemas, das im Folgenden erläutert wird.
Der erste Schritt besteht darin, die Originalfunktion Null zusetzen, um im Anschluss durch Ausprobieren eine erste Nullstelle zu erzeugen. Diese lautet $x_1 = -1$. Im 2. Schritt, der Polynomdivision werden die vier Polynome (x bis x^4) eingetragen und in der Zeile darunter mit den Werten der Originalfunktion versehen. x^4 enthält den Wert 1, x^3 wurde nicht festgestellt und erhält somit den Wert 0, x^2 die –25, x die –60, während der konstante Wert –36 lautet. Der Wert 1 von x^4 wird unverändert zwei Zeilen weiter geleitet (siehe Pfeil). Dann erfolgt jeweils die Multiplikation dieser Zeilenwerte mit der Nullstelle ($x_1 = -1$); es ergeben sich die Werte –1, +1, +24 und +36. Durch Addition mit dem darüberlegenden Spaltenwert ergeben sich die neuen Werte 1, –1, –24, –36 und 0. Diese spiegeln nun die Werte der verbleibenden Polynome x^3 bis x wider, so dass die

---

[32] Diese Darstellung habe ich Ihnen bereits im Gliederungspunkt der quadratischen Funktionen erklärt.

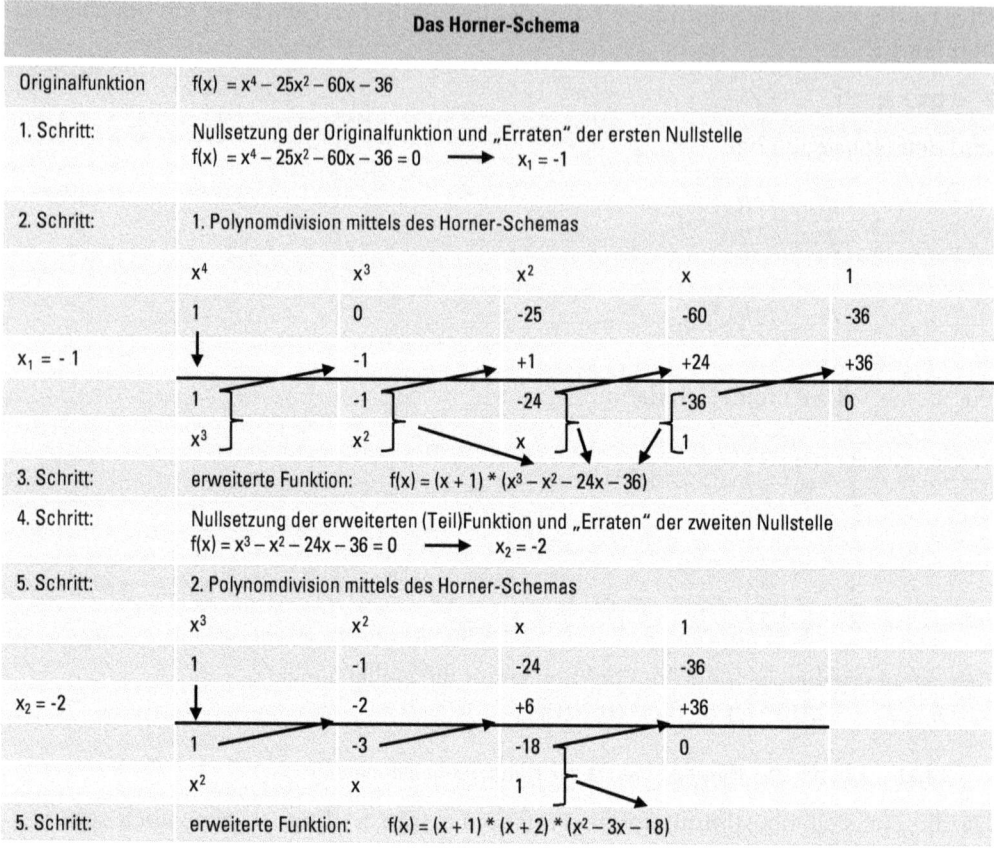

Abbildung 3.17 Die 5 Schritte des Horner-Schemas

berechneten Produkte durch den 3. Schritt die erweiterte Funktion abbilden. In den Schritten 4 bis 5 wiederholt man dann lediglich die eben beschriebenen Schritte. Auch die 2. Nullstelle ($x_2 = -2$) wird lediglich durch Ausprobieren ermittelt. Am Ende des 5. Schritts ergeben sich dann die beiden Terme $(x + 1)$ = 1. Nullstelle und $(x + 2)$ = 2. Nullstelle. Übrig bleibt der Term $x^2 - 3x - 18$. Daraus leiten sich mit Hilfe der p,q-Formel die letzten beiden Nullstellen $x_3 = -3$ und $x_4 = 6$ ab.

Mit Hilfe des Horner-Schemas ergibt sich also die modifizierte Originalfunktion[33]

$$f(x) = (x + 1) \cdot (x + 2) \cdot (x + 3) \cdot (x - 6) \,.$$

---

[33] Sollten Sie das Horner-Schema noch nicht verstanden haben, so empfehle ich Ihnen, das Beispiel im Internet noch einmal zu verfolgen. Geben Sie dann bitte über YouTube den Begriff des Horner-Schemas ein. Herr Alexander Tesch erklärt das Beispiel ganz hervorragend!

3.3.3.7 Bereiche fallender und steigender Funktionswerte

Definition: Das Steigungsverhalten einer Funktion f(x) ermittelt man mit Hilfe der 1. Ableitung. Es gilt:

- f(x) ist steigend in x_0, wenn $f'(x) > 0$
- f(x) ist fallend in x_0, wenn $f'(x) < 0$
- f(x) ist stationär in x_0, wenn $f'(x) = 0$.

Beispiel:

$f(x) = x + x^2 - \dfrac{x^3}{3}$ abgeleitet ergibt $f'(x) = 1 + 2x - x^2$

Die stationären Punkte ergeben sich wie folgt:

$$f'(x) = 1 + 2x - x^2 = 0 \quad \text{bzw.} \quad f'(x) = x^2 - 2x - 1 = 0$$

$$x_4 = \frac{2}{2} + \sqrt{\left(\frac{2}{2}\right)^2 + 1} = 2{,}4142$$

$$x_5 = \frac{2}{2} - \sqrt{\left(\frac{2}{2}\right)^2 + 1} = -0{,}4142$$

Somit lauten die Intervalle:

- $-\infty \leq x_0 < -0{,}4142 \Rightarrow f'(x) < 0 \Rightarrow f(x)$ ist fallend
- $x_0 = -0{,}4142 \Rightarrow f'(x) = 0 \Rightarrow f(x)$ ist stationär
- $-0{,}4142 < x_0 < -2{,}4142 \Rightarrow f'(x) > 0 \Rightarrow f(x)$ ist steigend
- $x_0 = -2{,}4142 \Rightarrow f'(x) = 0 \Rightarrow f(x)$ ist stationär
- $2{,}4142 < x_0 \leq +\infty \Rightarrow f'(x) < 0 \Rightarrow f(x)$ ist fallend

Die entsprechenden Intervalle können Sie auch gerne nochmal in der Abbildung „Graphen von Funktionen" nachvollziehen.

3.3.3.8 Extremwerte von Funktionen

Definition: Ein **Extremwert** kann ein **relatives Maximum** oder ein **relatives Minimum** sein. Ein Extremwert ist nicht zwangsläufig der größte oder kleinste Funktionswert. Die notwendige Bedingung für einen Extremwert einer Funktion f(x) an der Stelle x_0 ist

$f'(x) = 0.$

x_0 eingesetzt in die 2. Ableitung der Funktion f(x) gibt Aufschluss darüber, ob ein (relatives) Maximum oder Minimum vorliegt:

ist $f''(x) < 0$ → (relatives) Maximum

ist $f''(x) > 0$ → (relatives) Minimum

Beispiel:
Die Nullstellen der ersten Ableitung unseres Beispiels liegen bei

$x_4 = 2{,}4142$ und $x_5 = -0{,}4142$

$f''(x) = 2 - 2x$

Die Nullstellen eingesetzt ergeben:

$x_4 = 2{,}4142 \Rightarrow f''(x) = 2 - 2 \cdot 2{,}4142 = -2{,}82 < 0 \Rightarrow$ MAX[34]

$x_5 = -0{,}4142 \Rightarrow f''(x) = 2 + 2 \cdot 0{,}4142 = +2{,}82 > 0 \Rightarrow$ MIN

3.3.3.9 Exkurs

Ein weiteres, jedoch nur auf den Fall $f'(x) = 0$ anwendbares Verfahren zur Feststellung, ob ein, und falls ja, welcher Typ von Extremwert vorliegt, ist die Methode der höheren Ableitungen. Ist die Ableitung, in der nur noch eine Konstante auftritt, ungerade, gibt es keinen Extremwert. Ist diese Ableitung jedoch gerade und negativ, so existiert im Punkt x_0 ein relatives Maximum, ist sie gerade und positiv, existiert ein relatives Minimum.

Beispiel:
Gegeben sei $f(x) = x^4$

$f'(x) = 4x^3$; $f''(x) = 12x^2$; $f'''(x) = 24x$; $f''''(x) = 24$

D. h., die Ableitung, in der nur noch eine Konstante auftritt, ist gerade ($f^4(x)$), es existiert also ein Extremwert und zwar wegen $f^4(x) > 0$ ein relatives Minimum.

3.3.3.10 Wendepunkt von Funktionen

Definition: Der Graph einer Funktion f(x) hat an der Stelle x_0 einen Wendepunkt, wenn in einer gewissen Umgebung rechts und links von dieser Stelle entgegengesetztes Krümmungsverhalten herrscht. Die notwendige Bedingung für einen Wendepunkt der Funktion f(x) an der Stelle x_0 lautet:

$f''(x) = 0$

---

34 — Habe ich Ihnen bei der Darstellung der Intervalle empfohlen, sich die Abbildung „Graphen von Funktionen" anzuschauen, so bietet sich dies auch bei den Extremwerten an. Man erkennt anhand der Originalfunktion sehr schön das relative Maximum und Minimum.

x_0 eingesetzt in die 3. Ableitung der Funktion f(x) ergibt mögliche Wendepunkte und zwar dann, wenn der Wert ≠0 ist.

Beispiel:

f″(x) = 2 −2x = 0 ⇒ x_6 = 1

f‴(x) = −2

An der Stelle x_6 = 1 liegt also ein Wendepunkt vor.

Exkurs:
Ein weiteres, jedoch nur auf den Fall f′(x) = 0 anwendbares Verfahren zur Feststellung, ob ein Wendepunkt vorliegt, ist die Methode der höheren Ableitungen. Ist die Ableitung, bei der nur noch eine Konstante auftritt, gerade, gibt es keinen Wendepunkt.

Beispiel:

Gegeben sei f(x) = x^4

f′(x) = $4x^3$;   f″(x) = $12x^2$;   f‴(x) = 24x;   f″″(x) = 24

D. h. die Ableitung, in der nur noch eine Konstante auftritt, ist gerade ($f^4(x)$). Es existiert also trotz f″(x) = 0 → x_0 = 0 in x_0 = 0 kein Wendepunkt.

3.3.3.11 Ökonomische Anwendungen

Im Folgenden werden einige ökonomische Anwendungen beispielhaft vorgestellt. Die Differentialrechnung kann aber auch in fast allen anderen Bereiche der BWL und VWL zum Einsatz kommen.

Beispiel 1: Ein Unternehmen hat aufgrund seiner langjährigen Erfahrung die folgende Kostenfunktion erstellt (die Kosten K in Abhängigkeit von der Menge x) und möchte durch die Kurvendiskussion die wichtigsten Punkte herausarbeiten.

$$K(x) = 0{,}5x^3 - 3x^2 + 9x + 20$$

Zu den bedeutendsten Punkten zählt das Unternehmen

a) das Betriebsminimum, verstanden als minimale variable Stückkosten (dies entspricht der kurzfristigen Preisuntergrenze)
b) das Betriebsoptimum, verstanden als minimale Stückkosten (langfristige Preisuntergrenze) und
c) den etwaigen Wendepunkt der (Gesamt)Kostenfunktion, also den Punkt zwischen der degressiven und progressiven Kostensteigerung.

Um einen besseren Überblick zu erhalten, werden bei allen Fragestellungen zunächst verschiedene Tabellen für die Ausbringungsmenge 0 bis 10 sowie deren Abbildungen gezeigt.

Lösung:
Zu a) Um das Betriebsminimum und somit die kurzfristige Preisuntergrenze über die variablen Stückkosten zu erhalten, wird die Kostenfunktion durch x dividiert. Die Fixkosten, die sich auf 20 belaufen, finden (natürlich) keine Beachtung.

$$k_v(x) = \frac{K_v(x)}{x} = 0{,}5x^2 - 3x + 9$$

Die erste und zweite Ableitung ergeben dann:

$$k'_v(x) = x - 3 \quad \text{und} \quad k''_v(x) = 1$$

Um sich einen ersten Überblick über das Betriebsminimum zu verschaffen, werden zur variablen Stückkostenfunktion und deren beiden Ableitungen die entsprechenden Kosten für die Ausbringungsmengen von 0 bis 10 berechnet und graphisch festgehalten.

x	0	1	2	3	4	5	6	7	8	9	10
k_v	9,0	6,5	5,0	4,5	5,0	6,5	9,0	12,5	17,0	22,5	29,0
k'_v	−3,0	−2,0	−1,0	0,0	1,0	2,0	3,0	4,0	5,0	6,0	7,0
k''_v	1	1	1	1	1	1	1	1	1	1	1

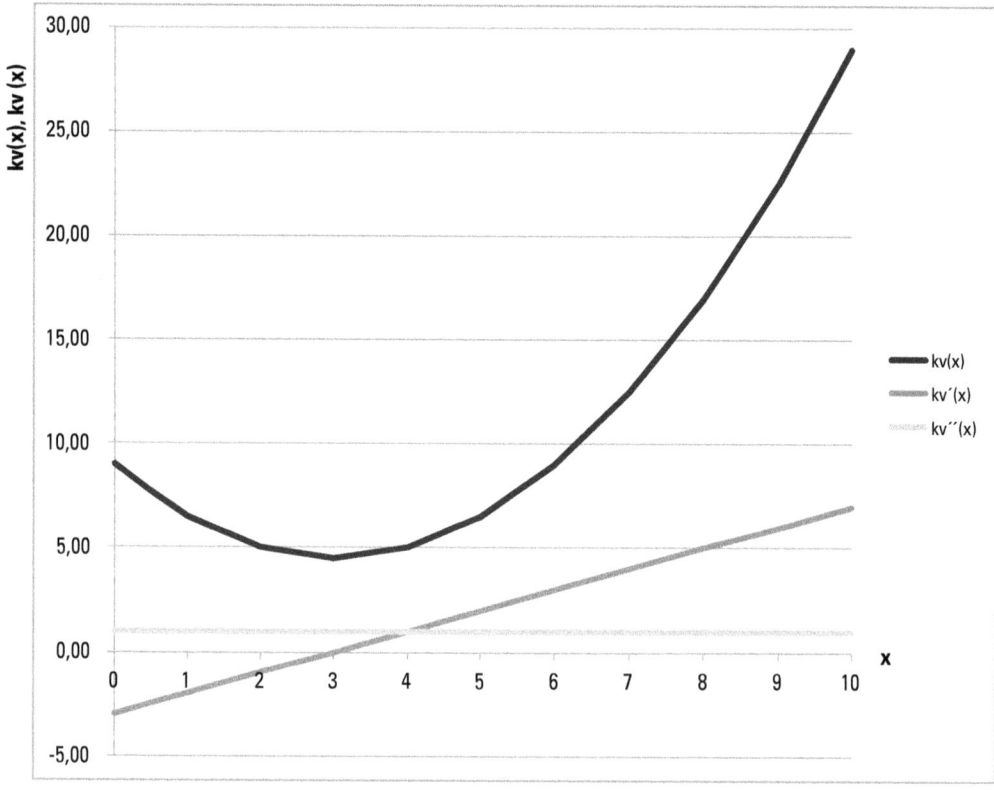

Abbildung 3.18 Eine variable Stückkostenfunktion und ihre Ableitungen

Sowohl die Tabelle, also auch die Abbildungen zeigen, dass bei x = 3 die Nullstelle der variablen Grenzkostenkurve liegt, was man auch rechnerisch ermitteln kann.

Betriebsminimum (B_{min}) = Tiefpunkt von k_v

Notwendige Bedingung: $k_v' = 0$;
hinreichende Bedingung: $k_v'' > 0$

$$k_v'(x) = 0 = x - 3 \Rightarrow x = 3$$

Auch die hinreichende Bedingung ist erfüllt, den $k_v'' = 1 > 0$

Es handelt sich also um ein Betriebsminimum (Tiefpunkt der variablen Stückkostenfunktion). Die minimalen variablen Stückkosten liegen bei einer Ausbringungsmenge von x = 3. Die kurzfristige Preisuntergrenze liegt folglich bei 4,50 Euro.[35]

Zu b) Das Betriebsoptimum entspricht der langfristigen Preisuntergrenze und leitet sich über die Stückkostenkurve ab. Somit wird die Kostenfunktion durch x dividiert.

$$k(x) = \frac{K(x)}{x} = 0{,}5x^2 - 3x + 9 + \frac{20}{x}$$

Die erste und zweite Ableitung ergeben dann:

$$k'(x) = x - 3 - \frac{20}{x^2} \quad \text{und} \quad k''(x) = 1 + \frac{40}{x^3}$$

Sollten Sie diese Ableitungen nicht nachvollziehen können, empfehle ich, in diesem Buch den Gliederungspunkt „Grundregeln des Differenzierens" nachzulesen. Dort beschreibe ich die Quotientenregel, aus der sich diese Ableitungen ergeben.

Die Stückkostenfunktion und deren beiden Ableitungen ergeben für die Ausbringungsmengen von 0 bis 10 folgende Ergebnisse.

x	0	1	2	3	4	5	6	7	8	9	10
k	-	26,50	15,00	11,17	10,00	10,50	12,33	15,36	19,50	24,72	31,00
k'	-	-22,00	-6,00	-2,22	-0,25	1,20	2,44	3,59	4,69	5,75	6,80
k''	-	41,00	6,00	2,48	1,63	1,32	1,19	1,12	1,08	1,05	1,04

Anders als bei der variablen Stückkostenkurve und ihren Ableitungen gestaltet sich hier die Nullstellenbestimmung etwas komplexer, da die Nullstelle zwischen x=4 und x=5 zu liegen scheint. Rechnerisch ergibt sich:

Betriebsoptimum (B_{opt}) = Tiefpunkt von k(x)

notwendige Bedingung: $k'(x) = 0$;   hinreichende Bedingung: $k''(x) > 0$

$$k'(x) = x - 3 - \frac{20}{x^2} = 0 = x^3 - 3x^2 - 20$$

---

35 Sofern man hier einen Preis in Euro unterstellt, was aber für die mathematische Berechnung unerheblich ist.

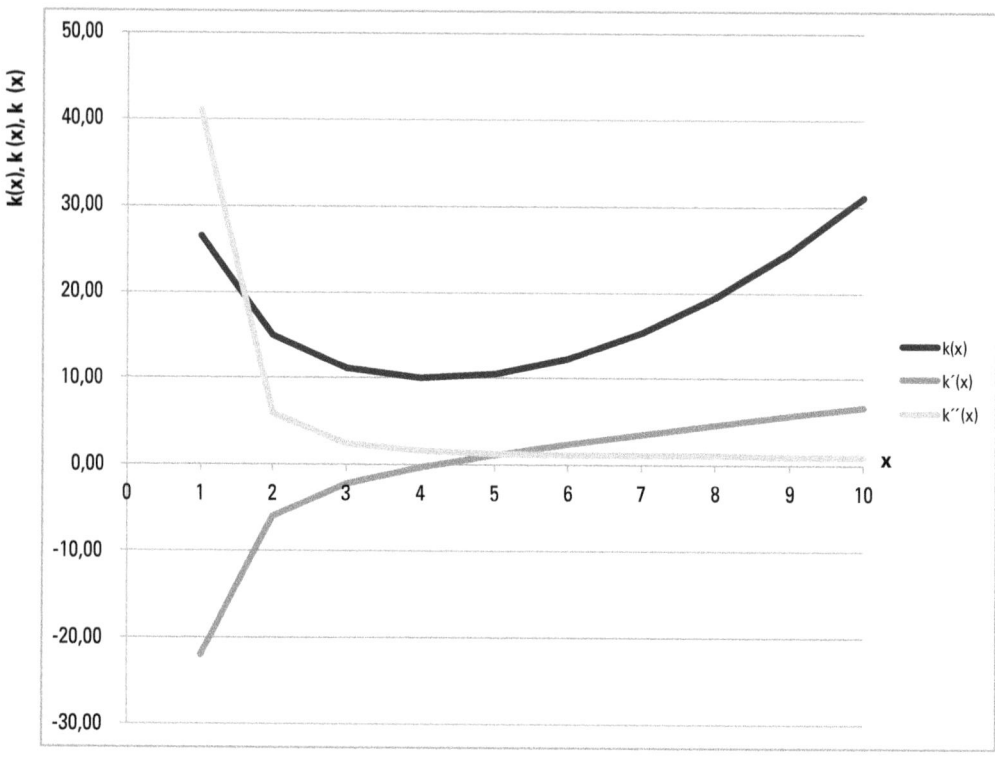

Abbildung 3.19 Eine Stückkostenfunktion und ihre Ableitungen

Diese erste Ableitung kann nicht über ganzzahlige Werte nach x aufgelöst werden. Durch Ausprobieren oder ein Näherungsverfahren ergibt sich die Nullstelle

x = 4,16

Dies eingesetzt in die 2. Ableitung ergibt k''(x) = 1,56 > 0

Es handelt sich also um ein Betriebsoptimum (Tiefpunkt der Stückkostenfunktion). Die minimalen Stückkosten liegen bei einer Ausbringungsmenge von x = 4,16. Eingesetzt in die Stückkostenfunktion ergibt sich dann eine langfristige Preisuntergrenze von 9,98 Euro.

Zu c) Um den etwaigen Wendepunkt der Kostenfunktion, also den Punkt zwischen der degressiven und progressiven Kostensteigerung zu ermitteln, müssen aus der Gesamtkostenfunktion die **drei** Ableitungen ermittelt werden. Daraus folgen Tabelle und Abbildung 3.20:

$$K(x) = 0{,}5x^3 - 3x^2 + 9x + 20 \qquad K'(x) = 1{,}5x^2 - 6x + 9$$
$$K''(x) = 3x - 6 \qquad K'''(x) = 3$$

x	0	1	2	3	4	5	6	7	8	9	10
K	20,0	26,5	30,0	33,5	40,0	52,5	74,0	107,5	156,0	222,5	110,0
K'	9,0	4,5	3,0	4,5	9,0	16,5	27,0	40,5	57,0	76,5	99,0
K''	−6,0	−3,0	0,0	3,0	6,0	9,0	12,0	15,0	18,0	21,0	24,0

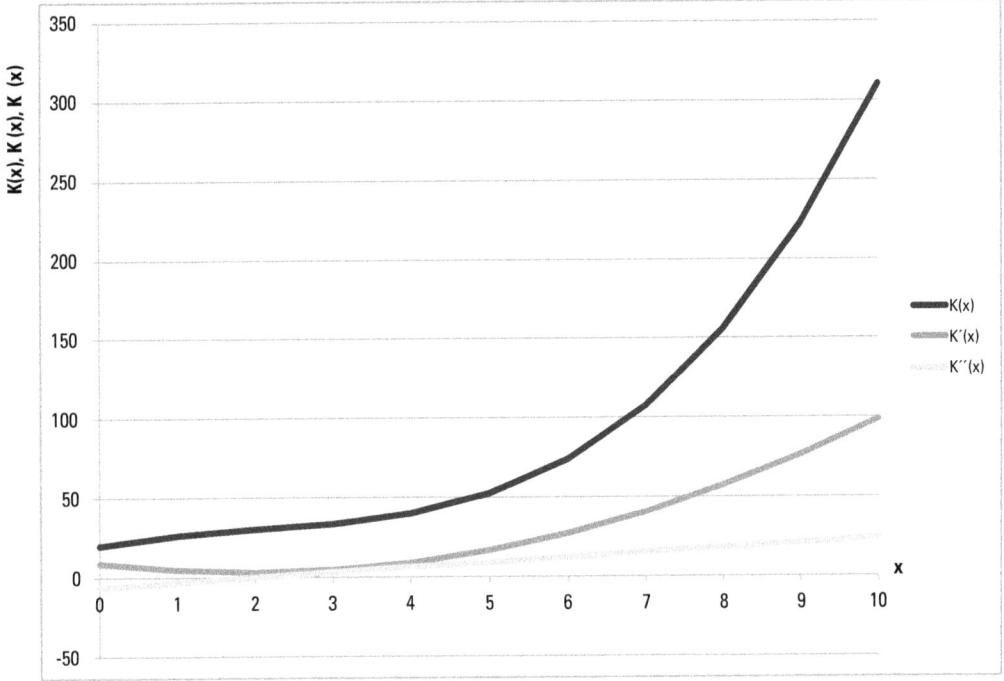

Abbildung 3.20 Eine Kostenfunktion und ihre Ableitungen

Es deutet sich an, dass bei der Ausbringungsmenge von x = 2 der Wendepunkt erreicht ist.

Wendepunkt = Übergang von der degressiven zur progressiven Kostensteigerung

Notwendige Bedingung: k″(x) = 0;   hinreichende Bedingung: k‴(x) ≠ 0

$$K''(x) = 3x - 6 = 0 \Rightarrow x = 2$$

$$K'''(x) = 3 \neq 0 \Rightarrow \text{Wendepunkt}$$

Offensichtlich liegt also bei der Ausbringungsmenge von x=2 der Übergang (Wendepunkt) zwischen der degressiven und progressiven Kostensteigerung.[36]

---

36 Ob dies in der Realität entsprechend vorkommt sei dahingestellt.

Beispiel 2: Ein Unternehmen erstellt die Kostenfunktion

$$K(x) = 0{,}5x^3 - 3x^2 + 9x + 20 \,.$$

Man möchte

a) die Gewinnschwelle, die Gewinngrenze und
b) den maximalen Gewinn eines Produktes berechnen.
   Das Unternehmen geht von einem Preis von 15,- Euro/Stück aus. Das Produkt ist beliebig teilbar.
c) Was hat der maximale Gewinn mit der Grenzerlös- und Grenzkostenfunktion zu tun?

Lösung:
Zu a) Um die Gewinnschwelle bzw. -grenze zu ermitteln, wird zunächst die Gewinnfunktion bestimmt. Durch potenzielle Ausbringungsmengen ($0 \leq x_i \leq$) gewinnt man im Anschluss anhand einer Graphik einen ersten Eindruck, wie groß die Mengen sein werden. Dann erfolgt auf mathematische Weise die erforderliche Nullstellenbestimmung. Der Gewinn (G) wird bestimmt durch die Erlösfunktion E(x), von der die Kostenfunktion K(x) abgezogen wird.
Die Kostenfunktion ist vorgegeben und beträgt:

$$K(x) = 0{,}5x^3 - 3x^2 + 9x + 20 \,.$$

Die Erlösfunktion ist relativ einfach und ergibt sich aus dem Produkt det Menge x und dem Preis p = 15 Euro. So ergibt sich die Erlösfunktion E(x), aus der sich im Anschluss unter Abzug der Kostenfunktion die Gewinnfunktion G(x) ableitet.

$$E(x) = 15x$$

$$G(x) = E(x) - K(x) = 15x - (0{,}5x^3 - 3x^2 + 9x + 20)$$

$$\Rightarrow G(x) = -0{,}5x^3 + 3x^2 + 6x - 20$$

Diese enthält die entsprechenden Werte, Abb. 3.21 zeigt die Gewinnschwelle und die Gewinngrenze.

x	0	1	2	3	4	5	6	7	8	9	10
G	−20	−11,5	0,0	11,5	20,0	22,5	16,0	−2,5	−36,0	−87,5	−160
G'	6,0	10,5	12,0	10,5	6,0	−1,5	−12,0	−25,5	−42,0	−61,5	−84
G''	6,0	3,0	0,0	−3,0	−6,0	−9,0	−12,0	−15,0	−18,0	−21,0	−24

Offensichtlich liegt die Gewinnschwelle, also der Übergang vom Verlust zum Gewinn bei x = 2 Mengeneinheiten, während zwischen x = 6 und x = 7 Mengeneinheiten die Gewinngrenze liegt, da ab dieser Ausbringungsmenge wieder ein Verlust entsteht.

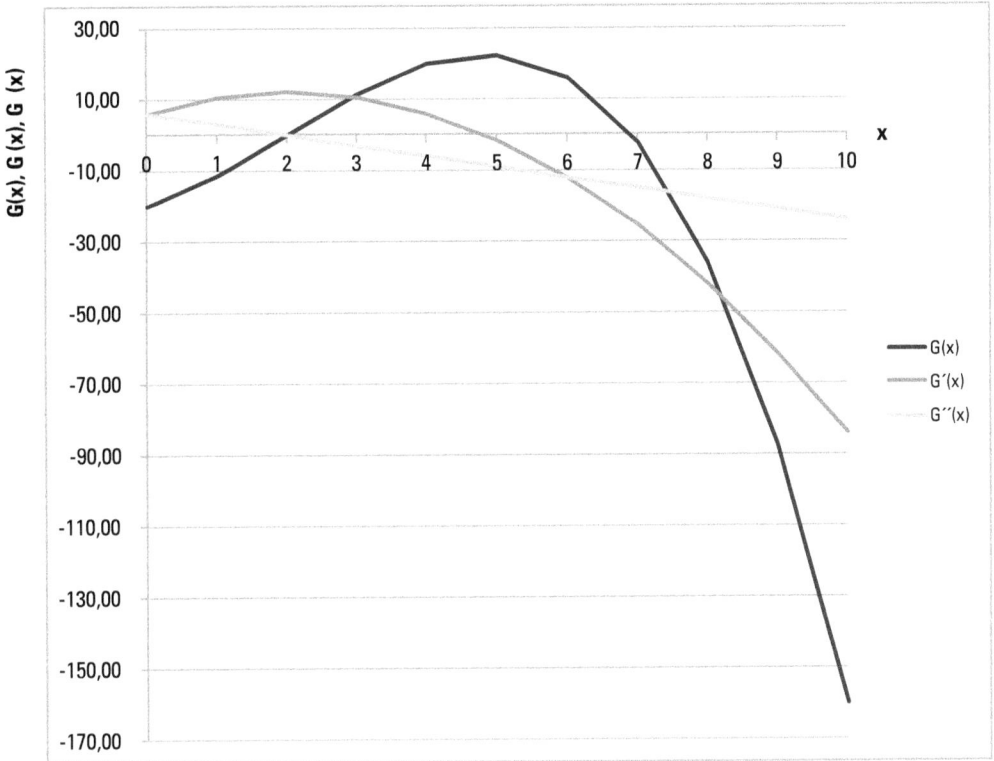

Abbildung 3.21 Gewinnschwelle und Gewinngrenze

Mathematisch werden nun für die Gewinnfunktion die beiden Nullstellen ermittelt, die dann die Gewinnschwelle und Gewinngrenze ergeben.

$$G(x) = -0{,}5x^3 + 3x^2 + 6x - 20 = 0$$

Aus dieser Funktion dritten Grades kann nun entweder durch Ausprobieren oder anhand der Tabelle und Abb. 3.22 die erste Nullstelle x_1 bestimmt werden.
$x_1 = 2$
In Verbindung mit dieser ersten Nullstelle kann durch Polynomdivision oder dem Horner-Schema die nächste Nullstelle berechnet werden. Sollten Ihnen die Polynomdivision oder das Horner-Schema nicht geläufig sein, schauen Sie bitte noch einmal im Kapitel „Kurvendiskussion" nach.
Die Polynomdivision ergibt:

$$-0{,}5x^3 + 3x^2 + 6x - 20 : (x - 2) = -0{,}5x^2 + 2x + 10$$

Nun wird diese Funktion in die normierte Form der quadratischen Gleichung überführt, so dass anhand der p,q-Formel (weitere) Nullstellen bestimmt werden können:

$$x^2 + px + q = 0 \Rightarrow -0{,}5x^2 + 2x + 10 / : -0{,}5 \Rightarrow x^2 - 4x - 20 = 0$$

Es entstehen die Nullstellen:

$$x_2 = -\frac{p}{2} + \sqrt{\left(\frac{p}{2}\right)^2 - q} = \frac{4}{2} + \sqrt{\left(\frac{4}{2}\right)^2 + 20} = 6{,}899$$

$$x_3 = -\frac{p}{2} - \sqrt{\left(\frac{p}{2}\right)^2 - q} = \frac{4}{2} - \sqrt{\left(\frac{4}{2}\right)^2 + 20} = -2{,}899$$

Da negative Mengen ökonomisch nicht sinnvoll sind, scheidet x_3=-2,899 aus. Die Gewinnschwelle (Übergang vom Verlust zum Gewinn) beträgt somit x_1=2, die Gewinngrenze (Übergang vom Gewinn wieder in den Verlust) x_2=6,899 Mengeneinheiten.[37]

Zu b) Die Beantwortung von Teilaufgabe a) lässt aufgrund der Graphik bereits erkennen, dass sich das Gewinnmaximum zwischen den Ausbringungsmengen x_4 und x_5 befindet und einem Gewinn von ca. 22,5 Euro entspricht.

Es gelten folgende Bedingungen:

Notwendige Bedingung: $G'(x) = 0$; hinreichende Bedingung: $G''(x) < 0$

$$G(x) = -0{,}5x^3 + 3x^2 + 6x - 20 \Rightarrow G'(x) = -1{,}5x^2 + 6x + 6 \Rightarrow G''(x) = -3x + 6$$

Danach wird die erste Ableitung Null gesetzt und nach der p,q-Formel aufgelöst :

$$G'(x) = -1{,}5x^2 + 6x + 6 = 0 / : -1{,}5 \Rightarrow x^2 - 4x - 4 = 0$$

$$x_1 = -\frac{p}{2} + \sqrt{\left(\frac{p}{2}\right)^2 - q} = \frac{4}{2} + \sqrt{\left(\frac{4}{2}\right)^2 + 4} = 4{,}828$$

$$x_2 = -\frac{p}{2} - \sqrt{\left(\frac{p}{2}\right)^2 - q} = \frac{4}{2} - \sqrt{\left(\frac{4}{2}\right)^2 + 4} = -0{,}828 \quad \text{(ökonomisch nicht sinnvoll)}$$

$$G''(x) = -3x + 6 \Rightarrow G''(x) = -3 \cdot 4{,}828 + 6 = -8{,}484 < 0$$

Da die zweite Ableitung negativ ist, liegt wirklich ein Maximum (Hochpunkt) vor. Der Gewinn beläuft sich auf 22,627 Euro, wie die Rechnung dokumentiert:

$$G(x) = -0{,}5x^3 + 3x^2 + 6x - 20$$

$$\Rightarrow G(x) = -0{,}5 \cdot 4{,}828^3 + 3 \cdot 4{,}828^2 + 6 \cdot 4{,}828 - 20 = 22{,}627$$

---

[37] Würde man die x-Werte etwas ändern, z.B. indem eine x-Variable = 1.000 Stück beträgt, so würde bei x_1=2 eine Mengeneinheit von 2.000 Stück herauskommen.

Zu c) Die aus der Kosten- und Erlösfunktion berechneten 1. Ableitungen ergeben:

$$K(x) = 0{,}5x^3 - 3x^2 + 9x + 20 \Rightarrow K'(x) = 1{,}5x^2 - 6x + 9$$

$$E(x) = 15x \Rightarrow E'(x) = 15$$

Dort, wo sich die konstante Grenzerlösfunktion und die Grenzkostenkurve schneiden, hat die Gewinnfunktion ihr Maximum, wie Abbildung 3.22 zeigt.

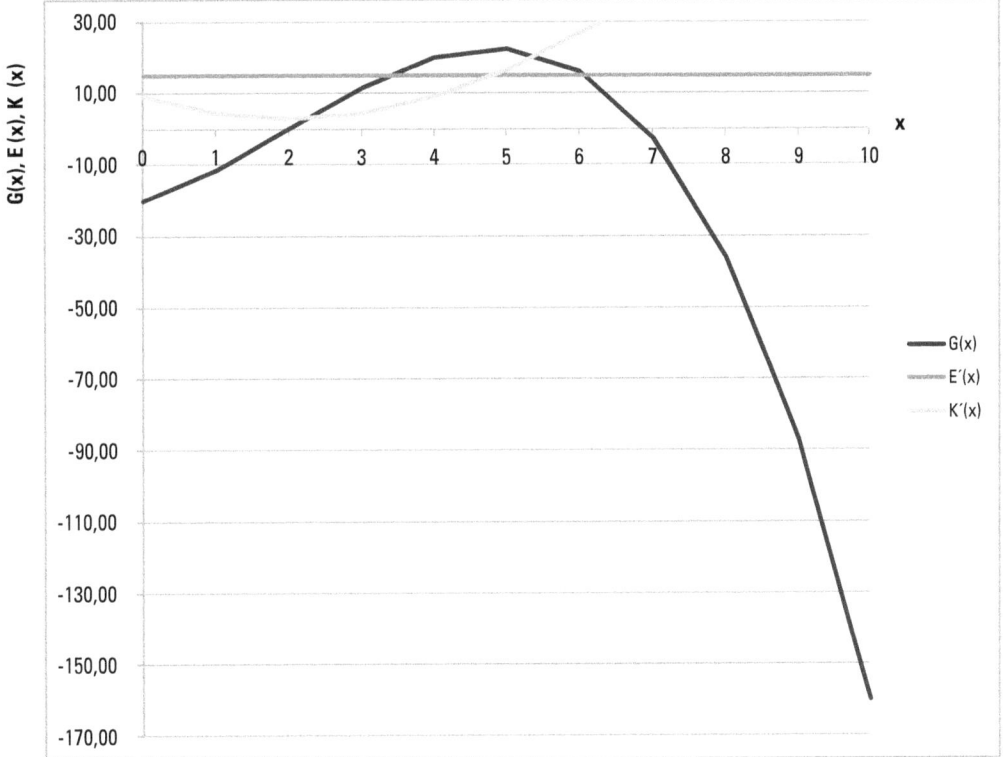

Abbildung 3.22 Gewinnfunktion, Grenzerlös- und Grenzkostenfunktion

Das ist natürlich auch erklärbar, denn das Gewinnmaximum leitet sich aus der Grenzgewinnfunktion ab, die sich durch Subtraktion der Grenzkosten- von der Grenzerlösfunktion ergibt.[38]

3.3.4 Lineare Optimierung

Die lineare Optimierung, auch stellenweise als lineare Programmierung beschrieben, hat die Extremwertbestimmung ganz bestimmter Strukturen zum Gegenstand. Sie be-

---

38 Siehe Fallstudien 15 und 16.

fasst sich mit dem Problem, das Maximum oder Minimum einer linearen Funktion, Zielfunktion genannt, unter Beachtung von ebenfalls linearen Nebenbedingungen, den Restriktionen, zu bestimmen.[39]

3.3.4.1 Beschreibung eines Beispiels

Ein Stahlwerk möchte ein Produktionsprogramm planen. Das Unternehmen kann mit den vorhandenen Produktionsfaktoren zwei Güter herstellen.

x_1 = Betonstahl

x_2 = Profilstahl

Die Deckungsbeiträge (Ertrag ./. variable Kosten) sind für

x_1 (Betonstahl) = 2,- EUR/Mengeneinheit

x_2 (Profilstahl) = 2,50 EUR/Mengeneinheit

Die Produktionsmengen der Produkte sind durch die Kapazitäten der Fertigungsstraßen (=Walzstraßen) beschränkt. Der Betonstahl durchläuft die Block-, Halbzeug- und die Feineisenstraße und zwar 2 Stunden je produzierter Mengeneinheit die beiden ersten Straßen und je 4 Stunden je produzierter Mengeneinheit die dritte Straße. Der Profilstahl durchläuft die Block-, Halbzeug- und die Profilstraße und zwar 4 Stunden je produzierter Mengeneinheit die erste und letzte Straße und 1 Stunde je produzierter Mengeneinheit die zweite Straße (Halbzeugstraße). Die verfügbaren Tageskapazitäten betragen je 16 Stunden für die Block- und die Feineisenstraße und je 12 Stunden für Halbzeug- und Profilstraße. Die Tabelle 3.15 enthält noch einmal die Daten des Problems.

Produkt Walzstraße	Fertigungszeiten in h/ME		Tageskapazität (h)
	Betonstahl x_1	Profilstahl x_2	
Blockstraße (B)	2	4	16
Halbzeugstraße (H)	2	1	12
Feineisenstraße (F)	4	0	16
Profilstraße (P)	0	4	12
Deckungsbeitrag (EUR/ME)	2	2,5	

Tabelle 3.15 Beispiel einer linearen Optimierung

Die Frage ist nun, wie viel der beiden Produkte Betonstahl (x_1) und Profilstahl (x_2) das Stahlwerk produzieren soll, um seinen Gewinn (Deckungsbeitrag) zu maximieren.

---

[39] Einige der folgenden Beispiele beziehen sich auf Dürr W./Kleibohm K, 1983, S 20ff.

3.3.4.2 Lösungsversuch

Sind nun die Fertigungszeiten, die Tageskapazitäten der Walzstraßen sowie die Deckungsbeiträge der Produkte bekannt, kann nun durch Ausprobieren versucht werden, das „Optimum" herauszufinden. Dies wird nun anhand folgender Schritte beschrieben:

Schritt 1: Wahl des Produktes mit dem höchsten Deckungsbeitrag. Im Beispiel ist das Profilstahl (x_2) = 2,50 Euro.

Schritt 2: Wie viele Mengeneinheiten kann ich von diesem Produkt unter den gegebenen Restriktionen maximal produzieren?

- Blockstraße: 16h/4h pro Stück = 4 Stück
- Halbzeugstraße: 12h/1h pro Stück = 12 Stück
- Profilstraße: 12h/4h pro Stück = 3 Stück
- Die Profilstraße ist also mein Engpassfaktor, da ich hier lediglich 3 Stück/Tag produzieren kann.

Schritt 3: Wie hoch ist der potenzielle Gewinn bislang?

G = 3 (Stück) · 2,5 (DB) = 7,50 Euro

Schritt 4: Kann man von dem anderen Produkt noch Stückzahlen produzieren? Werden 3 Stück Profilstahl (x_2) produziert, so verbleiben folgende Restkapazitäten:

- Blockstraße: 16h − 3 · 4(h/ME) = 4(h)
- Halbzeugstraße: 12h − 3 · 1(h/ME) = 9(h)
- Feineisenstraße: 16h − 0 = 16(h)
- Profilstraße: 12h − 3 · 4(h/ME) = 0(h)

Schritt 5: Wie viel Stück von Betonstahl (x_1) kann ich mit den Restkapazitäten maximal produzieren?

- Blockstraße: 4h/2h pro Stück = 2 Stück
- Halbzeugstraße: 9h/2h pro Stück = 4,5 Stück
- Feineisenstraße: 16h/4h pro Stück = 4 Stück
- Profilstraße: Es ist keine Kapazität mehr vorhanden, diese benötigt man aber auch nicht für die Produktion von x_1
- Die Blockstraße ist also mein Engpassfaktor bei der Produktion von x_1, das Unternehmen kann also zusätzlich zur Produktion von x_2 noch 2 ME von x_1 produzieren

Schritt 6: Wie hoch ist jetzt der Gewinn bei den produzierten Stückzahlen?

- G = 2 Stück x_1 · 2 (DB) + 3 Stück x_2 · 2,5 (DB) = 11,50 EUR

3.3.4.3 Graphische Lösung

Zunächst versucht man, die Deckungsbeiträge und damit den Gewinn zu optimieren. Die Zielfunktion lautet:

Z = $2x_1 + 2,5x_2$ = max!

Die Kapazitätsrestriktionen lauten:

$2x_1 + 4x_2 \leq 16$ (Blockstraße B)

$2x_1 + 1x_2 \leq 12$ (Halbzeugstraße H)

$4x_1 \leq 16$ (Feineisenstraße F)

$4x_2 \leq 12$ (Profilstraße P)

Nichtnegativitätsbedingung: $x_1 \geq 0; x_2 \geq 0$[40]

Abbildung 3.23 zeigt die Gewinnsituationen.

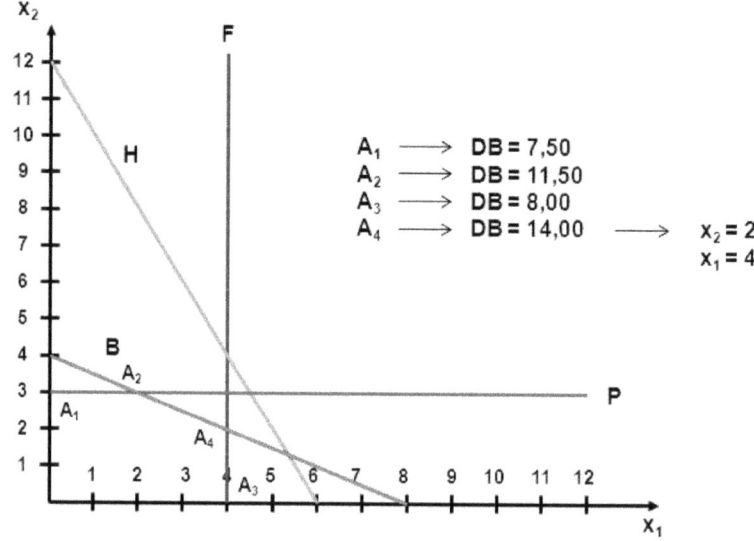

Abbildung 3.23 Lösung der linearen Optimierung

Die Geraden geben die einzelnen Fertigungsstraßen an. In Verbindung mit dem Koordinatensystem bzw. als Schnittpunkte untereinander werden die möglichen Fertigungsmengen der Produkte x_1 und x_2 bestimmt. Daraus ergeben sich die unterschiedlich hohen Deckungsbeiträge. A_1 bspw. erklärt die Kapazitätsrestriktion der Profilstraße. Lediglich das Produkt x_2 kann hier dreimal produziert werden und ergibt einen Deckungsbeitrag von 7,50 Euro (3 × 2,50 Euro). Ähnlich ergeben sich die anderen Schnittpunkte A_2 bis A_4. Der maximale Deckungsbeitrag liegt beim Schnittpunkt A_4 und gibt die Kapazitätsengpässe der Block- und der Feineisenstraße wieder. Die Produkte x_1 und x_2 werden mit den Mengen 4 bzw. 2 produziert und ergeben den maximalen Deckungsbeitrag in Höhe von 14,- Euro. Nachfolgend kann dieses lineare „Optimierungsproblem" mittels der Simplexmethode berechnet, d.h. gelöst werden.

---

[40] Schließlich können die erzeugten Mengen nicht negativ werden!

3.3.4.4 Simplexmethode als algebraische Lösung

Die Zielfunktion lautet:

$Z = 2x_1 + 2{,}5x_2 = \max!$

Die Kapazitätsrestriktionen lauten:

$2x_1 + 4x_2 \leq 16$ (Blockstraße B)

$2x_1 + 1x_2 \leq 12$ (Halbzeugstraße H))

$4x_1 \leq 16$ (Feineisenstraße F)

$4x_2 \leq 12$ (Profilstraße P)

Nichtnegativitätsbedingung: $x_1 \geq 0; x_2 \geq 0$

Das obige Ungleichungssystem wird zunächst in ein Gleichungssystem transformiert. Gleichzeitig wird die Zielfunktion umfunktioniert. Aus dem Ungleichungssystem erhalten wir ein Gleichungssystem durch Einführung der sogenannten **Schlupfvariablen yj**. Die Schlupfvariablen enthalten somit die freien und nichtgenutzten Kapazitäten.

Z	–	$2x_1$	–	$2{,}5x_2$	=	0
y_1	+	$2x_1$	+	$4x_2$	=	16
y_2	+	$2x_1$	+	$1x_2$	=	12
y_3	+	$4x_1$			=	16
y_4			+	$4x_2$	=	12

Tabelle 3.16 Simplexmethode I

$x_1, x_2, y_1, y_2, y_3, y_4 \geq 0$

Das System hat vier Gleichungen, aber sechs Variable. Damit ist es unterbestimmt und hat, wie die graphische Lösung zeigt, unendlich viele Lösungen (die Eckpunkte).
Das obige System hat die

- **Nichtbasisvariablen (NBV):** $x_1 = x_2 = 0$; diese kommen nicht in der Anfangslösung vor.
- **Basisvariablen (BV):** y_j, deren Werte auf der rechten Seite des Starttableaus abzulesen sind: $Z = 0$; $y_1 = 16$; $y_2 = 12$; $y_3 = 16$ und $y_4 = 12$.

Die **erste Aufgabe** im Rahmen der Simplex-Methode besteht darin, eine zulässige Anfangslösung zu finden. Diese ist dann schwierig zu bestimmen, wenn:

  negative rechte Seiten vorkommen,
  unter den Strukturvariablen ($x_1, x_2...$) Werte vorkommen, für die die Nichtnegativitätsbedingungen nicht gelten und
  in den Restriktionen des Ausgangsproblems auch Gleichungen vorkommen.

Die **zweite Aufgabe** besteht darin zu prüfen, ob die gefundene Lösung – die Anfangslösung oder jede weitere Lösung – optimal ist.

Die **dritte Aufgabe** lautet, sofern das Optimum noch nicht erreicht ist, eine geeignete Basisvariable (BV) durch eine Nichtbasisvariable (NBV) auszutauschen, bis das Optimum erreicht ist.

Bevor im weiteren Verlauf der Simplex-Algorithmus anhand eines Beispiels gezeigt wird, soll nun kurz die Notation erläutert werden.

1. **Schritt:** Die Basisvariablen (BV) und Nichtbasisvariablen (NBV) werden vertauscht. Die Zeile (z) enthält dann die NBVs und die Spalte (s) die BVs.
2. **Schritt:** An die Stelle des Pivotelements a_{zs}^{neu} tritt im neuen Simplextableau dessen Kehrwert a_{zs}, also des „alte" Element.

$$a_{zs}^{neu} = \frac{1}{a_{zs}}$$

3. **Schritt:** Die übrigen neuen Koeffizienten der Pivotzeile werden gebildet, indem die ursprünglichen Werte durch das Pivotelement dividiert werden.

$$a_{zj}^{neu} = \frac{a_{zj}}{a_{zs}}$$

4. **Schritt:** Die neuen Elemente der Pivotzeile berechnen sich aus den alten Werten, die durch das Pivotelement dividiert werden. Jedoch mit negativem Vorzeichen.

$$a_{is}^{neu} = \frac{-a_{is}}{a_{zs}} \quad i \neq z$$

5. **Schritt:** Die Koeffizienten des Rest-Tableaus ergeben sich durch die sogenannte **„Rechteckregel"**.

$$a_{ij}^{neu} = a_{ij} - \frac{a_{is} \cdot a_{zj}}{a_{zs}} \quad i \neq z \quad \text{und} \quad j \neq s$$

Um diesen theoretischen Aufbau zu erklären, wird nun das obige Simplex-Tableau abgeleitet:

0	x_1	x_2	RS
$Z_{(Max)}$	−2	−2,5	0
y_1	2	4	16
y_2	2	1	12
y_3	4	0	16
y_4	0	4	12

Tabelle 3.17 Simplexmethode II

Das Tableau enthält:

- in der ersten Kopfzeile eine laufende Nummer, die die Zahl der durchgeführten Simplex-Iterationen angibt (hier 0) und die NBV (hier; x_1 und x_2). RS steht für rechte Seite
- in der zweiten Kopfzeile die Zielfunktion
- in jeder weiteren Zeile eine Restriktion
- in der Kopfspalte die BV (hier; Z, y_1, y_2, y_3, y_4)
- in der mit RS überschriebenen Spalte die Werte der BV

1. Schritt: Auswahl der in die Basis aufzunehmenden NBV

Man betrachtet alle negativen Zielfunktionskoeffizienten mit Ausnahme der rechten Seite und entscheidet sich für den größten negativsten Wert. Die entsprechende NBV wird BV. Die zugehörige Spalte heißt Pivotspalte. Gibt es mehrere gleichgroße Werte, so nimmt man einen beliebigen Wert (duale Entartung).

	x_1	x_2	RS
$Z_{(Max)}$	−2	**−2,5**	0
y_1	2	4	16
y_2	2	1	12
y_3	4	0	16
y_4	0	4	12

Tabelle 3.18 1. Schritt der Simplexmethode

−2,5 ist der größte negative Wert, die zugehörige NBV x_2 wird deshalb BV.

2. Schritt: Auswahl der aus der Basis zu entfernenden BV

Man betrachtet alle positiven Koeffizienten der Pivotspalte mit Ausnahme der Zielfunktion und bildet jeweils den Quotienten aus dem Koeffizienten der rechten Seite und dem korrespondierenden Koeffizienten der Pivotspalte. Pivotzeile wird diejenige, für die der Quotient am kleinsten ist.

	x_1	x_2	RS	Q
$Z_{(Max)}$	−2	−2,5	0	
y_1	2	4	16	16/4 = 4
y_2	2	1	12	12/1 = 12
y_3	4	0	16	n. d.
y_4	0	**4**	12	12/4 = **3**

Tabelle 3.19 2. Schritt der Simplexmethode

Pivotzeile wird die Zeile mit y_4 als BV. Pivotelement wird 4.

3. Schritt: Umrechnung des Simplex-Tableaus

- Vertauschen von BV und NBV
- Umrechnung des Pivots; an Stelle des Pivots tritt im neuen Simplextableau dessen Kehrwert
- Umrechnung der übrigen Elemente der Pivotzeile; Koeffizient/Pivotelement
- Umrechnung der übrigen Elemente der Pivotspalte; -Koeffizient/Pivotelement
- Umrechnung der übrigen Elemente des Tableaus; sie ergeben sich aus der „Rechteckregel"

0	x_1	y_4	RS	Q
$Z_{(Max)}$	−2	5/8	7,5	
y_1	2	−1	4	
y_2	2	−1/4	9	
y_3	4	0	16	
x_2	0	1/4	3	

Tabelle 3.20 3. Schritt der Simplexmethode

Nun wird das vollständige Beispiel gezeigt.

0	x_1	x_2	RS	Q
$Z_{(Max)}$	−2	−2,5	0	
y_1	2	4	16	16/4 = 4
y_2	2	1	12	12/1 = 12
y_3	4	0	16	n. d.
y_4	0	**4**	12	12/4 = **3**

2	y_1	y_4	RS	Q
$Z_{(Max)}$	1	−3/8	11,5	
x_1	1/2	−1/2	2	neg.
y_2	−1	3/4	5	5/0,75 = 6,66
y_3	−2	**2**	8	8/2 = **4**
x_2	0	1/4	3	12

1	x_1	y_4	RS	Q
$Z_{(Max)}$	−2	5/8	7,5	
y_1	**2**	−1	4	4/2 = **2**
y_2	2	−1/4	9	9/2 = 4,5
y_3	4	0	16	16/4 = 4
x_2	0	1/4	3	n. d.

3	y_1	y_3	RS	Q
$Z_{(Max)}$	5/8	3/16	13	
x_1	0	1/4	4	
y_2	−1/4	−3/8	2	
y_4	−1	1/2	4	
x_2	1/4	−1/8	2	

Tabelle 3.21 Simplexmethode – duale Entartung

Die Interpretation des Endtableaus ergibt: Es werden x_1 = 4 und x_2 = 2 ME produziert, der Gewinn beträgt 13 GE, von den Fertigungsstraßen sind noch y_2 = 2 (Halbzeugstraße) und y_4 = 4 (Profilstraße) ME an Restkapazitäten verfügbar.

Ich weiß, dass diese Darstellung von den Anwender zu Beginn als schwierig oder komplex eingestuft wird. Dies zeigte sich auch häufig in den Vorlesungen. Im Rahmen des zwei- oder dreimaligen Lesens wurde es den meisten Studierenden aber dann klar.

3.3.4.5 Sonderfälle der Entartung und mehrerer optimaler Lösungen

Bei den Sonderfällen der „Entartungen" unterscheidet man die
- duale Entartung und
- primale Entartung

Auf den Fall der **dualen** Entartung stößt man bei der Auswahl der **Pivotspalte**, wenn mehrere NBV den gleichen kleinsten negativen Zielfunktionskoeffizienten haben. Diese Entartung ist problemlos. Man kann dann eine beliebige Spalte als Pivotspalte nehmen.

0	x_1	x_2	RS
$Z_{(Max)}$	–2	–2	0
y_1	2	4	16
y_2	2	1	12
y_3	4	0	16
y_4	0	4	12

Tabelle 3.22 Simplexmethode – duale Entartung

Im Beispiel haben beide Zielfunktionskoeffizienten den Wert –2, man nimmt also eine beliebige NBV x_i als zukünftige BV.

Auf den Fall der **primalen** Entartung stößt man bei der Auswahl der **Pivotzeile**, wenn mehrere BV den gleichen kleinsten Quotienten haben. Auch hier nimmt man zunächst willkürlich eine der relevanten Zeilen als Pivotzeile. Probleme können sich aber ergeben, wenn im Zuge der nächsten Iteration eine BV den Wert 0 annimmt. Man weiß dann nicht, ob sich der Wert der Zielfunktion noch verbessern lässt (siehe auch den Sonderfall „mehrere optimale Lösungen").

0	x_1	x_2	RS	Q
$Z_{(Max)}$	–2	–2,5	0	
y_1	2	4	16	16/4 = 4
y_2	2	1	10	10/1 = 10
y_3	4	0	16	n. d.
y_4	0	**4**	12	12/4 = **3**

2	y_1	y_4	RS	Q
$Z_{(Max)}$	1	–3/8	11,5	
x_1	1/2	–1/2	2	neg.
y_2	–1	**3/4**	3	3/0,75 = **4**
y_3	–2	**2**	8	8/2 = 4
x_2	0	1/4	3	12

1	x_1	y_4	RS	Q
$Z_{(Max)}$	–2	5/8	7,5	
y_1	**2**	–1	4	4/2 = 2
y_2	2	–1/4	7	7/2 = 3,5
y_3	4	0	16	16/4 = 4
x_2	0	1/4	3	n. d.

Tabelle 3.23 Simplexmethode – primale Entartung I

3;1	y_1	y_2	RS	Q
$Z_{(Max)}$	1/2	1/2	13	
x_1	–1/6	2/3	4	
y_4	–4/3	4/3	4	
y_3	2/3	–8/3	0	
x_2	1/3	–1/3	2	

3;2	y_1	y_3	RS	Q
$Z_{(Max)}$	5/8	3/16	13	
x_1	0	1/4	4	
y_2	–1/4	–3/8	0	
y_4	–1	1/2	4	
x_2	1/4	–1/8	2	

Tabelle 3.24 Simplexmethode – primale Entartung II

In diesem Beispiel führte die jeweils nächste Iteration, unabhängig von der Pivotzeile, zur optimalen Lösung.

Mehrere optimale Lösungen gibt es dann, wenn die Zielfunktion mit einer Begrenzung des zulässigen Lösungsraums parallel verläuft. Dann gibt es unendlich viele Lösungen, nämlich jeden Punkt dieser Begrenzung. Man erkennt hier daran, dass im Laufe der Simplexiterationen eine oder mehrere der Zielfunktionskoeffizienten den Wert Null annehmen.

In unserem Beispiel ändern wir die Zielfunktion in

$Z = 1x_1 + 2x_2 = \max!$

Sie fällt dann mit der durch die Blockstraße B gegebenen Restriktion zusammen. Die Simplexmethode führt zu:

0	x_1	x_2	RS	Q
$Z_{(Max)}$	–1	–2	0	
y_1	2	4	16	16/4 = 4
y_2	2	1	12	12/1 = 12
y_3	4	0	16	n. d.
y_4	0	4	12	12/4 = **3**

2	y_1	y_4	RS	Q
$Z_{(Max)}$	1/2	0	8	
x_1	1/2	–1/2	2	neg.
y_2	–1	3/4	5	5/0,75 = 6,66
y_3	–2	**2**	8	8/2 = **4**
x_2	0	1/4	3	12

1	x_1	y_4	RS	Q
$Z_{(Max)}$	–1	1/2	6	
y_1	**2**	–1	4	4/2 = 2
y_2	2	–1/4	9	9/2 = 4,5
y_3	4	0	16	16/4 = 4
x_2	0	1/4	3	n. d.

3	y_1	y_3	RS	Q
$Z_{(Max)}$	1/2	0	8	
x_1	0	1/4	4	
y_2	–1/4	–3/8	2	
y_4	–1	1/2	4	
x_2	1/4	–1/8	2	

Tabelle 3.25 Simplexmethode – mehrere optimale Lösungen

Dass ein Fall mit mehreren optimalen Lösungen vorliegt, erkennt man allgemein daran, dass bei ansonsten positiven Koeffizienten in der Zielfunktionszeile ein oder mehrere der Koeffizienten dort den Wert Null haben.

3.3.4.6 Ökonomische Anwendungen

Folgende ökonomische Anwendungen beschäftigen sich insbesondere mit der Produktionstheorie.

Beispiel 1: Ein Betrieb stellt zwei Produkte P_1 und P_2 her, die die drei Maschinentypen A, B und C passieren müssen. Die folgende Tabelle enthält die notwendigen Bearbeitungszeiten pro Mengeneinheit (ME), die monatlich zur Verfügung stehenden Maschinenkapazitäten und den Gewinn pro Mengeneinheit in EUR für jedes Produkt.

Maschine	P_1	P_2	Maschinenkapazität in h
A	4	3	600
B	2	2	320
C	3	7	840
Gewinn/ME	2	3	

a) Durch Ausprobieren soll nun versucht werden, zu einer „guten" Lösung zu gelangen.
b) Ermitteln Sie die „optimale" Lösungen mittels des Simplex-Algorithmus.

Lösung:

Zu a) Gemäß der Überlegung liefert Produkt P_2 den höchsten Gewinn pro Stück. Was könnte man aufgrund der Maschinenkapazität maximal produzieren?

Maschine	Maschinenkapazität in h	Bearbeitungszeit P_2/h	Stückzahl
A	600	3	200
B	320	2	160
C	840	7	120

Maschine C stellt also den Engpass dar. Es können folglich maximal 120 Stück von P_2 produziert werden. Der Gewinn wäre dann 360,- Euro (120 · 3,- Euro). Könnte man ggfs. diesen Gewinn erhöhen, wenn man weniger von P_2 produzieren und stattdessen zusätzlich P_1 herstellen würde? Wie verändert sich der Gewinn, wenn man von P_2 100 Stück produzieren und die Restkapazität für P_1 einsetzen könnte?

Kapazität A: 600h - 300 h (für P_2) = 300 h Rest
Kapazität B: 320h - 200 h (für P_2) = 120 h Rest
Kapazität C: 840h - 700 h (für P_2) = 140 h Rest
Mit dieser Restkapazität kann P_1 produziert werden.

Maschine	Restkapazität in h	Bearbeitungszeit P_2/h	Stückzahl
A	300	4	75
B	120	2	60
C	140	3	46

Maschine C bildet also wieder den Engpass. Der Gewinn hat sich aber gegenüber der Ausgangssituation verbessert. G = 46 · 2 + 100 · 3 = 392 Euro.

Zu b)

0	P_1	P_2	RS	Q
$Z_{(Max)}$	–2	–3	0	
A	4	3	600	200
B	2	2	320	160
C	3	7	840	120

2	B	C	RS	Q
$Z_{(Max)}$	5/8	1/4	410	
A	–19/8	1/4	50	
P_1	7/8	–1/4	70	
P_2	–3/8	1/4	90	

1	P_1	C	RS	Q
$Z_{(Max)}$	–5/7	3/7	360	
A	**19/7**	–3/7	240	88
B	8/7	–2/7	80	70
P_2	3/7	1/7	120	280

Die optimale Lösung besteht also aus $P_1 = 70$; $P_2 = 90$, A = 50 h Restkapazität. Der Gewinn beträgt 410 Euro. Die Maschinen B und C haben keine Restkapazitäten mehr.

Beispiel 2: Erläutern Sie die duale und primale Entartung an folgendem Beispiel:

$Z = x_1 + x_2 = \max!$

$1x_1 + 2x_2 \leq 70$

$2x_1 + 1x_2 \leq 80$

$1x_1 \leq 30$

Lösung:

Q	x_1	x_2	RS	Q
$Z_{(Max)}$	−1	−1	0	
A	1	2	70	70
B	2	1	80	40
C	1	0	30	30

Z	C	B	RS	Q
$Z_{(Max)}$	−1	1	50	
A	3	−2	0	0
x_2	−2	1	20	
x_1	1	0	30	30

Oben duale Entartung. Wahl der 1. Spalte

	C	x_2	RS	Q
$Z_{(Max)}$	1	−1	30	
A	−1	2	40	20
B	−2	1	20	20
x_1	1	0	30	

	A	B	RS	Q
$Z_{(Max)}$	1/3	1/3	50	
C	1/3	−2/3	0	0
x_2	2/3	−1/3	20	
x_1	−1/3	2/3	30	30

Oben primale Entartung, Wahl von B

Durch den Tausch zwischen den Maschinen A und C hat sich die Situation nicht verändert. Es bleibt bei $x_1=30$, $x_2=20$ und dem Gewinn = 50.[41]

3.3.5 Lineare Gleichungen

3.3.5.1 Grundlagen

Lineare Gleichungen gehören wie die anschließend behandelte Matrizenrechnung in den Bereich der linearen Algebra und sind ein wichtiges Teilgebiet der Wirtschaftsmathematik. Zunächst wird das Aufstellen von Gleichungssystemen und die Bestimmung der Lösungen erklärt. Es folgt die Einführung in die Matrizenrechnung als Grundlage für die lineare Optimierung. Eine der größten praktischen Bedeutungen für den Bereich der Wirtschaftswissenschaften hat die lineare Algebra dann auf dem Gebiet der linearen Optimierung.

3.3.5.2 Lösung eines Gleichungssystems

Häufig wird ein lineares Problem zunächst in Textform dargestellt, aus der dann ein Gleichungssystem aufgestellt wird. Systeme mit zwei Variablen können oft auch graphisch gelöst werden. Ferner bedarf es auch der Angabe von Existenz und Eindeutigkeit der Lösungen. Existieren sogenannte reguläre und nichtreguläre Gleichungssysteme, können diese unter Verwendung des Gauß-Algorithmus gelöst werden. Diese etwas „kryptischen" Angaben sollen nun genauer erklärt werden.

---

41 Siehe Fallstudie 17 und 18.

Ein lineares Gleichungssystem stellt die Beziehungen zwischen unbekannten und daher gesuchten Variablen dar. Ein lineares Gleichungssystem ist von folgender allgemeiner Gestalt:

$$\begin{vmatrix} a_{11}x_1 + a_{12}x_2 + ... + a_{1n}x_n \\ a_{21}x_1 + a_{22}x_2 + ... + a_{2n}x_n \\ \vdots \\ a_{m1}x_1 + a_{m2}x_2 + ... + a_{mn}x_n \end{vmatrix} = \begin{vmatrix} b_1 \\ b_2 \\ \vdots \\ b_m \end{vmatrix}$$

In diesem Gleichungssystem sind

- a_{ij} die gegebenen, konstanten Koeffizienten
- b_i die ebenfalls gegebenen, konstanten Koeffizienten, die „rechten Seiten" einer jeden Gleichung und
- x_j die n-Unbekannten des Gleichungssystems

In der allgemeinen Summennotation erhält man:

$$\sum_{j=1}^{n} a_{ij}x_j = b_i \quad \text{mit} \quad i = 1, 2, ..., m$$

Das Lösen eines Gleichungssystems bedeutet, Werte für die Unbekannten x_1, x_2,...x_n zu finden, die alle Gleichungen **simultan** erfüllen. Dabei interessieren die Bedingungen für die Eindeutigkeit der Lösung, falls diese existieren und die Rechenverfahren (Algorithmen) zur Ermittlung der Lösung(en).

3.3.5.3 Typologie von Gleichungssystemen

Gleichungssysteme können hinsichtlich ihrer Lösbarkeit eingeteilt werden in **unlösbare**, **eindeutig** lösbare sowie **mehrdeutig** lösbare Gleichungssysteme.
Unabhängig von ihrer Lösbarkeit lassen sich Gleichungssysteme ferner wie folgt klassifizieren:

- Ist m = n (Zahl der Gleichungen = Zahl der Unbekannten), so heißt das Gleichungssystem bestimmt (dies bedeutet nicht zwangsläufig, dass das System lösbar ist),
- ist m < n (weniger Gleichungen als Unbekannte), so heißt das Gleichungssystem unterbestimmt und
- ist m > n (mehr Gleichungen als Unbekannte), so heißt das Gleichungssystem überbestimmt, was nicht zwangsläufig auf die Unlösbarkeit des Gleichungssystems hindeutet.

3.3.5.4 Das Aufstellen von Gleichungssystemen

Erfahrungsgemäß scheitert eine erfolgreiche Problemlösung seltener an der Unkenntnis geeigneter Lösungsverfahren als vielmehr an der Schwierigkeit, ein gestelltes Problem adäquat formal zu skizzieren. Ist eine Aufgabenstellung erst einmal korrekt in Form eines Gleichungssystems dargestellt, dann ist das Berechnen der Lösung nur noch eine Frage des geeigneten Computerprogramms. Aufgrund der großen Bedeutung, die dem Aufstellen (dem Modellieren) von Gleichungssystemen zukommt, soll die Technik zunächst anhand einiger Beispiele demonstriert werden. Dabei sind grundsätzlich die beiden folgenden Fragen von Bedeutung:

- Welches sind die Unbekannten?
- Wie sind diese miteinander verknüpft?

Ein erstes kleines Beispiel soll den Sachverhalt verdeutlichen. Der Student S verzehrt in seinem Stammlokal ein belegtes Brötchen und drei Glas Bier, wofür er 3,50 Euro zu zahlen hat. Ein anderes Mal bezahlt er 5,40 Euro für zwei belegte Brötchen und vier Glas Bier. Die Fragestellung lautet: Wie teuer sind ein Brötchen und ein Bier?
Welches sind die Unbekannten und wie erhalten wir die Verknüpfung der unbekannten mit den bekannten Größen?

- Die **Unbekannten** sind hier der Preis für ein Brötchen und der Preis für ein Bier, die wir mit p_1 und p_2 bezeichnen.
- Die **Verknüpfung** (die Gleichungen des Gleichungssystems) erhalten wir, wenn die bekannten Mengen Brötchen und Bier mit den unbekannten Preisen multipliziert und zum bekannten Rechnungsbetrag aufaddiert werden.

$$\text{I.} \quad 1 \cdot p_1 + 3 \cdot p_2 = 3{,}50$$
$$\text{II.} \quad 2 \cdot p_1 + 4 \cdot p_2 = 5{,}40$$

Es liegt also ein bestimmtes Gleichungssystem mit 2 Unbekannten vor, das, wie gezeigt wird, eindeutig lösbar ist.

$$\text{Ia.} \quad -2 \cdot p_1 - 6 \cdot p_2 = -7{,}00 \quad \text{(Gleichung I wurde mit } -2 \text{ multipliziert)}$$
$$\text{II.} \quad 2 \cdot p_1 + 4 \cdot p_2 = 5{,}40$$

Ia verknüpft mit II ergibt:

$$\text{III.} \quad -2 \cdot p_2 = -1{,}60 \Rightarrow p_2 = 0{,}80$$

p_2 eingesetzt in I und aufgelöst nach p_1 ergibt:

$$\text{Ib.} \quad p_1 + 3 \cdot 0{,}80 = 3{,}50 \Rightarrow p_1 = 1{,}10$$

Etwas komplexer gestaltet sich ein zweites Beispiel. Die Expansiv-AG steigerte ihren Umsatz von 414.000,- Euro im letzten Geschäftsjahr auf jetzt 585.000,- Euro. Die beiden Produkte A und B, die das Unternehmen herstellt und vertreibt, wurden in beiden Jahren zu Preisen von 90,- Euro bzw. 150,- Euro pro Stück verkauft. Welche Produktmengen wurden in den beiden letzten Jahren abgesetzt, wenn zusätzlich bekannt ist, dass der Umsatz des teureren Produktes B um 50 % gestiegen ist und in den beiden Jahren insgesamt 3.600 Stück von Produkt A verkauft werden konnten?
Die Fragestellungen lauten:

- Welche Produktmengen wurden in den beiden Jahren von A und B verkauft?
- Welches sind die Unbekannten?

Die Unbekannten sind die in den beiden Jahren verkauften Stückzahlen, die wir mit A_1 und B_1 (für das erste Jahr) und A_2 und B_2 (für das zweite Jahr) bezeichnen. Nun stellt sich die Frage, wie sich die Verknüpfung der unbekannten mit den bekannten Größen ergeben. Zwei Gleichungen erhalten wir, in Analogie zum ersten Beispiel, aus den Angaben über die Gesamtumsätze:

I. $\quad 90 \cdot A_1 + 150 \cdot B_1 = 414.000$

II. $\quad 90 \cdot A_2 + 150 \cdot B_2 = 585.000$

Wenn der Gesamtumsatz von B um 50 % gestiegen ist, muss gelten:

III. $\quad B_2 = 1{,}5 \cdot B_1$

Da von A insgesamt 3.600 Stück verkauft wurden, gilt außerdem:

IV. $\quad A_1 + A_2 = 3.600$

Auch in diesem Fall liegt wiederum ein bestimmtes Gleichungssystem vor. Wir haben vier Gleichungen mit insgesamt vier Unbekannten.

Gleichungssysteme lassen sich in der sogenannten Tableauform aufzeichnen. Dabei werden die unbekannten Parameter in der Kopfzeile und die bekannten Koeffizienten a_{ij} im Tableauinneren dargestellt. Dieses Beispiel ergibt dann das folgende Tableau:

A_1	A_2	B_1	B_2	RS
90	0	150	0	414.000
0	90	0	150	585.000
0	0	−1,5	1	0
1	1	0	0	3.600

Tabelle 3.26 Einfache lineare Gleichung

Das Problem lässt sich noch relativ leicht durch Einsetzen der Gleichungen 4 und 3 in 1 und 2 lösen. Etwas später wird der sogenannte Gauß-Algorithmus erklärt. Dann erfolgt die Lösung des Falls im Rahmen der ökonomischen Beispiele. Auch komplexere Fälle könnten durch den Gauß-Algorithmus gelöst werden.

3.3.5.5 Graphische Lösungen von Gleichungssystemen im R^2-Fall

Lineare Gleichungssysteme mit nur 2 Variablen lassen sich in einem Koordinatensystem als Gerade darstellen. Schneiden sich die Geraden in genau einem Punkt, so repräsentiert dieser Punkt **die** Lösung des Gleichungssystems, andernfalls gibt es keine oder keine eindeutige Lösung. Das obige **erste Beispiel** ergibt die beiden Gleichungen

$1 \cdot p_1 + 3 \cdot p_2 = 3{,}50$

$2 \cdot p_1 + 4 \cdot p_2 = 5{,}40$

mit den Lösungen:

p₁ = 1,10 und p₂ = 0,80.

Abbildung 3.24 zeigt die graphische Lösung dieses Problems. Dabei lösen wir vorher die beiden Gleichungen nach einer Unbekannten (hier nach p_1) auf:

Ia. $p_1 = 3{,}50 - 3 \cdot p_2$

IIa. $p_1 = 2{,}70 - 2 \cdot p_2$

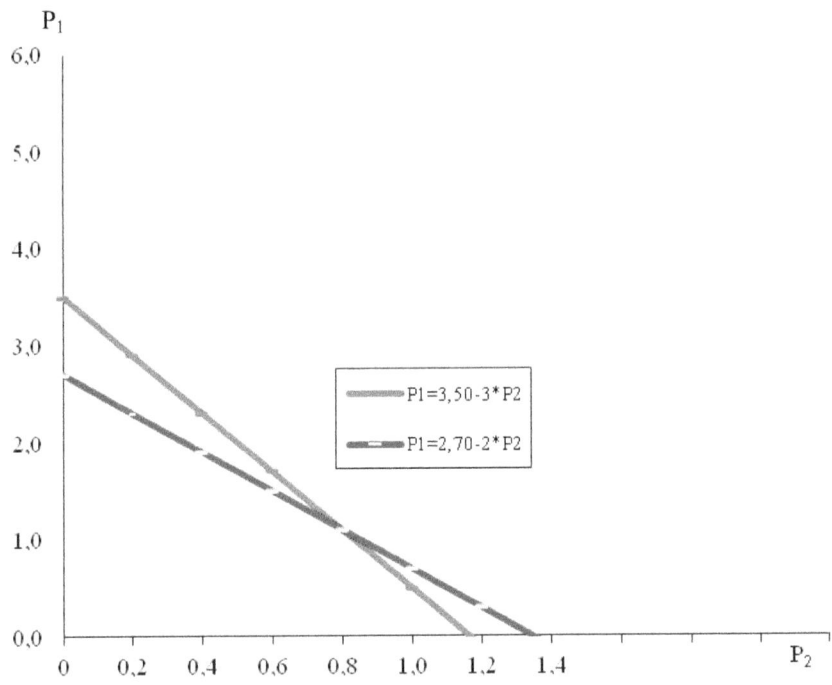

Abbildung 3.24 Lineare Gleichungssysteme

Ich denke, Sie können ungefähr erkennen, dass die Preise bei p₁=1,10 und p₂=0,80 liegen.
Das Beispiel wird nun etwas modifiziert und zwar dahingehend, dass die Biermenge in Gleichung II von 4 auf 6 erhöht wird. Es gelten dann die Gleichungen:

$1 \cdot p_1 + 3 \cdot p_2 = 3{,}50$

$2 \cdot p_1 + 6 \cdot p_2 = 5{,}40$

Beides aufgelöst nach der Unbekannten p_1 ergibt:

Ia. $p_1 = 3{,}50 - 3 \cdot p_2$

IIa. $p_1 = 2{,}70 - 3 \cdot p_2$

Die beiden Gleichungen besitzen mit −3 die gleiche negative Steigung, sie verlaufen also parallel (Abb. 3.25).

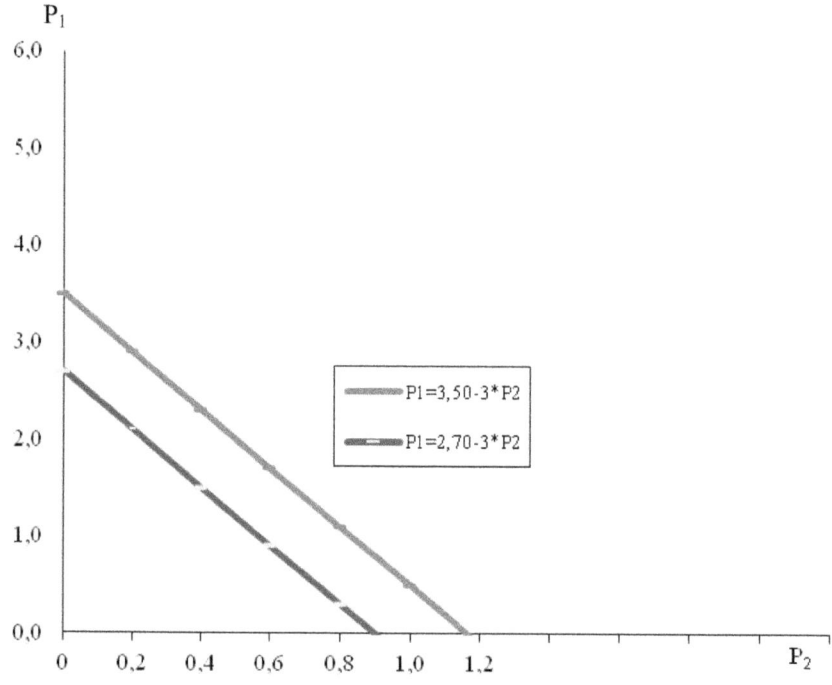

Abbildung 3.25 Lineare Gleichungssysteme II

Das Gleichungssystem hat in diesem Falle keine Lösung.
Darüber hinaus modifizieren wir das Beispiel dahingehend, dass die verzehrten Mengen an Brötchen und Bier sowie der Preis in Gleichung II lediglich ein Vielfaches (hier: das Doppelte) der Werte in Gleichung I betragen:

I. $1 \cdot p_1 + 3 \cdot p_2 = 3{,}50$

II. $2 \cdot p_1 + 6 \cdot p_2 = 7{,}00$

Lösen wir wiederum die beiden Gleichungen nach der Unbekannten p_1 auf, so erhalten wir:

Ia. $p_1 = 3{,}50 - 3 \cdot p_2$

IIa. $p_1 = 3{,}50 - 3 \cdot p_2$

Beide Geradengleichungen sind somit identisch, und wir erhalten unendlich viele gemeinsame Punkte (Lösungen) (Abb. 3.26):

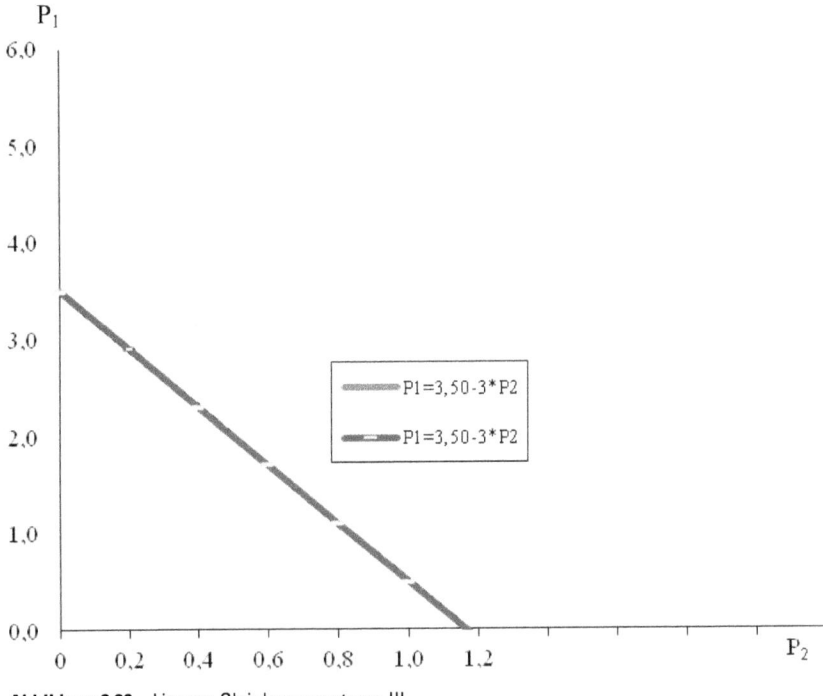

Abbildung 3.26 Lineare Gleichungssysteme III

Diese drei Beispiele zeigen (sehr einfach), dass auch bei identischen Gleichungen und Unbekannten (hier jeweils zwei) die Ergebnisse eindeutig oder mehrdeutig lösbar, aber auch unlösbar sein können.

3.3.5.6 Der Gauß-Algorithmus für den regulären Fall

Der Gauß-Algorithmus (C.F. Gauß 1777–1855) ist ein Rechenverfahren, das es gestattet, alle Lösungen eines linearen Gleichungssystems zu ermitteln und gleichzeitig die Frage nach der Existenz und Eindeutigkeit von Lösungen zu beantworten. Hier betrachten wir zunächst **reguläre Gleichungssysteme**; das sind Gleichungssysteme mit **ebenso vielen Gleichungen wie Unbekannten und genau einer Lösung.**

Im folgenden Beispiel gilt es, die unbekannten Größen x_i mittels des Gauß-Algorithmus zu berechnen:

x_1	x_2	x_3	rechte Seite	Erläuterung
1	–2	3	5	1. Schritt: Auswahl des Pivotelements (a_{11}) und Division der Pivotzeile durch das Pivotelement (ein von Null verschiedener Koeffizient)
2	3	–1	6	
1	0	2	4	
1	–2	3	5	2. Schritt: Ausräumen der Pivotspalte. Addition oder Subtraktion zu jeder Zeile ein Vielfaches der Pivotzeile, so dass in der Pivotspalte mit Ausnahme des Pivots nur noch Nullen stehen
0	7	–7	–4	
0	2	–1	–1	
1	–2	3	5	3. Schritt: Wahl eines neuen Pivots (a_{33}). Neues Pivot darf nicht in einer früheren Pivotzeile stehen. Es kommen hier also nur 7, –7, 2 und –1 in Frage
0	7	–7	–4	
0	2	–1	–1	
1	–2	3	5	4. Schritt: Division der Pivotzeile so, dass Pivot den Wert 1 ergibt
0	7	–7	–4	
0	–2	1	1	
1	4	0	2	5. Schritt: siehe Schritt 2
0	–7	0	3	
0	–2	1	1	
1	4	0	2	6. Schritt: Wahl eines neuen Pivots (a_{22})
0	–7	0	3	
0	–2	1	1	
1	4	0	2	7. Schritt: siehe Schritt 4
0	1	0	–3/7	
0	–2	1	1	
1	0	0	26/7	8. Schritt: siehe Schritt 2
0	1	0	–3/7	
0	0	1	1/7	

Tabelle 3.27 Gauß-Algorithmus für den regulären Fall

Aus dem letzten Schritt können wir direkt die Lösung ablesen:

$x_1 = 26/7 \qquad x_2 = -3/7 \qquad x_3 = 1/7$

Im Prinzip ist der Gauß-Algorithmus nichts anderes als das bekannte „Einsetzverfahren", bei dem eine Gleichung nach einer Variablen „aufgelöst" und das Resultat in die übrigen Gleichungen anstelle der Variablen „eingesetzt" wird.

3.3.5.7 Der Gauß-Algorithmus für den nichtregulären Fall

Es gibt vier einander nicht ausschließende Gründe, aus denen ein Gleichungssystem nichtregulär sein kann.

- Es ist **nicht bestimmt**, d.h. die Zahl der Gleichungen ist
  kleiner (unterbestimmtes System) oder
  größer (überbestimmtes System) als die Zahl der Variablen.
- Es ist **linear abhängig**, d.h. einzelne Gleichungen des Systems können als Summe von Vielfachen einer oder mehrerer anderer Gleichungen („Linearkombination") dargestellt werden.
- Es ist **widersprüchlich**, d.h. Beziehungen, die zwischen den linken Seiten der Gleichungen bestehen, gelten nicht für die rechten Seiten.
- Es ist **mehrdeutig lösbar**. Dann bricht der Algorithmus nach m-Pivotierungen ab, weil kein Element mehr als Pivot ausgewählt werden kann.

Nicht alle Fälle treten in „reiner" Form auf. So ist ein überbestimmtes System stets auch linear abhängig und/oder widersprüchlich. Nachfolgend werden einige typische Konstellationen dargestellt.

1. Fall: Bestimmtes, linear abhängiges System

0	x_1	x_2	x_3	RS
–	2	0	2	6
–	1	–1	2	0
–	3	–1	4	6

Bemerkung

Der Grund für das Verschwinden der dritten Zeile in Tableau 2 ist die lineare Abhängigkeit des obigen Systems. Bei genauem Hinsehen erkennt man bereits am Starttableau, dass die dritte Gleichung lediglich die Summe der beiden ersten also eine Linearkombination ist.

1	x_1	x_2	x_3	RS
–	0	2	–2	6
x_1	1	–1	2	0
–	0	2	–2	6

2	x_1	x_2	x_3	RS
x_2	0	1	–1	3
x_1	1	0	1	3
–	0	0	0	0

Tabelle 3.28 Gauß-Algorithmus für den nichtregulären Fall I

Im Beispiel können zunächst zwei Pivotierungen wie üblich durchgeführt werden. Das einzige jetzt noch als Pivot in Betracht kommende Element des Tableaus ist Null (a_{33}). Der Algorithmus bricht an dieser Stelle ab. Aus dem letzten Tableau entnehmen wir zeilenweise:

$x_2 - x_3 = 3$,   d. h. $x_2 = x_3 + 3$

$x_1 + x_3 = 3$,   d. h. $x_1 = -x_3 + 3$

Für jeden beliebigen Wert von x_3 erhalten wir eine Lösung. Man spricht in diesem Fall von einer Lösung mit einer freien Variablen oder einer eindimensionalen Lösungsmannigfaltigkeit.

Setzt man speziell $x_3 = 0$, dann ergibt sich die Basislösung des Systems:

$x_1 = 3$ $x_2 = 3$ $x_3 = 0$

2. Fall: Bestimmtes, unlösbares System

0	x_1	x_2	x_3	RS
–	1	1	2	10
–	4	2	4	14
–	3	1	2	9

2	x_1	x_2	x_3	RS
x_1	1	0	0	–3
x_2	0	1	2	13
–	0	0	0	5

1	x_1	x_2	x_3	RS
x_1	1	1	2	10
–	0	–2	–4	–26
–	0	–2	–4	–21

Tabelle 3.29   Gauß-Algorithmus für den nichtregulären Fall II

Im Beispiel können zunächst zwei Pivotierungen wie üblich durchgeführt werden.
Das einzige jetzt noch als Pivot in Betracht kommende Element des Tableaus ist Null (a_{33}), und der Algorithmus bricht auch hier vorzeitig ab. Im Gegensatz zum ersten Beispiel gibt es hier aber keine Lösung, denn die letzte Zeile im Endtableau enthält den offensichtlichen Widerspruch

$0x_1 + 0x_2 + 0x_3 = 5!$

Der Widerspruch im Ausgangstableau besteht darin, dass die linke Seite der dritten Gleichung gleich der Differenz der linken Seite der zweiten Gleichung und der linken Seite der ersten Gleichung ist, während dies für die rechten Seiten der drei Gleichungen nicht gilt ($9 \neq 14 - 10$).

3. Fall: Unterbestimmtes, mehrdeutiges System

0	x_1	x_2	x_3	RS
–	4	2	4	14
–	3	1	2	9

1	x_1	x_2	x_3	RS
–	–2	0	0	–4
x_2	3	1	2	9

2	x_1	x_2	x_3	RS
x_1	1	0	0	2
x_2	0	1	2	3

Bemerkung
Zur Bestimmung von drei Unbekannten stehen nur zwei Gleichungen zur Verfügung.

Tabelle 3.30 Gauß-Algorithmus für den nichtregulären Fall III

Nach zwei Pivotierungen bricht der Algorithmus ab, weil bereits in jeder Zeile ein Pivot gewählt wurde. Aus dem Endtableau lesen wir ab:

$x_1 = 2 \qquad x_2 = -2x_3 + 3$

Wie im ersten Beispiel haben wir eine eindimensionale Lösungsmannigfaltigkeit mit x_3 als freier Variablen.

4. Fall: Unterbestimmtes, linear abhängiges System

0	x_1	x_2	x_3	x_4	RS
–	2	–3	5	1	4
–	–1	2	4	3	5
–	5	–8	6	–1	3

1	x_1	x_2	x_3	x_4	RS
x_4	2	–3	5	1	4
–	–7	11	–11	0	–7
–	7	–11	11	0	7

2	x_1	x_2	x_3	x_4	RS
x_4	1/11	0	2	1	23/11
x_2	–7/11	1	–1	0	–7/11
–	0	0	0	0	0

Tabelle 3.31 Gauß-Algorithmus für den nichtregulären Fall IV

Die im Tableau 2 noch in Frage kommenden Pivots a_{13} und a_{33} haben den Wert Null, also bricht der Algorithmus an dieser Stelle ab.

Wir erhalten als Lösung:

$x_2 = 7/11 x_1 + x_3 - 7/11$ $\quad$ $x_4 = -1/11 x_1 - 2x_3 + 23/11$

Die Basislösung lautet:

$x_1 = 0$ $\quad$ $x_2 = -7/11$ $\quad$ $x_3 = 0$ $\quad$ $x_4 = 23/11$

Da zwei Variablen frei wählbar sind, liegt eine **zweidimensionale Lösungsmannigfaltigkeit** vor.

5. Fall: Unterbestimmtes, unlösbares System

0	x_1	x_2	x_3	RS
–	2	–1	3	1
–	–6	3	–9	0

1	x_1	x_2	x_3	RS
x_2	–2	1	–3	–1
–	0	0	0	3

Tabelle 3.32 Gauß-Algorithmus für den nichtregulären Fall V

Tableau 1 ist bereits das Endtableau, denn es können keine Pivotierungen mehr durchgeführt werden. Da das Tableau einen Widerspruch enthält (0 ≠ 3), ist das System unlösbar. Der Widerspruch besteht darin, dass das Dreifache der ersten Zeile der linken Seite gleich dem Wert der zweiten Zeile der linken Seite ist, jedoch das Dreifache der ersten Zeile der rechten Seite (3) ungleich dem Wert der zweiten Zeile der rechten Seite (0) ist.

6. Fall: Überbestimmtes, unlösbares System

0	x_1	x_2	RS
–	–2	1	–2
–	2	1	4
–	–0,5	1	3

1	x_1	x_2	RS
x_2	–2	1	–2
–	4	0	6
–	1,5	0	5

2	x_1	x_2	RS
x_2	0	1	1
x_1	1	0	1,5
–	0	0	2,75

Tabelle 3.33 Gauß-Algorithmus für den nichtregulären Fall VI

Das Endtableau enthält in der letzten Zeile einen Widerspruch, denn es ist 0 ≠ 2,75. Wie im zweiten Beispiel ist auch hier das vorliegende Gleichungssystem unlösbar.[42]

7. Fall: überbestimmtes, mehrdeutiges System

Damit ein überbestimmtes System überhaupt lösbar ist, muss es linear abhängig sein. Verschwinden aufgrund linearer Abhängigkeiten gerade so viele Zeilen im Endtableau wie überzählige Gleichungen vorhanden sind, dann ist das System eindeutig lösbar.

---

42 Man kann sich von der Unlösbarkeit überzeugen, indem man die Gleichungen des Ausgangstableaus graphisch darstellt.

Mehrdeutig lösbar ist ein überbestimmtes Gleichungssystem, wenn durch eine **mehrfache lineare Abhängigkeit** mehr Zeilen verschwinden als überzählige Gleichungen vorhanden sind. Das ist z.B. im folgenden System der Fall.

0	x_1	x_2	x_3	RS
–	1	–2	4	2
–	3	0	–6	0
–	4	–2	–2	2
–	–2	–2	10	2

2	x_1	x_2	x_3	RS
x_1	1	0	–2	0
x_2	0	1	–3	–1
–	0	0	0	0
–	0	0	0	0

1	x_1	x_2	x_3	RS
x_1	1	–2	4	2
–	0	6	–18	–6
–	0	6	–18	–6
–	0	–6	18	6

Tabelle 3.34 Gauß-Algorithmus für den nichtregulären Fall VII

Bereits nach zwei Iterationen verschwinden zwei Zeilen des Tableaus, was auf eine doppelte lineare Abhängigkeit im System hindeutet. Tatsächlich ist die dritte Gleichung die Summe und die vierte Gleichung die Differenz der ersten beiden. Es liegt eine eindimensionale Lösungsmannigfaltigkeit vor. Die Lösung laut Endtableau:

$x_1 = 2x_3$

$x_2 = 3x_3 - 1$

Die Basislösung lautet also:

$x_1 = 0 \qquad x_2 = -1 \qquad x_3 = 0$

Diese Beispiele machen erneut deutlich, dass aus der äußeren Form eines Gleichungssystems (bestimmt, unter-, überbestimmt) nicht auf die Art der Lösbarkeit (eindeutige, mehrdeutige, keine Lösung) geschlossen werden kann.

3.3.5.8 Zusammenfassung

Nach einer Einführung in einige Grundbegriffe der linearen Algebra haben wir uns mit dem Aufstellen von Gleichungssystemen und Möglichkeiten ihrer Darstellung befasst. Die Darstellung in Tableauform eignet sich vor allem zur rechnerischen Lösung von Gleichungssystemen, die mittels des Gauß-Algorithmus erfolgen kann. Wir haben graphische Lösungsverfahren kennen gelernt, die jedoch auf Probleme mit zwei unbekannten Variablen beschränkt sind.

Folgende Aussagen über die Lösung von Gleichungssystemen können getroffen werden:

- Ein überbestimmtes Gleichungssystem (Anzahl der Gleichungen > Anzahl der Unbekannten) ist dann lösbar, wenn aufgrund linearer Abhängigkeiten gerade so viele Zeilen bei der Pivotierung verschwinden wie überzählige Gleichungen vorhanden sind.
- Ein überbestimmtes Gleichungssystem (m > n) ist dann mehrdeutig lösbar, wenn mehr Zeilen verschwinden als überzählige Gleichungen vorhanden sind.
- Ein unterbestimmtes Gleichungssystem (m < n) ist, sofern lösbar, nur mehrdeutig lösbar.
- Ein bestimmtes Gleichungssystem (m = n) ist dann eindeutig lösbar, wenn die Matrix der a_{ij}-Koeffizienten von vollem Rang ist. Was wir hierunter verstehen, wird in den nächsten Kapiteln erläutert.
- Ein bestimmtes Gleichungssystem ist mehrdeutig lösbar bei Rangabfall.

Folgende Aussagen gelten in Bezug auf graphische Lösungen:
- Verlaufen zwei Geraden parallel, gibt es keine Lösung.
- Ist eine Gerade lediglich ein Vielfaches einer anderen, gibt es unendlich viele Lösungen.
- Schneiden sich Geraden, jedoch nicht alle in einem Punkt, gibt es keine Lösung.

3.3.5.9 Ökonomische Anwendungen

Die nachfolgende Beispiele zeigen sowohl Varianten im Bereich der VWL als auch der BWL.

Beispiel 1: Ein Unternehmen verkaufte in drei aufeinanderfolgenden Monaten drei Produkte (x_1, x_2, x_3), die in einem Monat verschiedene Absatzmengen und verschiedene Umsatzerlöse (in Euro) hatten. Im ersten Monat wurden die Mengen $x_1 = 1$, $x_2 = 2$ und $x_3 = 2$ zu einem Gesamtumsatz von 11 Tsd. Euro verkauft. Im zweiten Monat wurden 7 Tsd. Euro Gesamtumsatz erzielt mit den Mengen $x_1 = 2$, $x_2 = 1$ und $x_3 = 1$, während im letzten Monat einen Gesamtumsatz von 15 Tsd. Euro erwirtschaftet wurde. Dort betrugen die Mengen $x_1 = 1$, $x_2 = 4$ und $x_3 = 1$. Wie hoch waren die Preise (p_1, p_2 und p_3) der Produkte, wenn davon ausgegangen wird, dass in allen Monaten die gleichen Preise galten?

Lösung:
Das (lineare) Gleichungssystem lautet:

$$\text{Monat 1:} \quad 1 \cdot p_1 + 2 \cdot p_2 + 2 \cdot p_3 = 11.000$$

$$\text{Monat 2:} \quad 2 \cdot p_1 + 1 \cdot p_2 + 1 \cdot p_3 = 7.000$$

$$\text{Monat 3:} \quad 1 \cdot p_1 + 4 \cdot p_2 + 1 \cdot p_3 = 15.000$$

3.3 Produktion und Absatz

0	x_1	x_2	x_3	RS
p_1	1	2	2	11.000
p_2	2	1	1	7.000
p_3	1	4	1	15.000

2	x_1	x_2	x_3	RS
p_1	1	6	0	19.000
p_2	0	−9	0	−27.000
p_3	0	−2	1	−4.000

1	x_1	x_2	x_3	RS
p_1	1	2	2	11.000
p_2	0	−3	−3	−15.000
p_3	0	2	−1	4.000

3	x_1	x_2	x_3	RS
p_1	1	0	0	1.000
p_2	0	1	0	3.000
p_3	0	0	1	2.000

Die Güter hatten also die Preise $p_1 = 1.000$ Euro, $p_2 = 3.000$ Euro und $p_3 = 2.000$ Euro.

Beispiel 2: Ein Unternehme steigerte seinen Umsatz von 414.000 Euro im Jahr 2012 auf 585.000 Euro im Jahr 2013. Die beiden Produkte A und B, die das Unternehmen herstellt und vertreibt, wurden in beiden Jahren zu Preisen von 90,- Euro (Produkt A) und 150,- Euro (Produkt B) verkauft. Welche Produktmengen wurden in den beiden Jahren abgesetzt, wenn zusätzlich bekannt ist, dass die Stückzahlen des Produktes B innerhalb der beiden Jahre um 50 % gestiegen sind und in den beiden Jahren insgesamt 3.600 Stück von A verkauft werden konnten?[43]

Lösung:
Zunächst sind die Parameter zu bestimmen und dann das Gleichungssystem zu erstellen.

A_1 = Stückzahl von Produkt A im Jahr 2012 A_2 = Stückzahl von Produkt A im Jahr 2013
B_1 = Stückzahl von Produkt B im Jahr 2012 B_2 = Stückzahl von Produkt B im Jahr 2013

Preis von A_i = 90,- Euro   Preis von B_j = 150,- Euro

Daraus ergeben sich vier Gleichungen:

1. $90A_1 + 150B_1 = 414.000$
2. $90A_2 + 150B_2 = 585.000$
3. $B_2 = 1,5B_1$
4. $A_1 + A_2 = 3.600$

0	A1	A2	B1	B2	RS
1)	90	0	150	0	414000
2)	0	90	0	90	585000
3)	0	0	−1,5	1	0
4)	1	1	0	0	3600

3	A1	A2	B1	B2	RS
1)	0	0	375	0	675000
2)	0	1	2,5	0	6500
3)	0	0	−1,5	1	0
4)	1	0	−2,5	0	−2900

---

[43] Vielleicht erinnern Sie sich, dass ich dieses Beispiel bereits im Abschnitt „Das Aufstellen von Gleichungssystemen" gezeigt habe, ohne dort bereits die Lösung zu erklären.

1	A1	A2	B1	B2	RS
1)	0	-90	150	0	90000
2)	0	90	0	150	585000
3)	0	0	-1,5	1	0
4)	1	1	0	0	3600

4	A1	A2	B1	B2	RS
1)	0	0	1	0	1800
2)	0	1	0	0	2000
3)	0	0	0	1	2700
4)	1	0	0	0	1600

2	A1	A2	B1	B2	RS
1)	0	-90	150	0	90000
2)	0	90	225	0	585000
3)	0	0	-1,5	1	0
4)	1	1	0	0	3600

Das fertige Tableau zeigt also die Stückzahlen der Produkte. $A_1 = 1.600$ Stück, $A_2 = 2.000$ Stück, $B_1 = 1.800$ Stück und $B_2 = 2.700$ Stück.[44]

3.3.6 Matrizen

Die oben bereits erläuterten Gleichungssysteme werden nun in Matrixform abgebildet und berechnet. Dazu ist es zunächst einmal sinnvoll, den Begriff Matrix zu erläutern. Dann folgen die wesentlichen Matrixoperationen und -rechnungen.

3.3.6.1 Matrizenrechnung

Die Standardbegriffe sind Matrizen, Vektoren und Skalare. In der Matrizenrechnung gibt es unterschiedliche Operationen wie die Addition, Subtraktion und Multiplikation.
Definition einer rechteckigen Matrix
Ein geordnetes rechteckiges Schema von Elementen der Form

$$\begin{vmatrix} a_{11} & a_{12}\ldots & a_{1n} \\ a_{21} & a_{22}\ldots & a_{2n} \\ \vdots & & \\ a_{m1} & a_{m2}\ldots & a_{mn} \end{vmatrix} = A_{(m,n)}$$

heißt Matrix mit m Zeilen und n Spalten, Matrix vom Typ (m,n) oder kurz (m,n)-Matrix. Die Elemente a_{ij} sind dabei i. d. R. reelle Zahlen, können aber auch Funktionen oder selbst wieder Matrizen sein. Mit a_{ij} wird stets das Element bezeichnet, das in der Matrix in der i-ten Zeile und der j-ten Spalte steht. Es ist i der Zeilenindex und j der Spaltenindex des Elements a_{ij}, wobei $m \geq i \geq 1$ und $n \geq j \geq 1$ ist.

---

44 Siehe Fallstudie 19 und 20.

Beispiel:

$$A = \begin{vmatrix} 5 & 7 & 6 & 1 \\ 0 & 4 & 3 & 2 \\ 5 & 8 & 3 & 0 \end{vmatrix}$$

ist eine (3,4)-Matrix und es ist z. B. $a_{2,4} = 2$ und $a_{3,1} = 5$

Definition von Vektoren

Eine Matrix mit nur einer Spalte heißt **Spaltenvektor**, eine Matrix mit nur einer Zeile heißt **Zeilenvektor**. Vektoren werden mit kleinen deutschen Buchstaben bezeichnet, wobei die Zeilenvektoren zur Unterscheidung von den Spaltenvektoren mit einem Apostroph versehen werden.

Beispiele:

Es ist $\mathbf{b}_{(3,1)}$ ein 3-elementiger Spaltenvektor, etwa

$$b = \begin{vmatrix} 3 \\ 1 \\ 6 \end{vmatrix} \quad \text{und} \quad \mathbf{c}'_{(1,3)}, \text{ ein 3-elementiger Zeilenvektor, etwa} \quad \mathbf{c}' = (c_1, c_2, c_3).^{45}$$

Definition eines Skalars

Eine Matrix mit nur einer Spalte und einer Zeile heißt **Skalar**. Ein Skalar ist also eine Matrix mit nur einem Element, i. d. R. eine reelle Zahl.

3.3.6.2 Matrizenoperationen

Es gibt einige Matrizenoperationen, die Sie kennen sollten. Sie werden im Folgenden beschrieben.

Definition einer Transposition

Eine Matrix, die entsteht, wenn man alle Spalten einer Matrix **A** der Reihe nach als Zeilen untereinander schreibt, heißt transponierte Matrix **A′**, oder kurz Transponierte. Die Transponierte zu

$$A = \begin{vmatrix} 1 & 2 \\ 3 & 4 \\ 5 & 6 \end{vmatrix} \quad \text{ist} \quad A' = \begin{vmatrix} 1 & 3 & 5 \\ 2 & 4 & 6 \end{vmatrix}$$

Bei der Transposition von quadratischen Matrizen bleibt die Hauptdiagonale unverändert:

Aus

$$L = \begin{vmatrix} 1 & 2 & 3 \\ 4 & 5 & 6 \\ 7 & 8 & 9 \end{vmatrix} \quad \text{wird} \quad L' = \begin{vmatrix} 1 & 4 & 7 \\ 2 & 5 & 8 \\ 3 & 6 & 9 \end{vmatrix}$$

---

[45] Natürlich können in einem Zeilenvektor auch reelle Zahlen stehen.

Durch Transposition wird aus einem Spaltenvektor ein Zeilenvektor und umgekehrt. Aus

$$b = \begin{vmatrix} 1 \\ 4 \\ 3 \end{vmatrix} \quad \text{wird} \quad b' = \begin{vmatrix} 1 & 4 & 3 \end{vmatrix}$$

Definition von Addition und Subtraktion

Die Addition und Subtraktion ist nur für Matrizen gleichen Typs definiert, d.h. die beteiligten Matrizen müssen in Zeilen- und Spaltenzahl übereinstimmen. Die Summen (Differenzen) zweier Matrizen gleichen Typs erhält man durch das elementweise Addieren (Subtrahieren) der in beiden Matrizen an gleicher Position stehenden Elemente. Die entstehende Matrix ist vom gleichen Typ wie die Operanden.

$$\begin{vmatrix} 1 & 2 \\ 3 & 4 \end{vmatrix} + \begin{vmatrix} 0 & -1 \\ 4 & 2 \end{vmatrix} = \begin{vmatrix} 1 & 1 \\ 7 & 6 \end{vmatrix} \qquad \begin{vmatrix} 1 & 2 \\ 3 & 4 \end{vmatrix} - \begin{vmatrix} 0 & -1 \\ 4 & 2 \end{vmatrix} = \begin{vmatrix} 1 & 3 \\ -1 & 2 \end{vmatrix}$$

Dagegen ist

$$\begin{vmatrix} 1 & 2 \\ 3 & 4 \end{vmatrix} + \begin{vmatrix} 0 & -1 & 5 \\ 4 & 2 & 6 \end{vmatrix} \quad \text{nicht definiert (n. d.)}.$$

Definition der Multiplikation mit einem Skalar

Eine Matrix wird mit einem Skalar multipliziert, indem man jedes Element der Matrix mit dem Skalar multipliziert.

$$18 \cdot \begin{vmatrix} 1 & 1/3 & 1/9 \\ -1/6 & -1/2 & 0 \end{vmatrix} = \begin{vmatrix} 18 & 6 & 2 \\ -3 & -9 & 0 \end{vmatrix}$$

Definition von Skalarprodukten

Es sei ein Zeilenvektor **a'** und ein Spaltenvektor **b** mit gleicher Zahl von Elementen gegeben. Dann ist

$$a' \cdot b = \begin{vmatrix} a_1 & a_2 & \ldots & a_n \end{vmatrix} \cdot \begin{vmatrix} b_1 \\ b_2 \\ \vdots \\ b_n \end{vmatrix}$$

$= a_1 b_1 + a_2 b_2 + \ldots a_n b_n$ das Skalarprodukt der Vektoren **a'** und **b**.

$$\begin{vmatrix} 1 & 3 & -2 \end{vmatrix} \cdot \begin{vmatrix} 2 \\ 1 \\ 2 \end{vmatrix} = 2 + 3 - 4 = 1$$

$$\begin{vmatrix} 1 & 3 & -2 \end{vmatrix} \cdot \begin{vmatrix} 2 \\ 3 \end{vmatrix} \quad \text{ist nicht definiert}.$$

$$\begin{vmatrix} 4 & 5 & 8 \end{vmatrix} \cdot \begin{vmatrix} 1 \\ 1 \\ 1 \end{vmatrix} = 4 + 5 + 8 = 17$$

Der Spaltenvektor im letzten Beispiel ist ein summierender Vektor (alle Koeffizienten sind 1). Er bildet die Summe aller Elemente des mit im Skalar multiplizierten Zeilenvektors.

Definition von Multiplikation von Matrizen

Ist **A** eine (m, n)-Matrix und **L** eine (n, k)-Matrix, dann ist das Produkt **K = A × L** definiert als Matrix der Skalarprodukte aus den Zeilen von **A** und den Spalten von **L**. Das Ergebnis ist eine Matrix mit m Zeilen und k Spalten, wobei das Element an der Stelle a_{ij} das Skalarprodukt aus der i-ten Zeile aus **A** mit der j-ten Spalte aus **L** ist.
Es gilt:

$$A_{(m,n)} \cdot L_{(n,k)} = K_{(m,k)}$$

Bemerkungen

Das Produkt zweier Matrizen ist nur definiert, wenn die Spaltenzahl der ersten mit der Zeilenzahl der zweiten Matrix übereinstimmt. Die Multiplikation von Matrizen ist also nicht kommutativ, d.h. es ist i.a. **A × L ≠ L × A** (Ausnahme: n = k).

$$A_{(3,2)} \cdot L_{(2,3)} = \begin{vmatrix} 1 & 3 \\ -1 & 0 \\ 6 & 7 \end{vmatrix} \cdot \begin{vmatrix} 2 & 1 & 0 \\ 5 & 3 & 7 \end{vmatrix} = \begin{vmatrix} 17 & 10 & 21 \\ -2 & -1 & 0 \\ 47 & 27 & 49 \end{vmatrix} = K_{(3,3)}$$

Die Multiplikation in umgekehrter Reihenfolge ist hier zwar möglich, liefert aber ein völlig anderes Ergebnis.

$$L_{(2,3)} \cdot A_{(3,2)} = \begin{vmatrix} 2 & 1 & 0 \\ 5 & 3 & 7 \end{vmatrix} \cdot \begin{vmatrix} 1 & 3 \\ -1 & 0 \\ 6 & 7 \end{vmatrix} = \begin{vmatrix} 1 & 6 \\ 44 & 64 \end{vmatrix} = V_{(2,2)}$$

$$A_{(2,4)} \cdot L_{(4,3)} = \begin{vmatrix} -2 & 0 & 6 & -3 \\ 1 & -5 & 2 & 0 \end{vmatrix} \cdot \begin{vmatrix} 3 & 2 & 1 \\ 4 & 0 & 3 \\ 6 & 1 & 1 \\ 1 & 1 & 2 \end{vmatrix} = \begin{vmatrix} 27 & -1 & -2 \\ -5 & 4 & -12 \end{vmatrix} = V_{(2,3)}$$

$L_{(4,3)}$ x $A_{(2,4)}$ hingegen ist nicht definiert.
Für Produkte von Vektoren und Matrizen und von Vektoren untereinander gelten die genannten Rechenregeln analog. Man braucht dazu nur die Vektoren als einspaltige bzw. einzeilige Matrizen aufzufassen.

Zusammenfassung

Es wurden zunächst einige grundlegende Begriffe (Matrix, Vektor, Skalar, spezielle Matrizen) definiert und danach die Regeln für einfache Matrizenoperationen (Transposition, Addition, Subtraktion und Multiplikation) erläutert.

- Eine transponierte Matrix entsteht durch Vertauschen von Zeilen und Spalten der ursprünglichen Matrix.
- Bei Addition und Subtraktion von Matrizen ist zu beachten, dass alle Matrizen vom gleichen Typ sein müssen (gleiche Zeilen- und Spaltenzahl).

- Bei der Multiplikation zweier Matrizen ist darauf zu achten, dass die Spaltenzahl der ersten und die Zeilenzahl der zweiten Matrix übereinstimmen müssen.

3.3.6.3 Matrizenrechnungen

Gegebene Daten werden nun in geeigneter Weise in Form von Matrizen dargestellt und entsprechend der Aufgabenstellung miteinander verknüpft. Lineare Gleichungssysteme sollen als Matrizengleichungen geschrieben werden. Im Anschluss erfolgt das Lösen linearer Gleichungssysteme mittels der **Inversen**. Die für das Rechnen mit Inversen wichtigsten Eigenschaften werden dann beschrieben. Die vielfältigen Anwendungsmöglichkeiten der einfachen Matrizenrechnung werden im Anschluss an ein Beispiel aus dem Produktionsbereich eines Betriebes vorgestellt. Dazu liegen diese Daten vor:

		Produkte		
		α	β	
	Okt.	10	15	**Produktionsplan**
Monate	Nov.	15	30	= $A_{(3,2)}$ (Stückzahl je
	Dez.	20	40	Produkt & Monat)

		Einzelteile				
		a	b	c	d	
	α	2	1	3	0	**Stückliste**
Produkte						= $B_{(2,4)}$ (Anzahl Einzelteile
	β	4	6	0	2	je Stück der Produkte)

		Materialarten			
		A	B	C	
	a	0,2	0,3	0	
Einzel-	b	0	0	0,2	= $C_{(4,3)}$ **Materialbedarf**
Teile	c	0,8	0,2	0,4	(Menge Material je Stück
	d	0,4	0,2	0	Einzelteil)

		Arbeitsgänge					
		D	E	F	G	H	
	a	10	8	0	0	5	**Zeitbedarf**
Einzel-	b	4	1	3	2	0	= $D_{(4,5)}$ (Minuten je Einzelteil
Teile	c	0	0	4	1	6	und Arbeitsgang)
	d	2	5	2	1	3	

		Materialkosten		
Materialarten	A	10		**Materialkosten**
	B	8	$= \mathbf{e}_{(3,1)}$	(je Mengeneinheit der
	C	15		Materialart)

		Arbeitsgänge		
	D	0,08		
	E	0,10		**Arbeitskosten**
Arbeitsgänge	F	0,20	$= \mathbf{f}_{(5,1)}$	(je Minute der
	G	0,15		Arbeitsgänge)
	H	0,10		

Durch Vektor- und Matrizenoperationen sollen ermittelt werden:

- der Bedarf an Einzelteilen für das Produktionsprogramm
- der Bedarf an Material der Arten A, B und C für das Programm
- die Materialkosten im Quartal und je Monat
- die Gesamtkosten je Monat und
- die Gesamtkosten je Produkteinheit.

1. Ermittlung des Bedarfs an Einzelteilen für das Produktionsprogramm

Den Bedarf erhält man durch Multiplikation der Matrix $\mathbf{A}_{(3,2)}$ (Produktionsplan) mit Matrix $\mathbf{B}_{(2,4)}$ (Stückliste). Das Ergebnis ist eine Matrix $\mathbf{G}_{(3,4)}$, wobei die Zeilen die Monate und die Spalten die Einzelteile darstellen.

	$\mathbf{A}_{(3,2)}$ Produkte		·	$\mathbf{B}_{(2,4)}$ Einzelteile				=		$\mathbf{G}_{(3,4)}$ Einzelteile			
	α	β			a	b	c	d			a	b	c	d
Okt	10	15		α	2	1	3	0		Okt	80	100	30	30
Nov	15	30	·						=	Nov	150	195	45	60
Dez	20	40		β	4	6	0	2		Dez	200	260	60	80

Die Matrix $\mathbf{G}$ enthält die Stückzahlen je Einzelteil und Monat. Um den Gesamtbedarf an Einzelteilen für das ganze Quartal zu ermitteln, müssen wir spaltenweise addieren. Vom Einzelteil a bspw. werden im gesamten Quartal 430 Stück benötigt.

2. Ermittlung des Bedarfs an Material der Arten A, B und C für das Programm

Den Bedarf erhält man durch Multiplikation der Matrix $\mathbf{G}_{(3,4)}$ (Einzelteilbedarfsmatrix) mit Matrix $\mathbf{C}_{(4,3)}$ (Materialbedarfsmatrix). Das Ergebnis ist eine Matrix $\mathbf{H}_{(3,3)}$, wobei die Zeilen die Monate und die Spalten die Materialarten A, B und C darstellen.

	$\mathbf{G}_{(3,4)}$ Einzelteile				·	$\mathbf{C}_{(4,3)}$ Materialarten				=	$\mathbf{H}_{(3,3)}$ Materialarten		
	a	b	c	d			A	B	C			A	B	C
Okt	80	100	30	30		a	0,2	0,3	0		Okt	52	36	32
Nov	150	195	45	60	·	b	0	0	0,2	=	Nov	90	66	57
Dez	200	260	60	80		c	0,8	0,2	0,4		Dez	120	88	76
						d	0,4	0,2	0					

Möchte man den Gesamtbedarf der einzelnen Materialarten über das Quartal ermitteln, bildet man wiederum die Spaltensummen. Zum Beispiel beträgt der Bedarf des Materials B für das gesamte Quartal 190 Stück (36 + 66 + 88).

3. Ermittlung der Materialkosten im Quartal und je Monat

Die Materialkosten je Monat ergeben sich durch Multiplikation der Matrix $H_{(3,3)}$ (Materialartenmatrix) mit der Matrix $e_{(3,1)}$ (Materialkostenmatrix). Das Ergebnis ist eine Matrix $i_{(3,1)}$, wobei die Zeilen die Monate und die Spalte die Materialkosten repräsentieren.

	$H_{(3,3)}$ Materialarten			·		$e_{(3,1)}$ Kosten/Einheit		=	$i_{(3,1)}$ Materialkosten
	A	B	C			K			MK
Okt	52	36	32		A	10		Okt	1288
Nov	90	66	57	·	B	8	=	Nov	2283
Dez	120	88	76		C	15		Dez	3044

Die Materialkosten des Quartals ergeben sich durch Aufsummierung des Spaltenvektors i (1288+2283+3044=6615) oder durch Multiplikation des Spaltenvektors i von links mit einem summierenden Zeilenvektor $x'(1,1,1)$.

4. Ermittlung der Gesamtkosten je Monat

Die Gesamtkosten $l_{(3,1)}$ setzen sich zusammen aus den bereits ermittelten **Materialkosten** $i_{(3,1)}$ und den noch zu ermittelnden **Arbeitskosten** $k_{(3,1)}$.

$$l_{(3,1)} = i_{(3,1)} + k_{(3,1)}$$

Die Matrix (Spaltenvektor) der Arbeitskosten ermittelt man, indem zunächst die Matrix des Einzelteilbedarfs $G_{(3,4)}$ mit der Zeitbedarfsmatrix $D_{(4,5)}$ und das Ergebnis schließlich mit der Arbeitskostenmatrix $f_{(5,1)}$ multipliziert wird.

	$G_{(3,4)}$ Einzelteile						$D_{(4,5)}$ Arbeitsgänge					
							D	E	F	G	H	
	a	b	c	d		a	10	8	0	0	5	
Okt	80	100	30	30		b	4	1	3	2	0	
Nov	150	195	45	60	·	c	0	0	4	1	6	= $J_{(3,5)}$
Dez	200	260	60	80		d	2	5	2	1	3	

	$J_{(3,5)}$ Arbeitsgänge						$f_{(5,1)}$ AK		$k_{(3,1)}$
	D	E	F	G	H	D	0,08		AK
Okt	1260	890	480	260	670	E	0,10	Okt	391,80
Nov	2400	1695	885	495	1200	F	0,20	= Nov	732,75
Dez	3200	2260	1180	660	1600	G	0,15	Dez	977,00
						H	0,10		

Im letzten Schritt erhalten wir die Gesamtkosten durch Addition der Material- und Arbeitskostenmatrix.

	$\mathbf{i}_{(3,1)}$ MK			$\mathbf{k}_{(3,1)}$ AK			$\mathbf{l}_{(3,1)}$ GK
Okt	1288		Okt	391,80		Okt	1679,80
Nov	2283	+	Nov	732,75	=	Nov	3015,75
Dez	3044		Dez	977,00		Dez	4021,00

Die Gesamtkosten des Quartals ergeben sich wiederum aus der Addition der einzelnen Monate (1679,80+3015,75+4021=8716,55).

5. Ermittlung der Gesamtkosten je Produkteinheit

Die **Gesamtkosten** $\mathbf{m}_{(2,1)}$ je Produkteinheit setzen sich zusammen aus den **Materialkosten** $\mathbf{n}_{(2,1)}$ und den **Arbeitskosten** $\mathbf{o}_{(2,1)}$. Die Materialkosten $\mathbf{n}_{(2,1)}$ ergeben sich aus der Multiplikation der Stücklistenmatrix $\mathbf{B}_{(2,4)}$ mit der Materialbedarfsmatrix $\mathbf{C}_{(4,3)}$ und dem Materialkostenvektor $\mathbf{e}_{(3,1)}$. Die Arbeitskosten $\mathbf{o}_{(2,1)}$ ergeben sich aus der Multiplikation der Stücklistenmatrix $\mathbf{B}_{(2,4)}$ mit der Zeitbedarfsmatrix $\mathbf{D}_{(4,5)}$ und dem Arbeitskostenvektor $\mathbf{f}_{(5,1)}$.

$\mathbf{B}_{(2,4)}$ Einzelteile	a	b	c	d		$\mathbf{C}_{(4,3)}$ Materialarten	A	B	C			A	B	C
α	2	1	3	0	·	a	0,2	0,3	0	=	α	2,8	1,2	1,4
β	4	6	0	2		b	0	0	0,2		β	1,6	1,6	1,2
						c	0,8	0,2	0,4					
						d	0,4	0,2	0					

	A	B	C			$\mathbf{e}_{(3,1)}$ MEK			$\mathbf{n}_{(2,1)}$ MK
α	2,8	1,2	1,4	·	A	10	=	α	58,60
β	1,6	1,6	1,2		B	8		β	46,80
					C	15			

Um ein Stück des Produktes α bzw. β herzustellen, benötigt man 58,60 bzw. 46,80 Geldeinheiten alleine für die Materialkosten.

Es fehlt noch die Ermittlung der Arbeitskosten.

$\mathbf{B}_{(2,4)}$	a	b	c	d		$\mathbf{D}_{(4,5)}$	D	E	F	G	H	
						a	10	8	0	0	5	
α	2	1	3	0	·	b	4	1	3	2	0	=
β	4	6	0	2		c	0	0	4	1	6	
						d	2	5	2	1	3	

	D	E	F	G	H		$f_{(5,1)}$ AEK			$o_{(2,1)}$
α	24	17	15	5	28	×	D 0,08	=	α	AK 10,17
β	68	48	22	14	26		E 0,10		β	19,34
							F 0,20			
							G 0,15			
							H 0,10			

Die Produktion einer Einheit von α bzw. β kostet also an Arbeitsleistung 10,17 bzw. 19,34 Geldeinheiten.
Im letzten Schritt folgt die Addition der Material- und der Arbeitskosten.

	$n_{(2,1)}$ MK			$o_{(2,1)}$ AK			$m_{(2,1)}$ GK
α	58,60	+	α	10,17	=	α	68,77
β	46,80		β	19,34		β	66,14

Die Gesamtherstellungskosten der Produkte α und β betragen also 68,77 bzw. 66,14 Geldeinheiten.[46]

3.3.6.4 Lineare Gleichungssysteme mittels der Inversen berechnen

Die bereits behandelten linearen Gleichungssysteme können nun wesentlich kompakter in Form von Matrizengleichungen geschrieben werden. Zunächst gilt:

$$A = \begin{vmatrix} a_{11} & a_{12} & \cdots & a_{1n} \\ a_{21} & a_{22} & \cdots & a_{2n} \\ \vdots & & & \vdots \\ a_{m1} & a_{m2} & \cdots & a_{mn} \end{vmatrix} \Rightarrow \text{Koeffizientenmatrix}$$

$$c = \begin{vmatrix} x_1 \\ x_2 \\ \vdots \\ x_n \end{vmatrix} \Rightarrow \text{Variablenvektor (unbekannter Parameter)}$$

$$b = \begin{vmatrix} b_1 \\ b_2 \\ \vdots \\ b_n \end{vmatrix} \Rightarrow \text{Vektor der rechten Seite}$$

---

[46] In diesem gesamten Beispiel wurden die Matrizen bewusst nach den Inhalten benannt. So z.B. enthält die Matrix $A_{(3,2)}$ den Produktionsplan, der in den Zeilen die Monate und den Spalten die Produkte enthält. Multipliziert man im Anschluss Matrizen, „verschwinden" die gleichen Bezeichnungen, während die „freien" Bezeichnungen stehen bleiben. So werden z.B. im 2. Schritt die Produkte durch die Einzelteile ersetzt.

Wir können dann das Gleichungssystem

$$a_{11}x_1 + a_{12}x_2 + ... + a_{1n}x_n = b_1$$
$$a_{21}x_1 + a_{22}x_2 + ... + a_{2n}x_n = b_2$$
$$\vdots$$
$$a_{m1}x_1 + a_{m2}x_2 + ... + a_{mn}x_n = b_m$$

kompakter schreiben als:

$$A \cdot c = b$$

Beispiel: Erinnern Sie sich noch an das kleine Beispiel in Abschnitt „Das Aufstellen von Gleichungssystemen"? Dort konsumierte ein Student an zwei Tagen Brötchen (Preis = p_1) und Bier (Preis = p_2).
Wir schreiben

$$\begin{matrix} 1 \cdot p_1 + 3 \cdot p_2 = 3{,}50 \\ 2 \cdot p_1 + 6 \cdot p_2 = 5{,}40 \end{matrix} \quad \text{nun in Matrizenform}: \quad \begin{vmatrix} 1 & 3 \\ 2 & 6 \end{vmatrix} \cdot \begin{vmatrix} p_1 \\ p_2 \end{vmatrix} = \begin{vmatrix} 3{,}5 \\ 5{,}4 \end{vmatrix}$$

Die Darstellung von Gleichungssystemen in Form der Matrizengleichung legt es jetzt nahe, die Beziehung

$$A \cdot c = b$$

nach dem unbekannten Vektor **c** „aufzulösen". Dazu müsste die Gleichung durch die Matrix **A** dividiert werden. Die Division ist jedoch in der Matrizenrechnung nicht definiert, jedoch kann eine Division auch als Multiplikation mit dem inversen Element erfolgen, denn statt a/b, mit b≠0 kann man ja auch schreiben

$$a \cdot b^{-1}.$$

Zur Lösung von linearen Gleichungssystemen benötigen wir also die **Inverse**. Um diese zu berechnen und damit das Gleichungssystem nach den unbekannten Variablen aufzulösen, ist eine Reihe von Vorarbeiten notwendig. So hängt die Existenz der Inversen von der sogenannten **Determinante ab**, wie nach der nun folgenden kurzen Zusammenfassung der Grundlagen genauer erklärt wird.

3.3.6.5 Zusammenfassung

Wir haben zunächst an einem Beispiel aus dem betrieblichen Rechnungswesen die Anwendungsmöglichkeiten der einfachen Matrizenrechnung (Addition, Subtraktion und Multiplikation) gezeigt. Im Zusammenhang mit dem Ansatz zur Lösung von Gleichungssystemen stießen wir dann auf das Problem der Matrizeninversion. Wir werden nun die Bedingung für die Existenz einer Inversen sowie einige ihrer Eigenschaften und in den dann anschließenden Lektionen Algorithmen zur Inversion von Matrizen kennenlernen.

Bestimmung Determinanten

Mit Hilfe der Determinanten soll die Lösbarkeit von Gleichungssystemen bestimmt werden. Zunächst werden Determinanten von (2,2) und (3,3)-Matrizen berechnet. Da die Inversion von Matrizen – wie wir später noch sehen werden – mit einigem Rechenaufwand verbunden ist, ist es sinnvoll, schon vorher zu prüfen, ob die Matrix überhaupt invertierbar ist. Dies geschieht mit Hilfe von Determinanten, die nachfolgend für (2,2)- und (3,3)-Matrizen berechnet werden.

Die Determinante einer 2,2-Matrix und ihre Inverse

Eine (2,2)-Matrix ist dadurch charakterisiert, dass zwei Gleichungen mit zwei Unbekannten in Matrizenform dargestellt werden, wobei die Matrix der bekannten Koeffizienten die folgende Form hat:

$$A = \begin{vmatrix} a_{11} & a_{12} \\ a_{21} & a_{22} \end{vmatrix}$$

Die Lösbarkeit des Gleichungssystems, also von

$A \cdot c = b$ (mit c = Spaltenvektor der Unbekannten, b = Spaltenvektor der rechten Seite, A = (bekannte) Koeffizientenmatrix), hängt von der Frage ab, ob das Gleichungssystem invertierbar ist, ob also

$$c = A^{-1} \cdot b$$

berechnet werden kann. Dazu muss die **Determinante** von **A** gebildet werden können, sprich, ungleich Null sein.

Schema für die Berechnung einer zweireihigen Determinante

Aus der bekannten Koeffizientenmatrix A ergeben sich der Wert und die notwendige Bedingung wie folgt:

$$\begin{vmatrix} a_{11} & a_{12} \\ a_{21} & a_{22} \end{vmatrix} \Rightarrow A_{(22)} = a_{11} \cdot a_{22} - a_{12} \cdot a_{21} \neq 0$$

Der Wert von $a_{11} \cdot a_{22} - a_{12} \cdot a_{21}$ „determiniert" sozusagen die Invertierbarkeit einer (2,2)-Matrix. Wir nennen diesen Ausdruck, der in analoger Weise auch für größere Matrizen abgeleitet werden kann, daher „Determinante" der Matrix **A**, kurz Det **A**.
Ist Det **A** = 0, so ist eine Matrix nicht invertierbar und somit die Auflösung des entsprechenden linearen Gleichungssystems nicht möglich.

Schema für die Berechnung der Inversen einer (2,2)-Matrix

Die Inverse einer (2,2)-Matrix lässt sich wie folgt berechnen.

$$A_{(22)}^{-1} = \frac{1}{a_{11}a_{22} - a_{12}a_{21}} \cdot \begin{vmatrix} a_{22} & -a_{12} \\ -a_{21} & a_{11} \end{vmatrix} = \frac{1}{\det A} \cdot \begin{vmatrix} a_{22} & -a_{12} \\ -a_{21} & a_{11} \end{vmatrix}$$

1. Beispiel: Gesucht sind die Determinante und die Inverse zu folgender Koeffizientenmatrix:

$$A = \begin{vmatrix} 1 & 2 \\ 3 & 4 \end{vmatrix}$$

Die Determinante ergibt $a_{11} \cdot a_{22} - a_{12} \cdot a_{21} = 1 \cdot 4 - 2 \cdot 3 = -2 \neq 0$, somit ist **A** invertierbar und lautet:

$$A^{-1} = \frac{1}{-2} \cdot \begin{vmatrix} 4 & -2 \\ -3 & 1 \end{vmatrix} = \begin{vmatrix} -2 & 1 \\ 1{,}5 & -0{,}5 \end{vmatrix}$$

Exkurs:
Um zu überprüfen, ob die ermittelte Inverse korrekt ist, wird die ursprüngliche Matrix **A** mit der Inversen **A**$^{-1}$ multipliziert. Als Ergebnis muss die Einheitsmatrix herauskommen. Diese ist eine Matrix, die auf der Hauptdiagonalen die Werte 1 hat, während alle übrigen Elemente den Wert Null haben.

Probe:

$$\begin{vmatrix} 1 & 2 \\ 3 & 4 \end{vmatrix} \cdot \begin{vmatrix} -2 & 1 \\ 1{,}5 & -0{,}5 \end{vmatrix} = \begin{vmatrix} -2+3 & 1-1 \\ -6+6 & 3-2 \end{vmatrix} = \begin{vmatrix} 1 & 0 \\ 0 & 1 \end{vmatrix}$$

Die Probe ergibt die Einheitsmatrix, die Inverse wurde folglich richtig berechnet.

2. Beispiel: Gesucht sei die Determinante sowie die Inverse zu folgender Koeffizientenmatrix:

$$L = \begin{vmatrix} 1 & 2 \\ 3 & 6 \end{vmatrix}$$

Die Determinante lautet $a_{11} \cdot a_{22} - a_{12} \cdot a_{21} = 1 \cdot 6 - 2 \cdot 3 = 0$, somit ist **L** nicht invertierbar!

Schema für die Berechnung der Inversen einer 3,3-Matrix
Dreireihige Determinanten können recht einfach nach der Regel von Sarrus berechnet werden.[47] Dabei werden zunächst die ersten beiden Spalten der Matrix noch einmal rechts an die Matrix angefügt, im Anschluss daran werden die Diagonalen gebildet. Die nach unten verlaufenden Produkte werden addiert, die nach oben verlaufenden Produkte subtrahiert. Das Schema zur Berechnung der Determinante wird durch folgende Darstellung verdeutlicht:

$$\begin{matrix} a_{11} & a_{12} & a_{13} & a_{11} & a_{12} \\ a_{21} & a_{22} & a_{23} & a_{21} & a_{22} \\ a_{31} & a_{32} & a_{33} & a_{31} & a_{32} \end{matrix}$$

---

47   Mehr als 3x3-Matrizen sollten aufgrund des Rechenaufwandes nicht mit dieser Regel gelöst werden.

Die Anwendung führt zu folgender Determinante: Det $A_{(3,3)} = a_{11} a_{22} a_{33} + a_{12} a_{23} a_{31} + a_{13} a_{21} a_{32} - a_{31} a_{22} a_{13} - a_{32} a_{23} a_{11} - a_{33} a_{21} a_{12}$

Zu berechnen ist die Determinante folgender Koeffizientenmatrix A. Das Anfügen ergibt

$$\begin{array}{ccccc} 1 & 2 & 3 & 1 & 1 \\ 4 & 5 & 6 & 4 & 5 \\ 7 & 8 & 9 & 7 & 8 \end{array}$$

Det $A_{(3,3)} = a_{11} a_{22} a_{33} + a_{12} a_{23} a_{31} + a_{13} a_{21} a_{32} - a_{31} a_{22} a_{13} - a_{32} a_{23} a_{11} - a_{33} a_{21} a_{12}$

$= 1 \cdot 5 \cdot 9 + 2 \cdot 6 \cdot 7 + 3 \cdot 4 \cdot 8 - 7 \cdot 5 \cdot 3 - 8 \cdot 6 \cdot 1 - 9 \cdot 4 \cdot 2 = 45 + 84 + 96 - 105 - 48 - 72 = 0$

Die Inverse könnte also im vorliegenden Falle nicht berechnet werden.

Zusammenfassung

Im vorangegangenen Kapitel wurde die Determinante als wichtige Größe im Rahmen der Matrizenrechnung beschrieben. Der Wert der Determinante dient als erster Anhaltspunkt darüber, ob ein lineares Gleichungssystem invertierbar, d. h., nach der unbekannten Größe auflösbar ist. Ferner benötigt man den Wert der Determinante zur Berechnung der Inversen, was anhand einer (2,2)-Matrix demonstriert wurde.

Darstellung der Inversen mittels Determinante und Adjunkten

Nun werden Verfahren zur Berechnung der Inversen mittels Determinante und Adjunkten dargestellt. Ferner wird mit der Cramerschen Regel ein Verfahren zur Lösung von Gleichungssystemen erläutert, was auf der Inversion mittels Determinante und Adjunkten aufbaut. Im vergangenen Abschnitt haben Sie mit der Regel von Sarrus ein Verfahren kennengelernt, mit dem man die Determinante einer (3,3)-Matrix berechnen kann. Wir werden nun mittels der Adjunkten die zugehörige Inverse berechnen. Dazu sind folgende Schritte notwendig:

Schritt 1: Prüfen, ob die Determinante ungleich Null ist
Dies geschieht mit der Regel von Sarrus.

Schritt 2: Bildung der Unterdeterminanten u_{ij} (Minoren)
Jede n-reihige Determinante (n > 1) hat n^2 Unterdeterminanten, auch Minoren genannt. Die zu jedem Element a_{ij} der Koeffizientenmatrix **A** gehörenden Unterdeterminanten u_{ij} erhält man als Determinante von **A**, wenn dort die i-te Zeile und j-te Spalte gestrichen werden.

Schritt 3: Bildung der Adjunkten A_{ij} (algebraisches Komplement)
Die sogenannten Adjunkten werden mittels der Gleichung

$$A_{ij} = (-1)^{i+j} \cdot u_{ij}$$

berechnet. Die aus diesen Werten entstehende Matrix **A*** wird als **Adjungierte** von **A** bezeichnet.

Schritt 4: Bildung der Transponierten zu **A***
Im vorletzten Schritt bilden wir zu der in Schritt 3 ermittelten Adjungierten die transponierte Matrix **A*'**.

Schritt 5: Ermittlung der Inversen **A^{-1}**
Die Inverse **A^{-1}** wird gebildet durch

$$A^{-1} = \frac{1}{\text{Det}(A)} \cdot A*'$$

Beispiel: Aus nachfolgender Matrix soll die Inverse mittels der Determinante und der Adjunkten gebildet werden

$$A = \begin{vmatrix} 3 & 1 & 2 \\ 2 & 4 & 1 \\ 0 & 2 & 1 \end{vmatrix}$$

Schritt 1: Berechnung der Determinante mit Hilfe der Regel von Sarrus[48]

$$\text{Det} A = \begin{vmatrix} 3 & 1 & 2 & 3 & 1 \\ 2 & 4 & 1 & 2 & 4 \\ 0 & 2 & 1 & 0 & 2 \end{vmatrix} = 3 \cdot 4 \cdot 1 + 2 \cdot 2 \cdot 2 - 2 \cdot 1 \cdot 3 - 1 \cdot 2 \cdot 1 = 12$$

Det A = 12 ≠ 0, also existiert eine Inverse.

Schritt 2: Bildung der Unterdeterminanten u_{ij} (Minoren)

$$u_{11} = \begin{vmatrix} 4 & 1 \\ 2 & 1 \end{vmatrix} \qquad u_{12} = \begin{vmatrix} 2 & 1 \\ 0 & 1 \end{vmatrix} \qquad u_{13} = \begin{vmatrix} 2 & 4 \\ 0 & 2 \end{vmatrix}$$

$$u_{21} = \begin{vmatrix} 1 & 2 \\ 2 & 1 \end{vmatrix} \qquad u_{22} = \begin{vmatrix} 3 & 2 \\ 0 & 1 \end{vmatrix}$$

$$u_{23} = \begin{vmatrix} 3 & 1 \\ 0 & 2 \end{vmatrix} \qquad u_{31} = \begin{vmatrix} 1 & 2 \\ 4 & 1 \end{vmatrix} \qquad u_{32} = \begin{vmatrix} 3 & 2 \\ 2 & 1 \end{vmatrix} \qquad u_{33} = \begin{vmatrix} 3 & 1 \\ 2 & 4 \end{vmatrix}$$

Schritt 3: Bildung der Adjunkten A_{ij}

$$A_{11} = (-1)^2 \cdot \begin{vmatrix} 4 & 1 \\ 2 & 1 \end{vmatrix} = 2 \qquad A_{12} = (-1)^3 \cdot \begin{vmatrix} 2 & 1 \\ 0 & 1 \end{vmatrix} = -2$$

$$A_{13} = (-1)^4 \cdot \begin{vmatrix} 2 & 4 \\ 0 & 2 \end{vmatrix} = 4$$

---

48 Die mit 0 zu multiplizierende Werte (z.B. 0 · 4 · 2) werden hier nicht abgebildet.

$$A_{21} = (-1)^3 \cdot \begin{vmatrix} 1 & 2 \\ 2 & 1 \end{vmatrix} = 3 \qquad A_{22} = (-1)^4 \cdot \begin{vmatrix} 3 & 2 \\ 0 & 1 \end{vmatrix} = 3$$

$$A_{23} = (-1)^5 \cdot \begin{vmatrix} 3 & 1 \\ 0 & 2 \end{vmatrix} = -6$$

$$A_{31} = (-1)^4 \cdot \begin{vmatrix} 1 & 2 \\ 4 & 1 \end{vmatrix} = -7 \qquad A_{32} = (-1)^5 \cdot \begin{vmatrix} 3 & 2 \\ 2 & 1 \end{vmatrix} = 1$$

$$A_{33} = (-1)^6 \cdot \begin{vmatrix} 3 & 1 \\ 2 & 4 \end{vmatrix} = 10$$

Die adjungierte Matrix **A*** lautet also:

$$A^* = \begin{vmatrix} 2 & -2 & 4 \\ 3 & 3 & -6 \\ -7 & 1 & 10 \end{vmatrix}$$

Schritt 4: Bildung der Transponierten zu **A***

$$A*' = \begin{vmatrix} 2 & 3 & -7 \\ -2 & 3 & 1 \\ 4 & -6 & 10 \end{vmatrix}$$

Schritt 5: Bildung der Inversen

$$A^{-1} = \frac{1}{12} \begin{vmatrix} 2 & 3 & -7 \\ -2 & 3 & 1 \\ 4 & -6 & 10 \end{vmatrix}$$

Wir machen die Probe, indem die Ausgangsmatrix **A** mit der Inversen **A⁻¹** multipliziert wird.

$$A \cdot A^{-1} = \frac{1}{12} \cdot \begin{vmatrix} 3 & 1 & 2 \\ 2 & 4 & 1 \\ 0 & 2 & 1 \end{vmatrix} \cdot \begin{vmatrix} 2 & 3 & -7 \\ -2 & 3 & 1 \\ 4 & -6 & 10 \end{vmatrix} = \frac{1}{12} \cdot \begin{vmatrix} 12 & 0 & 0 \\ 0 & 12 & 0 \\ 0 & 0 & 12 \end{vmatrix} = \begin{vmatrix} 1 & 0 & 0 \\ 0 & 1 & 0 \\ 0 & 0 & 1 \end{vmatrix}$$

Lösung der Gleichungssysteme nach der Cramerschen Regel
Auf der Inversion mittels Determinante und Adjunkten baut ein Lösungsverfahren für Gleichungssysteme mit invertierbarer Koeffizientenmatrix auf, die Cramersche Regel. Für $c = A^{-1} \cdot b$ kann man auch schreiben:

$$\begin{vmatrix} x_1 \\ x_2 \\ \vdots \\ x_n \end{vmatrix} = \frac{1}{|A|} \cdot \begin{vmatrix} A_{11} & A_{21} & \cdots & A_{n1} \\ A_{12} & A_{22} & \cdots & A_{n2} \\ \vdots & & & \vdots \\ A_{1n} & A_{2n} & \cdots & A_{nn} \end{vmatrix} \cdot \begin{vmatrix} b_1 \\ b_2 \\ \vdots \\ b_n \end{vmatrix}$$

Oder

$$\begin{vmatrix} x_1 \\ x_2 \\ \vdots \\ x_n \end{vmatrix} = \frac{1}{|A|} \cdot \begin{vmatrix} A_{11}b_1 + A_{21}b_2 + \cdots + A_{n1}b_n \\ A_{12}b_1 + A_{22}b_2 + \cdots + A_{n2}b_n \\ \vdots \\ A_{1n}b_1 + A_{2n}b_2 + \cdots + A_{nn}b_n \end{vmatrix}$$

Die j-te Zeile aus obigem Zusammenhang lautet:

$$x_j = \frac{1}{|A|} \cdot (A_{1j}b_1 + A_{2j}b_2 + \ldots + A_{nj}b_n) = \frac{1}{|A|} \cdot \sum_{i=1}^{n} b_i \cdot A_{ij}$$

In dieser Gleichung ist der Summenausdruck offenbar die Entwicklung der Determinante von **A** nach der j-ten Spalte, wobei diese Spalte der Matrix durch den Vektor der rechten Seite **b** substituiert ist.

$$x_j = \frac{1}{|A|} \cdot \begin{vmatrix} a_{11} & a_{12} \cdots & b_1 & \cdots & a_{1n} \\ a_{12} & a_{22} \ldots & b_2 & \cdots & a_{2n} \\ \vdots & & & & \\ a_{1n} & a_{2n} \cdots & b_n & \cdots & a_{nn} \end{vmatrix} = \frac{1}{|A|} \cdot |A_j|$$

In obigem Gleichungssystem ist A_j die Determinante von **A**, in der die j-te Spalte durch den Vektor **b** ersetzt worden ist. Um nun ein Gleichungssystem nach dem unbekannten Vektor **c** auflösen zu können, ist jede Spalte der Koeffizientenmatrix **A** nun nach und nach durch den Spaltenvektor **b** zu ersetzen. Dazu werden die Determinanten A_j berechnet, durch die Determinante von **A** dividiert und wir erhalten die Werte für die unbekannten Größen des Vektors **c**. Wenn Ihnen diese Erklärung zu theorielastig ist, sollte es trotzdem kein Problem sein, die Regel zu verstehendenn nun wende ich die Kramersche Regel in einem Beispiel an.

$4x_1 + 2x_2 + 4x_3 = 14$

$3x_1 + 1x_2 + 2x_3 = 9$

$2x_1 + 3x_2 + 1x_3 = 10$

Zunächst berechnen wir die Determinante der Matrix **A**, im Anschluss durch Substitution der j-ten Spalte durch den Vektor **b** die Determinanten A_j.

$$\text{Det } A = \begin{vmatrix} 4 & 2 & 4 & 4 & 2 \\ 3 & 1 & 2 & 3 & 1 \\ 2 & 3 & 1 & 2 & 3 \end{vmatrix} = 4 + 8 + 36 - 8 - 24 - 6 = 10$$

$$\text{Det } A_1 = \begin{vmatrix} 14 & 2 & 4 & 14 & 2 \\ 9 & 1 & 2 & 9 & 1 \\ 10 & 3 & 1 & 10 & 3 \end{vmatrix} = 14 + 40 + 108 - 40 - 84 - 18 = 20$$

$$\text{Det } A_2 = \begin{vmatrix} 4 & 14 & 4 & 4 & 14 \\ 3 & 9 & 2 & 3 & 9 \\ 2 & 10 & 1 & 2 & 10 \end{vmatrix} = 36 + 56 + 120 - 72 - 80 - 42 = 18$$

$$\text{Det } A_3 = \begin{vmatrix} 4 & 2 & 14 & 4 & 2 \\ 3 & 1 & 9 & 3 & 1 \\ 2 & 3 & 10 & 2 & 3 \end{vmatrix} = 40 + 36 + 126 - 28 - 108 - 60 = 6$$

Aus den Determinantenwerten erhalten wir folgende Werte für die unbekannten x_i des Spaltenvektors **b**.[49]

$$x_1 = \frac{|A_1|}{|A|} = \frac{20}{10} = 2 \qquad x_2 = \frac{|A_2|}{|A|} = \frac{18}{10} = 1{,}8 \qquad x_3 = \frac{|A_3|}{|A|} = \frac{6}{10} = 0{,}6$$

Zusammenfassung

Zunächst haben wir mittels der Determinante und der Adjunkten eine Methode zur Ermittlung der Inversen der Koeffizientenmatrix **A** kennengelernt. Die Matrizeninversion ist immer dann wichtig, wenn das lineare Gleichungssystem nach dem unbekannten Vektor **c** aufzulösen ist. Wie bereits erwähnt, ist die Division in der Matrizenrechnung nicht definiert, weshalb man mit dem inversen Element multipliziert. Im Anschluss haben Sie mit der Cramerschen Regel ein sehr gängiges Lösungsverfahren für lineare Gleichungssysteme kennengelernt.

3.3.6.6 Ökonomische Anwendungen

Beispiel 1: Ein Bauunternehmen hat einen Auftrag für mehrere Häuser von drei verschiedenen Typen. 5 Häuser sollen vom Typ A gebaut werden, 7 vom Typ B und 12 vom Typ C. Vom Schreiner erhält das Bauunternehmen die Information, wie viel Tonnen Holz erforderlich sind. Häuser vom Typ A verbrauchen je Haus 2000 Tonnen, Häuser vom Typ B je Haus 1800 Tonnen und vom Typ C 2500 Tonnen. Wie viel Tonnen werden insgesamt benötigt? Es sind Matrizen (Vektoren) zu erstellen, die richtig aufeinander abgestimmt werden müssen.

Lösung:

Die Häuser werden als Zeilenvektor $h'_{(1,3)}$, die Angaben der benötigten Tonnen als Spaltenvektor $t_{(3,1)}$ dargestellt.

$$h'_{(1,3)} = \begin{vmatrix} 5 & 7 & 12 \end{vmatrix} \qquad t_{(3,1)} = \begin{vmatrix} 20000 \\ 1800 \\ 2500 \end{vmatrix}$$

Durch Multiplikation ergeben sich 52.600 Tonnen.

$$\begin{vmatrix} 5 & 7 & 12 \end{vmatrix} \cdot \begin{vmatrix} 2000 \\ 1800 \\ 2500 \end{vmatrix} = 52.600$$

---

49 — Wenn Sie die x-Werte im Gleichungssystem einsetzen und rechnen, werden Sie feststellen, dass die Werte stimmen.

Dieses Beispiel war sicher zu einfach. Deshalb folgt nun ein zweiter Versuch.

Beispiel 2: Ein Unternehmen stellt die Produkte 1 und 2 her. Der Kapazitätsbedarf dieser Produkte in den Produktionsstätten A, B, C und D ist gegeben durch folgende Matrix:

$$K_{(4,2)} = \begin{vmatrix} 2 & 10 \\ 1 & 0 \\ 2 & 2 \\ 1 & 4 \end{vmatrix} \Rightarrow k_{ij} = \text{Kapazitätsbedarf in h je Einheit des Produktes j in der Abteilung i.}$$

Die Abteilung i beschreibt die Produktionsstätte.
Der Rohmaterialbedarf ist durch folgende Matrix gegeben:

$$R_{(3,2)} = \begin{vmatrix} 10 & 20 \\ 5 & 10 \\ 0 & 2 \end{vmatrix} \Rightarrow r_{ij} = \text{Rohmaterialbedarf in ME je Einheit des Produktes j}$$

Der Bedarf an Arbeitskräften lässt sich in dem Vektor **a'** darstellen:

$$a'_{(1,2)} = |10 \quad 5| \Rightarrow a_j = \text{Bedarf an Arbeitskräften je Einheit des Produktes j}$$

Für eine Planungsperiode wurden folgende Absatzmengen für die Produkte 1 und 2 geschätzt:

$$W_{(2,1)} = \begin{vmatrix} 10000 \\ 20000 \end{vmatrix} \Rightarrow x_j = \text{Absatzmengen des Produktes j}$$

Wie gestaltet sich der Bedarfsplan für Kapazität, für Rohmaterialien und Arbeitskräfte?

Lösung:
Der Bedarfsplan für die Kapazität ergibt sich wie folgt:

$$K_{4,2} \cdot w_{2,1} = \begin{vmatrix} 2 & 10 \\ 1 & 0 \\ 2 & 2 \\ 1 & 4 \end{vmatrix} \cdot \begin{vmatrix} 10.000 \\ 20.000 \end{vmatrix} = \begin{vmatrix} 220.000 \\ 10.000 \\ 60.000 \\ 90.000 \end{vmatrix} = \begin{vmatrix} A \\ B \\ C \\ D \end{vmatrix}$$

Interpretation: Um den Bedarfsplan (2h/E von P1 und 10h/E von P2) umsetzen zu können, benötigen wir von Abteilung A eine Kapazität von 220.000h!
Der Bedarf für Rohmaterial wird wie folgt ermittelt:

$$R_{3,2} \cdot w_{2,1} = \begin{vmatrix} 10 & 20 \\ 5 & 10 \\ 0 & 2 \end{vmatrix} \cdot \begin{vmatrix} 10.000 \\ 20.000 \end{vmatrix} = \begin{vmatrix} 500.000 \\ 250.000 \\ 40.000 \end{vmatrix} = \begin{vmatrix} R_1 \\ R_2 \\ R_3 \end{vmatrix}$$

Interpretation: Um den geplanten Absatz (10.000 v. P1 und 20.000 v. P2) zu realisieren, sind vom Rohmaterial $R_1 = 500.000$ ME, $R_2 = 250.000$ ME und $R_3 = 40.000$ ME erforderlich.

Der Bedarf an Arbeitskräfte wird nun berechnet.

$a' = (10 \quad 5)$ gilt für die 100 Einheiten von P1 und P2. Für je 1 Einheit sind die Werte also durch 100 zu teilen.

$$a' = (0{,}1 \quad 0{,}05)$$

$$a'_{1,2} \cdot w_{2,1} = (0{,}1 \quad 0{,}05) \cdot \begin{vmatrix} 10.000 \\ 20.000 \end{vmatrix} = 2000$$

Interpretation: Um den Produktionsplan umsetzen zu können, sind 2000 Arbeitskräfte erforderlich.[50]

3.3.7 Lineare Programmierung

Die lineare Programmierung ist streng genommen lediglich die Fortführung der linearen Optimierung. Meist geht es um die Maximierung oder Minimierung einer Zielfunktion. So können z.B. Umsätze oder Gewinne maximiert oder variable und/oder fixe Kosten minimiert werden. Auf dieser Basis sollen nun zwei wesentliche betriebswirtschaftliche Optimierungsmodelle gezeigt werden. Zum einen die Transport(kosten)optimierung, zum anderen die Minimierung der Lagerkosten, die oftmals ein großes Problem in der Bundesrepublik darstellen.

3.3.7.1 Transportoptimierung

Transportprobleme lassen sich, wie bereits oben beschrieben, mit Hilfe der **linearen Programmierung** bewältigen, also optimieren. Sie ermöglicht bspw. die Bestimmung von optimalen Transportwegen zur Minimierung der anfallenden Kosten.

Das Grundmodel und seine Lösung

Spezielle Klassen von Linearen Programmen stellen die so genannten Transport- und Zuordnungsmodelle dar.

Beim Grundmodell des Transportproblems wird die folgende Entscheidungssituation betrachtet:

Von den m Lieferorten	$A_1, A_2, ..., A_m$
sollen die Vorratsmengen	$a_1, a_2, ..., a_m$
zu den Verbrauchsorten	$B_1, B_2, ..., B_n$
mit den Bedarfsmengen	$b_1, b_2, ..., b_n$

---

[50] Siehe Fallstudie 21 und 22.

kostenminimal transportiert werden, wobei durch die von A_i nach B_j transportierte Mengeneinheiten Kosten von c_{ij} entstehen.

Da von jedem Lieferort A_i (i = 1, ..., m) zu jedem Bedarfsort B_j (j = 1, ..., n) die Transportmenge x_{ij} bestimmt werden soll, ist die Anzahl der Entscheidungsvariablen gleich m · n. Die Transportmatrix in Tabelle 3.35 verdeutlicht den Sachverhalt in kompakter Form.

nach von	B_1	B_2	...	B_n	Vorrat
A_1	c_{11} x_{11}	c_{12} x_{12}	...	c_{1n} x_{1n}	a_1
A_2	c_{21} x_{21}	c_{22} x_{22}	...	c_{2n} x_{2n}	a_2
.	.	.		.	
.	.	.		.	
A_m	c_{m1} x_{21}	c_{m2} x_{m1}	...	c_{mn} x_{mn}	a_m
Bedarf	b_1	b_2	...	b_n	

Tabelle 3.35 Das Grundmodell eines Transportproblems I

Für 3 Liefer- und 4 Verbrauchsorte sind in nachfolgender Transportmatrix beispielhaft Werte angegeben.

nach von	B_1	B_2	B_3	B_4	a_i
A_1	2	6	5	7	18
A_2	2	7	9	4	22
A_3	1	3	4	2	10
b_j	10	13	14	13	50

Tabelle 3.36 Das Grundmodell eines Transportproblems II

So hat bspw. Lieferort A_1 insgesamt einen Lagervorrat von 18 ME, während der Verbrauchsort B_2 13 ME benötigt. Liefert A_2 an B_3, entstehen pro Liefermenge Kosten in Höhe von 9,- Euro etc.

3.3.7.2 Ökonomische Anwendungen

Grundsätzlich gibt es mehrere Möglichkeiten, eine Anfangslösung zu generieren. Als klassische Verfahren haben sich

- die Nordwest-Eckenregel
- die Methode der kleinsten Kosten
- die Vogel'sche Approximationsmethode sowie
- die Stepping-Stone-Methode

herauskristallisiert.

Beispiel 1: 3 Anbieter (A_i) beliefern 4 Produzenten an den Verbrauchsorte (B_j) mit insgesamt 50 Mengen an Rohstoffen zur Weiterverarbeitung. Ein Spediteur liefert alle Rohstoffe ohne Berücksichtigung der Kosten von links oben (Nordwesten) nach rechts unten aus, da er dadurch Zeit und (Benzin)Kosten einspart. Dieses „Verfahren" beruht auf der **Nordwest-Eckenregel**. Es ergibt sich die Anfangslösung in Tabelle 3.37.

nach \ von	B_1	B_2	B_3	B_4	a_i
A_1	2 / 10	6 / 8	5 / 0	7 / 0	18
A_2	2 / 0	7 / 5	9 / 14	4 / 3	22
A_3	1 / 0	3 / 0	4 / 0	2 / 10	10
b_j	10	13	14	13	50

Tabelle 3.37 Die Nordwest-Eckenregel

Die Kosten belaufen sich auf

$K = 10 \cdot 2 + 8 \cdot 6 + 5 \cdot 7 + 14 \cdot 9 + 3 \cdot 4 + 10 \cdot 2 = 261{,}-$ Euro.

Beispiel 2: Die 4 Produzenten schließen sich zusammen und versuchen, die Gesamtkosten zu reduzieren. Besetzt man die Felder nun nach aufsteigenden Kostenwerten, entspricht es der **Methode der kleinsten Kosten**.
Die Anfangslösung ergibt dann wie in Tabelle 3.38 dargestellt.

nach von	B_1	B_2	B_3	B_4	a_i
A_1	2 0	6 4	5 14	7 0	18
A_2	2 0	7 9	9 0	4 13	22
A_3	1 10	3 0	4 0	2 0	10
b_j	10	13	14	13	50

Tabelle 3.38 Die Methode der kleinsten Kosten

Die Kosten der Anfangslösung belaufen sich nun auf

K = 10 · 1 + 13 · 4 + 14 · 5 + 4 · 6 + 9 · 7 = 219,- Euro und sind damit bereits um einiges geringer als mit Hilfe der Nordwest-Eckenregel.

Da bei der ersten Eintragung (Feld x_{31}) Bedarfs- und Vorratsmengen übereinstimmen, ist die Basislösung „degeneriert", d. h. enthält anstatt der Standardlösung in Höhe von n + m − 1 positiven Werten nur 5 positive Werte. Der Nachteil dieser Methode liegt in der Konzentration auf den kleinsten Kostenwert der gesamten Matrix, wodurch häufig andere günstigere Alternativen ausgeschlossen werden. In obigem Beispiel wird durch die Konzentration auf das kostenminimale Feld ($c_{31} = 1$) in Kauf genommen, dass Kombinationen mit hohen Kostenwerten in Anspruch genommen werden müssen.

Beispiel 3: Die 4 Produzenten sind aufgrund der Gesamtkosten (219,- Euro) noch nicht vom Gesamtkostenminimum überzeugt und versuchen, ein spezielles Konzept zu entwickeln, indem sie die Differenz zwischen den beiden kleinsten Kostenwerten jeder Spalte und jeder Zeile berücksichtigen. Sie verfahren so nach der **Vogel'schen Approximationsmethode** (Tabelle 3.39).

Die Belegung der anderen Felder ist zwangsläufig. Es ergeben sich Kosten in Höhe von

K = 4 · 2 + 6 · 2 + 3 · 7 + 10 · 3 + 14 · 5 + 13 · 4 = 193,- Euro.

Die Vogel'sche Approximationsmethode hat bislang die günstigste Kostenkonstellation ergeben.

nach von	B_1	B_2	B_3	B_4	a_i
A_1	2 / 4	6 / 0	5 / 14	7 / 0	18
A_2	2 / 6	7 / 3	9 / 0	4 / 13	22
A_3	1 / 0	3 / 10	4 / 0	2 / 0	10
b_j	10	13	14	13	50

Reihenfolge	Größte Kostendifferenz	Feld	x_{ij}
1	$6 - 3 = 3$[51]	3,2	10
2	$9 - 5 = 4$	1,3	14
3	$6 - 2 = 4$	1,1	4

Tabelle 3.39 Die Vogelsche Approximationsmethode I

Beispiel 4: Einer der Produzenten hatte Kontakt mit einem Absolventen der Hochschule, der ihm das **Stepping-Stone-Verfahren** schmackhaft machte. Er bezeichnete es als ein Standarditerationsverfahren, das durch Mengenkombinationen die Gesamtkosten abschließend minimieren soll. Dieses Verfahren soll die **Bestimmung der Optimallösung** herbeiführen.

Allgemein gesprochen kann, ausgehend von einer Basislösung (wie sie bspw. im Rahmen der obigen Vogel'schen Approximationsmethode ermittelt wurde), eine neue Lösung dadurch erzeugt werden, dass man eine Variable (Transportmenge), die bisher Null war, so weit vergrößert, bis mindestens eine Variable, **die vorher positiv war**, zu Null wird. Die neue Lösung ist dann besser, wenn die neuen Transportkosten niedriger sind als die ursprünglichen.

Nach der Vogel'schen Approximationsmethode ermittelte man die Kosten: K = 193,- Euro.

---

51 Alternativ geht auch das Feld 1,1 (Kostendifferenz zwischen 5 und 2).

nach von	B_1	B_2	B_3	B_4	a_i
A_1	2 / 4	6 / 0	5 / 14	7 / 0	18
A_2	2 / 6	7 / 3	9 / 0	4 / 13	22
A_3	1 / 0	3 / 10	4 / 0	2 / 0	10
b_j	10	13	14	13	50

Tabelle 3.40
Die Vogelsche Approximationsmethode II

Ist es möglich, ausgehend von dieser Situation die Kosten weiter zu senken? Bspw. könnte ein Anwachsen der Menge x_{12} (bisher Null) durch eine entsprechende Verkleinerung von x_{11} und x_{22} sowie Vergrößerung von x_{21} kompensiert werden. Die maximal austauschbare Menge wird durch das Minimum dieses Zyklus bestimmt (hier $x_{22} = 3$).

Geänderte Variable	x_{12}	x_{11}	x_{21}	x_{22}
Werte in alter Basis	0	4	6	3
Werte in neuer Basis	3	1	9	0
Änderung der Kosten/Einheit	+6	–2	+2	–7

Tabelle 3.41
Die Vogelsche Approximationsmethode III

Der Übergang auf die neue Basis besteht somit aus den folgenden Änderungen:

Insgesamt verringern sich durch die geänderten Mengen somit die Kosten/Mengeneinheit um 1,- Euro, in der Summe damit um 3,- Euro auf jetzt 190,- Euro.
Die Matrix hat nun das in Tabelle 3.42 dargestellteAussehen:

nach von	B_1	B_2	B_3	B_4	a_i
A_1	2 / 1	6 / 3	5 / 14	7 / 0	18
A_2	2 / 9	7 / 0	9 / 0	4 / 13	22
A_3	1 / 0	3 / 10	4 / 0	2 / 0	10
b_j	10	13	14	13	50

Tabelle 3.42
Das Stepping-Stone-Verfahren

Der größte Aufwand bei der Suche nach der optimalen Lösung entsteht durch die Bestimmung der Teilmengen von Variablen, die beim Basiswechsel verändert werden. Um dies zu zeigen, wird ausgehend von der neuen, verbesserten Lösung untersucht, ob eine weitere Verbesserung möglich ist.

Es soll nun die Auswirkung eines Anwachsens der Variablen x_{34} geprüft werden. Dabei ergibt sich folgende Kette von Veränderungen:

$x_{34}\uparrow \rightarrow x_{32}\downarrow \rightarrow x_{12}\uparrow \rightarrow x_{11}\downarrow \rightarrow x_{21}\uparrow \rightarrow x_{24}\downarrow$ (Zyklus geschlossen)

Diese Kette muss immer geschlossen sein und es dürfen nur solche Variablen verändert werden, die schon positiv sind. Aus diesem Grund scheidet auch der Weg über x_{12} und dann x_{13} aus, da in der dritten Spalte die Variablen x_{23} und x_{33} nicht verändert werden können. Bezeichnet man den durch das Anwachsen von x_{34} entstandene Kostenänderungswert mit v_{34}, so ergibt sich hier:

$v_{34} = +2 -3 +6 -2 +2 -4 = 1$

Es würde sich also durch diese Veränderung eine Kostenerhöhung ergeben, so dass diese Veränderung unterbleibt. Für die anderen Nichtbasisvariablen x_{14}, x_{22}, x_{23}, x_{31} und x_{33} folgen einfache Änderungen:

$v_{14} = +7 -2 +2 -4 = 3$

$v_{22} = +7 -2 +2 -6 = 1$

$v_{23} = +9 -2 +2 -5 = 4$

$v_{31} = +1 -2 +6 -3 = 2$

$v_{33} = +4 -3 +6 -5 = 2$

Da alle Werte positiv sind, ist die obige Lösung **optimal.**[52]

3.3.8 Lageroptimierung

Besteht eine unternehmerische Fragestellung in der Reduktion der zukünftigen Lagerhaltungskosten, so kann dies u.a. mit Hilfe der so genannten **Optimalen Losgröße** herbeigeführt werden. Lagerbestände repräsentieren den physischen Bestand des Umlaufvermögens und müssen grundsätzlich vorfinanziert werden. Je nach Branche und/oder Unternehmenssparte sind somit die Roh-, Hilfs- und Betriebsstoffe sowie Halbfertig- und Fertigfabrikate bei Industriebetrieben und die Warenlager der Handelsunternehmen vorzufinanzieren. Im Zuge der **Lageroptimierung** geht es deshalb um die **Minimierung aller Kosten**, die mit der Beschaffung und Bereitstellung von Materialen (des Umlaufvermögens) verbunden sind. Zu diesen Kosten gehören:

- die unmittelbaren Beschaffungskosten (bspw. die Materialeinkaufspreise)
- die mittelbaren Beschaffungskosten (bspw. die Transportkosten) und die
- Lagerkosten, auch Kosten der Vorfinanzierung genannt (bspw. die Zinskosten für die Lagerhaltung).

---

[52] Siehe Fallstudie 23 und 24.

Die **Lagerkosten**, hervorgerufen durch das im Lager (durchschnittlich) gebundene Kapital, lassen sich senken, wenn möglichst oft sehr kleine Mengen bestellt werden, wenn also möglichst immer produktions- bzw. nachfragegerecht angeliefert wird (just in time). In diesen Fällen ist der durchschnittliche Lagerbestand gering, und damit sind die Kosten der Vorfinanzierung ebenfalls überschaubar.

Die Kosten der **unmittelbaren** und **mittelbaren Beschaffung**, also die Kosten der physischen Anlieferung, wiederum sinken, wenn möglichst selten bestellt wird. Das wiederum bedeutet das Ordern von großen Mengen, was aber die Lagerkosten ansteigen lässt.

Diesen **Zielkonflikt** gilt es im Zuge der Lageroptimierung zu lösen. Gesucht wird also ein ökonomisch orientierter Kompromiss zwischen möglichst niedrigen Beschaffungskosten und einer gesicherten Verfügbarkeit der Verbrauchsgüter zum Bedarfszeitpunkt bei gleichzeitig möglichst geringer Kapitalbindung, d.h. niedrigen Lagerhaltungskosten. Die Lageroptimierung ist das Ergebnis eines sehr komplexen Vorganges, der grundsätzlich aus mehreren Schritten besteht, die nachfolgend strukturiert und diskutiert werden:

1. Schritt: Die Materialbedarfsermittlung
2. Schritt: Die Materialklassifizierung
3. Schritt: Die Lagerplanung

3.3.8.1 Die Materialbedarfsermittlung

Im Zuge der Materialbedarfsermittlung wird errechnet, welche Materialen in welchen Mengen für die Produktion benötigt werden (industrielle Fertigung) bzw. welche Waren zum Wiederverkauf beschafft werden müssen (Handel).

Dabei werden die programmgebundene und die verbrauchsgebundene Materialbedarfsermittlung unterschieden.

Die **programmgebundene** Materialbedarfsermittlung ist dann möglich, wenn die Produktion nach vorherbestimmbaren gesetzesmäßigen Regeln abläuft. Werden beispielsweise Glühbirnen produziert, kann man anhand von Stücklisten die genauen Bestandteile wie Glaskolben, Sockel, Glühdrähte etc. ermitteln und demzufolge anhand der Auftragseingänge die Materialbestellungen vornehmen.

Bestehen keine exakten Beziehungen zwischen Input- und Outputgrößen, erfolgt die Materialbedarfsermittlung **verbrauchsgebunden**. Werden bspw. die obigen Glühlampen mit Gas gefüllt, ist die Menge pro Ausbringungseinheit nicht exakt vorhersehbar. Die Materialbedarfsermittlung ergibt sich dann aufgrund von Erfahrungswerten und beruht damit sehr stark auf vergangenheitsbezogenen Größen.

Verallgemeinernd kann gesagt werden, dass der so genannten **Sekundärbedarf** (Rohstoffe im Rahmen der industriellen Fertigung oder Waren im Rahmen des Handels) **eher programmgebunden** und der **Tertiärbedarf** (Hilfs- und Betriebsstoffe) **eher verbrauchsgebunden** ermittelt wird.

Aus dem bisher gesagten wird deutlich, dass die programmgebundene Materialbedarfsermittlung einen hohen Planungsaufwand und damit hohe Planungskosten beinhaltet. Demgegenüber sind bei der verbrauchsorientierten Bedarfsermittlung die Planungskosten gering, jedoch aufgrund der Unwägbarkeiten beim Materialverbrauch die zu haltenden Sicherheitsreserven im Lager tendenziell hoch. Hohe Sicherheitsreserven bedeuten aber höhere Materialvorratsbestände, vermehrten Lagerplatzbedarf und damit höhere Lagerkosten. Vor allem aber bedeuten sie höhere Finanzierungskosten, weil das im Lager gebundene Kapital „totes Kapital" ist, das kalkulatorisch gesehen verzinst werden muss.

3.3.8.2 Die Materialklassifizierung

Mit der **ABC-Analyse** steht ein Instrumentarium zur Verfügung, mit dessen Hilfe dem oben dargestellten Dilemma begegnet werden kann. Dabei werden die Materialen in A-Güter, B-Güter und C-Güter eingeteilt.

A-Güter repräsentieren Materialien mit hohem Wert- aber niedrigem Mengenanteil, C-Güter verkörpern Materialien mit hohem Mengen- aber niedrigen Wertanteil, während sich die B-Güter „irgendwo" dazwischen ansiedeln.

Ob eine Materialart zu den A-, B- oder C-Gütern gehört, ist unternehmensspezifisch festzulegen. Die nachfolgende Struktur kann dabei als Richtwerttabelle betrachtet werden.

Materialart	Wertanteil in %	Mengenanteil in %
A-Güter	ca. 75 %	ca. 5 %
B-Güter	ca. 20 %	ca. 20 %
C-Güter	ca. 5 %	ca. 75 %

Tabelle 3.43 Materialklassifizierung der ABC-Analyse

Es wird also eine Tabelle angelegt, in der alle Materialien dem Einkaufswert nach in eine absteigende Reihenfolge gebracht werden. An erster Stelle steht folglich die Materialart mit dem größten Gesamtwert (pro Periode/Jahr), an der zweiten Stelle die Materialart mit dem zweitgrößten Gesamtwert etc. Oft zeigt sich dann, dass kumuliert betrachtet 70-80 % des Materialwertes lediglich 5-10 % des gesamten Mengenanteils ausmachen. Es entspricht den A-Gütern. Die letzten 5-10 % des kumulierten Gesamtwertes aber machen 70-80 % des mengenmäßigen Bestandes aus und repräsentieren die C-Güter. Ein kleines Beispiel soll das Zustandekommen verdeutlichen (Abb. 46).

Die ersten 3 Materialen (M1 bis M3) machen somit 75 % des kumulierten Gesamtumsatzes, aber lediglich 5 % des Mengenvolumens aus und symbolisieren die A-Güter. Die nächsten 4 Materialen (M4 bis M7) verkörpern sowohl ca. 20 % des Einkaufspreises als auch der Einkaufsmengen und gehören zur Klasse der B-Güter.

Die letzten 3 Materialien (M8 bis M10) ergeben kumuliert nur etwa 5 % des Gesamteinkaufwertes, aber ca. 75 % der Menge und stellen die C-Güter dar.

Diese Einteilung in A, B und C-Kategorien hat gravierende Auswirkungen auf die Materialdisposition:

- Die **A-Güter** werden generell **programmgesteuert**, d. h. **bedarfsorientiert** beschafft. D. h., in diesem Bereich ist bei der Lieferantenauswahl und der Materialdisposition größter Wert auf Liefer- und Termintreue zu legen. Die Materialien müssen durch den/die Lieferanten „just in time" beschafft werden können.

Material	Wert in T Euro	in %	kumuliert in %	Menge in %	kumuliert in %	Güter
M1	2.000	40,0	40,0	2,0	2,0	
M2	1.000	20,0	60,0	2,0	4,0	A
M3	750	15,0	75,0	1,0	5,0	
M4	400	8,0	83,0	3,0	8,0	
M5	300	6,0	89,0	4,0	12,0	B
M6	180	3,6	92,6	6,0	18,0	
M7	120	2,4	95,0	7,0	25,0	
M8	100	2,0	97,0	20,0	45,0	
M9	80	1,6	98,6	25,0	70,0	C
M10	70	1,4	100,0	30,0	100,0	
	5.000	100		100		

Tabelle 3.44 Die ABC-Analyse

C-Güter sind generell **verbrauchsgesteuert** zu ordern. Hier erfolgt die Bestellung aufgrund von verbrauchsgebundenen Bedarfsplänen, in die verschiedene Parameter wie Jahresbedarf, Preis/Mengeneinheit, Lagerkosten etc. eingehen.

Die Behandlung der **B-Güter** ist abhängig von der Bedeutung und kann **bedarfs-**, aber auch **verbrauchsgesteuert** sein.

Da die **A-Güter** sehr hochwertige Materialien darstellen, ist eine Reihe von Aktivitäten erforderlich, um den Anforderungen der Lageroptimierung gerecht zu werden:

- Genaue **Preisanalysen** verbunden mit mehreren **Angebotseinholungen** und härteren **Preisverhandlungen**,
- sorgfältige **Lieferantenauswahl** nach den Kriterien der **Liefertreue**, **Flexibilität** und **Zuverlässigkeit**,
- exakte **Bestandführung**/-kontrolle verbunden mit einer gründlichen **Bestellvorbereitung** und genauen **Materialdispositionen**, sowie
- kleine Abrufmengen nach dem **just in time**-Prinzip.

Wegen der großen Stückzahlen und des geringen Wertes bei den **C-Gütern** liegt hier der Schwerpunkt im Zuge der Lageroptimierung bei der Kostensenkung für die Bestellung und Lagerhaltung. Die Lageroptimierung führt hier zu folgenden Maßnahmen:

- **Vereinfachte Bestellabwicklung** in Verbindung mit „großen" Bestellmengen, monatlichen Abrechnungen und vereinfachter Lagerbuchführung (Abbuchung des Monatsbedarfs) und
- Festlegung eines tendenziell **hohen Sicherheitsbestandes**.

3.3.8.3 Die Lagerplanung

Wurde im 2. Schritt festgelegt, dass die A-Güter[53] bedarfsgenau bestellt werden, hier also geringe Lagerkapazitäten bereit stehen müssen, geht es nun im Zuge der primären Lagerplanung um die **Einlagerung der C-Güter** und damit um die Fragestellung, wie diese kostenoptimal erfolgen kann.

Bereits erwähnt wurde, dass mit steigender Bestellmenge die Zahl der Beschaffungsvorgänge/Jahr sinkt, was auch zur Abnahme der bestellfixen Kosten führt. Gleichzeitig können Mengenrabatte positiv auf die Kosten wirken. Allerdings bewirken steigende Bestellmengen auch eine Erhöhung des durchschnittlichen Lagerbestandes, so dass die Lagerkosten ansteigen.

Diesem Zielkonflikt wird dadurch Rechnung getragen, dass die so genannte „optimale" Bestellmenge berechnet wird. Dabei handelt es sich um die immer wiederkehrende Bestellmenge, die die durchschnittlichen Gesamtkosten minimieren soll.[54]

Zu Berechnung der optimalen Bestellmenge wird diese Notation eingeführt:

Abkürzung	Bedeutung
B =	Jahresbedarf
p =	Preis/Mengeneinheit
K_f =	Bestellfixe Kosten
i =	Zinskostensatz/Jahr in % des Materialwertes
l =	Lagerkostensatz/Jahr in % des Materialwertes
q =	(i + l)
K =	Gesamtkosten/Jahr der Beschaffung
x =	Bestellmenge
x_{opt} =	Optimale Bestellmenge

Tabelle 3.45 Die Lagerplanung

Die Gesamtkosten setzen sich additiv wie folgt zusammen:

$$K = B \cdot p + \frac{K_f}{x} \cdot B + \frac{x \cdot p}{2} \cdot q$$

Dabei symbolisiert das erste Produkt die unmittelbaren Beschaffungskosten, das zweite Produkt die mittelbaren Beschaffungskosten/Jahr und der letzte Ausdruck die jährlichen durchschnittlichen Lagerkosten.

Aus der Gleichung lässt sich das Kostenminimum durch Ableitung der Kosten nach der Bestellmenge ermitteln. Durch Nullsetzen und Auflösung nach der Bestellmenge ergibt sich dann die **optimale Bestellmenge m_{opt}**:

$$\frac{\delta K}{\delta x} = -\frac{B \cdot K_f}{x^2} + \frac{p \cdot q}{2} = 0 \quad \text{(erste Ableitung der Kostenfunktion)}$$

---

53 — Stellenweise auch die B-Güter.
54 — Die Berechnung der optimalen Bestellmenge hätte man mathematisch auch im Rahmen der in diesem Buch bereits behandelten Differentialrechnung ermitteln können.

Daraus ergibt sich durch Auflösung nach x die optimale Bestellmenge x_{opt}.

$$x_{opt} = \sqrt{\frac{2 \cdot B \cdot K_f}{p \cdot q}}$$

Graphisch gesehen ergibt sich dieser Zusammenhang aus dem Zusammenspiel der mit zunehmenden Losgrößen sinkenden Bestellkosten und steigenden Lagerkosten:

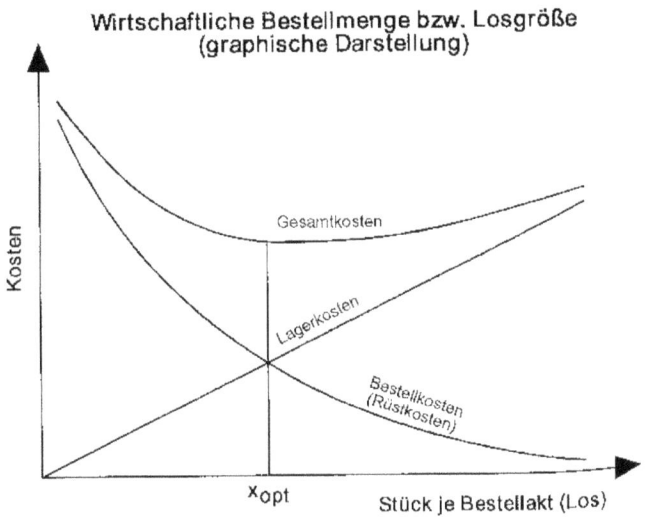

Abbildung 3.27 Die optimale Bestellmenge der C-Güter

Bei der Bestimmung der optimalen Bestellmenge handelt es sich um das **Grundmodell** der Lageroptimierung. Es hat eine Reihe von vereinfachenden Annahmen und könnte um beliebige, vielleicht sogar etwas praktikablere Überlegungen ergänzt bzw. ersetzt werden. Das Grundmodell geht u.a. von folgenden Annahmen aus:

- Der Jahresbedarf ist bekannt.
- Die Beschaffungsgeschwindigkeit ist unendlich groß, d. h. unmittelbar nach der Bestellung ist die Ware am Lager.
- Der Lagerabgang erfolgt kontinuierlich. Es wird also von Beschäftigungsschwankungen abgesehen, die bspw. durch saisonale Nachfrageschwankungenhervorgerufen werden.
- Der Preis der Produkte ist gleich, also auch unabhängig von der Höhe der Bestellmenge. So werden Mengenrabatte nicht berücksichtigt.
- Auch bestellfixe Kosten sind unabhängig von der Höhe der Bestellmenge.
- Es gibt keine Mindestabnahmemenge seitens des Lieferanten.
- Von Lagerraumrestriktionen wird ebenfalls abgesehen.

Insbesondere bei der Annahme der gleich bleibenden Preise und der unendlichen Beschaffungsgeschwindigkeit gibt es eine Reihe von Modellmodifikationen, auf die hier aber nicht weiter eingegangen werden soll.

Anzumerken bleibt allerdings, dass im Rahmen der Lageroptimierung in der Praxis von einem **Sicherheitslagerbestand** (auch häufig als Mindestbestand oder „eiserne" Reserve bezeichnet) ausgegangen werden muss, der auf jeden Fall vorzuhalten ist, um eine permanente Produktionsbereitschaft zu gewährleisten.

Die Höhe des Sicherheitslagerbestandes wird unter anderem durch die folgenden beiden Parameter bestimmt:

- die Länge der Wiederbeschaffungszeit und
- die Schwankungen in der Kundennachfrage.

Durch die Definition eines Sicherheitsbestandes haben wir auch gleichzeitig den Bestellzeitpunkt festgelegt. Ist nämlich dieser Sicherheitsbestand erreicht, wird automatisch die nächste Bestellung ausgelöst.

3.3.8.4 Ökonomische Anwendungen

Die folgenden Beispiele zeigen die Berechnung der optimalen Bestellmenge sowie die Bedeutung der ABC-Analyse.

Beispiel 1: Der Jahresbedarf der C-Güter eines Betriebes sei 25.000 Stück, der Materialpreis/Einheit liegt bei 100,- Euro. Die bestellfixen Kosten betrugen in der Vergangenheit 800,- Euro. Die Zinskosten liegen bei 6 % und die Lagerkosten bei 4 %. Es soll die optimale Bestellmenge berechnet und geklärt werden, ob es sich wirklich um ein Kostenminimum handelt.

Lösung:
Die optimale Bestellmenge ergibt sich wie folgt:

$$x_{opt} = \sqrt{\frac{2 \cdot 25.000 \cdot 800}{100 \cdot 0{,}1}} = 2.000 \text{ Stück}$$

Dass diese Stückzahl tatsächlich zu den minimalen Gesamtkosten führt, soll folgende Übersicht verdeutlichen, die aus obiger Kostenfunktion

$$K = B \cdot p + \frac{K_f}{x} \cdot B + \frac{x \cdot p}{2} \cdot q$$

abgeleitet wurde.

Bestellmenge (x)	Beschaffungskosten B · p	Mittelbare Beschaffungskosten $K_r \cdot B/x$	Lagerkosten $x \cdot p \cdot q/2$	Gesamtkosten (K)
1.000	2.500.000,00	20.000,00	5.000,00	2.525.000,00
1.500	2.500.000,00	13.333,33	7.500,00	2.520.833,33
1.995	2.500.000,00	10.025,06	9.975,00	2.520.000,06
2.000	2.500.000,00	10.000,00	10.000,00	**2.520.000,00**
2.005	2.500.000,00	9.975,06	10.025,00	2.520.000,06
2.500	2.500.000,00	8.000,00	12.500,00	2.520.500,00
3.000	2.500.000,00	6.666,67	15.000,00	2.521.666,67

Das Beispiel zeigt, dass bei einer Bestellmenge von 2.000 Stück die niedrigsten Gesamtkosten in Höhe von 2.520.000,– Euro entstanden sind. Es handelt sich also tatsächlich um die gesamtkostenminimierende Bestellmenge.

Beispiel 2: Ein Unternehmen will im Zuge eines allgemeinen Wirtschaftlichkeitsprozesses sein Lager optimieren und möchte dazu mittels der ABC-Analyse eine Materialklassifizierung vornehmen, um sich zunächst einmal einen Überblick über die A-, B- und C-Güter zu verschaffen. Informationen zum Einzelpreis und der eingekauften Menge liegen vor.

Material	P01	P02	P03	P04	P05	P06
Einzelpreis (Euro)	98,41	72,24	2,78	2,14	0,70	0,31
eingekaufte Menge (St)	4.135	3.410	26.980	11.369	10.700	17.950

Die Materialien sollen in A-, C- und ggfs. B-Güter eingeteilt werden. Ferner sollen Vorschläge zur Lagerdisposition gemacht werden.

Lösung:
Die Tabelle wird nun weiter gegliedert nach

a) den eingekauften Mengen in %,
b) den Umsatz in Euro und in % und
c) nach kumulierten Werten nach Umsatz und Mengen

Material	P01	P02	P03	P04	P05	P06
Einzelpreis (Euro)	98,41	72,24	2,78	2,14	0,70	0,31
eingekaufte Menge (St)	4.135	3.410	26.980	11.369	10.700	17.950
eingekaufte Menge (%)	5,55 %	4,57 %	36,19 %	15,25 %	14,35 %	24,09 %
Umsatz (Euro)	406.925	246.338	75.004	24.330	7.490	5.565
Umsatz (%)	53,15 %	32,17 %	9,80 %	3,18 %	0,98 %	0,72 %
Umsatz (%) kumuliert	53,15 %	85,32 %	95,12 %	98,30 %	99,28 %	100,00 %
Mengen (%) kumuliert	5,55 %	10,12 %	46,31 %	61,56 %	75,91 %	100,00 %

Die beiden Materialien P01 und P02 gehören eindeutig zu den A-Gütern. Sie haben kumulierte Umsätze von 85,31 % und entsprechen lediglich einem Mengenanteil von 10,12 %. Die Disposition sollte hier eindeutig nach dem „just in time-Prinzip" erfolgen. Die Ware sollte also erst kurz vor der Herstellung angeliefert werden, da sehr teure Einzelpreise den Vorratsbestand bei längerer Lagerung sehr belasten würden. Die Materialien P03 bis P06 könnten den C-Gütern zugeordnet werden, da sie lediglich ca. 15 % des Warenwertes, aber ca. 90 % der Mengen ausmachen. Hier würde sich also eine Lieferung nach den „optimalen" Bestellmengen anbieten.[55]

3.4 Risikomanagement

Das Risikomanagement hat im Bereich der Wirtschaftswissenschaften gegenüber dem Rechnungswesen oder den Bereichen der Produktion und des Absatzes eine gewisse Sonderstellung und kann je nach Lage und der Situation überall eingesetzt werden. Im Bereich der Wirtschaftsmathematik wird es häufig, so auch in diesem Buch, um Teile der Wirtschaftsstatistik ergänzt, da z. B. Wahrscheinlichkeits- und Verteilungsfunktionen elementare Bausteine eines Unternehmens und dessen Risiken abbilden. Diese statistischen Verfahren werden sehr häufig eingesetzt, um potenzielle Risiken im Bereich des Rechnungswesens zu simulieren. Es folgen nun zunächst Entscheidungsmodelle der Unsicherheit, zu denen auch Entscheidungen unter Risiko zählen, bevor dann die Risikobewertung den Bereich des Risikomanagements abrundet.

3.4.1 Entscheidungen unter Unsicherheit

3.4.1.1 Grundlagen

Entscheidungen unter Unsicherheit gehören zur Entscheidungstheorie. Die lineare Optimierung und die lineare Programmierung wurden bereits im Bereich Produktion/Absatz erklärt und gehören ebenso zur Entscheidungstheorie, wie die jetzt vorzustellen-

---

[55] Siehe Fallstudie 25 und 26.

den Entscheidungen unter Unsicherheit und die verschiedenen Risikofunktionen. Später werden dann im Bereich der VWL noch Verfahren der Spieltheorie beschrieben. Das zeigt auch, dass Verfahren der Entscheidungstheorie nicht nur sehr vielschichtig sind, sondern auch variabel in den Bereichen der VWL und BWL zum Einsatz kommen.

Am geläufigsten ist die Einteilung nach dem sogenannten Informationsstand. Sind dem Betrachter, bspw. dem Wirtschaftssubjekt (Unternehmen) die eintretenden Situationen bekannt, so ist der Informationsstand sicher. Aus diesem Grund spricht man von **Entscheidungen unter Sicherheit**. Ist hingegen der Informationsstand und damit der wahre Umweltzustand nicht bekannt, so werden vom Wirtschaftssubjekt **Entscheidungen unter Unsicherheit** getroffen. Sind hier die eintretenden Umweltzustände zumindest bezüglich ihrer Eintrittswahrscheinlichkeiten bekannt, spricht man **von Entscheidungen unter Risiko**. Entfallen diese Eintrittswahrscheinlichkeiten, müssen **Entscheidungen unter Ungewissheit** getroffen werden. Entfallen die Umweltzustände für den Entscheider aber gänzlich, oder werden als ein „böswilliger" Gegenspieler angesehen, so spricht man von der später noch zu beschreibenden **Spieltheorie**. Das hier vorgestellte Risikomanagement enthält also

- Entscheidungen unter Unsicherheit
  - Entscheidungen unter Ungewissheit
  - Entscheidungen unter Risiko und
- Risikobewertungen
  - Risikofunktionen
  - manchmal auch Risikosimulationen.

3.4.1.2 Entscheidungen unter Ungewissheit

Bei den Entscheidungskriterien unter Ungewissheit stehen dem Entscheidungsträger eine Anzahl von Alternativen a_i zur Verfügung, die je nach eintretendem Umweltzustand z_j ein bestimmtes Ergebnis e_{ij} zur Folge haben. Dabei ist bei den Entscheidungsregeln unter Ungewissheit zu beachten, dass bezüglich der Umweltzustände keine objektiven Eintrittswahrscheinlichkeiten angegeben werden können.

Folgende Matrix soll das Problem verdeutlichen (die Ergebnisse stellen Gewinne einer Abrechnungsperiode dar).

$A \backslash Z$	z_1	z_2	z_3
a_1	18	35	5
a_2	20	14	25
a_3	12	15	30

Tabelle 3.46 Grundlagen der Entscheidungsfindung unter Ungewissheit I

Entscheidet sich der Unternehmer bspw. für die Alternative a_1 (bestimmte Produktlinie) und es tritt der Umweltzustand z_3 ein, so erzielt er einen Gewinn in Höhe von 5 GE. Er hätte sich also, wäre ihm der Eintritt von z_3 vorher bekannt gewesen, besser gestanden, wenn er sich für Alternative a_3 (30 GE Gewinn) entschieden hätte. Für die nachstehenden Entscheidungsregeln kommen für die Entscheidung nur solche Alternativen in Frage, die **effizient** sind. Effizient ist eine Alternative dann, wenn sie im Vergleich mit einer anderen Alternative in mindestens einem relevanten Umweltzustand ein besseres Ergebnis (höherer Gewinn) aufweist. Es gibt drei Arten von Ineffizienz.

Fall 1: Dominierende Alternative

Eine Alternative a_j ist bezüglich einer Alternative a_k ineffizient, d.h. Alternative a_k dominiert Alternative a_j.

Z \ A	z_1	z_2	z_3
a_1	18	35	5
a_2	20	14	25
a_3	21	15	30

Tabelle 3.47
Grundlagen der Entscheidungsfindung unter Ungewissheit II

Die Alternative a_3 dominiert die Alternative a_2 in jedem Umweltzustand. Die Alternative a_2 scheidet als ineffiziente Aktion aus.

Fall 2: Alles dominierende Alternative

Eine Alternative a_k dominiert alle anderen Alternativen.

Z \ A	z_1	z_2	z_3
a_1	18	35	5
a_2	20	14	25
a_3	21	36	30

Tabelle 3.48
Grundlagen der Entscheidungsfindung unter Ungewissheit III

Die Alternative a_3 dominiert alle anderen Alternativen, also a_2 und a_1. Bei diesem trivialen Fall ist die optimale Alternative bereits vor Anwendung eines Entscheidungskriteriums gefunden.

Fall 3: Indifferente Alternativen

Die Alternativen sind bezüglich jedes Umweltzustandes indifferent.

Z \ A	z_1	z_2	z_3
a_1	12	15	30
a_2	12	15	30
a_3	12	15	30

Tabelle 3.49
Grundlagen der Entscheidungsfindung unter Ungewissheit IV

Dieser Fall stellt kein eigentliches Entscheidungsproblem dar, da alle Alternativen bezüglich aller Umweltsituationen zum gleichen Ergebnis führen. Für die folgende Betrachtungsweise kommen also nur effiziente Alternativen in Frage. Den nun folgenden klassischen Entscheidungskriterien Maximin-, Maximax-, Hurwicz- und Laplace-Regel ist gemeinsam, dass sich ihre optimalen Alternativen direkt aus der Ursprungsentscheidungsmatrix ableiten. Dabei liegen unterschiedliche subjektive Risikopräferenzen des Entscheidungsträgers vor. Während für die Maximin- und die Maximaxregel die ordinale Vergleichbarkeit ausreicht, erfordern die beiden übrigen Kriterien die kardinale Messbarkeit.[56] Die Savage-Niehans-Regel erfordert eine modifizierte Matrix, wie später zu zeigen sein wird.

Die Maximin-Regel

Der Grundgedanke der Maximin-Regel, nach Abraham Wald auch die Wald-Regel genannt, ist, dass bei der Alternativenwahl vom schlechtest möglichen Ergebnis jeder Handlungsalternative ausgegangen wird. Von diesen wählt der Entscheidungsträger die Alternative aus, die bezüglich des schlechtesten Ergebnisses das beste Resultat erzielt.

Es gilt: $\Phi(a_i) = \min_j e_{ij}$ $\Phi(a_k) = \max_i \min_j e_{ij}$

A \ Z	z_1	z_2	z_3	Maximin-Regel
a_1	18	35	5	5
a_2	20	14	25	**14**
a_3	12	15	30	12

Tabelle 3.50 Die Maximin-Regel I

Die Maximin-Regel wählt a_2 als optimale Alternative. Der Entscheidungsträger, der die Maximin-Regel zur Entscheidungsfindung heranzieht, hat eine extrem pessimistische Grundeinstellung. Zwar gelangt er durch die Wahl der Aktion a_2 zu einem relativ hohen Mindestgewinn von 14 Einheiten, die beiden Spitzenpositionen e_{12} = 35 GE und e_{33} = 30 GE können jedoch nicht erreicht werden. Die folgende Matrix macht den Charakter der Maximin-Regel noch deutlicher:

A \ Z	z_1	z_2	z_3	Maximin-Regel
a_1	100	49	100	49
a_2	50	50	50	**50**

Tabelle 3.51 Die Maximin-Regel II

---

[56] Kardinale Messungen erlauben im Gegensatz zu ordinalen Messungen nicht nur die Angabe von „einfachen" Unterschieden. Bei letzteren können Merkmale lediglich in größer/kleiner, schwerer/leichter oder z.B. in teurer/billiger eingeteilt werden. Bei kardinalen Messungen, manchmal auch als metrische Daten beschrieben, können sogar ganz spezielle Unterschiede angegeben werden. Eine erste Person ist z.B. 1,70 Meter groß und somit um 3 cm größer als eine Person, die 1,67 Meter groß ist etc.

Der Entscheidungsträger entscheidet sich für Aktion a_2. Tritt der Umweltzustand z_2 ein, so ist die Alternative a_2 um 1 GE besser als die Alternative a_1. Bei den beiden übrigen Zuständen z_1 und z_3 ist die Aktion a_1 jedoch ungleich günstiger. Die pessimistische Einstellung des Entscheidungsträgers scheint dann gerechtfertigt zu sein, wenn die Umwelt als böswilliger Gegenspieler eingestuft werden kann. Dieser Ansatz der Spieltheorie mit der Umwelt als rational handelnden Gegenspieler liegt jedoch hier (noch) nicht vor. Unternehmerische Aktionen würden, bei Befolgung der Maximin-Regel, durch die stark eingeschränkte Risikobereitschaft nicht durchgeführt, Investitionen sowie Ausgaben für Forschung und Entwicklung blieben aus. Dem Vorteil, dass die Wald-Regel durch die Beachtung lediglich eines Ergebnisses schnell und einfach durchzuführen ist, steht der weitere Nachteil gegenüber, dass das gesamte Informationspotential der übrigen Ergebnisse unbeachtet bleibt. Dies verdeutlicht ein Beispiel.

Z / A	z_1	z_2	z_3	Maximin-Regel
a_1	50	50	50	**50**
a_2	50	100	100	**50**

Tabelle 3.52 Die Maximin-Regel III

Die Alternativen a_1 und a_2 sind für das Entscheidungssubjekt äquivalent, d.h. es ist in seiner Entscheidung zwischen a_1 und a_2 indifferent, obwohl sich die Aktionen in den Umweltzuständen z_2 und z_3 durch exorbitante Gewinnaussichten unterscheiden. Unterstellt man ferner die Forderung, dass die gewählte Aktion zu einem Gewinn gelangen muss, so führen negative Zeilenminima für jede Aktion a_i (i = 1,...,m) zur "Nichtaktivität". Ein Produkt, das in den ersten Perioden der Markteinführung erfahrungsgemäß höhere Kosten als Erlöse einbringt, würde nie produziert. Als weiterer Punkt kann festgehalten werden, dass diese Art der Entscheidungsfindung die Ungewissheitssituation in eine Sicherheitssituation transformiert, indem für den Entscheidungsträger der jeweils ungünstigste Umweltzustand als eingetreten deklariert wird. Von ähnlichen Voraussetzungen, nur unter umgekehrten Vorzeichen, geht die nächste Entscheidungsregel aus.

Die Maximax-Regel

Die Maximax-Regel geht von dem bestmöglichen Ergebnis je Alternative aus und wählt diejenige Aktion, die bezüglich der besten Ergebnisse das Maximum aufweist. Etwas exakter formuliert wird diejenige Alternative ausgewählt, bei der das absolut beste Ergebnis erzielt werden kann.

$$\text{Es gilt}: \quad \Phi(a_i) = \max_j e_{ij} \quad \Phi(a_k) = \max_i \max_j e_{ij}$$

Z / A	z_1	z_2	z_3	Maximax-Regel
a_1	18	35	5	**35**
a_2	20	14	25	**25**
a_3	12	15	30	**30**

Tabelle 3.53 Die Maximax-Regel I

Der Entscheidungsträger wählt die Aktion a_1, die mit 35 GE das maximal mögliche Ergebnis aufweist. Ist die Grundhaltung des Entscheidenden bei der Maximin-Regel die eines extremen Pessimisten, so entspricht die Risikoeinstellung bei der Maximax-Regel der eines extremen Optimisten. Zwar wird mit der Wahl der Aktion a_1 bei Eintritt des Umweltzustandes z_2 der maximal mögliche Gewinn realisiert, jedoch birgt die Alternativenwahl die Gefahr der Realisation des absoluten Minimums von 5 GE, sollte sich z_3 als relevanter Umweltzustand herausstellen. Die Anwendung der Maximax-Regel ist dann sinnvoll, wenn die betreffende Alternative im Vergleich mit allen anderen Aktionen in mindestens einem Umweltzustand ein sehr hohes Ergebnis erwarten lässt und in den übrigen Umweltzuständen ein nicht wesentlich schlechteres Ergebnis.

Z / A	z_1	z_2	z_3	Maximax-Regel
	100	50	50	**100**
	51	51	51	51

Tabelle 3.54 Die Maximax-Regel II

Für das obige Beispiel erweist sich das Maximax-Prinzip als sinnvoll, da der Gewinn bei Wahl der Alternative a_1 und Eintritt des Umweltzustandes z_1 im Vergleich zur Alternative a_2 sehr hoch ist, während der Gewinn bei den Umweltzuständen z_2 und z_3 mit 50 GE nur unwesentlich niedriger ausfällt als bei Aktion a_2. Empirische Untersuchungen lassen den Schluss zu, dass Unternehmer insbesondere dann nach der Maximax-Regel handeln, wenn der wirtschaftliche Konkurs droht. Die Devise lautet "Es gibt wenig zu verlieren, aber viel zu gewinnen." Bei der weiteren Beurteilung der Maximax-Regel können Parallelen zur Wald-Regel gezogen werden. Der Einfachheit in der Anwendung steht wiederum der Informationsverlust der nichtberücksichtigten Ergebnisse gegenüber. Auch hier wird die Entscheidungsfindung unter Ungewissheit umgewandelt in eine Entscheidungsfindung unter Sicherheit, indem der günstigste Umweltzustand für jede Alternative als der Relevanteste unterstellt wird. Zwischen den beiden extremen Polen Maximin- und Maximax-Regel ist das nächste Kriterium angesiedelt.

Hurwicz-Regel

Die Hurwicz-Regel, auch häufiger Hurwicz-Prinzip oder Pessimismus-Optimismus-Prinzip genannt, errechnet bei der Entscheidungsfindung für jede Alternative einen gewogenen Durchschnitt aus dem besten und schlechtesten Ergebnis. Das Hurwicz-Prinzip stellt folglich einen Kompromiss aus der Maximin- und Maximax-Regel dar. Dabei erfolgt die Gewichtung durch den „Optimismusparameter" Θ, der die Risikobereitschaft des Entscheidungsträgers widerspiegelt. Gemäß der Definition wird Θ mit den Zeilenmaximum und $(1-\Theta)$ mit den Zeilenminimum multipliziert. Deren Summen ergeben die relevanten Größen, aus denen dann das Maximum bestimmt wird.

Einer Definition folgend, handelt es sich bei dem Hurwicz-Kriterium zunächst um ein Entscheidungsprinzip, aus dem sich erst durch die konkrete Vorstellung des Entscheiders eine spezielle Entscheidungsregel ableitet. Ein Entscheidungsprinzip gibt die allgemeine Richtlinie an, während eine Entscheidungsregel die Richtlinie genauer spezifiziert. Das Hurwicz-Prinzip wird erst durch die genaue Festlegung des Optimismusparameters durch den Entscheidungsträger zu einer Entscheidungsregel. Es gibt folglich ein Hurwicz-Prinzip, aber unendlich viele Hurwicz-Regeln. Es gilt:

$$\Phi(a_i) = \Theta \cdot \max_j e_{ij} + (1 - \Theta) \cdot \min_j e_{ij}$$

$$\Phi(a_k) = \max_i \cdot (\Theta \cdot \max_j e_{ij} + (1 - \Theta) \cdot \min_j e_{ij})$$

Das Hurwicz-Prinzip verlangt durch die Gewichtung, im Gegensatz zur Maximin- und Maximax-Regel, dass die Nutzenwerte kardinal messbar sind. Welche Auswirkungen die Wahl des Optimismusparameters auf die Wahl der optimalen Alternative hat, verdeutlicht das Beispiel:

Z \ A	z_1	z_2	z_3	Hurwicz-Regel	
				$\Theta = 0{,}7$	$\Theta = 0{,}3$
a_1	18	35	5	**26**	14
a_2	20	14	25	21,7	17,3
a_3	12	15	30	24,6	**17,4**

Tabelle 3.55 Die Hurwicz-Regel I

Hat der Entscheidungsträger mit $\Theta = 0{,}7$ eine relativ hohe Risikobereitschaft, so erweist sich die Alternative a_1 als optimal ($a_1 = 0{,}7 \cdot 35 + 0{,}3 \cdot 5 = 26$). Ist der Entscheidungsträger mit $\Theta = 0{,}3$ eher pessimistisch eingestellt, so entscheidet er sich für die Alternative a_3 ($a_3 = 0{,}3 \cdot 30 + 0{,}7 \cdot 12 = 17{,}4$). Für $\Theta = 0$ geht die Hurwicz-Regel in die Maximin-Regel über und für $\Theta = 1$ in die Maximax-Regel. Unterschiedliche Risikopräferenzen führen also zu unterschiedlichen Handlungen. Die Problematik liegt demzufolge in der für den Entscheidungsträger „optimalen bzw. richtigen" Festlegung des Optimismusparameters. Folgende hypothetische Entscheidungsmatrix soll dem Entscheidenden zur richtigen Gewichtung verhelfen.

Z \ A	z_1	z_2
a_1	1	0
a_2	X	X

Tabelle 3.56 Die Hurwicz-Regel II

Der Entscheidungsträger wird aufgefordert, denjenigen Gewinn X anzugeben, bei dem er zwischen den Aktionen a_1 und a_2 indifferent ist.
Aus der Hurwicz-Gleichung:

$$\Phi(a_i) = \Theta \cdot \max_j e_{ij} + (1 - \Theta) \cdot \min_j e_{ij}$$

folgen die beiden Gleichungen:

$$\Phi(a_1) = \Theta \cdot 1 + (1 - \Theta) \cdot 0 =$$

$$\Phi(a_2) = \Theta \cdot X + (1 - \Theta) \cdot X = x$$

Die geforderte Indifferenz von $\Phi(a_1)$ und $\Phi(a_2)$ ergibt:

$\Theta = X$

Die Fixierung des Optimismusparameters aufgrund der hypothetischen Entscheidungssituation erlaubt nun den Schluss auf ein komplexeres Entscheidungsproblem, in dem der gefundene Parameter zur Anwendung kommt.
Das Hurwicz-Prinzip ermöglicht dem Entscheidungsträger, aus einer breiten Palette von Entscheidungsregeln die für ihn am besten erscheinende auszuwählen. Insofern erweist sich das Hurwicz-Prinzip als wesentlich flexibler als die vorher erwähnten Regeln Maximin und Maximax. Durch die geforderte Kardinalität der Nutzengrößen ist es jedoch aufwendiger in der Durchführung.
Ausgangsüberlegung für das Zustandekommen des Hurwicz-Prinzips ist die Tatsache, dass die beiden extremen Ausprägungen Maximin- und Maximaxkriterium in vielen Fällen zu unbefriedigenden Lösungen führen. Das Minimum der Aktion a_2 weist mit 14 GE nur ein unwesentlich besseres Ergebnis auf als die Alternative a_3 mit 12 GE und bei Befolgung der Maximax-Regel ist die Gefahr der Realisation des schlechtesten Ergebnisses (5 GE) gegeben. Angenommen, der Entscheidungsträger steht diesen beiden Kriterien skeptisch gegenüber und hält die beiden Alternativen a_1 und a_2 somit nicht für sonderlich attraktiv (was gleichzeitig beinhaltet, dass er mit der Alternative a_3 liebäugelt).
Er stellt sich nun die Frage, zu welchen Ergebnissen unterschiedliche Hurwicz-Regeln kommen und berechnet:

Für $0 \leq \Theta < 0{,}2857143$ ist die Alternative a_2 optimal,

für $0{,}2857143 < \Theta < 0{,}58333$ ist die Alternative a_3 optimal und

für $0{,}58333 < \Theta$ ist die Alternative a_1 optimal.

Ferner sei angenommen, dass für den Optimismusparameter aufgrund der hypothetischen Entscheidungsmatrix $\Theta = 0{,}4$ berechnet wurde. Die dadurch gefundene optimale Alternative a_3 hat auch dann noch Bestand, wenn Θ nach oben oder nach unten im Intervall von $0{,}2857143 - 0{,}58333$ abgeändert wird. Durch diese Art der Sensitivitätsanalyse (Empfindlichkeitsuntersuchung) kann ein Entscheidungskriterium möglicherweise auf dessen Robustheit abgetastet werden, zumindest aber können Hilfestellungen betreffend der Ungewissheitssituation gegeben werden.
Von den klassischen Entscheidungsregeln gewährleistet nur die nun folgende Laplace-Regel die vollständige Informationsverarbeitung.

Laplace-Regel

Die Laplace-Regel berücksichtigt bei der Berechnung des Nutzenwertes jedes auftretende Ergebnis. Da es gemäß der Definition der Ungewissheit keinen Grund gibt anzunehmen, dass die Eintrittswahrscheinlichkeit eines Zustandes größer ist als die eines anderen (weswegen man die Laplace-Regel auch die Regel des unzureichenden Grundes nennt), werden alle Ergebnisse einer Alternative gleich gewichtet. Der Gewichtungsfaktor richtet sich nach der Anzahl der relevanten Umweltzustände und beträgt 1/n (mit n = Anzahl der Umweltzustände). Die Laplace-Regel transformiert ein Entscheidungsproblem unter Ungewissheit in ein Entscheidungsproblem unter Risiko, wobei $p_i = 1/n$ ist (mit p_i = Eintrittswahrscheinlichkeit des Umweltzustandes i, mit i = 1,...,n). Somit kann der Nutzenwert, der sich pro Alternative aus der Summe der gewichteten Einzelergebnisse ergibt, als Nutzenerwartungswert bezeichnet werden. Die Laplace-Regel bestimmt diejenige Alternative als optimal, für die der Nutzenerwartungswert maximal wird.

Es gilt:

$$\Phi(a_i) = \frac{1}{n} \cdot \sum_{j=1}^{n} e_{ij} \qquad \Phi(a_k) = \max \frac{1}{n} \cdot \sum_{j=1}^{n} e_{ij}$$

Z / A	z_1	z_2	z_3	Laplace-Regel
a_1	18	35	5	1/3 · (18 + 35 + 5) = 19,3
a_2	20	14	25	1/3 · (20 + 14 + 25) = **19,6**
a_3	12	15	30	1/3 · (12 + 15 + 30) = 19

Tabelle 3.57 Die Laplace-Regel

Die Laplace-Regel wählt a_2 mit durchschnittlich 19,6 GE als optimale Alternative.

Bei dieser Art von Entscheidungsregel müssen, ebenso wie dem Hurwicz-Prinzip, kardinale Nutzengrößen vorliegen. Das Hauptproblem besteht jedoch in der Abgrenzung der Umweltzustände.

Beispiel: Ein Unternehmer beabsichtigt, für die zukünftige Produktion Rohstoffe in größeren Mengen einzukaufen. Dabei hat er den Umweltzustand Rohstoffpreisentwicklung zu berücksichtigen. Für die Entscheidungsmatrix wählt er die beiden Umweltzustände

z_1 = der Preis steigt und

z_2 = der Preis steigt nicht.

Beide Zustände erhalten die Laplacewahrscheinlichkeit 0,5. Nachdem der Unternehmer die Entscheidung überdacht hat, bemerkt er eine weitere Möglichkeit der Umweltdefinition. Er teilt die Umwelt auf in die drei Zustände

z_1 = der Preis steigt,

z_2 = der Preis bleibt konstant und

z_3 = der Preis fällt.

Gegenüber der ersten Matrix besitzt der Umweltzustand z_1 (der Preis steigt) nur noch die Eintrittswahrscheinlichkeit 0,33. Ebenso wie bei dem Hurwicz-Prinzip durch verschiedene Gewichtungen des Optimismusparameters Θ, so erhält man bei der Laplace-Regel durch eine andere Einteilung der Umwelt u.U. eine andere optimale Aktion. Auf ein weiteres „Problem" kann aufmerksam gemacht werden. Der Anwender der Laplace-Regel ist durch die Gleichgewichtung der Umweltzustände als risikoneutral einzustufen, d.h., bezüglich des Eintrittes der für ihn günstigen und ungünstigen Ergebnisse ist er weder optimistisch noch pessimistisch. Dieses Verhalten widerspricht aber eigentlich der Ungewissheitssituation, denn es ist ein großer Unterschied, ob man durch empirische Untersuchungen gleiche Eintrittswahrscheinlichkeiten der Umweltzustände annehmen kann, oder diese willkürlich festsetzt. Im zweiten Fall wäre demzufolge eine größere Risikoscheu angebracht.

Savage-Niehans-Regel
Bei der von den beiden Wissenschaftlern Savage und Niehans entwickelten Regel werden die ursprünglichen Ergebnisse der Entscheidungsmatrix durch „Bedauernswerte" (Regretwerte) ersetzt. Sie ergeben sich, indem das jeweilige Ergebnis von dem im betreffenden Umweltzustand maximal erreichbaren Wert abgezogen wird und bringen zum Ausdruck, um wie viel Einheiten das Ergebnis hätte gesteigert werden können, wenn der eintreffende Umweltzustand bekannt gewesen wäre und der Entscheidungsträger dementsprechend mit der für ihn günstigsten Aktion reagiert hätte. Diese hypothetische Beziehung wird durch folgende Gleichung und Matrizentransformation deutlich.
Es gilt:

$$s_{ij} = \max e_{ij} - e_{ij} \quad \text{mit} \quad s = \text{Schadensgröße}$$

Ursprungsmatrix				Regretmatrix		
	z_1	z_2	z_3	z_1	z_2	z_3
a_1	18	35	5	2	0	25
a_2	20	14	25	0	21	5
a_3	12	15	30	8	20	0

Tabelle 3.58 Die Savage-Niehans-Regel I

Die Savage-Niehans-Regel erweitert die klassische Maximin-Regel und fordert von der aus ihrer Sicht optimalen Alternative, dass diese den niedrigsten höchsten Bedauernswert aller Alternativen aufweist.

$$\text{Es gilt}: \quad \Phi(a_i) = \max_{j} s_{ij} \quad \Phi(a_k) = \min_{i} \max_{j} s_{ij}$$

Sie wendet auf die Regretmatrix also die Wald-Regel an, mit dem Unterschied, dass nicht der minimale Gewinn maximiert, sondern das maximale Bedauern minimiert wird.

Z / A	z_1	z_2	z_3	Savage-Niehans-Regel
a_1	2	0	25	25
a_2	0	21	5	21
a_3	8	20	0	**20**

Tabelle 3.59 Die Savage-Niehans-Regel II

Die Savage-Niehans-Regel entscheidet sich für die Alternative a_3 d.h., im schlimmsten Fall kann sich der entgangene Gewinn auf *20* GE belaufen, nämlich dann, wenn der Umweltzustand z_2 eintritt. Hätte man das Eintreten dieses Zustandes vor der eigenen Aktion gewusst, wäre a_1 gewählt worden.

Die Kritik an der Savage-Niehans-Regel ist die gleiche, die bei der Maximin-Regel zur Sprache kommt, denn auch bei der Savage-Niehans-Regel handelt es sich um eine Extremwert-Regel, die nur das pessimistischste Ergebnis berücksichtigt und alle übrigen Informationen unterschlägt. Der Hauptkritikpunkt bezieht sich aber auf die Opportunitätskosten (allgemein: Nutzenentgang), die hierbei als gleichwertig gelten. Es ist aber zu bezweifeln, dass gleiche Nutzendifferenzen vom Entscheidungssubjekt die gleiche Wertschätzung erhalten. Nach der Savage-Niehans-Regel wird bspw. ein Nutzenentgang von 2 GE, der aus einer Reduktion von 5 GE auf 3 GE resultiert, einem Nutzenentgang gleichgestellt, der aus der Verringerung des Nutzens von 11 GE auf 9 GE erfolgt.

Zusammenfassung

Die Ausführungen der klassischen Entscheidungsregeln machen deutlich, dass es keine gemeinsame optimale Aktion gibt. Gemäß der hier gewählten Beispiele wurden verschiedene „optimale" Alternativen gewählt.

Entscheidungsregel	„Optimale" Alternative
Minimax	a_2
Maximax	a_1
Hurwicz ($\Theta = 0{,}7$)	a_1
Hurwicz ($\Theta = 0{,}3$)	a_3
Laplace	a_2
Savage-Niehans	a_3

Tabelle 3.60 Zusammenfassung der Entscheidungsfindung unter Ungewissheit

Es ist immer von der individuellen Situation des Entscheidungsträgers abhängig, wie die Ermittlung der zu realisierenden Alternative angegangen werden sollte. Ein allgemeingültiges Raster im Rahmen der Entscheidungsfindung unter Ungewissheit gibt es nicht.

3.4.1.3 Entscheidungen unter Risiko

Bei den Entscheidungskriterien unter Risiko stehen dem Entscheidungsträger eine Anzahl von Alternativen a_i zur Verfügung, die je nach eintretendem Umweltzustand z_j ein bestimmtes Ergebnis e_{ij} zur Folge haben. Entgegen der Entscheidungsfindung unter Ungewissheit liegen hier jedoch subjektiv oder objektiv gewonnene Eintrittswahrscheinlichkeiten der Umweltzustände vor. Das Modell ist also stochastisch, d.h., es werden bestimmte Wahrscheinlichkeiten zugrunde gelegt.

Folgende Matrix soll das Problem verdeutlichen (die Ergebnisse stellen wiederum Gewinne einer Abrechnungsperiode dar).

Z / A	z_1 $p_1 = 0{,}5$	z_2 $p_2 = 0{,}3$	z_3 $p_3 = 0{,}2$
a_1	18	35	5
a_2	20	14	25
a_3	12	15	30

Tabelle 3.61 Grundlagen der Entscheidungsfindung unter Risiko

Entscheidet sich der Unternehmer bspw. für die Alternative a_1 (bestimmte Produktlinie) und es tritt der Umweltzustand z_3 ein, so erzielt er einen Gewinn in Höhe von 5 GE. Der Umweltzustand z_3 hat eine Eintrittswahrscheinlichkeit von 0,2 oder 20 %. Die Umweltzustände z_1 und z_2 weisen mit einer Eintrittswahrscheinlichkeit von 50 % bzw. 30 % höhere Wahrscheinlichkeiten auf. Auf Basis dieser Grundlage wurde eine Vielzahl von Entscheidungsmodellen konstruiert, von denen hier nur die Wesentlichen zur Sprache kommen.

Nachfolgend werden mit dem Maximum-Likelihood-Kriterium, dem Erwartungswert-Kriterium, der Erwartungswert-Standardabweichungs-Methode und der Methode des erwarteten Opportunitätsverlustes die Ansätze mit dem größten Praxisbezug vorgestellt.

Maximum-Likelihood-Kriterium

Beim Maximum-Likelihood-Kriterium wird derjenige Umweltzustand betrachtet, der die höchste Eintrittswahrscheinlichkeit hat. Diejenige Alternative wird realisiert, die bezüglich dieses Umweltzustandes den größten Nutzen (Gewinn) verspricht. Es gilt:

$$\Phi(a_k) = \max_j \; \max(p_j)$$

Z / A	z_1 $p_1 = 0{,}5$	z_2 $p_2 = 0{,}3$	z_3 $p_3 = 0{,}2$	Maximum-Likelihood-Kriterium
a_1	18	35	5	18
a_2	20	14	25	**20**
a_3	12	15	30	12

Tabelle 3.62 Das Maximum-Likelihood-Kriterium

Das Maximum-Likelihood-Kriterium hat den Makel, dass es nur den Umweltzustand mit der höchsten Eintrittswahrscheinlichkeit berücksichtigt, während alle anderen Umweltzustände ohne Berücksichtigung bleiben. In obigem Beispiel wählt der Entscheidungsträger Alternative a_2, da hier der Gewinn für den Umweltzustand mit der höchsten Eintrittswahrscheinlichkeit (z_1) am größten ist (0,5).

Erwartungswertkriterium
Beim Erwartungswertkriterium werden pro Alternative die Summen aus den Produkten von Gewinnen und den zugehörigen Wahrscheinlichkeiten gebildet (Erwartungswert). Diejenige Alternative ist optimal, die den Erwartungswert der Gewinne maximiert.
Es gilt:

$$\Phi(a_i) = \sum_{j=1}^{n} p_j \cdot e_{ij} \qquad \Phi(a_k) = \max \sum_{j=1}^{n} p_j \cdot e_{ij}$$

Z A	z_1 $p_1 = 0{,}5$	z_2 $p_2 = 0{,}3$	z_3 $p_3 = 0{,}2$	Erwartungswert-Kriterium
a_1	18	35	5	$(0{,}5 \cdot 18 + 0{,}3 \cdot 35 + 0{,}2 \cdot 5) = $ **20,5**
a_2	20	14	25	$(0{,}5 \cdot 20 + 0{,}3 \cdot 14 + 0{,}2 \cdot 25) = 19{,}2$
a_3	12	15	30	$(0{,}5 \cdot 12 + 0{,}3 \cdot 15 + 0{,}2 \cdot 30) = 16{,}5$

Tabelle 3.63 Das Erwartungswertkriterium

Alternative a_1 verspricht mit einem erwarteten Gewinn in Höhe von 20,5 GE den höchsten Nutzen und wird realisiert.

Erwartungswert-Standardabweichungsmethode
Diese Methode erweitert den Gedanken des Erwartungswertkriteriums um die Standardabweichung. Zunächst werden pro Alternative die Abweichungen der Gewinne vom Erwartungswert quadriert, mit der Wahrscheinlichkeit multipliziert und die entstehenden Werte anschließend addiert. Die so entstandenen Werte pro Alternative bezeichnet man als Varianz (= Summe der quadrierten Abweichungen vom Mittelwert), deren Berechnung gehört zu den wesentlichsten Methoden der Wirtschaftsstatistik. Durch das Ziehen der Wurzel aus der Varianz erhält man die Standardabweichung. Diese gibt an, um wie viel im Durchschnitt die Gewinne um den Mittelwert streuen. Es gilt:

$$\mathrm{Var} = \sigma^2 = \sum_{j=1}^{n} p_j \cdot (e_{ij} - \mu)^2$$

3.4 Risikomanagement 155

Z / A	z_1 $p_1=0,5$	z_2 $p_2=0,3$	z_3 $p_3=0,2$	µ	Berechnung von σ^2	σ^2	σ
a_1	18	35	5	20,5	$0,5 \cdot (18-20,5)^2 + 0,3 \cdot (35-20,5)^2$ $+ 0,2 \cdot (5-20,5)^2$	114,25	10,69
a_2	20	14	25	19,2	$0,5 \cdot (20-19,2)^2 + 0,3 \cdot (14-19,2)^2$ $+ 0,2 \cdot (25-19,2)^2$	15,16	**3,89**
a_3	12	15	30	16,5	$0,5 \cdot (12-16,5)^2 + 0,3 \cdot (15-16,5)^2$ $+ 0,2 \cdot (30-16,5)^2$	47,25	6,87

Tabelle 3.64 Die Erwartungswert-Standardabweichungsmethode

Die Alternative a_2 weicht mit einer Standardabweichung in Höhe von 3,89 am geringsten vom Mittelwert ab und würde realisiert.[57]

Methode des erwarteten Opportunitätsverlustes
Bei der Methode des erwarteten Opportunitätsverlustes ist diejenige Alternative optimal, die den erwarteten Opportunitätsverlust minimiert. Der Opportunitätsverlust ist derjenige Betrag, den man zusätzlich hätte erzielen können, wenn der eintretende Umweltzustand bekannt gewesen wäre und man dementsprechend mit der optimalen Alternative reagiert hätte. Es gilt:

$$\Phi(a_i) = \sum_{j=1}^n p_j \cdot s_{ij} \quad (s_{ij} = \text{Opportunitätsverlust})$$

$$\Phi(a_k) = \min \sum_{j=1}^n p_j \cdot s_{ij}$$

Zunächst wird also aus der Originalmatrix die Opportunitätsmatrix abgeleitet, indem pro Umweltzustand die Differenz des jeweiligen Gewinns von Gewinnmaximum gebildet wird.

Z / A	Originalmatrix			Opportunitätsmatrix		
	z_1 $p_1=0,5$	z_2 $p_2=0,3$	z_3 $p_3=0,2$	z_1 $p_1=0,5$	z_2 $p_2=0,3$	z_3 $p_3=0,2$
a_1	18	35	5	2	0	25
a_2	20	14	25	0	21	5
a_3	12	15	30	8	20	0

Tabelle 3.65 Die Methode des erwarteten Opportunitätsverlustes I

Auf Grundlage dieser Matrix werden nun die Erwartungswerte der Opportunitätskosten ermittelt.

---

57 Im Bereich des Risikomanagements wird auch häufig von der geringsten Volatilität (Streuung) gesprochen.

Z \ A	z_1 $p_1 = 0{,}5$	z_2 $p_2 = 0{,}3$	z_3 $p_3 = 0{,}2$	Erwartungswert-Kriterium
a_1	2	0	25	$(0{,}5 \cdot 2 + 0{,}3 \cdot 0 + 0{,}2 \cdot 25) = 6$
a_2	0	21	5	$(0{,}5 \cdot 0 + 0{,}3 \cdot 21 + 0{,}2 \cdot 5) = 7{,}3$
a_3	8	20	0	$(0{,}5 \cdot 8 + 0{,}3 \cdot 20 + 0{,}2 \cdot 0) = 10$

Tabelle 3.66 Die Methode des erwarteten Opportunitätsverlustes II

Ebenso wie beim Erwartungswertkriterium wird hier die Alternative a_1 realisiert. Es ist die Alternative mit dem niedrigsten Opportunitätskostenerwartungswert.

Zusammenfassung

Ebenso wie bei den Entscheidungsregeln unter Unsicherheit ergeben die Kriterien unter Risiko keinen eindeutigen Rückschluss auf die „optimale" Alternative.

Entscheidungsregel	„Optimale" Alternative
Maximum-Likelihood	a_2
Erwartungswert	a_1
Erwartungswert-Standardabweichung	a_2
Erwarteter Opportunitätsverlust	a_1

Tabelle 3.67 Zusammenfassung der Entscheidungsfindung unter Risiko

Es ist immer von der individuellen Situation des Entscheidungsträgers abhängig, wie die Ermittlung der zu realisierenden Alternative angegangen werden soll. Ein allgemeingültiges Raster im Rahmen der Entscheidungsfindung unter Risiko gibt es genauso wenig wie in der Ungewissheitssituation.

3.4.1.4 Ökonomische Anwendungen

Folgende Beispiele zeigen Methoden der Entscheidungsfindung unter Ungewissheit und Risikoaspekten.

Beispiel 1: Gemäß verschiedener Aktionen (a_i) und Umweltzustände (z_j) liegt folgende Entscheidungsmatrix (Steuereinnahmen eines Staates) vor:

Z \ A	z_1	z_2	z_3	z_4
a_1	20.000	15.000	20.000	3.000
a_2	3.003	3.010	3.060	3.002
a_3	20.003	3.000	3.000	–100
a_4	20.001	3.000	3.000	3.002

Wie lauten die verschiedenen Entscheidungskriterien unter Ungewissheit? Sollte das Hurwicz-Kriterium gelten, so beträgt $\Theta = \frac{3}{4}$.

Lösung:

Z / A	z_1	z_2	z_3	z_4	Minimax	Maximax	Hurwicz $\varrho = 3/4$	Laplace
a_1	20.000	15.000	20.000	3.000	3.000	20.000	15.750	14.500
a_2	3.003	3.010	3.060	3.002	3.002	3.060	3.045	3.018
a_3	20.003	3.000	3.000	−100	−100	20.003	14.977	6.475
a_4	20.001	3.000	3.000	3.002	3.000	20.001	15.751	7.250

Z / A	z_1	z_2	z_3	z_4	Savage-Niehans
a_1	3	0	0	2	3
a_2	17.000	11.990	16.940	0	17.000
a_3	0	12.000	17.000	3.102	17.000
a_4	2	12.000	17.000	0	17.000
Optimalwert	20.003	15.000	20.000	3.002	

Bei der Savage-Niehans-Regel wird für jeden Zustand der Optimalwert festgehalten und die Abweichung von diesem Optimum als „Bedauernswert" in der Matrix festgehalten. Auf diese Matrix wird dann die Maxi-Min-Regel angewendet.

Beispiel 2: Ein Buchhändler kauft Bücher für 4,- Euro und verkauft sie für 8,- Euro weiter. Jedoch sind die Bücher ab einem gewissen Datum nicht mehr absetzbar, so dass der Buchhändler auf der Ware nach dem Datum sitzen bleibt. Die mögliche Nachfrage nach den Büchern (bis zu diesem Datum) mit den jeweiligen Eintrittswahrscheinlichkeiten (Erfahrungswerte) ist:

Umweltzustand = Nachfrage (z_i) in Stück	Eintrittswahrscheinlichkeit (p)
$z_1 = 1.200$	0,05
$z_2 = 1.320$	0,15
$z_3 = 1.440$	0,30
$z_4 = 1.560$	0,35
$z_5 = 1.680$	0,15

Der Buchhändler strebt Gewinnmaximierung an. Er hat dabei einiges zu beachten. Bücher, die er nicht verkauft, verursachen Kosten in Höhe von 4,- Euro/Stück, da sie nicht zurückgegeben werden können. Kann der Händler der Nachfrage nicht nachkommen, so ist er genötigt, die überschüssige Nachfrage durch eine Nachbestellung zu befriedigen. Für jede Einheit entsteht dadurch ein Verlust von 4,- Euro. Wie würde die

Entscheidung des Buchhändlers aussehen, wenn er nach der Maximum-Likelihood-Methode oder dem Erwartungswertkriterium vorgehen würde?

Lösung:
Die Aktionen des Händlers und die Nachfragemengen erbringen nachstehende Gewinnsituationen:

Nachfrage	P_j	Aktionen des Händlers (d_1–d_5)				
		$d_1 = 1200$	$d_2 = 1320$	$d_3 = 1440$	$d_4 = 1560$	$d_5 = 1680$
$z_1 = 1200$	0,05	4800,– Euro	4320,– Euro	3840,– Euro	3360,– Euro	2880,– Euro
$z_2 = 1320$	0,15	4320,– Euro	5280,– Euro	4800,– Euro	4320,– Euro	3840,– Euro
$z_3 = 1440$	0,30	3840,– Euro	4800,– Euro	5760,– Euro	5280,– Euro	4800,– Euro
$z_4 = 1560$	0,35	3360,– Euro	4320,– Euro	5280,– Euro	6240,– Euro	5760,– Euro
$z_5 = 1680$	0,15	2880,– Euro	3840,– Euro	4800,– Euro	5760,– Euro	6720,– Euro

Erklärungen:

$f(z_1,d_1)$: 1200 Bücher werden bestellt (d_1) und alle auch verkauft. 4 Euro Gewinn × 1200 = 4800,– Euro

$f(z_3,d_1)$: 1200 Bücher waren bestellt, es wurden jedoch 1440 verkauft, d. h. eine Nachbestellung von 240 Büchern war erforderlich. $4 \cdot 1200 - 4 \cdot 240 = 3840$,– Euro

$f(z_1,d_3)$: 1440 Bücher wurden bestellt, aber nur 1200 verkauft, d. h. 240 können nicht abgesetzt werden. $4 \cdot 1200 - 4 \cdot 240 = 3840$,– Euro.

Wird das **Maximum-Likelihood-Kriterium** angewendet, werden 1.560 Bücher bestellt, da der Verkauf dieser Bücher mit 35 % die höchste Eintrittswahrscheinlichkeit besitzt und einen Gewinn von 6.240,– Euro verspricht.

Auch bei Anwendung des **Erwartungswert-Kriteriums** werden 1.560 Bücher bestellt, da der Erwartungswert mit 5.448,– Euro am höchsten ist, wie folgende Tabelle zeigt:[58]

Nachfrage	P_j	
$z_1 = 1200$	0,05	$\mu = 0{,}05 \cdot 4800 + 0{,}15 \cdot 4320 + 0{,}3 \cdot 3840 + 0{,}35 \cdot 3360 + 0{,}15 \cdot 2880 = 3.648$
$z_2 = 1320$	0,15	$\mu = 0{,}05 \cdot 4320 + 0{,}15 \cdot 5280 + 0{,}3 \cdot 4800 + 0{,}35 \cdot 4320 + 0{,}15 \cdot 3840 = 4536$
$z_3 = 1440$	0,30	$\mu = 0{,}05 \cdot 3840 + 0{,}15 \cdot 4800 + 0{,}3 \cdot 5760 + 0{,}35 \cdot 5280 + 0{,}15 \cdot 4800 = 5208$
$z_4 = 1560$	0,35	$\mu = 0{,}05 \cdot 3360 + 0{,}15 \cdot 4320 + 0{,}3 \cdot 5280 + 0{,}35 \cdot 6240 + 0{,}15 \cdot 5760 = 5448$
$z_5 = 1680$	0,15	$\mu = 0{,}05 \cdot 2880 + 0{,}15 \cdot 3840 + 0{,}3 \cdot 4800 + 0{,}35 \cdot 5760 + 0{,}15 \cdot 6720 = 5184$

---

58 Siehe die Fallstudien 27 und 28.

3.4.2 Risikobewertung

3.4.2.1 Grundlagen

Nachdem bislang im Bereich des Risikomanagements die Methoden der Entscheidungen unter Unsicherheit beschrieben wurden, folgen nun risikospezifische Wahrscheinlichkeits- und Verteilungsfunktionen und zum Abschluss spezielle Instrumente der Risikobewertung.

- Zu den **risikospezifischen Wahrscheinlichkeits- und Verteilungsfunktionen** gehört die Binomialverteilung als diskrete Verteilungsfunktionen, sowie die Gleichverteilung, Dreiecksverteilung und die Standardnormalverteilung, die zu den stetigen Verteilungen zählen.
- **Spezielle Instrumente der Risikobewertung** sind die Volatilität, der Value at Risk, die Monte-Carlo-Simulation und die zur deskriptiven Statistik zählende Regression, die Kovarianz und der daraus abgeleitete Minimum-Varianz-Ansatz.

3.4.2.2 Risikospezifische Verteilungsfunktionen

Binomialverteilung

Haben Sie an einem Samstagabend schon einmal vor dem Fernseher gesessen und mit Spannung der Ziehung der Lottozahlen verfolgt? Dort werden aus 49 Kugeln 6 herausgezogen. Dabei ist die Reihenfolge der Zahlen unerheblich, also gleichgültig. Dort werden die bereits gezogenen Zahlen nicht wieder in die Glaskugel zurückgelegt. In der Statistik spricht man jedoch nicht von einer Glaskugel, sondern meist von einer Urne. Ich möchte Ihnen nun mit der sogenannten Binomialverteilung ein ähnliches Verfahren erklären. Der einzige Unterschied zu dem eben beschriebenen Lottobeispiel besteht darin, dass die gezogene Kugel wieder in die „Urne" zurückgelegt wird. So könnte also zum Beispiel die Zahl 2 theoretisch sechsmal hintereinander gezogen werden. Diese Binomialverteilung ist die wohl wichtigste (diskrete) Verteilung und geht auf Jakob Bernoulli (1654–1705) zurück.

Warum nennt man die Binomialverteilung eine diskrete Verteilung? Dies kann ich Ihnen einfach erklären. Es kommen immer nur ganzzahlige Werte in Frage. Also bspw. die Zahl 1 oder 2, niemals aber die Zahlen 1,37, 1,2 oder andere Werte mit Nachkommastelle.

Die Binomialverteilung wird durch das Urnenmodell wie folgt beschrieben.

- Ausgangspunkt ist eine Urne, in der sich eine bestimmte Anzahl von N-Kugeln befindet.
- Alle N-Kugeln sind in Größe und Gewicht identisch. Diese Annahme ist sehr wichtig, denn sie impliziert, dass alle Kugeln die gleiche Chance haben, gezogen zu werden.
- Die Binomialverteilung unterscheidet bei der Urnenzusammensetzung lediglich zwei Arten von Kugeln, nämlich die „roten" und „nicht-roten" Kugeln. In diesem Zusammenhang spricht man von der **dichotomen** Grundgesamtheit.[59]

---

[59] Andere diskrete Verteilungen, so die Multinomialverteilung, die aber für das Risikomanagement eine untergeordnete Bedeutung hat, unterteilt die „nicht-roten" Kugeln nochmals in die entsprechenden Kategorien, also in blaue, grüne, gelbe Kugeln etc. und unterstellt somit eine nicht dichotome Grundgesamtheit. Siehe Stiefl J., 2006, S. 80ff.

- Bei der Modalität der Kugelentnahme wird vom Modell „Ziehen mit Zurücklegen" ausgegangen.[60]
- Die Kugelentnahme endet, wenn eine Zahl n (Stichprobe) zu ziehender Kugeln gezogen worden ist. Dies ist das Abbruchkriterium.

Die Binomialverteilung hat die Wahrscheinlichkeitsfunktion:

$$P(X = k) = \binom{n}{k} \cdot \theta^k \cdot (1 - \theta)^{n-k}$$

Dabei ist:

- X die Zählvariable, die die Anzahl der „roten" Kugeln in der Stichprobe angibt,
- k die Häufigkeit für das Eintreten des untersuchten Ereignisses (der roten Kugeln),
- n die Anzahl der Versuche des Experimentes,
- θ der Anteil der roten Kugeln (Wahrscheinlichkeit) und
- (1 − θ) der Anteil der nicht-roten Kugeln (Gegenwahrscheinlichkeit)

Die Verteilungsfunktion lautet:

F(k) = P(X ≤ k)

Sie gibt die Wahrscheinlichkeit dafür an, dass die Zufallsvariable den Wert k nicht übersteigt.

Für den Erwartungswert E(X) und die Varianz V(X) einer Binomialverteilung gelten die Formeln:

E(X) = n · θ bzw.

V(X) = n · θ · (1 − θ)

Beispiel: In einer Urne befinden sich 40 Kugeln, von denen 10 weiß sind. Es sollen die Wahrscheinlichkeit, der Erwartungswert und die Varianz wie folgt bestimmt werden. 4 Kugeln werden mit Zurücklegen gezogen. Zwei davon sollen weiß sein.

$$P(X = k) = \binom{n}{k} \cdot \theta^k \cdot (1 - \theta)^{n-k} = \binom{4}{2} \cdot 0{,}25^2 \cdot (1 - 0{,}25)^{4-2} = 0{,}2109 = 21{,}09\%$$

Anmerkung: Der sogenannte Binomialkoeffizient $\binom{n}{k}$ wird bestimmt über

$$\binom{n}{k} = \frac{n!}{k! \cdot (n-k)!}$$

---

[60] Gelegentlich wird die Binomialverteilung auch benutzt, obwohl die gezogene Kugel nicht mehr in die Urne zurückgelegt worden ist. Die dann erfolgte Approximation der Hypergeometrischen Verteilung (Ziehen ohne Zurücklegen) durch die Binomialverteilung ist im Falle einer „großen" Grundgesamtheit N möglich. Als Approximationsregel gilt n/N<0,1, d.h. wenn der Quotient aus Stichprobenumfang n zur Grundgesamtheit N kleiner als 10% ist, liefert die Binomialverteilung als Näherung sehr gute Werte. Die dahinterstehende Idee besagt, dass es keinen Unterschied macht, ob man aus einer Grundgesamtheit von bspw. 1 Mio. Kugeln die erste gezogene Kugel gedanklich wieder in die Urne zurücklegt oder ob man beim zweiten Ziehen aus den verbleibenden 999.999 Kugeln zieht.

Sollten Sie die Bezeichnung n! noch nicht gehört haben, will ich es kurz erklären. Es beschreibt die **Fakultät** und ist das Produkt der ersten n aufeinander folgenden positiven ganzen Zahlen (n!).

n! = 1 · 2 · ... · (n–1) · n

Ferner gilt: 0! = 1

Nun folgt ein (kleines) Beispiel:

6! = 1 · 2 · 3 · 4 · 5 · 6 = 720

Bezogen auf den Binomialkoeffizienten und die entsprechenden Fakultäten des obigen Beispiels ergibt sich deshalb:

$$\begin{vmatrix} 4 \\ 2 \end{vmatrix} = \frac{4!}{2! \cdot (4-2)!} = 6$$

Ferner ist der Erwartungswert E(x) = 4 · 0,25 = 1 und bedeutet, dass beim mehrmaligen Ziehen durchschnittlich eine weiße Kugel gezogen wird.
Die Varianz beträgt $V(X) = 4 \cdot 0{,}25 \cdot (1 - 0{,}25) = 0{,}75$. Daraus ergibt sich die Standardabweichung $\sigma = \sqrt{V(X)} = \sqrt{\sigma^2} = \sqrt{0{,}75} = 0{,}866$.

Gleichverteilung

Sie haben in einem der letzten Abschnitte (Entscheidungen unter Unsicherheit) die Laplace-Regel kennengelernt.[61] Die nun beschriebene Gleichverteilung geht exakt von den gleichen Voraussetzungen aus. Die möglichen „Umweltzustände" haben nämlich die gleiche Eintrittswahrscheinlichkeit, sind also gleich wahrscheinlich und somit gleichverteilt. Diese Gleichverteilung kennt man zwar sowohl im diskreten als auch im stetigen Fall; sie ist bei ökonomische Fragestellungen (z.B. das Risikomanagement) aber letztlich nur für den stetigen Fall von Bedeutung.

Die nun erklärte Dichte- bzw. Verteilungsfunktion kommen Ihnen vielleicht etwas „seltsam oder schwierig" vor, ich werde sie Ihnen aber durch hoffentlich einfache Beispiele erklären können.
Für die Dichtefunktion gilt:

$$f(x) = \begin{cases} \dfrac{1}{(b-a)} & \text{für } a \leq x \leq b \\ 0 & \text{sonst} \end{cases}.$$

Daraus resultiert die Verteilungsfunktion:

$$F(x) = \begin{cases} 0 & \text{für } x < a \\ \dfrac{(x-a)}{(b-a)} & \text{für } a \leq x \leq b \\ 1 & \text{für } x > b \end{cases}.$$

mit:
a = Intervalluntergrenze und b = Intervallobergrenze

---

61 Die Laplace-Regel wird auch häufig als Prinzip des unzureichenden Grundes beschrieben.

Der Erwartungswert E(X) und die Varianz V(X) der Gleichverteilung sind gegeben durch:[62]

$$E(x) = \int_a^b \frac{x}{(b-a)} dx = \frac{x^2}{2(b-a)}\Big|_a^b = \frac{(b^2-a^2)}{2(b-a)} = \frac{(b+a)}{2}$$

$$V(x) = \int_a^b \frac{\left(x - \frac{(b+a)}{2}\right)^2}{(b-a)} dx = \frac{\left(x - \frac{(b+a)}{2}\right)^3}{3(b-a)}\Big|_a^b = \frac{(b-a)^2}{12}$$

Beispiel: Wie lautet die Verteilungsfunktion, wenn die Intervallobergrenze 8,- Euro und die Untergrenze 4,- Euro beträgt bei einem Wert von maximal 5,- Euro?

$$F(x) = \frac{(5-4)}{(8-4)} = 0{,}25 = 25\,\%$$

Zwischen 4,- und 5,- Euro liegen also lediglich 25 %, zwischen dem angegebenen Wert von 5,- Euro und der Obergrenze von 8,- Euro die verbleibenden 75 %. Die Dichtefunktion liegt bei ¼, also bei 25 %.

Dreiecksverteilung

Habe ich Ihnen im letzten Unterkapitel die Gleichverteilung beschrieben, so geht es nun bei der Dreiecksverteilung um die zweite stetige Verteilung, die etwas anders aufgebaut ist. Dennoch geht es auch hier um die Dichte- und Verteilungsfunktion, die nun erklärt werden. Hier wird zunächst **der wahrscheinlichste Wert** angegeben. Diesen nennen wir **c**. Allerdings liegen keine präzisen symmetrischen Abweichungen von diesem Erwartungswert vor. Vielmehr wird die Untergrenze durch einen **minimalen Wert a** und die Obergrenze durch **einen maximalen Wert b** bestimmt.
Somit gilt: a ≤ c ≤ b.
Die dreigeteilte Dichtefunktion wird unterschiedlich definiert:

$$f(x) = \begin{cases} \dfrac{2(x-a)}{(b-a)\cdot(c-a)} & \text{für} \quad a \leq x \leq c \\ \dfrac{2(b-x)}{(b-c)\cdot(b-a)} & \text{für} \quad c < x \leq b \\ 0 & \text{sonst} \end{cases}.$$

---

[62] Hier werden also Integrale berechnet, die ich Ihnen etwas später im Bereich der VWL näher erläutern möchte.

Daraus leitet sich die Verteilungsfunktion ab, die natürlich ebenfalls dreigeteilt ist:

$$F(x) = \begin{cases} \dfrac{(x-a)^2}{(b-a)\cdot(c-a)} & \text{für} \quad a \leq x \leq c \\ 1 - \dfrac{(b-x)^2}{(b-a)\cdot(b-c)} & \text{für} \quad c < x \leq b \\ 0 & \text{sonst} \end{cases}.$$

Der Erwartungswert E(x) und die Varianz V(x) der Dreiecksverteilung werden beschrieben durch:

$$E(x) = \frac{(a+b+c)}{3} \qquad V(x) = \frac{a^2+b^2+c^2-ab-ac-bc}{18}$$
$$= \frac{(a-b)^2 + (b-c)^2 + (a-c)^2}{36}$$

Betrachten wir dazu ein kleines **Beispiel**. Da es bei der oben beschriebenen Gleichverteilung etwas einfacher ist, soll nun die Dichtefunktion zunächst durch eine kleine Abbildung gezeigt werden (Abb. 3.28).

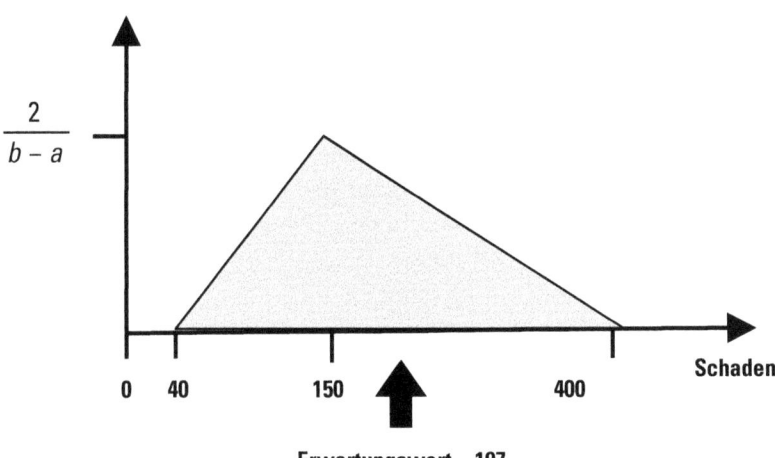

Abbildung 3.28 Dichtefunktion der Dreiecksverteilung

Wir gehen von einem Höchstschaden von 400,- Euro aus. Somit ist b = 400,- Euro. Der geringste Schaden ist 40,- Euro, also ist a = 40,- Euro. Als „normale" d. h. wahrscheinlichste Bedingung geben wir 150,- Euro an, also ist c = 150. Können Sie nun die Wahrscheinlichkeit dafür berechnen, wie groß der Schaden von maximal x = 100,- Euro wäre? Dies kann relativ einfach bestimmt werden, da der erste Teil der Verteilungsfunktion gefragt ist. So ergibt sich eine Wahrscheinlichkeit von 9,09 %:

$$F(x=100) = \frac{(x-a)^2}{(b-a)\cdot(c-a)} = \frac{(100-40)^2}{(400-40)\cdot(150-40)} = 0{,}0909 = 9{,}09\,\%$$

Standardnormalverteilung[63]

Die aus der Normalverteilung abgeleitete Standardnormalverteilung ist wohl die bedeutsamste stetige Verteilung der Statistik und schließt damit die Darstellung der wichtigsten Wahrscheinlichkeitsfunktionen des Risikomanagements ab. Sie wurde 1733 von Abraham de Moivre (1667-1754) als Grenzverteilung (für einen gegen unendlich gehenden Stichprobenumfang n bei konstanter Wahrscheinlichkeit Θ) der Binomialverteilung hergeleitet und später durch Carl Friedrich Gauß im Zusammenhang mit der Theorie der Messfehler neu entdeckt. Seit dieser Zeit wird sie auch häufig als Gaußsche Glockenkurve beschrieben.

Ihre besondere Bedeutung hat die Normalverteilung deshalb erlangt, weil viele Zufallsvariable, die bei Experimenten und Beobachtungen in der Praxis auftreten, exakt oder zumindest annähernd normalverteilt sind. Im Rahmen des Risikomanagements z.B. hat sie eine herausragende Bedeutung bei der Berechnung des Value at Risk, der später im Rahmen der speziellen Instrumente der Risikobewertung detailliert erläutert wird.

Wurden im Abschnitt über die Gleich- und die Dreiecksverteilung bereits die Dichte- und die Verteilungsfunktion beschrieben und berechnet, so erscheinen diese im Bereich der Standardnormalverteilung zunächst wesentlich komplexer, werden aber durch die anschließende so genannte **z-Transformation** vereinfacht. Aber zunächst möchte ich Ihnen kurz die Dichte- und dann die Verteilungsfunktion näherbringen. Die Dichtefunktion lautet:

$$f(x) = \frac{1}{\sqrt{2\pi}\cdot\sigma} \cdot e^{\frac{(x-\mu)^2}{2\sigma^2}}$$

Der Parameter μ beschreibt den Erwartungswert, σ die Standardabweichung. Durch Integration der Dichtefunktion erhält man die Verteilungsfunktion:

$$F(x) = \int_{-\infty}^{x} \frac{1}{\sqrt{2\pi}\cdot\sigma} \cdot e^{-\frac{1}{2}\left(\frac{v-\mu}{\sigma}\right)^2} dv$$

Betrachten Sie doch einfach noch einmal die wesentliche Begriffe und Parameter:

E(x) = μ (Mittelwert)   V(x) = σ² (Varianz) $\sqrt{V(x)}$ = σ = Standardabweichung

---

[63] Vgl. Stiefl J., 2011, S. 116ff.

Habe ich eben die Gaußsche Glockenkurve genannt, so möchte ich Ihnen nun ein kleines graphisches Beispiel mit den entsprechenden Größen näherbringen.

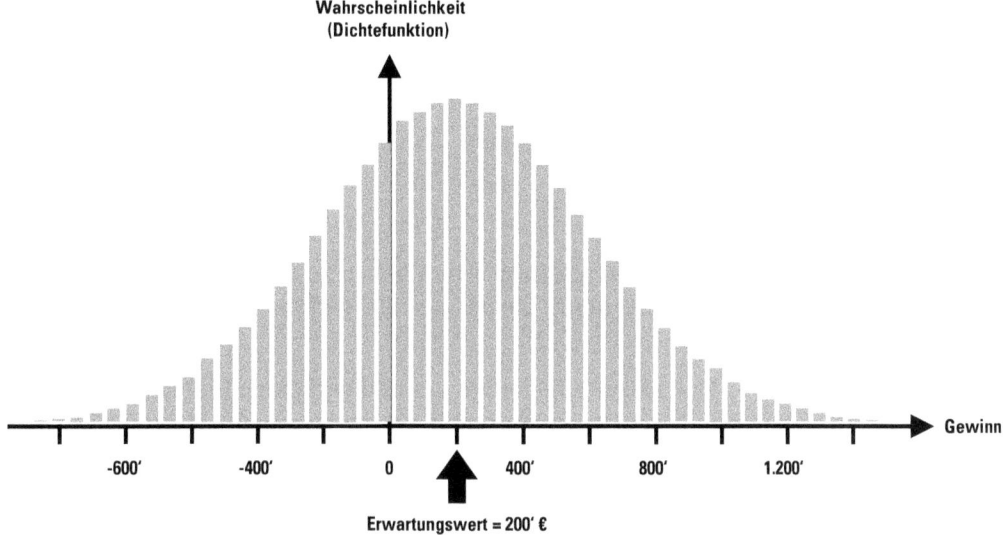

Abbildung 3.29 Dichtefunktion der Normalverteilung

Abbildung 3.29 beschreibt eine Dichtefunktion mit einem erwarteten Gewinn von μ = 200 TEuro. Die Standardabweichung σ sei im Beispiel 456 TEuro. Sollten Sie fragen, wie ich auf diesen Wert gekommen bin, kann ich es einfach erklären. Er wurde nur beispielhaft so ausgesucht. Eine größere/kleinere Standardabweichung würde sich in einer flacheren/steileren Funktion niederschlagen. Läge der Mittelwert hingegen nicht bei 200 TEuro, sondern bspw. bei 100 TEuro oder 300 TEuro, würde sich die Funktion lediglich parallel nach links/rechts verschieben.

In unterschiedlichen Lehrbüchern der (Wirtschafts)Mathematik gelten immer die folgenden Angaben. Sollten Sie diesen Werten nicht trauen, empfehle ich Ihnen, sich mit den Bereichen der Schätz- und Testtheorie vertraut zu machen, denn dort werden viele dieser sogenannten Konfidenzintervalle beschrieben.[64] Für diese (klassische) Normalverteilung gilt dann immer:

Die Dichte der Normalverteilung ist symmetrisch zum Mittelwert μ.
An den Stellen μ ± σ ist die Dichte am steilsten.
68,3 % der Gesamtfläche liegen im Bereich $\mu - \sigma \leq x \leq \mu + \sigma$.
95,5 % der Gesamtfläche liegen im Bereich $\mu - 2\sigma \leq x \leq \mu + 2\sigma$.
99,73 % der Gesamtfläche liegen im Bereich $\mu - 3\sigma \leq x \leq \mu + 3\sigma$.

---

64 Vgl. z.B. Stiefl J., 2011, S. 137ff. Dort habe ich versucht, diese Intervalle anhand eines einführenden Beispiels zu erklären.

Habe ich eben bereits die z-Transformation erwähnt? Jede beliebige Normalverteilung mit den Parametern μ und σ lässt sich in eine Normalverteilung mit $\mu = 0$ und $\sigma = 1$ transformieren.

Man erhält dann die **Standardnormalverteilung:**

$$F(z) = \frac{1}{\sqrt{2\pi}} \cdot e^{-\frac{z^2}{2}}$$

durch lineare Transformation mit der Formel:

$$z = \frac{x - \mu}{\sigma}$$

Mit dieser Standardisierungsformel lassen sich nun beliebige Wahrscheinlichkeiten berechnen. Die Vorgehensweise ist immer gleich, was Sie auch immer durch Fallstudien herausfinden können.

Schritt 1: Zunächst wird eine Skizze angefertigt, um den gesuchten Bereich der Dichtefunktion besser einschätzen zu können. Darunter versteht man das Integral der standardisierten Verteilung. Haben Sie sich schon mal mit der Integralrechnung auseinandergesetzt? Wenn nicht, ist das auch kein Problem. In diesem Buch können Sie sich auf einer der nächsten Seiten im Bereich der Volkswirtschaftslehre intensiv mit der Integralrechnung beschäftigen. Ich hoffe, ich kann es dort verständlich erklären.

Schritt 2: Nun berechnet man z mittels der Standardisierungsformel und entnimmt den Wert der Verteilungsfunktion aus der Tabelle zur Standardnormalverteilung (siehe Anhang „Tabelle der Standardnormalverteilung"). Je nach Vorzeichen von z und Richtung der Fragestellung ist die Antwort in der Tabelle unter F(-z), F(z) oder der Differenz D(z) abzulesen.

Das obige (graphische) **Beispiel** wird nun durch verschiedene Fragen und Antworten ergänzt, um die Gemeinsamkeiten, aber auch Unterschiede zu erläutern. Unter der oben getroffenen Annahme, dass der Erwartungswert des Gewinns der Abrechnungsperiode μ = 200 TEuro und die Standardabweichung σ = 456 TEuro betragen, sind folgende Wahrscheinlichkeiten zu berechnen:

a) Mit welcher Wahrscheinlichkeit erleidet man einen Verlust?
b) Mit welcher Wahrscheinlichkeit ist der Gewinn größer als 800 TEuro?
c) Mit welcher Wahrscheinlichkeit erhält man einen Gewinn zwischen 100 und 500 TEuro?

Zu a) Gesucht ist der schwarz markierte Bereich der Gauss'schen Glockenkurve (Abb. 3.30).

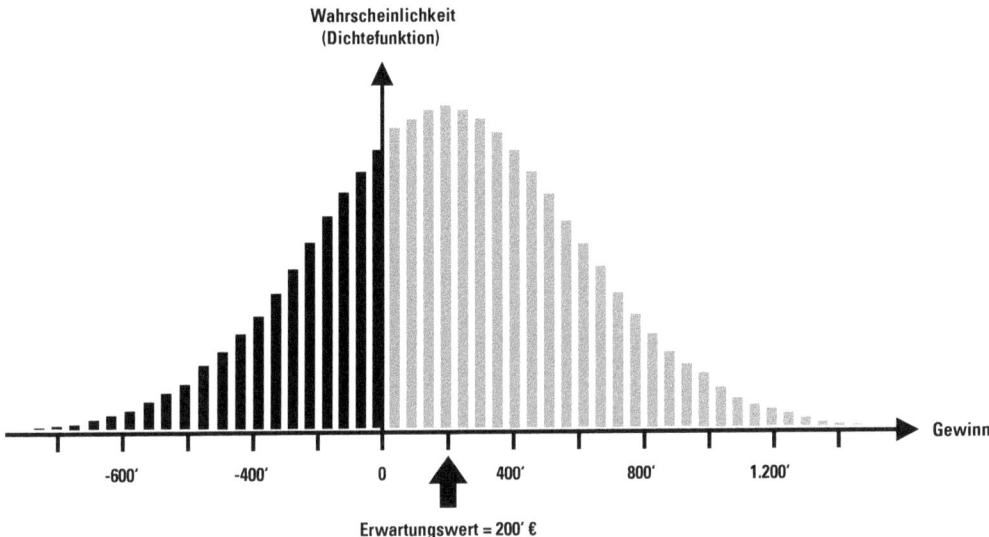

Abbildung 3.30 Beispiel I zur Standardnormalverteilung

Ausgehend vom Erwartungswert μ wird die Glocke in symmetrische Hälften unterteilt, d. h. der Erwartungswert trennt die linke von der rechten 50 %-Hälfte. Die gesuchte Wahrscheinlichkeit ist somit auf jeden Fall kleiner als 50 %.
Man berechnet den z-Wert wie folgt:

$$z = \frac{x - \mu}{\sigma} = \frac{0 - 200}{456} = -0{,}44$$

F(−0,44) = 0,33 = 33 % (siehe Tabelle der Standardnormalverteilung), d. h., die Wahrscheinlichkeit, dass die Gesellschaft einen Verlust erleidet, liegt bei 33 %.
Zu b) Gesucht ist nun der wieder schwarz markierte Bereich der Gauss'schen Glockenkurve, der sich aber entgegen der Aufgabe a) im rechten Bereich befindet (Abb. 3.31).
Da sich der Messwert 800 TEuro, wie bereits erwähnt, rechts vom Erwartungswert μ = 200 TEuro befindet, ist der Bereich > 800 TEuro zu bestimmen bzw. zu berechnen. Der z-Wert ergibt:

$$z = \frac{x - \mu}{\sigma} = \frac{800 - 200}{456} = 1{,}32$$

Der korrespondierende F-Wert, F(1,32) beträgt 0,9066, d.h. 90,66 %. Diese Angaben aus der Standardnormalverteilungstabelle beziehen sich aber **immer** auf den Bereich links vom gesuchten Wert, da im Beispiel jedoch nach der Wahrscheinlichkeit rechts vom gesuchten Wert gefragt ist, wird der ermittelte Wert von 1 bzw. 100 % abgezogen.

F(x > 800) = 1 − 0,9066 = 0,0934 = 9,34 %

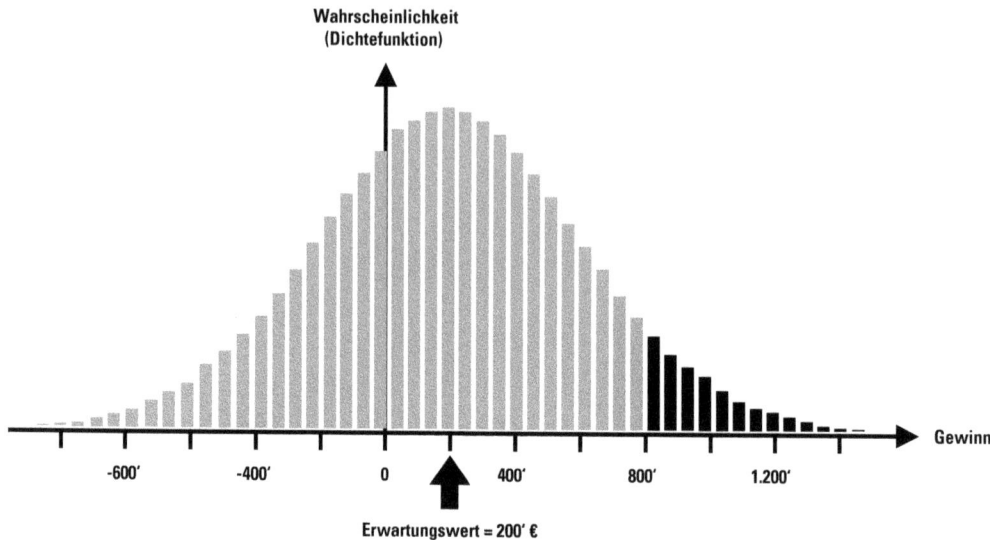

Abbildung 3.31 Beispiel II zur Standardnormalverteilung

Zu c) Gesucht ist nun der schwarz markierte Bereich etwa in der Mitte der Gauss'schen Glockenkurve (Abb. 3.32). Es sieht ganz danach aus, als würde es in Richtung 50 %-Wahrscheinlichkeit gehen, was nun durch die Berechnung entweder verifiziert (also bestätigt) oder falsifiziert (also widerlegt) werden soll.

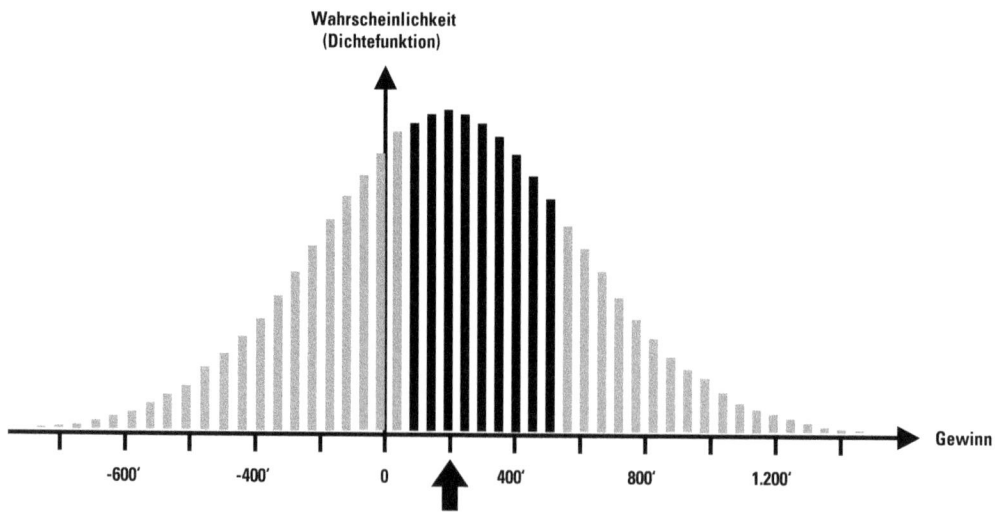

Abbildung 3.32 Beispiel III zur Standardnormalverteilung

Die gesuchte Wahrscheinlichkeit wird durch die beiden zu berechnenden Messwerte 100 und 500 eingegrenzt.

$$z_1 = \frac{500 - 200}{456} = 0{,}66; \quad F(0{,}66) = 0{,}7454$$

$$z_2 = \frac{100 - 200}{456} = -0{,}22; \quad F(-0{,}22) = 0{,}4129$$

Daraus ergibt sich die Wahrscheinlichkeit:

F(100 < x < 500) = 0,7454 - 0,4129 = 0,3325 = 33,25 %

Dies ist die Wahrscheinlichkeit für einen Wert zwischen einem Gewinn von 100 TEuro und 500 TEuro. Folglich können wir in der Abbildung zwar nicht völlig die 50 % bestätigen, aber die berechneten 33,25 % kommen dem Mittelwert schon recht nahe.

3.4.2.3 Ökonomische Anwendungen

Beispiel 1: Aufgrund von Erfahrungen aus der Vergangenheit schätzt ein Unternehmer den Anteil der fehlerhaften Produkte auf 20 %. Aus einer sehr großen Losgröße werden nacheinander 5 Produkte entnommen und auf ihre Qualität untersucht.

a) Mit welcher Wahrscheinlichkeit befinden sich 2 fehlerhafte Produkte in der Stichprobe?
b) Wie groß ist die Wahrscheinlichkeit, dass sich mindestens 2 fehlerhafte Produkte in der Stichprobe befinden?
c) Wie lauten der Erwartungswert und die Varianz?
d) Wie sehen die Wahrscheinlichkeits- und Verteilungsfunktionen aus?

Lösung:
Offensichtlich kann die Fragestellung mittels der Binomialverteilung beantwortet werden. Zwar geht aus dem Beispiel nicht eindeutig hervor, ob das untersuchte Produkt wieder in die Grundgesamtheit (Losgröße) zurückgelegt wird, ob es sich also tatsächlich um die Ziehungsmodalität „Ziehen mit Zurücklegen" dreht. Die Information der sehr großen Losgröße lässt allerdings auf eine sehr große Grundgesamtheit N schließen, so dass die Ziehungsmodalität hier vernachlässigt werden kann.
Wenn Sie sich intensiver mit Wahrscheinlichkeitsfunktionen und deren Annäherungen, den sogenannten Approximationen beschäftigen wollen, empfehle ich Ihnen die 2. Auflage meines Buches Wirtschaftsstatistik. Verwenden Sie dazu die im Abschnitt 3.5 erläuterten Approximationen.
Bevor wir uns nun die Lösungen der Teilaufgaben a) bis d) anschauen, zeige ich Ihnen zunächst die wichtigsten Parameter. Diese sind:

n = 5; k = 0, 1,..., 5 (bei Aufgabe a bspw. beträgt k = 2); θ = 0,2 (20 %);
Q = 1- θ = 0,8 (80 %)

Nachstehend werden zunächst alle Einzelwahrscheinlichkeiten berechnet, um dann im nächsten Schritt die beiden Fragestellungen lösen zu können:

$$P(X = 0) = \begin{vmatrix} 5 \\ 0 \end{vmatrix} \cdot 0{,}2^0 \cdot 0{,}8^5 = 0{,}32768 = 32{,}768\ \%$$

$$P(X = 1) = \begin{vmatrix} 5 \\ 1 \end{vmatrix} \cdot 0{,}2^1 \cdot 0{,}8^4 = 0{,}4096 = 40{,}96\ \%$$

$$P(X = 2) = \begin{vmatrix} 5 \\ 2 \end{vmatrix} \cdot 0{,}2^2 \cdot 0{,}8^3 = 0{,}2048 = 20{,}48\ \%$$

$$P(X = 3) = \begin{vmatrix} 5 \\ 3 \end{vmatrix} \cdot 0{,}2^3 \cdot 0{,}8^2 = 0{,}0512 = 5{,}12\ \%$$

$$P(X = 4) = \begin{vmatrix} 5 \\ 4 \end{vmatrix} \cdot 0{,}2^4 \cdot 0{,}8^1 = 0{,}0064 = 0{,}64\ \%$$

$$P(X = 5) = \begin{vmatrix} 5 \\ 5 \end{vmatrix} \cdot 0{,}2^5 \cdot 0{,}8^0 = 0{,}00032 = 0{,}032\ \%$$

Nachdem nun alle möglichen Wahrscheinlichkeiten ausgerechnet wurden (die Einzelwahrscheinlichkeiten addieren sich natürlich zu 1 bzw. zu 100 %), können die beiden Fragen a) und b) hinreichend beantwortet werden.

Zu a) Es wurde nach der Wahrscheinlichkeit gefragt, exakt 2 fehlerhafte Produkte in der Stichprobe zu haben:

$$P(X = 2) = \begin{vmatrix} 5 \\ 2 \end{vmatrix} \cdot 0{,}2^2 \cdot 0{,}8^3 = 0{,}2048 = 20{,}48\ \%$$

Die Wahrscheinlichkeit beträgt also 20,48 %.

Zu b) Hier führen zwei Wege zum Ziel.

$$P(X \geq 2) = P(X = 2) + P(X = 3) + P(X = 4) + P(X = 5)$$

oder über die Gegenwahrscheinlichkeit

$$P(X \geq 2) = 1 - P(X = 0) - P(X = 1)$$

$$P(X \geq 2) = 0{,}2048 + 0{,}0512 + 0{,}0064 + 0{,}00032 = 0{,}26272 = 26{,}272\ \%$$

$$P(X \geq 2) = 1 - 0{,}32768 - 0{,}4096 = 0{,}26272 = 26{,}272\ \%$$

Beide Wege führen natürlich zur gleichen Wahrscheinlichkeit von 26,272 %.

Sollten Sie sich nun die Frage stellen, was es mit der Gegenwahrscheinlichkeit auf sich hat, möchte ich es Ihnen kurz erklären. In der Praxis sollte immer der Weg mit dem geringeren Rechenaufwand gegangen werden. Bei manchen Fragestellungen kommt der Statistiker gar nicht an der Gegenwahrscheinlichkeit vorbei.

Zu c) Der Erwartungswert E(X) und die Varianz V(X) lauten:

$$E(X) = n \cdot \theta = 5 \cdot 0{,}2 = 1 \quad \text{bzw.}$$

$$V(X) = n \cdot \theta \cdot (1 - \theta) = 5 \cdot 0{,}2 \cdot 0{,}8 = 0{,}8$$

Würde also das Experiment (Ziehen von 5 Produkten) beliebig oft wiederholt, würde sich durchschnittlich ein fehlerhaftes Produkt in der Stichprobe befinden. Die Varianz beträgt 0,8 und die Standardabweichung somit 0,8944 Produkte.

Zu d) Die **Wahrscheinlichkeitsfunktion** und die daraus abgeleitete **Verteilungsfunktion** haben natürlich ein anderes Aussehen als im Falle von stetigen Verteilungen, was bereits oben gezeigt wurde und im nächsten Beispiel ebenfalls gezeigt wird.

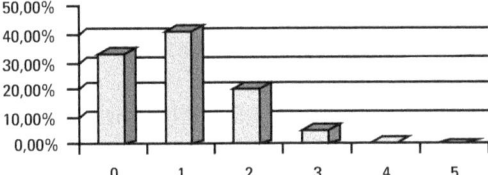
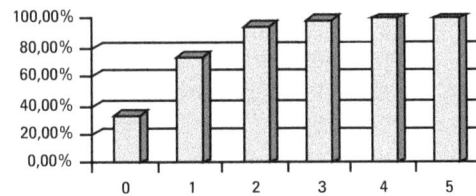

Abbildung 3.33 Wahrscheinlichkeits- und Verteilungsfunktion der Binomialverteilung

Beispiel 2: Ein Unternehmen geht davon aus, dass die Wahrscheinlichkeit für Forderungsausfälle im Unternehmen zwischen 5 und 20 % liegt. Wie groß ist die Wahrscheinlichkeit unter der Annahme der Gleichverteilung, dass

a) der Forderungsausfall weniger als 15 % bzw.
b) der Forderungsausfall mehr als 18 % beträgt.
c) Wie lauten der Erwartungswert und die Varianz?
d) Wie sieht die Dichtefunktion aus?

Auch hier werden Sie sich vielleicht die Frage stellen, warum die Gleichverteilung zum Einsatz kommt. Ich hoffe, ich kann es Ihnen kurz und plausibel erklären. Wir haben noch zu wenige Erfahrungswerte, um diesen Forderungsausfall näher konkretisieren zu können. So konnten noch keine „optimalen" Eintrittswahrscheinlichkeiten ermittelt werden, die besagen, ob z.B. der Forderungsausfall eher 7 %, 13 % oder bspw. 18 % betragen wird. Deshalb wird vom Prinzip des bereits erwähnten „unzureichenden Grundes" oder der Laplace'schen Regel ausgegangen. Alle Eintrittswahrscheinlichkeiten werden als konstant angenommen, also betrachten wir die Gleichverteilung.

Lösung:
Zu a)
Es gilt: a ≤ x ≤ b, mit 5 ≤ x ≤ 20

$$F(x \leq 15) = \frac{(x-a)}{(b-a)} = \frac{(15-5)}{(20-5)} = 0{,}667 = 66{,}7\,\%$$

Die Wahrscheinlichkeit, dass der Forderungsausfall weniger als 15 % beträgt, liegt bei 66,7 %.

Zu b)

$$F(x > 18) = 1 - \frac{(x-a)}{(b-a)} = 1 - \frac{(18-5)}{(20-5)} = 1 - 0{,}867 = 0{,}133 = 13{,}3\,\%$$

Mit einer Wahrscheinlichkeit von 13,3 % wird der Forderungsausfall mehr als 18 % betragen.

Zu c) Der Erwartungswert E(X) und die Varianz V(X) lauten:

$$E(x) = \frac{(b+a)}{2} = \frac{(20+5)}{2} = 12{,}5\,\%$$

$$V(x) = \frac{(b-a)^2}{12} = \frac{(20-5)^2}{12} = 18{,}75\,\%$$

Im Beispiel beträgt der Erwartungswert folglich 12,5 % bei einer Varianz von 18,75 %, aus der sich eine Standardabweichung von 4,33 % ergibt.
Die Dichtefunktion in Abb. 3.34 zeigt in der Graphik neben dem Erwartungswert auch die gleichverteilten Einzelwahrscheinlichkeiten der Forderungsausfälle.[65]
Zu d)

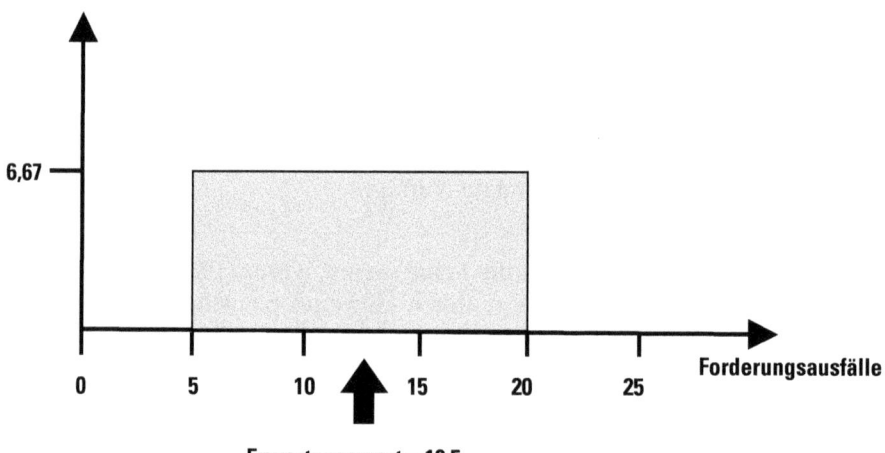

Abbildung 3.34 Dichtefunktion der Gleichverteilung

65 Siehe die Fallstudien 29 und 30.

3.4.2.4 Spezielle Instrumente der Risikobewertung

Im Rahmen der speziellen Risikobewertung besteht ein besonderes Problem darin, einzelne Risiken, die möglicherweise für den unternehmerischen Fortbestand bedeutsam sind, zu quantifizieren und in ihrem Zusammenspiel zu bewerten. Idealerweise können sie dann aggregiert werden. Diese Aggregation ist aber oftmals das Hauptproblem innerhalb des unternehmerischen Risikomanagementprozesses, denn die Risiken in ihrer Summe, die einzelnen Eintrittswahrscheinlichkeiten und Schadenshöhen und damit zusammengefasst der Gesamtrisikoumfang stellen die eigentlichen Herausforderungen an die Unternehmensleitung dar.

Deshalb wurden Verfahren entwickelt, anhand derer man Risiken zusammenfassen, ihre Auswirkungen simulieren und letztlich zu einwertigen Größen verdichten kann. Die bekanntesten Verfahren sind die **Volatilität** und der **Value at Risk** (VaR), der beispielsweise folgende Aussagen erlaubt:

Mit einer Eintrittswahrscheinlichkeit von 1 % wird das Unternehmen im kommenden Jahr einen Liquiditätsengpass von mehr als 100 Mio. Euro erleiden.

Mit einer Eintrittswahrscheinlichkeit von 5 % wird das Unternehmen im kommenden Jahr einen Verlust von mehr als 10 Mio. Euro produzieren.

Diese Aussagen ermöglichen es dann der Unternehmensleitung, geeignete Gegenmaßnahmen einzuleiten oder aber schlicht, mit dem „Restrisiko" zu leben. Der VaR kann auf unterschiedlichste Arten abgeleitet werden. Auch die Kovarianz und der darauffolgende Minimum-Varianz-Ansatz und die Regressionsanalyse sollen als spezielle Instrumente der Risikomanagements genannt werden.

Findet man eine komplexe Struktur vor, wie dies in der Praxis im Tagesgeschäft eines Unternehmens normalerweise der Fall ist, so kann man den VaR simulieren, wobei sich die **Monte-Carlo-Simulation** anbietet, da sie relativ leicht mit herkömmlichen Tabellenkalkulationsprogrammen durchführbar ist. Die Monte-Carlo-Simulation erlaubt es dabei in besonderem Maße, die verschiedenen Risiken anhand von Wahrscheinlichkeitsverteilungen zu verdichten. Liegen bereits konkrete Parameter für eine Problemstellung vor, hat man bspw. bereits Erwartungswerte und Standardabweichungen von Gewinnen in einer Abrechnungsperiode, so können hier so genannte Vertrauensbereiche (Konfidenzniveaus) angeben werden, die die anstehenden Entscheidungen erleichtern. Dann wird die Annahme gemacht, dass die untersuchten Parameter einer (Standard)Normalverteilung folgen. Somit liegt es nahe, auf diese konkreten Entscheidungshilfen in Risikosituationen, nämlich den VaR in Verbindung mit vorgegebenen Parametern sowie im Anschluss auf die Monte-Carlo-Simulation näher einzugehen. Zunächst aber folgt die Volatilität.

Die Volatilität

Die Volatilität ist ein statistisches Risikomaß, mit dem die Abweichung von bereits berechneten Mittelwerten oder auch Erwartungswerten berechnet werden kann. Mathematisch folgt die Volatilitätskennziffer damit dem Konzept der Standardabweichung:

$$\sigma = \sqrt{\frac{1}{n} \cdot \sum_{i=1}^{n} (x_i - \mu)^2}$$

mit:

σ = Volatilität (Standardabweichung)
x_i = Beobachtungswerte
μ = Erwartungswert der Beobachtungen
n = Anzahl der Beobachtungen

Beispiel: Einem Unternehmen liegen bzgl. zweier Investitionsobjekte (I_i) folgende erwarteten Wertentwicklungen zum Jahresende (in Euro) vor.[66]

Jahr	1	2	3	4	5
I_1	248	264	296	312	280
I_2	164	196	180	212	208

Tabelle 3.68 Die Volatilität zur Risikobewertung I

Nun werden für die entsprechenden Jahre die Renditen (r_t) berechnet.

$$r_t = \frac{K_t - K_{t-1}}{K_{t-1}} \cdot 100$$

Mit K_i = Wert zum Zeitpunkt i ergeben sich für die Jahre 2 bis 5 die folgenden Renditen (in %):

Jahr	1	2	3	4	5
r_{I1}		6,5	12,1	5,4	−10,3
r_{I2}		19,5	−8,2	17,8	−1,9

Tabelle 3.69 Die Volatilität zur Risikobewertung II

Daraus leiten sich die Erwartungswerte der beiden Investitionsmöglichkeiten μ_{Ii} ab:

$$\mu_{I1} = \frac{1}{n} \cdot \sum_{i=1}^{n} x_i = \frac{(6{,}5 + 12{,}1 + 5{,}4 - 10{,}3)}{4} = 3{,}4$$

$$\mu_{I2} = \frac{1}{n} \cdot \sum_{i=1}^{n} x_i = \frac{(19{,}5 - 8{,}2 + 17{,}8 - 1{,}9)}{4} = 6{,}8$$

Zuletzt die Standardabweichungen und damit die Volatilitäten der beiden Investitionen:

$$\sigma_{I1} = \sqrt{\frac{1}{4}((6{,}5 - 3{,}4)^2 + (12{,}1 - 3{,}4)^2 + (5{,}4 - 3{,}4)^2 + (-10{,}3 - 3{,}4)^2)} = 8{,}3$$

$$\sigma_{I2} = \sqrt{\frac{1}{4}((19{,}5 - 6{,}8)^2 + (-8{,}2 - 6{,}8)^2 + (17{,}8 - 6{,}8)^2 + (-1{,}96 - 6{,}8)^2)} = 12{,}1$$

---

66 Das Beispiel beschränkt sich nicht zwingend auf die Investition in eine Aktie. Vgl. hier insbesondere Markowitz H., 2008, S. 8ff.

Bezogen auf das unternehmerische Risiko bedeutet dies, dass die zweite Investition (I_2) zwar gegenüber der ersten (I_1) die höhere erwartete Rendite (6,8 % gegenüber 3,4 %) besitzt, aber auch mit einer durchschnittlichen Abweichung von 12,1 % um diesen Erwartungswert gegenüber 8,3 % die deutlich höhere Volatilität aufweist und damit das deutlich höhere Risiko bedeutet.

Im Rahmen der risikospezifischen Verteilungsfunktionen im vorangegangenen Abschnitt habe ich Ihnen bereits die Standardnormalverteilung erklärt, die ja auch als die „Mutter" aller bedeutenden Verteilungsfunktionen beschrieben wird. Deshalb hat sie auch eine besondere Bedeutung im Bereich der Volatilität. Erinnern Sie sich noch? Durch die z-Transformation kann man bei gegebenem Erwartungswert µ und Standardabweichung σ für beliebige Werte x mit Hilfe der Standardnormalverteilungstabelle nahezu alle Eintrittswahrscheinlichkeiten bestimmen. Natürlich ist es genauso denkbar, durch Umformung von

$$z = \frac{x - \mu}{\sigma}$$

zu $x = \mu + z \cdot \sigma$ (für $z > 0$) und $x = \mu - z \cdot \sigma$ (für $z < 0$)

für vorzugebende z-Werte die Intervallgrenzen von x auszurechnen. Ich zeige nun als Einführung in Abbildung 3.35 das Konfidenzintervall des oben beschriebenen Investitionsobjektes I_1:

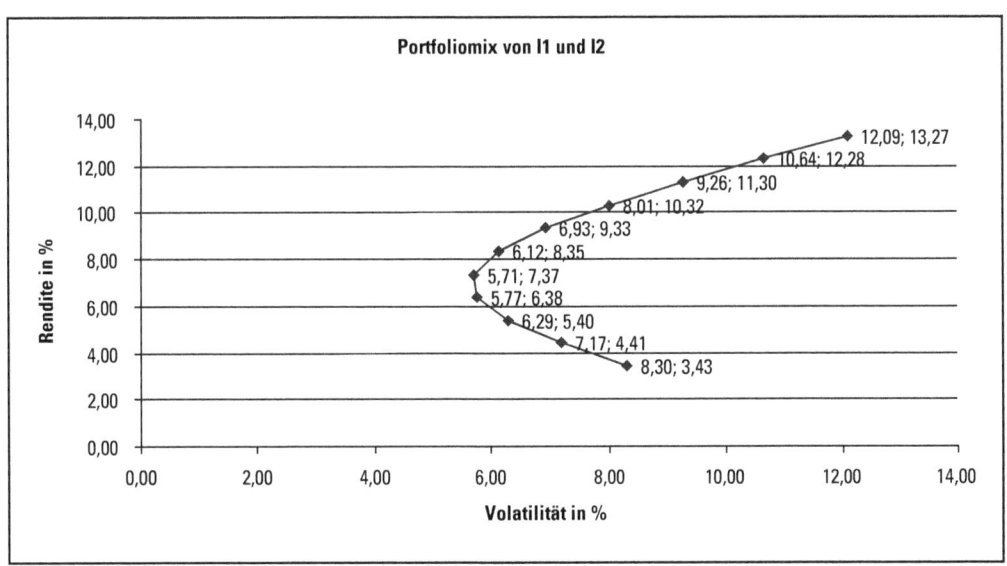

Abbildung 3.35   Konfidenzintervalle auf dem 95 % bzw. 99 %-Niveau

Die Verteilungsfunktion wird hier als Konfidenzintervall (Vertrauensbereich) umschrieben und zeigt, dass sich für das Investitionsobjekt I_1 mit dem Erwartungswert µ = 3,4 %, einer Standardabweichung von 8,3 % und einem mittleren 95 % (99 %)-Intervall die unteren und oberen Intervallgrenzen wie folgt bestimmen lassen:

Aus dem unterstellten mittleren 95 % (99 %) Intervall (= Vertrauensbereich oder Konfidenzintervall) leitet sich zunächst ein z-Wert von 1,96 (2,58) ab. Eingesetzt in die modifizierte z-Formel werden daraus dann die oberen und unteren Intervallgrenzen bestimmt.

x_1 = 3,4 % + 1,96 · 8,3 % = 19,67 % (obere 95 %-Intervallgrenze)

x_2 = 3,4 % - 1,96 · 8,3 % = -12,87 % (untere 95 %-Intervallgrenze)

x_3 = 3,4 % + 2,58 · 8,3 % = 24,81 % (obere 99 %-Intervallgrenze)

x_4 = 3,4 % - 2,58 · 8,3 % = -18,01 % (untere 99 %-Intervallgrenze)

Die Ergebnisse besagen, dass mit einer Wahrscheinlichkeit von 97,5 % (99,5 %) die Rendite nie geringer als -12,87 % (-18,01 %), aber auch mit der gleichen Wahrscheinlichkeit nicht höher als 19,67 % (24,81 %) sein wird. Mit diesen Werten haben wir die zentralen (mittleren) 95 % bzw. 99 % bestimmt, das Konfidenzintervall. Ein Konfidenzintervall kennzeichnet allgemein denjenigen Bereich eines Merkmals, in dem sich ein bestimmter Prozentsatz aller möglichen Werte befindet, die den empirisch ermittelten Stichprobenkennwert erzeugt haben könnten. I.d.R. wird das Konfidenzintervall dabei auf dem 95 % bzw. 99 % Niveau definiert.

Ähnliche Überlegungen kann man auch bezüglich des Investitionsobjekts I_2 sowie aller weiteren hier nicht angeführten Objekte anstellen.

Anhand des im nächsten Kapitel zu diskutierenden Value at Risk stellt man ganz ähnliche Überlegungen an, wobei dort allerdings nicht der mittlere Vertrauensbereich, sondern die unteren 5 % bzw. 1 % hinterfragt werden.

Exkurs: Berechnung von Volatilitäten aufgrund von unterjährigen Angaben[67]

Im obigen Beispiel wurde unterstellt, dass die Renditen (allgemein: das Merkmal) bereits auf Jahresbasis vorlagen. Ist dies der Fall, ist die Standardabweichung identisch mit der Volatilität. Häufig aber liegen in der Praxis Angaben zu unterjährigen Entwicklungen vor, die dann erst noch annualisiert, d.h. auf das Jahr hochgerechnet werden müssen. Diese Vorgehensweise ermöglicht dann den Vergleich von unterschiedlich terminierten Zeitreihen. Folgendes Beispiel möge den Sachverhalt verdeutlichen.

Ein Unternehmen hat für 10 aufeinander folgende Tage die Einkaufspreise notiert und möchte aufgrund der Informationen deren annualisierte Volatilität bestimmen:

Tag	1	2	3	4	5	6	7	8	9	10
Preis	33,34	32,91	33,18	33,54	33,20	33,75	34,01	34,42	34,54	34,71

Tabelle 3.70 Volatilitätsmessung aufgrund unterjähriger Daten I

Die Berechnung erfolgt in mehreren Schritten:

1. Schritt: Berechnung der täglichen Veränderungsrate (r_t):

$$r_t = \frac{K_t}{K_{t-1}} \quad \text{Bsp.:} \quad r_2 = \frac{K_2}{K_1} = \frac{33,18}{32,91} = 1,0082$$

[67] Vgl. hierzu Stiefl J., 2010, S. 83ff.

2. Schritt: Transformation in den natürlichen Logarithmus:
Dieser Schritt erfolgt, da logarithmierte Werte eher als einfache diskrete Werte als normalverteilt angesehen werden können,.

$$r_t \Rightarrow (\ln r_t) \cdot 100 \quad \text{Bsp.:} \quad \{\ln r_2 = (\ln 1{,}0082) = 0{,}817$$

Nachfolgend wird die gesamte Arbeitstabelle dargestellt und anhand dieser alle weiteren Schritte erläutert:[68]

Datum	EK-Preis	r_t	$\ln r_t \cdot (100)$	$(\ln r_t - \mu)^2$
02.01.2015	33,34			
03.01.2015	32,91	0,987	−1,298	3,047
04.01.2015	33,18	1,008	0,817	0,137
05.01.2015	33,54	1,011	1,079	0,399
06.01.2015	33,20	0,990	−1,019	2,150
07.01.2015	33,75	1,017	1,643	1,429
08.01.2015	34,01	1,008	0,767	0,102
09.01.2015	34,42	1,012	1,198	0,564
10.01.2015	34,54	1,003	0,348	0,010
11.01.2015	34,71	1,005	0,491	0,002
			4,026	7,840

Tabelle 3.71 Volatilitätsmessung aufgrund unterjähriger Daten II

Schritt: Bildung des Durchschnittswertes der logarithmierten Veränderungsraten µ:

$$\mu = \frac{1}{n} \cdot \sum_{i=1}^{n} \ln r_t$$

n obigem Beispiel ergibt sich dann:

$$\mu = \frac{1}{9} \cdot 4{,}026 = 0{,}447$$

4. Schritt: Berechnung der Varianz σ^2 und der Standardabweichung σ:
Die allgemeine Formel für die Varianz lautet:

$$\sigma^2 = \frac{1}{n} \cdot \sum_{i=1}^{n} (\ln r_t - \mu)^2$$

Im vorliegenden Fall wird der Wert der Varianz aus einer (kleinen) Stichprobe gezogen. Um einen so genannten erwartungstreuen Schätzwert für die Varianz der Grund-

---

68 Diverse Abweichungen bei der Rundung können natürlich immer auftreten.

gesamtheit zu erhalten, wird verlangt, die Summe der quadrierten Abweichung durch n−1 zu dividieren. Die Formel für die erwartungstreue Varianzschätzung lautet somit:

$$\sigma^2 = \frac{1}{n-1} \cdot \sum_{i=1}^{n} (\ln r_t - \mu)^2 \quad \text{Bsp.:} \quad \sigma^2 = \frac{1}{9-1} \cdot 7{,}84 = 0{,}98$$

Daraus ergibt sich die Standardabweichung:

$$\sigma = \sqrt{\sigma^2} = \sqrt{0{,}98} = 0{,}99$$

5. Schritt: Bildung der annualisierten Veränderungsrate (=Volatilität)
Die Berechnung der annualisierten Veränderungsrate erfolgt allgemein mit der Formel:

$$\sigma_{\text{ann}} = \sigma \cdot \sqrt{n}$$

wobei n im vorliegenden Fall das auf das Jahr bezogene Zeiteinteilungsintervall ist. Liegen Tageswerte vor, so unterstellt man n = 250 Arbeitstage, bei Wochenwerten ist n = 52, bei Monatswerten entsprechend n = 12 und bei Quartalswerten entspricht n = 4. Den annualisierten Jahreswert (σ_{ann}) erhält man also:

auf Basis von Tagesrenditen durch: $\quad \sigma_{\text{ann}} = \sigma \cdot \sqrt{250}$

auf Basis von Wochenrenditen durch: $\quad \sigma_{\text{ann}} = \sigma \cdot \sqrt{52}$

auf Basis von Monatsrenditen durch: $\quad \sigma_{\text{ann}} = \sigma \cdot \sqrt{12}$

auf Basis von Quartalsrenditen durch: $\quad \sigma_{\text{ann}} = \sigma \cdot \sqrt{4}$

In obigem Beispiel ergibt sich:

$$\sigma_{\text{ann}} = 0{,}99 \cdot \sqrt{250} = 15{,}653$$

Bezogen auf das Jahr wird folglich bei den Einkaufspreisen mit einer Volatilität in Höhe von 15,653 % gerechnet.

Der Value at Risk
Den Value at Risk (VaR) habe ich im letzten Kapitel bereits kurz beschrieben und möchte Ihnen diesen nun näher erklären. Der VaR („wahrscheinlicher Höchstschaden") ist definiert als Schadenshöhe, die in einem bestimmten Zeitraum mit einer festgelegten Wahrscheinlichkeit (Konfidenzniveau von z. B. 99 %) nicht überschritten wird. Zwar habe ich auch das Konfidenzintervall im letzten Kapitel beschrieben, möchte es aber nochmal erläutern. Ein Konfidenzintervall kennzeichnet allgemein denjenigen Bereich eines Merkmals, in dem sich 95 % oder 99 % aller möglichen Werte befinden, die den empirisch ermittelten Stichprobenkennwert erzeugt haben könnten.
Die Aussage des VaR lässt sich am besten anhand eines einfachen Beispiels verdeutlichen. Bei einem Risikohorizont von einem Jahr und einem vorgegebenen Konfidenzintervall von 95 % gibt die VaR-Ziffer den maximalen Wertverlust des Portfolios an. Das bedeutet im Umkehrschluss, dass nur mit einer fünfprozentigen Wahrscheinlichkeit dieser maximale Wertverlust überschritten wird. Diesen Zusammenhang zeigt Abbildung 3.36.

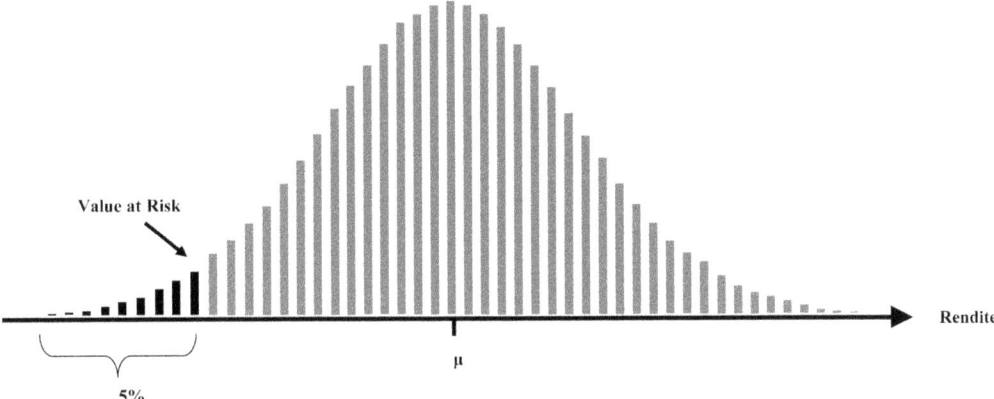

Abbildung 3.36 Der VaR

Sie zeigt den VaR und grenzt die unteren (oder ersten) 5 % einer Verteilungsfunktion ein. Nun möchte ich Ihnen ein hoffentlich verständliches Beispiel erklären.

Beispiel:
Anhand eines vorgegebenen Konfidenzintervalls auf dem 95 %-Niveau soll der VaR bestimmt werden. Es liegen die drei Gewinnsituationen G_i mit jeweils gleicher Eintrittswahrscheinlichkeit P vor. Die Gewinnwerte seien Mio. Euro.

P	10 %	20 %	40 %	20 %	10 %
G_1	−10	20	30	40	70
G_2	10	20	30	40	50
G_3	20	25	30	35	40

Tabelle 3.72 Der Value at Risk zur Risikobewertung

Für alle drei Gewinnsituationen erhält man den jeweils gleichen Erwartungswert $\mu_i = 30$:

$\mu_1 = -10 \cdot 0{,}1 + 20 \cdot 0{,}2 + 30 \cdot 0{,}4 + 40 \cdot 0{,}2 + 70 \cdot 0{,}1 = 30$

$\mu_2 = 10 \cdot 0{,}1 + 20 \cdot 0{,}2 + 30 \cdot 0{,}4 + 40 \cdot 0{,}2 + 50 \cdot 0{,}1 = 30$

$\mu_3 = 20 \cdot 0{,}1 + 25 \cdot 0{,}2 + 30 \cdot 0{,}4 + 35 \cdot 0{,}2 + 40 \cdot 0{,}1 = 30$

Die Varianzen σ^2_i und damit die Standardabweichungen σ_i unterscheiden sich jedoch voneinander. Es gilt:

$\sigma^2_1 = (-10 - 30)^2 \cdot 0{,}1 + (20 - 30)^2 \cdot 0{,}2 + (30 - 30)^2 \cdot 0{,}4 + (40 - 30)^2 \cdot 0{,}2$
$+ (70 - 30)^2 \cdot 0{,}1 = 360$

$\sigma^2_2 = (10 - 30)^2 \cdot 0{,}1 + (20 - 30)^2 \cdot 0{,}2 + (30 - 30)^2 \cdot 0{,}4 + (40 - 30)^2 \cdot 0{,}2$
$+ (50 - 30)^2 \cdot 0{,}1 = 120$

$\sigma^2_3 = (20 - 30)^2 \cdot 0{,}1 + (25 - 30)^2 \cdot 0{,}2 + (30 - 30)^2 \cdot 0{,}4 + (35 - 30)^2 \cdot 0{,}2$
$+ (40 - 30)^2 \cdot 0{,}1 = 30$

Daraus ergeben sich die Standardabweichungen:

$\sigma_1 = 18{,}97$ $\sigma_2 = 10{,}95$ $\sigma_3 = 5{,}48$

Aus dem vorgegebenen Konfidenzniveau in Höhe von 95 % folgt der z-Wert von −1,645.

Durch Umformung von

$$z = \frac{x - \mu}{\sigma} \quad \text{zu} \quad z \cdot \sigma + \mu = x$$

ergeben sich für die einzelnen Gewinnsituationen dann abschließend die kritischen VaR-Werte:

$x_1 = -1{,}645 \cdot 18{,}97 + 30 = -1{,}21$

$x_2 = -1{,}645 \cdot 10{,}95 + 30 = 11{,}99$

$x_3 = -1{,}645 \cdot 5{,}48 + 30 = 20{,}99$

D. h., mit einer Wahrscheinlichkeit von 95 % werden bei den Alternativen 1 bis 3 höchstens $x_1 = 1{,}21$ Verluste, bzw. bei x_2/x_3 mindestens 11,99/20,99 Gewinne realisiert. Ebenso kann man mit dem Verfahren der Standardnormalverteilung bspw. die Frage beantworten, mit welcher Wahrscheinlichkeit bei den Alternativen kein Gewinn erwirtschaftet wird, wann also die Situation $x \leq 0$ eintritt.
Setzt man $x = 0$ in die standardisierte Normalverteilungsformel ein, so ergeben sich dann die z_i-Werte und daraus abgeleitet die Wahrscheinlichkeiten p_i:

$z_1 = -1{,}58 \Rightarrow p_1 = 5{,}71\ \%$

$z_2 = -2{,}74 \Rightarrow p_2 = 0{,}31\ \%$

$z_1 = -5{,}47 \Rightarrow p_1 = 0\ \%$

Aus den Ergebnissen folgt unmittelbar, dass das Risiko entscheidend von der Höhe der Standardabweichung σ abhängig ist, d. h., je größer σ, desto höher das Risiko.

Die Kovarianz
In den letzten beiden Abschnitten ging es um die Erklärung der Volatilität und des VaR, wobei die Volatilität in einem Exkurs auch bei unterjährigen Angaben zur Sprache kam. In den nächsten beiden Abschnitten erkläre ich Ihnen den sogenannten Minimum-Varianz-Ansatz und die lineare Einfachregression. Vorher aber möchte ich Ihnen die Kovarianz erklären, denn meiner Meinung nach ist sie das Bindeglied.
Die Kovarianz beschreibt den Zusammenhang zwischen zwei unabhängigen Variablen y und x, ohne dabei allerdings die Stärke des Zusammenhangs zu konkretisieren.[69]
Dies Stärke oder Bedeutung des Zusammenhangs kann man auch bei der so genannten Korrelationsanalyse besprechen, was aber hier nicht erfolgt, da es weniger prägnant im

---

69   Natürlich hätte man die unabhängigen Variablen auch gegen a und b oder sonstige Parameter eintauschen können.

Bereich des Risikomanagements ist. Als Hinweis möchte ich Ihnen noch geben, dass später im Bereich der VWL die multiple Regression noch besprochen wird.
Aber betrachten wir zunächst die Kovarianz. Als Bestandteil der Volatilitätsmessung wird diese auch im Rahmen der Risikodiversifikation benötigt.

$$Kov_{xy} = \frac{1}{n} \cdot \sum_{i=1}^{n} (x_i - \mu_x) \cdot (y_i - \mu_y)$$

mit:
x_i = Merkmalsausprägung der x-Werte
μ_x = Erwartungswert der x-Werte
y_i = Merkmalsausprägung der y-Werte
μ_y = Erwartungswert der y-Werte

Aus der Formel für die Kovarianz wird ersichtlich, dass sie ein positives Vorzeichen hat, wenn die Merkmale der x und y-Werte gleichlaufend sind, d. h. entweder beide positive bzw. beide negative Werte aufweisen. Bei gegenläufigen Merkmalen besitzt die Kovarianz ein negatives Vorzeichen.

Beispiel 1: Beschreibt die Renditereihe des obigen Investitionsobjektes 1 (r_{I1}) die Merkmalsausprägung x_i und die Renditereihe des Investitionsobjektes 2 (r_{I2}) die Merkmalsausprägung y_i, so lässt sich die Kovarianz aus nachfolgender Tabelle ableiten:

6,5	19,5	3,1	12,7	38,4
12,1	–8,2	8,7	–15,0	–130,1
5,4	17,8	2,0	11,0	21,7
–10,3	–1,9	–13,7	–8,7	119,0
μ_x = 3,4	μ_y = 6,8			48,9

Tabelle 3.73 Die Konvarianz zur Risikobewertung I

$$Kov_{xy} = \frac{1}{4} \cdot 48,9 = 12,23$$

Es besteht zwischen den beiden Investitionsobjekten somit eine positive Beziehung, d. h. beide haben tendenziell ein gleichläufiges Verhalten. Steigt/fällt die Rendite des Investitionsobjektes 1, so steigt/fällt auch die Rendite des Investitionsobjektes 2.

Beispiel 2: Erneut wird das obige Investitionsobjekt 1 (r_{I1}) mit der Renditereihe, beschrieben als Merkmalsausprägung x_i zugrunde gelegt. Allerdings entwickelt sich das alternative Investitionsobjekt 2 (r_{I2}) mit der Renditereihe, beschrieben als Merkmalsausprägung y_i, diesmal anders als im Beispiel 1. Die Kovarianz, die sich wieder aus nachfolgender Tabelle ableiten lässt, ergibt dann:[70]

---

[70] Achtung: Bei (y_i-μ_y) und der daraus mit entwickelten Kovarianz können Rundungsfehler auftreten.

x_i [in %]	y_i [in %]	$x_i - \mu_x$	$y_i - \mu_y$	$(x_i - \mu_x) \cdot (y_i - \mu_y)$
6,5	30,4	3,1	17,1	53,01
12,1	-3,3	8,7	-16,6	-144,42
5,4	10,3	2,0	-3,0	-6,00
-10,3	15,6	-13,7	2,3	-31,51
$\mu_x = 3,4$	$\mu_y = 13,3$			-128,92

Tabelle 3.74 Die Konvarianz zur Risikobewertung II

$$Kov_{xy} = \frac{1}{4} \cdot -128,92 = -32,23$$

Entgegen des ersten Beispiels besteht zwischen den beiden Investitionsobjekten diesmal eine negative Beziehung, d.h. beide haben tendenziell ein gegenläufiges Verhalten. Steigt/fällt die Rendite des Investitionsobjektes 1, so fällt/steigt die Rendite des Investitionsobjektes 2. Diese Beziehung spielt bei dem nun folgenden Minimum-Varianz-Ansatz eine zentrale Rolle.

Der Minimum-Varianz-Ansatz[71]
Ich möchte Ihnen zunächst verbal erklären, was man unter dem Minimum-Varianz-Ansatz zu verstehen hat und damit auch das Ziel kurz vorstellen. In den vergangenen Abschnitten wurden die Rendite und die Volatilität bei einzelnen Investitionsobjekten berechnet, um zumindest schon einmal im Ansatz die Risiken zu berechnen, vielleicht auch schon zu minimieren. Genau diesen Gedanken greift der Minimum-Varianz-Ansatz auf, dessen Ziel darin besteht, ein Gesamtportfolio aus verschiedenen Einzelobjekten zu bilden, das die Gesamtvolatilität und damit das Gesamtrisiko minimiert. Anzumerken ist schon jetzt, dass dies natürlich grundsätzlich die beliebige Teilbarkeit der Investitionsobjekte voraussetzt. Nun soll der Minimum-Varianz-Ansatz anhand des zweiten Beispiels im letzten Abschnitt erklärt werden. Dort wurden zwei Investitionsobjekte 1 und 2 zugrunde gelegt.

Man betrachtet beim Minimum-Varianz-Ansatz die (erwartete) Gesamtrendite des Portfolios $\mu_{Portfolio}$ sowie dessen Gesamtvolatilität $\sigma_{Portfolio}$. Diese werden durch folgende Formeln beschrieben:

$$\mu_{Portfolio} = (\mu_x \cdot \lambda_x) + (\mu_y \cdot \lambda_y)$$

$$\sigma_{Portfolio} = \sqrt{(\sigma_x^2 \cdot \lambda_x^2) + (\sigma_y^2 \cdot \lambda_y^2) + (2 \cdot Kov_{xy} \cdot \lambda_x \cdot \lambda_y)}$$

Neben den bereits bekannten Erwartungswerten μ_i und Varianzen σ_i^2 ist also die im letzten Abschnitt diskutierte Kovarianz ($Kov_{x,y}$) ein Bestandteil des Gesamtrisikoportfolios. λ_i sind die Anteile der beiden Investitionsobjekte x und y.

---
71 Vgl. hierzu Stiefl J., 2010, S. 90-92.

Ergänzung des 2. Beispiels im letzten Abschnitt: Für die beiden Investitionsobjekte erhalten wir - in 10 %-igen Anteilsschritten - eine Minimierung des Risikoportfolios bei einem Mischungsverhältnis von 60 - 40 zugunsten des Investitionsobjektes 1. Zur Erinnerung hier die Einzelwerte:[72] $\mu_x = 3{,}43$; $\mu_y = 13{,}27$; $\sigma_x = 8{,}30$; $\sigma_y = 12{,}09$; Kov = –32,23.

	\multicolumn{11}{c	}{Mischungsverhältnisse in %}
	0	10	20	30	40	50	60	70	80	90	100
	100	90	80	70	60	50	40	30	20	10	0
Rendite	13,27	12,28	11,30	10,32	9,33	8,35	7,37	6,38	5,40	4,41	3,43
σ Portfolio	12,09	10,64	9,26	8,01	6,93	6,12	**5,71**	5,77	6,29	7,17	8,30

Tabelle 3.75 Der Minimum-Varianzansatz zur Risikobewertung

Abbildung 3.37 enthält neben dem risikominimierenden Mischungsverhältnis von 60 zu 40 zugunsten von Investitionsobjekt 1 (x) noch andere Informationen. Je größer der Portfolioanteil von I_1 ist, desto niedriger wird die Gesamtrendite. Ausgehend von einem Portfolio, das ausschließlich aus I_2 (y) besteht, erkauft man sich also durch die Beimischung von I_1 die Reduzierung des Risikos durch eine sinkende Rendite. Weitere Informationen erhält man anhand der graphischen Aufbereitung der Rendite/Risikokombinationen.

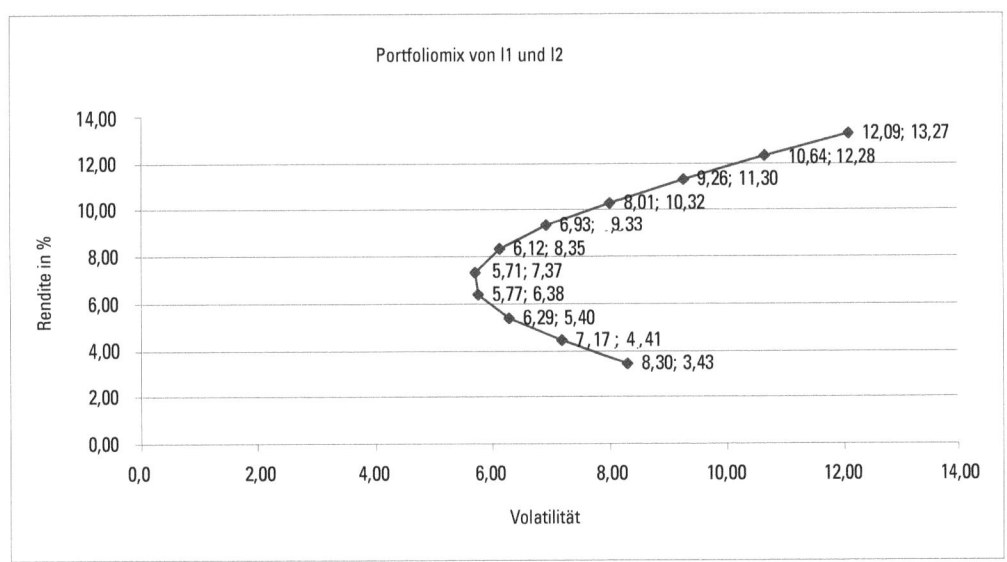

Abbildung 3.37 Der Portfoliomix

Offensichtlich existiert ein Bereich, der aus wirtschaftlichen Überlegungen heraus irrelevant ist. Ausgehend von der Portfoliozusammensetzung 60 zu 40, die zu einer Rendite-Volatilitätskombination von 7,37 %/5,71 % führt, sind alle Bereiche unterhalb ineffi-

---

72 Die Berechnungen wurden auf zwei Nachkommastellen gerundet.

zient, da hier trotz wieder ansteigender Volatilität - also des Risikos - die Gesamtrendite abnimmt.
Lediglich Punkte oberhalb der Kombination 60 zu 40 kommen als Portfoliozusammensetzungsmöglichkeiten überhaupt in Frage. Der „risikoeffiziente" Bereich wird also durch den positiven Ast der obigen Kurve beschrieben. Die Mengenkombination von 60 zu 40 mit der entsprechend niedrigsten Volatilität beschreibt somit den Punkt, bei dem die Varianz das Minimum aufweist. Sie ist jetzt für den Entscheidungsträger der Ausgangspunkt für alle weiteren wirtschaftlichen Überlegungen. So kann man bspw. durch Reduktion/Erhöhung des I_1/I_2-Anteils die Renditeerwartung erhöhen, was aber dann sukzessive mit einem ansteigenden Risiko erkauft wird.
Sie haben bestimmt gemerkt, dass sich mit der Kovarianz und der Volatilität zwei Instrumente wie ein Puzzle zusammensetzen. Sie haben somit wesentliche Instrumente der Risikobewertung kennengelernt. Es folgt in den nächsten beiden Abschnitten noch die (einfache) Regression, die oftmals in den Wirtschaftswissenschaften als Prognoserechnung eingesetzt wird. Ebenso werde ich Ihnen noch die Monte-Carlo-Simulation erklären, die zum Beispiel den oben beschriebenen Value at Risk dynamisiert, da der VaR „nur" statisch unternehmerische Risiken beschreibt.

Die Regressionsanalyse
Es gibt verschiedene Arten der Regressionsanalyse.

- Die **einfache** (lineare) **Regression** unterstellt zwischen jeweils einer abhängigen und unabhängigen Variablen einen linearen Zusammenhang.
- Die **multiple** (lineare) **Regression** unterstellt zwischen einer/mehreren abhängigen und **einigen** unabhängigen Variablen einen linearen Zusammenhang.
- Die **quasilineare Regression** führt eine nichtlineare Beziehung zwischen abhängiger und unabhängiger Variablen durch eine geeignete Transformation wieder in eine lineare Form zurück.
- Bei der **nichtlinearen Regression** geht man davon aus, dass es auch durch Transformation nicht möglich ist, die Beziehung zwischen abhängiger und unabhängiger Variablen zu linearisieren und benutzt deshalb im Vergleich zu den ersten drei Verfahren einen modifizierten Ansatz.

Im Folgenden wird näher auf die **einfache lineare Regression** eingegangen, denn sie soll im Anschluss zur Prognose von Daten benutzt werden. Später werde ich Ihnen dann im Rahmen der **Makroökonomie** auch die **multiple Regression** erklären!
Die lineare Einfachregression:

- beschreibt den Zusammenhang zwischen zwei quantitativen Variablen, bei der die eine Variable die Ursache (Einflussgröße x, unabhängige oder exogene Größe) und die andere Variable die Wirkung (Zielgröße y, abhängige oder endogene Größe) ist.
- Sie wird manchmal auch als Hilfskonstruktion zur Beurteilung von Korrelationen verwendet. Während die Korrelation jedoch die Stärke des Zusammenhangs zwischen zwei Variablen untersucht, untersucht die Regressionsanalyse, ob es überhaupt einen (positiven oder negativen) Zusammenhang zwischen den beiden Variablen gibt.

Mit der gefundenen Regressionsgeraden kann man im Anschluss Schätzungen (Prognosen) für die Zielgröße y vornehmen.

Bei der Regressionsansatz wird die „Gleichung der besten Geraden" aufgestellt. Man spricht auch von der **Methode der kleinsten Quadrate,** weil die Abstände der Messwerte von der Geraden in y-Richtung minimiert werden:

$$\hat{y}_i = b_1 + b_2 \cdot x_i \quad \text{Als Kriterium gilt}: \quad \sum_{i=1}^{n} (y_i - \hat{y}_i)^2 \rightarrow \text{Minimum}$$

Der y_i-Wert ist die abhängige Variable und wird durch die Konstante b_1 und das Steigungsmaß b_2 der unabhängigen Variablen x_i erklärt.

b_1 und b_2 werden bei der Regressionsanalyse so bestimmt, dass die Summe der quadrierten Abweichungen zwischen den Schätzwerten $\hat{y}_i$ und den Messwerten y_i über alle n Messwerte so klein wie möglich ist.

Aus der Minimum-Bedingung können folgende Berechnungsformeln für b_1 und b_2 abgeleitet werden:

$$b_2 = \frac{\sum_{i=1}^{n} (x_i - \bar{x}) \cdot (y_i - \bar{y})}{\sum_{i=1}^{n} (x_i - \bar{x})^2} = \frac{Q_{xy}}{Q_{xx}}$$

$$b_1 = \bar{y} - b_2 \cdot \bar{x}$$

Folgendes **Beispiel** beschreibt diesen Sachverhalt. In einer Untersuchung wurde der Zusammenhang zwischen der Eigenkapitalquote und dem Jahresgewinn von Unternehmen untersucht. Zu fragen ist hier, ob die Eigenkapitalquote möglicherweise vom Gewinn abhängig ist (d.h. hohe Gewinne führen im Zuge der möglichen Gewinnthesaurierung zu hohen Eigenkapitalquoten, während niedrige Gewinne bzw. Verluste die Eigenkapitalquote kleiner werden lassen bzw. sogar aufzehren). Unterstellt wird der funktionale lineare Zusammenhang:

$$\text{Eigenkapitalquote} = f\,(\underset{+}{\text{Gewinn}})$$

Die Eigenkapitalquote (EKQ) wird als Funktion des Gewinnes (G) betrachtet, wobei man eine positive Beziehung (hier ausgedrückt durch das Pluszeichen) annimmt, und anhand von 10 Unternehmen untersucht:

$G(x_i)$ [Tsd. Euro]	$EKQ(y_i)$ [in %]	$x_i - \bar{x}$	$y_i - \bar{y}$	$(x_i-\bar{x})\cdot(y_i-\bar{y})$	$(x_i-\bar{x})^2$	$(y_i-\bar{y})^2$
100	7	−500	−18	9.000	250.000	324
70	9	−530	−16	8.480	280.900	256
240	10	−360	−15	5.400	129.600	225
310	15	−290	−10	2.900	84.100	100
500	18	−100	−7	700	10.000	49
420	24	−180	−1	180	32.400	1
745	27	145	2	290	21.025	4
1.210	32	610	7	4.270	372.100	49
1.081	51	481	26	12.506	231.361	676
1.324	57	724	32	23.168	524.176	1.024
$\bar{x} = 600$	$\bar{y} = 25$			$Q_{xy} = 66.894$	$Q_{xx} = 1.935.662$	$Q_{yy} = 2.708$

Tabelle 3.76 Die Regressionsanalyse zur Risikobewertung

$$b_2 = \frac{Q_{xy}}{Q_{xx}} = \frac{66.894}{1.935.662} = 0{,}035$$

$$b_1 = \bar{y} - b_2 \cdot \bar{x} = 25 - 0{,}035 \cdot 600 = 4$$

Die Regressionsgerade lautet somit $\hat{y} = 4 + 0{,}035 \cdot x$

Diese kann nun zur **Prognose** herangezogen werden. Bspw. kann man die Eigenkapitalquote bei einem Gewinn von 700 Tsd. Euro schätzen, indem der Gewinn in die Funktion eingesetzt wird:

$$\hat{y} = 4 + 0{,}035 \cdot 700 = 28{,}5$$

Die prognostizierte Eigenkapitalquote bei einem unterstellten Gewinn von 700 Tsd. Euro liegt folglich bei 28,5 %. Übrigens besteht eine Gemeinsamkeit zwischen der Regression und der Korrelation. Diese soll zwar hier nicht näher beschrieben werden, ergibt aber einen Wert von 0,924, was auf eine sehr große Beziehung zwischen der Eigenkapitalquote und dem Gewinn hindeutet. Beide korrelieren also positiv miteinander.[73]

Wichtige Zusatzinformation zur Regression:
An dieser Stelle möchte ich Ihnen eine wichtige Komponente erklären, die die Güte und die Sinnhaftigkeit des Regressionsansatzes überprüft. Diese ist das **Bestimmtheitsmaß** (B).

---

[73] Wenn Sie die Korrelation näher verfolgen möchten, empfehle ich Ihnen mein Buch der Wirtschaftsstatistik. Vgl. Stiefl J., 2011, S. 41ff.

Das Bestimmtheitsmaß gibt den Anteil der Summe der quadrierten Abweichungen Q_{yy} der y-Werte an, der durch die Regression erklärt wird und liefert damit eine Aussage über die Güte der Regression. B lässt sich im Rahmen der linearen Einfachregression auf zwei Arten berechnen, wobei zunächst die vom Rechenaufwand etwas einfachere Methode erläutert wird. Danach ergibt sich das Bestimmtheitsmaß aus:

$$B = \frac{Q_{xy}^2}{Q_{xx} \cdot Q_{yy}} = r^2$$

Es ist ein normiertes Maß, denn es gilt immer $0 \leq B \leq 1$.
Aus obigem Beispiel ergibt sich:

$$B = \frac{Q_{xy}^2}{Q_{xx} \cdot Q_{yy}} = \frac{66.894^2}{1.935.662 \cdot 2.708} = 0,85$$

Die Interpretation dieses Wertes lautet: 85 % der Entwicklung der Eigenkapitalquote lassen sich auf die Entwicklung des Gewinnes zurückführen. Die übrigen 15 % gehen auf andere Faktoren zurück, die nicht im linearen Regressionsansatz enthalten sind. Damit können wir beim Beispiel von einer hohen Güte und damit von einem sinnvoll gewählten Regressionsansatz ausgehen. Als Faustformel kann festgehalten werden, dass im Rahmen der Regressionsanalyse $B \geq 80$ % gefordert wird.[74]

Die Monte-Carlo-Simulation
Dieses Verfahren schließt nun die Behandlung der speziellen Instrumente der Risikobewertung ab und ist, wie bereits oben beschrieben, die Erweiterung des Value at Risk. Bei einer Monte-Carlo-Simulation werden durch Zufallszahlen stochastische Stichproben erzeugt, wodurch die unbekannten Parameter, mit denen die Risiken beschrieben werden, bestimmbar sind. Die Monte-Carlo Simulation soll anhand einer Risikoanalyse auf Basis des Return on Investment (ROI) erklärt werden.[75]

Beispiel: Die Unternehmensführung einer Gesellschaft möchte anhand einer ROI-Studie beurteilen, wie hoch die Wahrscheinlichkeit dafür ist, dass eine Investion einen negativen ROI liefert, was den Fortbestand des Unternehmens in Frage stellen würde. Um die Frage beantworten zu können, muss zunächst einmal das entsprechende Modell formuliert werden. Der ROI wird bestimmt durch:

$$ROI = \frac{(p-k) \cdot x - K_F}{I}$$

mit: ROI = Rentabilität in % pro Jahr (Return on Investment)

I = Investitionssumme in Euro
p = Verkaufserlös in Euro/Mengeneinheit
k = variable Kosten in Euro/Mengeneinheit

---

[74] Wenn Untersuchungen zu deutlich geringeren Werten kommen, hilft häufig auch die multiple Regression. Hier nimmt man ggfs. weitere Einflussgrößen x_i auf. Alternativ können aber auch im Bereich der Statistischen Schätztheorie die Konfidenzintervalle für die Regressionskoeffizienten bestimmt werden. Vgl. Stiefl J., 2011, S. 150ff.
[75] Vgl. hierzu Stiefl J., 2010, S. 117ff.

x = produzierte und abgesetzte Menge pro Jahr
K_F = beschäftigungsunabhängige (fixe) Kosten pro Jahr

Die Investitionssumme I sei mit 900.000,- Euro veranschlagt.
Dann werden mittels Expertenbefragung die voneinander stochastisch unabhängigen unbekannten Parameter geschätzt, nämlich die Werte für die Absatzmenge, den Absatzpreis, die variablen Kosten und die Fixkosten. Den unbekannten Parametern werden durch die Experten folgende Wahrscheinlichkeitsverteilungen und über die Vergabe der Wahrscheinlichkeiten die Zufallszahlen zugeordnet.

Absatzmenge (x) in Tsd. Mengeneinheiten/Jahr[76]						
	70	80	90	100	110	120
Wahrsch. in %	5,0	12,5	22,5	25,0	22,5	12,5
Zufallszahlen	001-050	051-175	176-400	401-650	651-875	876-000
Absatzpreis (p) in Euro/Mengeneinheit						
	14,70	14,85	15,00	15,15	15,30	15,45
Wahrsch. in %	7,5	22,5	30,0	22,5	12,5	5,0
Zufallszahlen	001-075	076-300	301-600	601-825	826-950	951-000
Variable Kosten (k) in Euro/Mengeneinheit						
	10,50	10,60	10,70	10,80	10,90	
Wahrsch. in %	10,0	22,5	40,0	17,5	10,0	
Zufallszahlen	001-100	101-325	326-725	726-900	901-000	
Fixe Kosten (K_F) in TEUR/Jahr						
	260	270	280	290	300	
Wahrsch. in %	10,0	27,5	30,0	17,5	15,0	
Zufallszahlen	001-100	101-375	376-675	676-850	851-000	

Tabelle 3.77 Die Monte-Carlo-Simulation zur Risikobewertung I

Im Anschluss werden mit vier stochastisch unabhängigen Ziehungen dreistellige Zufallszahlen gezogen, wobei jede Zufallszahl mit der Wahrscheinlichkeit 0,1 % auftritt. Die erste Zufallszahl wird der Absatzmenge, die zweite dem Absatzpreis, die dritte den variablen Kosten und die vierte den Fixkosten zugeordnet. Mit Hilfe der vorgenommenen Normierung (001-000) kann jeder Zufallszahl dann der dazugehörige Schätzwert zugeordnet werden. Dabei stellt die Normierung sicher, dass die Schätzwerte aufgrund der Expertenangaben mit der „richtigen" Wahrscheinlichkeit auftreten.

[76] Die Wahrscheinlichkeit für eine Absatzmenge von 70 Tsd. wurde also von den Experten mit 5% beziffert, demzufolge erhält die Absatzmenge von 1.000 zu vergebenden Zufallszahlen genau 5% und damit die Zufallszahlen 001 bis 050 usw.

Es werden bspw. die vier dreistelligen Zufallszahlen gezogen:

Zufallszahl 1: 802 → x = 110.000 ME/Jahr
Zufallszahl 2: 432 → p = 15,- Euro/ME
Zufallszahl 3: 220 → k = 10,60 Euro/ME
Zufallszahl 4: 903 → K_F = 300.000 Euro/Jahr

Daraus ergibt sich dann ein ROI von 20,44 %/Jahr.

Dieser Prozess wird nun so lange wiederholt, bis eine aussagefähige Verteilung des ROI zustande gekommen ist (mit einem leistungsfähigen Softwareprogramm sind mehrere tausend Iterationen innerhalb weniger Minuten möglich).

Nachdem der Simulationslauf abgeschlossen ist, erhält man die zugehörige Wahrscheinlichkeitsverteilung:

ROI in %/Jahr	Absolute Häufigkeit	Wahrscheinlichkeit	Kumulierte Wahrscheinlichkeit
43 > ROI ≥ 30	22	2,20	2,20
30 > ROI ≥ 21	224	22,40	24,60
21 > ROI ≥ 9	551	55,10	79,70
9 > ROI ≥ 0	135	13,50	93,20
0 > ROI	68	6,80	100,00
Summe	1.000	100,00	

Tabelle 3.78 Die Monte-Carlo-Simulation zur Risikobewertung II

Aus dieser Wahrscheinlichkeitsverteilung ergibt sich jetzt für die Firmenleitung die Schlussfolgerung, dass mit einer Eintrittswahrscheinlichkeit von 6,8 % der ROI negativ sein wird. Demzufolge müssen sich jetzt die Verantwortlichen überlegen, ob dieses Risiko akzeptabel ist, oder ob geeignete Anpassungsmechanismen eingeleitet werden müssen, um die Wahrscheinlichkeit und damit das Risiko zu reduzieren. Ebenso kann man anhand der obigen Tabelle durch eine weitere Feinspezifikation VaRs ermitteln, bspw., indem man nach der maximalen negativen ROI bei einer Eintrittswahrscheinlichkeit von 5 % fragt. Dieser würde hier vielleicht bei -8 % liegen.

3.4.2.5 Ökonomische Anwendungen

Die nun folgenden ökonomischen Anwendungen beziehen sich auf Risikovarianten.

Beispiel 1: Ein Stanzformhersteller hat aufgrund seiner Erfahrungswerte bezüglich Gewinnsituation und Eintrittswahrscheinlichkeit folgende Angaben gemacht:

Gewinn in TEuro	Wahrscheinlichkeit in %
−10	10
10	20
30	40
50	20
70	10

a) Wie hoch ist für den Unternehmer das Risiko eines Verlustes?
b) Wie lautet der Value at Risk auf dem 5 %-Niveau?

Lösung:
Zu a) Aus den Angaben des Unternehmers und der Annahme, dass die Gewinnsituation einer Standardnormalverteilung mit

$Z = \dfrac{X - \mu}{\sigma}$ folgt, werden zunächst der Erwartungswert μ und die daraus resultierende Standardabweichung σ bestimmt.

Erwartungswert: $\mu = -10 \cdot 0{,}1 + 10 \cdot 0{,}2 + 30 \cdot 0{,}4 + 50 \cdot 0{,}2 + 70 \cdot 0{,}1$
$= 30$ TEuro

Varianz: $\sigma^2 = 0{,}1 \cdot (-10 - 30)^2 + 0{,}2 \cdot (10 - 30)^2 + 0{,}4 \cdot (30 - 30)^2$
$+ 0{,}2 \cdot (50 - 30)^2 + 0{,}1 \cdot (70 - 30)^2 = 480$ TEuro

Standardabweichung: $\sigma = \sqrt{480} = 21{,}91$

Verlust bedeutet X < 0. Daraus folgt:

$$Z = \dfrac{0 - 30}{21{,}91} = -1{,}37$$

P = 8,53 % = Wahrscheinlichkeit, dass das Unternehmen Verluste produziert[77]

Zu b) Die Formel der Standardnormalverteilung

$$Z = \dfrac{X - \mu}{\sigma}$$

aufgelöst nach X ergibt:

$X = Z \cdot \sigma + \mu$

Der Z-Wert bei 5 % VaR beträgt -1,645. Da μ = 30 und σ = 21,91 sind, ist der daraus resultierende VaR

X = -6,04 TEuro

D. h. mit einer Wahrscheinlichkeit von 5 % beträgt der erwartete Verlust mindestens 6,04 TEuro, mit der Wahrscheinlichkeit von 95 % wird also ein Verlust von 6,04 TEuro nicht übertroffen!

---

[77] Sollten Sie mit der Standardnormalverteilung noch niemals gearbeitet haben, lesen Sie bitte den Abschnitt dieses Buches und schlagen die Wahrscheinlichkeit P=8,53% anhand der angefügten „Tabelle der Standardnormalverteilung" nach.

Beispiel 2 (Portfolio Selection Theory): Ein Unternehmen hat folgende Aktienentwicklung (in Euro):

Jahr	2011	2012	2013	2014
Kurs 01.01	89	94	101	106
Kurs 31.12	94	101	106	102

Es sollen die jährliche Renditen sowie die allgemeine Volatilität, sowie diejenige auf Basis von Tages-, Wochen- und Monatsrenditen bestimmt werden.

Lösung:
Um die Rendite, sowie die verschiedenen Volatilitäten berechnen zu können, wird folgende Tabelle erstellt:[78]

Jahr	2011	2012	2013	2014
Kurs 01.01	89	94	101	106
Kurs 31.12	94	101	106	102
Rendite (r) in %	5,62	7,45	4,95	−3,77

Es ergeben sich:

Rendite des Jahres 2011: $r_{2011} = \left(\dfrac{94}{89} - 1\right) \cdot 100 = 5{,}62\,\%$

Erwartungswert: $\mu = (5{,}62 + 7{,}45 + 4{,}95 - 3{,}77)/4 = 3{,}56\,\%$

Varianz: $\sigma^2 = \dfrac{1}{4} \cdot (5{,}62 - 3{,}56)^2 + (7{,}56 - 3{,}56)^2 + (4{,}95 - 3{,}56)^2$
$+ (-3{,}77 - 3{,}56)^2 = 18{,}97$

Standardabweichung: $\sigma = \sqrt{18{,}97} = 4{,}36$

Die allgemeine Volatilität, verstanden als durchschnittliche Abweichung vom Erwartungswert (3,56 %), beträgt also 4,36 %.[79]
Den annualisierten Jahreswert (σ_{ann}) erhält man auf Basis von Tagesrenditen durch:

$\sigma_{ann} = \sigma \cdot \sqrt{250} = 4{,}36 \cdot \sqrt{250} = 68{,}94\,\%$

auf Basis von Wochenrenditen durch: $\sigma_{ann} = \sigma \cdot \sqrt{52} = 4{,}36 \cdot \sqrt{52} = 31{,}44\,\%$

auf Basis von Monatsrenditen durch: $\sigma_{ann} = \sigma \cdot \sqrt{12} = 4{,}36 \cdot \sqrt{12} = 15{,}10\,\%$

---

[78] Die Werte sind teilweise gerundet.
[79] Siehe Fallstudie 31, 32 und 33.

4 Grundlagen der Volkswirtschaftslehre

4.1 Aus was besteht die Volkswirtschaftslehre?

Ähnlich wie im Kapitel über die BWL beschrieben, ist auch die Beantwortung der Frage, was man genau unter der VWL versteht, nicht eindeutig mit wenigen Worten zu erklären. Gelegentlich wird es als theoretische Wissenschaft, als sozialer Rahmen von Staat und Wirtschaft oder auch als Wirtschaftspolitik in Kombination mit Innen- und Außenwirtschaftstheorie beschrieben. In diesem Buch kombiniere ich die VWL teilweise mit den bereits beschriebenen betriebswirtschaftlichen Modellen der Wirtschaftsmathematik. Dazu eignet sich die Mikro- und Makroökonomie.

Der Abschnitt über die **Mikroökonomie** beschreibt dabei die **Preistheorie**, die ja der bereits erläuterten betriebswirtschaftlichen Kostentheorie und damit den Kostenfunktionen sehr nahe kommt. Die **Produktionstheorie** befasst sich im Bereich der Mikroökonomie mit dem Angebot der Unternehmen und läuft somit parallel zu den bereits erklärten betriebswirtschaftlichen Bereichen Produktion und Absatz. Die Mikroökonomie beschreibt die **Haushaltstheorie**, geht also auf die Nachfrage der Haushalte ein, was im Bereich der BWL unter dem Vertrieb subsumiert werden kann.

Die **Makroökonomie** erweitert die Mikroökonomie und beschreibt ein Unternehmen, Haushalte oder einen Staat etwas globaler. Deshalb wir die Mikroökonomie häufig mit einzelwirtschaftlichen Vorgängen und die Makroökonomie mit gesamtwirtschaftlichen Vorgängen beschrieben. In einzelnen Abschnitten des vorangegangenen Kapitels wurden verschiedene ökonomische Funktionen, auch die lineare Regressionsanalyse, bereits erklärt und können im Bereich der Makroökonomie um die Spieltheorie ergänzt werden. [80]

4.2 Mikroökonomie

In der Mikroökonomie werden die bereits erklärten Eigenschaften ökonomischer Funktionen erweitert und ergänzt. Beschrieben und erklärt werden nun Elastizitäten ökonomischer Funktionen.[81] Dann schließt sich die Integralrechnung an, gewissermaßen als Gegenstück zur Differentialrechnung.

---

[80] Mein Promotionsthema lautete: Inflation und Stabilisierung lateinamerikanischer Schwellenländer – Eine makroökonomische Analyse für Argentinien (1970–1991). Diese Arbeit beinhaltete z. B. die zweistufige KQ-Methode als Erweiterung der linearen Regression sowie spieltheoretische Modelle. Vgl. Stiefl J., 1993, S. 63ff.

[81] Wie bereits in der Einführung dieses Buches beschrieben, können diverse Elastizitätskoeffizienten auch in fast allen Bereichen der BWL berechnet werden. So z.B. im Bereich der Kostenrechnung, des Absatzes oder des Marketings.

4.2.1 Elastizitäten ökonomischer Funktionen

4.2.1.1 Grundlagen

Eine Elastizität beschreibt die ökonomische Beziehung zweier Größen und gibt die relative Veränderung der abhängigen Größe (y) an, die durch eine relative Veränderung der unabhängigen Größe (x) hervorgerufen wird. Im Zähler der folgenden Formel steht immer die relative Änderung der abhängigen Größe, im Nenner die der unabhängigen Größe.

$$\text{Allgemeine Formel der Elastizität:} \quad \eta = \frac{\frac{\Delta y}{y}}{\frac{\Delta x}{x}} = \frac{\Delta y}{y} : \frac{\Delta x}{x} = \frac{\Delta y}{y} \cdot \frac{x}{\Delta x} = \frac{\Delta y}{\Delta x} \cdot \frac{x}{y}$$

Im ökonomischen Sprachgebrauch gibt es eine Reihe von Besonderheiten, die vorgestellt werden sollen:

$\eta > 1$	y ist elastisch bezüglich x (die relative Veränderung der abhängigen Variablen y ist größer als die relative Veränderung der unabhängigen Variablen x)
$\eta < 1$	y ist unelastisch bezüglich x (die relative Veränderung der abhängigen Variablen y ist kleiner als die relative Veränderung der unabhängigen Variablen x)
$\eta = 0$	y ist bezüglich x vollkommen unelastisch (bei Veränderung von x reagiert y überhaupt nicht)
$\eta = \infty$	y ist bezüglich x vollkommen elastisch (bei Veränderung von x reagiert y über alle Grenzen)
$\eta = 1$	y und x verändern sich proportional zueinander

Tabelle 4.1 Grundlagen der Elastizitätsanalyse

Dabei gibt es eine Vielzahl von Elastizitätsbegriffen, von denen nun „spezielle" Elastizitäten beschrieben werden:

- **Preiselastizität der Nachfrage:** Wie verändert sich das Nachfrageverhalten, wenn sich der Preis (um eine infinitesimale Einheit) verändert?[82]
- **Einkommenselastizität des Konsums:** Wie verändert sich der Konsum, wenn sich das Einkommen verändert?
- **Zinselastizität des Sparens:** Wie verändert sich das Sparverhalten, wenn sich der Zinssatz ändert?

Abbildung 4.1 zeigt alle möglichen Ausprägungen der oben erläuterten Elastizität.
Beispiel: Der Zusammenhang zwischen dem Preis p eines Gutes und der nachgefragten Menge x sei durch die Funktion

$$x = \frac{5}{p+1} - p + 3$$

beschrieben, wobei 0 < p ≤ 4 sei.

---

[82] Als „infinitesimale Einheit" beschreibt man in der VWL oder der Wirtschaftsmathematik eine sehr kleine Einheit.

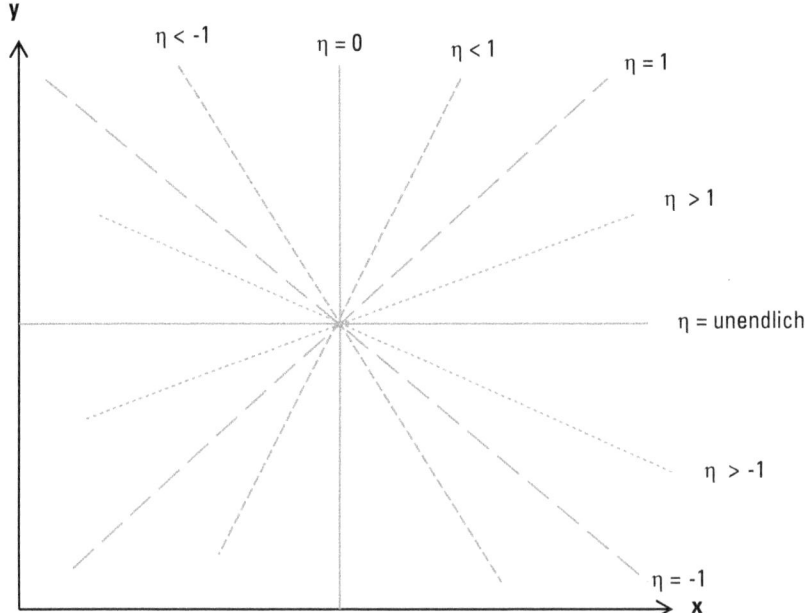

Abbildung 4.1 Mögliche Elastizitäten der Volks- und Betriebswirtschaft

Gesucht ist die Preiselastizität der Nachfrage bei einem Preis von $p_1 = 3$.

1. Schritt: Definition der Preiselastizität der Nachfrage

$$\text{Preiselastizität} \quad \eta = \frac{\frac{\Delta x}{x}}{\frac{\Delta p}{p}} = \frac{\Delta x}{x} : \frac{\Delta p}{p} = \frac{\Delta x}{x} \cdot \frac{p}{\Delta p} = \frac{\Delta x}{\Delta p} \cdot \frac{p}{x} = \frac{dx}{dp} \cdot \frac{p}{x}$$

2. Schritt: Ermittlung der 1. Ableitung (dx/dp) der Funktion[83]

$$x = \frac{5}{p+1} - p + 3$$

$$\frac{dx}{dp} = x' = -\frac{5}{(p+1)^2} - 1$$

Schritt: Darstellung der Gleichung zur Berechnung der Elastizität

$$\eta = \frac{p}{x} \cdot \frac{dx}{dp} = \frac{p}{\frac{5}{p+1} - p + 3} \cdot \left(-\frac{5}{(p+1)^2} - 1\right)$$

---

83   Die Ableitung habe ich in diesem Buch im Abschnitt „Grundregeln des Differenzierens" vorgestellt. Sollte die Ableitung des 2. Schritts unklar sein, empfehle ich Ihnen die Quotientenregel.

Schritt: Ermittlung der Elastizität an der Stelle $p_1 = 3$

$$\eta = \frac{p}{x} \cdot \frac{dx}{dp} = \frac{3}{\frac{5}{3+1} - 3 + 3} \cdot (-\frac{5}{(3+1)^2} - 1) = -3{,}15$$

5. Schritt: Interpretation des Ergebnisses

Die Nachfrage nach dem Gut ist an der Stelle x_1; p_1 elastisch in Bezug auf den Preis, denn $\eta = (-)3{,}15 > 1$, d. h. eine Preisänderung von einem Prozent wird die Nachfrage dieses Gutes um 3,15 % verändern (verringern, da negatives Vorzeichen).

4.2.1.2 Elastizitäten von Komplementär- und Substitutionsgütern

In diesem Zusammenhang ist zunächst einmal zu beschreiben, was betriebs- oder volkswirtschaftlich unter diesen Gütern zu verstehen ist. **Komplementärgüter** verlaufen parallel zueinander. Dazu zählen z. B. Flugzeuge/Kerosin, PKW/Treibstoff oder Wechselkurse/Auslandsaufenthalte. **Substitutionsgüter** hingegen verlaufen entgegengesetzt, substituieren d.h. ersetzen sich gegenseitig. Dazu zählen z.B. Butter/Margarine oder Bahn/Bus. Aus Sicht der Bundesrepublik Deutschland zählen zu den Substitutionsgütern möglicherweise aber auch Reisen in die Schweiz oder Österreich, da der Euro bei einer Kursverschlechterung gegenüber dem Schweizer Franken dazu führt, dass deutsche Urlauber aus Kostengründen nicht in die Schweiz, sondern nach Österreich fahren.

In diesem Zusammenhang sei die sogenannte **Kreuzpreiselastizität** angesprochen, die anhand der Komplementär- und Substitutionsgüter durch kleine Beispiele erklärt werden soll.[84]

Allgemein beschreibt die Kreuzpreiselastizität (ε) immer das Verhältnis des abhängigen Gutes (x) zum unabhängigen Preis (p).[85]

$$\text{Kreuzpreiselastizität} \quad \varepsilon = \frac{\frac{\Delta x}{x}}{\frac{\Delta p}{p}} = \frac{x\%}{p\%}$$

Beispiel: Ein Unternehmen möchte herausfinden, ob es sich bei den vier Produkten um Komplementär- oder Substitutionsgüter handelt. Das Unternehmen geht davon aus, dass sich die Güter x_1 zu x_2 sowie x_3 zu x_4 entweder gleich- oder gegenläufig zueinander verhalten.

a) Das Produkt x_1 hatte pro Einheit einen Preis p_1 von 10,- Euro, während das Produkt x_2 eine Ausbringungsmenge von 20 Stück hatte. Als sich der Preis p_1 von 10,- Euro auf 12,- Euro erhöhte, sank die Ausbringungsmenge von x_2 von 20 auf 17 Stück.

---

84   Vgl. hierzu auch Schumann J., 1984, S. 37ff.
85   Elastizitäten werden meistens mit griechischen Buchstaben dargestellt. In diesem Beispiel ist es der Buchstabe ε (Epsilon). Geläufig ist auch der bereits dargestellte Buchstabe η (Eta). Auch andere Buchstaben sind denkbar, was aber inhaltlich unerheblich ist.

b) Das Produkt x_3 hatte pro Einheit einen Preis p_3 von 10,- Euro, während das Produkt x_4 eine Ausbringungsmenge von 20 Stück hatte. Als sich der Preis p_1 von 10,- Euro auf 12,- Euro erhöhte, erhöhte sich die Ausbringungsmenge von x_4 von 20 auf 25 Stück.

Zu a)

$$\varepsilon_1 = \frac{\frac{\Delta x_2}{x_2}}{\frac{\Delta p_1}{p_1}} = \frac{\frac{-3}{20}}{\frac{2}{10}} = \frac{-0,15}{0,2} = -0,75 < 0$$

Immer dann, wenn die Kreuzpreiselastizität negativ ist, handelt es sich um Komplementärgüter. Steigt der Preis des Produktes x_1 um 1 %, geht die Nachfrage von x_2 um 0,75 % zurück.

Zu b)

$$\varepsilon_2 = \frac{\frac{\Delta x_4}{x_4}}{\frac{\Delta p_3}{p_3}} = \frac{\frac{5}{20}}{\frac{2}{10}} = \frac{0,25}{0,2} = 1,25 > 0$$

Immer dann, wenn die Kreuzpreiselastizität positiv ist, handelt es sich um Substitutionsgüter. Steigt der Preis des Produktes x_3 um 1 %, steigt die Nachfrage von x_4 um 1,25 %, also um das 1,25fache.

Dieser Sachverhalt kann auch graphisch anhand zweier Güter, z. B. x_1 und x_2 beschrieben werden (Abb. 4.2). Dabei sei $P(x_1)$ der Preis des erklärenden Gutes und x_2 das abhängige, also das zu erklärende Gut.

Die **Nachfragefunktion A** verläuft positiv. Es handelt sich also um ein **substitutives Gut**. Erhöht ein Unternehmen den Preis von x_1, erhöht sich die Nachfrage von x_2. Umgekehrt verläuft die **Nachfragefunktion B**, die eine negative Steigung hat. Es handelt sich um ein **komplementäres Gut**, denn Preisanstiege bei x_1 reduzieren auch die Nachfrage von x_2. Selten erhält man die Nachfragefunktion C, bei der weder Preisanstiege noch Preissenkungen von x_1 einen Einfluss auf das Gut x_2 haben.

Diese Sachverhalte werden im nächsten Abschnitt noch etwas konkreter erklärt.

4.2.1.3 Der Triffinsche Koeffizient

Im Rahmen der Preistheorie, aber auch in den Bereichen der Kostenrechnung, des Absatzes oder den Marketingtheorien wird der so genannte Triffinsche Koeffizient eingesetzt.[86]

---

[86] Eine Ergänzung und/oder Erweiterung stellt das „Triffin-Dilemma" dar. Hier baute der in Belgien geborene Robert Triffin, der später als bedeutender Ökonom in den Vereinigten Staaten bekannt wurde, zwar auf der Kreuzpreiselastizität auf, erweiterte diese aber aufgrund von Diskussionen um die Sinnhaftigkeit des Bretton-Woods-Systems oder der Europäischen Währungsunion. Vgl. auch Klum R., 1988, S. 79ff.

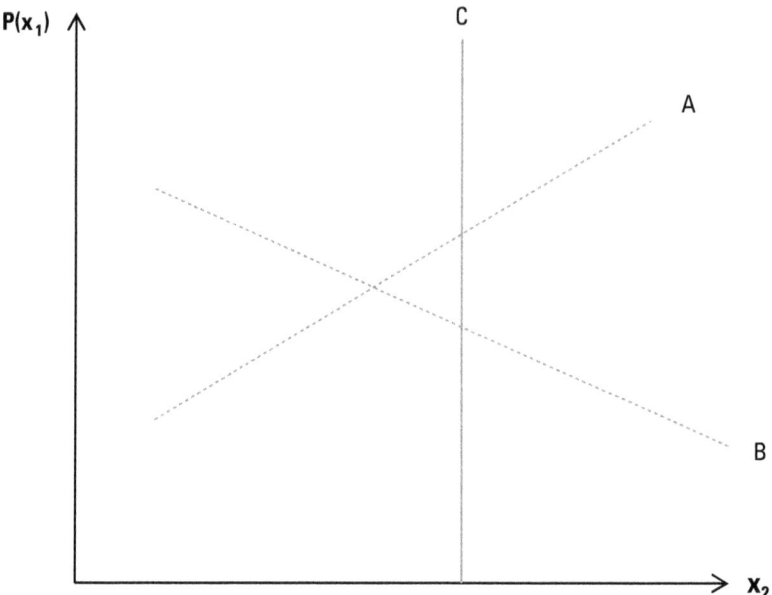

Abbildung 4.2 Nachfragefunktionen von substitutiven, komplementären und unabhängigen Gütern

Ausgangspunkt war das Marktformenschema, das der morphologischen (formenbezogenen) Marktformenlehre entnommen, aber nicht kritiklos hingenommen wurde.

Nachfrager / Anbieter	einer	wenige	viele
einer	zweiseitiges Monopol	beschränktes Angebotsmonopol	Angebotsmonopol
wenige	beschränktes Nachfragemonopol	zweiseitiges Oligopol	Angebotsoligopol
viele	Nachfragemonopol	Nachfrageoligopol	polypolistische Konkurrenz

Tabelle 4.2 Das „klassische" Marktformenschema

Die Kritik entstand m. E. hauptsächlich aus der Gegenüberstellung von Anbietern (Unternehmen) und Nachfragern (Kunden), die sehr vage zu berechnen waren. Darauf baut der Triffinsche Koeffizient auf, auch gelegentlich Triffinscher Substitutionskoeffizient genannt, und beschreibt die bereits im letzten Abschnitt berechnete Kreuzpreiselastizität, die etwas abgewandelt wurde.

Triffinsche Kreuzpreiselastizität: $\varepsilon_T = \dfrac{\frac{\Delta x_B}{x_B}}{\frac{\Delta p_A}{p_A}} = \dfrac{\Delta x_B}{x_B} : \dfrac{\Delta p_A}{p_A} = \dfrac{\Delta x_B \cdot p_A}{x_B \cdot \Delta p_A}$

Dabei wird nicht zwischen Anbietern und Nachfragern entschieden, sondern zwischen dem Konkurrenten A und B. Auch geht man hier (eigentlich immer) von substitutiven Gütern aus. Ausgangssituation ist immer eine Preisveränderung des Konkurrenten A (Δp_A), der zu unterschiedlichen Mengenänderungen des Konkurrenten B (Δx_B) führen kann.

Allgemein gilt:

p_A = aktueller Preis des Konkurrenten A
Δp_A = Preisänderung des Konkurrenten A
x_B = aktuelle Absatzmenge des Konkurrenten B
Δx_B = Mengenänderung des Konkurrenten B

Da es sich um Substitutionsgüter handelt, bewirkt ein Preisanstieg des Konkurrenten A eine Mengenerhöhung des Konkurrenten B. Umgekehrt führt eine Preisreduktion von A zu einer Mengenreduktion von B. Zwei negative Vorzeichen gleichen sich also aus, so dass sich in den Beispielen immer eine positive Kreuzpreiselastizität einstellt.

Abgeleitet aus dem oben gezeigten „klassischen" Marktformenschema ergeben sich dann folgende Werte:

$\varepsilon_T = 0$ → Die Änderung des Preises des Konkurrenten (Anbieter) A wirkt sich nicht auf die Absatzmenge des Konkurrenten B aus. Dies entspricht einer **Monopolsituation** des Konkurrenten A.

$\varepsilon_T \to \infty$ → Je kleiner ε_T, desto geringer ist die Konkurrenz. Hebt Anbieter A z. B. den Preis um 100 % an und steigt daraufhin die Absatzmenge von B „nur" um 20 % (ε_T = 0,2), entspricht das eher einer **heterogenen Konkurrenz**, die auch als **Oligopol** bezeichnet wird.

$0 < \varepsilon_T < \infty$ → Je größer die Änderung des Preises des Konkurrenten (Anbieter) A, desto größer ist die daraus entstehende Absatzmengenänderung des Konkurrenten B. Dies entspricht einer **homogenen Konkurrenz**, die auch häufig als **Polypol** bezeichnet wird.

Beispiel: Der Geschäftsführer eines Unternehmens möchte herausfinden, wie die Konkurrenzsituation gegenüber einem Vergleichsunternehmen ist. Der aktuelle Preis der Ware beträgt 50,-/Stück. Der Geschäftsführer möchte in der Folgezeit den Preis auf 100,- Euro /Stück erhöhen. Aktuell verkauft das Konkurrenzunternehmen 20 Stück.

a) Wie ist die Marktsituation, wenn der Konkurrent in der Folgezeit 24 Stück verkauft?
b) Wie ist die Marktsituation, wenn der Konkurrent in der Folgezeit 20 Stück verkauft?
c) Wie ist die Marktsituation, wenn der Konkurrent in der Folgezeit 60 Stück verkauft?

Zu a) Die Triffinische Kreuzpreiselastizität ergibt:

$$\varepsilon_T = \frac{\Delta x_B \cdot p_A}{x_B \cdot \Delta p_A} = \frac{4 \cdot 50}{20 \cdot 50} = 0{,}2$$

Die Preisverdoppelung des Geschäftsführers führt (lediglich) zu einem Anstieg von 20 % der verkauften Produkte des Konkurrenten.[87] Es handelt sich also um eine heterogene Konkurrenz bzw. ein Oligopol.

Zu b) Die Triffinische Kreuzpreiselastizität ergibt:

$$\varepsilon_T = \frac{\Delta x_B \cdot p_A}{x_B \cdot \Delta p_A} = \frac{0 \cdot 50}{20 \cdot 50} = 0$$

Die Preisverdoppelung des Geschäftsführers hat keinerlei Auswirkung auf den Konkurrenten, da seine verkauften Stückzahlen bei 20 Stück bleiben.

Zu c) Die Triffinische Kreuzpreiselastizität ergibt:

$$\varepsilon_T = \frac{\Delta x_B \cdot p_A}{x_B \cdot \Delta p_A} = \frac{40 \cdot 50}{20 \cdot 50} = 2$$

Die Preisverdoppelung des Geschäftsführers führt zu einer Verdreifachung der Stückzahlen des Konkurrenten, denn aus den 20 werden 60 Stück. Der Anstieg beträgt also 200 %, was einem homogenen Markt bzw. einem Polypol entspricht.[88]

4.2.1.4 Ökonomische Anwendungen

Folgende Beispiele beinhalten sowohl Bereiche der VWL als auch der BWL.
Beispiel 1: Eine Volkswirtschaft ist durch folgende Gleichungen gekennzeichnet:

$$Y = C + I$$

$$C = 200 + 0{,}75 \cdot Y$$

$$I = 400 - 40 \cdot i$$

wobei Y = Volkseinkommen, C = Konsum, I = Investitionen und i = Zinssatz bedeuten.

a) Wie hoch ist das Volkseinkommen im Gleichgewicht (Y = C + I) bei einem Zinssatz von i = 7 %?
b) Wie hoch ist die Elastizität des Konsums in Bezug auf das Volkseinkommen (Einkommenselastizität des Konsums)?
c) Wie hoch ist die Elastizität der Investitionen in Bezug auf den Zinssatz (Zinselastizität der Investitionen)?
d) Interpretieren Sie die Ergebnisse!

---

[87] In der VWL gilt immer die so genannte ceteris paribus-Regel (unter sonst gleichen Bedingungen). Andere Faktoren, wie bspw. die Preisveränderung der Konkurrenten, der Zugang neuer Konkurrenz etc. werden bei der Berechnung nicht berücksichtigt.
[88] Die Triffinsche Kreuzpreiselastizität ist m.E. hier so ausführlich erklärt und wurde bereits im Bereich der „normalen" Kreuzpreiselastizität in einer ähnlichen Form erläuter, dass eine weitere Erklärung im Abschnitt über ökonomische Anwendungen nicht erforderlich ist.

Lösung:
Zu a) C und I eingesetzt in Y ergibt:

$$Y = 200 + 0{,}75 \cdot Y + 400 - 40 \cdot i \Rightarrow 0{,}25 \cdot Y = 600 - 40 \cdot i$$

Da im Gleichgewicht ein Zinssatz von i=7 % gilt, ergibt sich

$$0{,}25 \cdot Y = 600 - 40 \cdot 7 \Rightarrow 0{,}25 \cdot Y = 320 \Rightarrow Y = 1.280$$

Zu b) Für die Einkommenselastizität des Konsums gilt die Formel:

$$\eta = \frac{\frac{dC}{C}}{\frac{dY}{Y}} = \frac{dC}{C} \cdot \frac{Y}{dY} = \frac{dC}{dY} \cdot \frac{Y}{C}$$

Dabei gilt:

$$\frac{dC}{dY} = C' = 0{,}75 \quad Y = 1.280 \text{ (Gleichgewicht)} \quad \text{und} \quad C = 200 + 0{,}75 \cdot Y$$

$$\eta = 0{,}75 \cdot \frac{1.280}{(200 + 0{,}75 \cdot 1280)} = 0{,}8275$$

Zu c) Für die Zinselastizität der Investition hat die Formel:

$$\eta = \frac{\frac{dI}{I}}{\frac{di}{i}} = \frac{dI}{I} \cdot \frac{i}{di} = \frac{dI}{di} \cdot \frac{i}{I}$$

Dabei gilt: $\quad \frac{dI}{di} = I' = -40 \quad i = 7 \quad$ und $\quad I = 400 - 40 \cdot i$

$$\eta = -40 \cdot \frac{7}{(400 - 40 \cdot 7)} = -2{,}33$$

Zu d) Ein einprozentiger Einkommensanstieg hat eine 0,82-prozentige Konsumerhöhung zur Folge. Ein einprozentiger Zinsanstieg hat einen 2,3-prozentigen Investitionsrückgang zur Folge. Die Einkommenselastizität des Konsums ist also eher unelastisch, die Zinselastizität der Investition eher elastisch.[89]

Beispiel 2: Ein Unternehmen stellt zwei Produkte her. Von den Skiern (x_1) werden in einem Jahr 100 Stück verkauft, die jeweils einen Preis (p_1) von 200,- Euro erzielen. Von den Snowboards (x_2) werden 50 Stück verkauft, die etwas günstiger sind und die Kunden jeweils 100,- Euro (p_2) kosten. Durch eine Preiserhöhung der Snowboards im neuen Jahr um 50,- Euro steigt die Anzahl der verkauften Skier auf 120 Stück.

---

[89] Siehe Fallstudie 34.

Handelt es sich um Komplementär- oder Substitutionsgüter? Welchen Wert nimmt die Kreuzpreiselastizität an?

Lösung: Da die Preiserhöhung der Snowboards zu einem Anstieg der verkauften Skies führt, scheinen die Produkte Substitutionsgüter zu sein.
Die Kreuzpreiselastizität ergibt

$$\varepsilon = \frac{\frac{\Delta x_1}{x_1}}{\frac{\Delta p_2}{p2}} = \frac{\frac{20}{100}}{\frac{50}{100}} = 0{,}4$$

Eine einprozentige Preiserhöhung bewirkt allerdings lediglich einen Anstieg der Stückzahlen des Substitutionsgutes von 0,4 %.[90]

4.2.2 Integralrechnung ökonomischer Funktionen

4.2.2.1 Grundlagen

Neben der bereits beschriebenen Differentialrechnung ist die Integralrechnung ein wichtiger Bestandteil der Analysis und ebenso auch diverser ökonomischer Fragestellungen.

Algebraisch ist die Integralrechnung ($\int$) die Umkehrung der Differentialrechnung. Erfährt man z. B. nicht die Ursprungsfunktion y(x), sondern deren erste Ableitung $y' = 1$, so lässt sich daraus die Funktion y(x) herleiten. Diese ist dann $y = x$. An dieser Stelle soll zunächst vernachlässigt werden, dass auch die Ursprungsfunktion eine nicht bekannte Konstante (c) beinhalten könnte. Diese Funktion könnte z. B. $y = x + 2$ lauten.

Graphisch bestimmt die Integralrechnung die Fläche unterhalb einer Funktion, oder genauer, eines Funktionsbereichs (Abb. 4.3).
Der schraffierte Bereich lässt sich durch das folgende Integral berechnen:

$$y = \int_0^3 \frac{1}{2}x^2$$

Im nächsten Abschnitt wird dieses Integral genau berechnet.
Ökonomisch kann man z.B. den Gewinn eines Unternehmers berechnen, indem von der Erlösfläche die Kostenfläche subtrahiert wird. Später werden auch die Produzenten- bzw. Konsumentenrenten in diese Überlegungen mit einbezogen.

---

90 — Siehe Fallstudie 35.

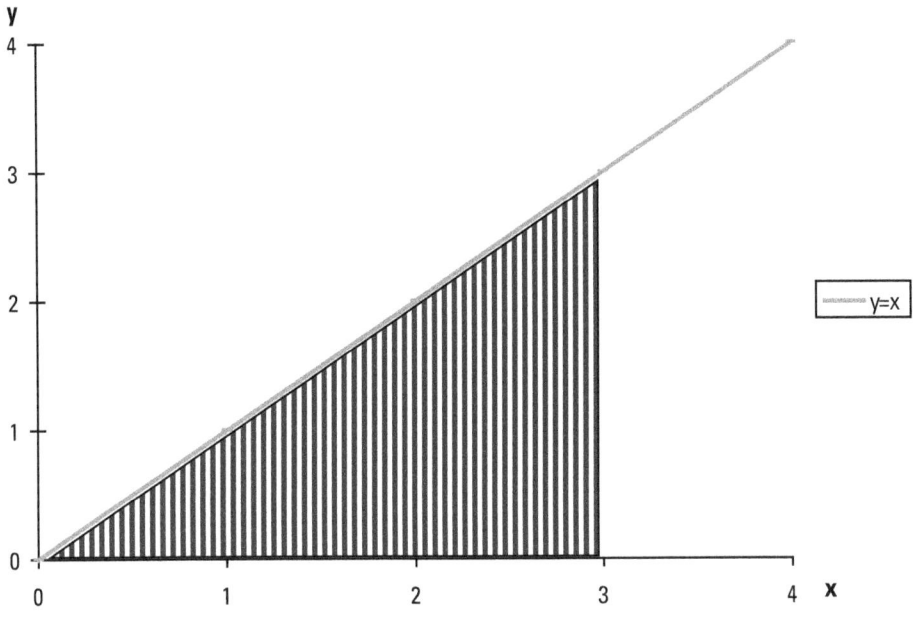

Abbildung 4.3 Die Berechnung einer Fläche durch ein Integral.

4.2.2.2 Unbestimmte und bestimmte Integrale

Wurden im letzten Abschnitt schon einmal die algebraischen, graphischen und ökonomischen Begriffe des Integrals kurz beschrieben, so sollen nun etwas konkreter die Bezeichnungen der Integrale sowie deren Berechnungen erläutert werden.

Es wurde bereits erklärt, dass ein konkreter Zusammenhang zwischen der Differential- und Integralrechnung besteht. Das **unbestimmte** Integral stellt die Umkehrung des Differentials dar, wird aber sehr allgemein gehalten. Daher auch der Name „unbestimmt". Aus der 1. Ableitung einer Funktion ergibt sich dann die so genannte Stammfunktion und somit das **unbestimmte** Integral:

$$\text{Funktion } f(x): \quad y = x$$

$$\text{Menge der Stammfunktionen } F(x): \quad y = \frac{1}{2}x^2 + c$$

Die Konstante c kann also verschiedene Werte annehmen. Deshalb ist dieses Integral noch unbestimmt und beinhaltet lediglich eine allgemein formulierte Konstante.

Etwas konkreter ist das **bestimmte** Integral. Hier wird die Fläche unterhalb der Kurve, die die Funktion beschreibt, in einem Intervall berechnet. An dieser Stelle wird nun die bereits im letzten Abschnitt betrachtete unterhalb der Funktion y = x im Intervall von 0 bis 3 berechnet.

In diesem Fall gilt: F(b) = 3 (Meter) F(a) = 0 (Meter)

Die Gesamtfläche und somit die Stammfunktion lautet somit: F = F(b) − F(a).
Die Fläche unter der Kurve im Intervall (0;3) ist die Differenz der Stammfunktion in diesen Punkten:

$$F = F(3) - F(0) = \int_0^3 \frac{1}{2}x^2 = \frac{1}{2}3^2 - \frac{1}{2}0^2 = \frac{1}{2} \cdot 9 - 0 = 4{,}5$$

Sie ahnen an dieser Stelle wahrscheinlich schon, welchen Stellenwert das bestimmte Integral in den Naturwissenschaften, aber auch in der Ökonomie besitzt. Vor möglichen ökonomischen Beziehungen soll aber zunächst noch ein kleines Beispiel aus der Landwirtschaft erklärt werden.
Der Landwirt findet auf seinem zukünftigen Gelände einen Bachlauf vor (Abb. 4.4).

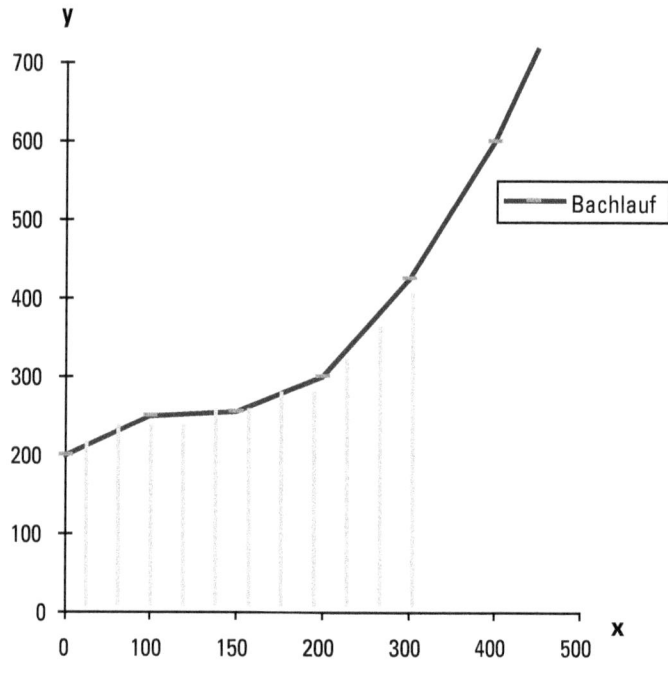

Abbildung 4.4 Die Fläche unterhalb eines Bachlaufs

Die schraffierte Fläche unterhalb dieses Baches möchte er als Acker- oder Wiesefläche kaufen und bittet einen Landvermessungstechniker um die Abschätzung der Quadratmeter.
Dieser ermittelt eine Funktion, die den Bachlauf unter Berücksichtigung der beiden Feldwege (x und y) zumindest ungefähr abbildet:

$$f(x) = y = \frac{1}{400}x^2 + 200$$

Daraus leitet sich die Stammfunktion ab

$$F(x) = y = \frac{1}{1200}x^3 + 200x$$

Die obere Grenze ist b = 300, die untere a = 0. Da nun F = F(b) - F(a) zu berechnen ist, ergibt sich schließlich:

$$F(x) = \int_{0}^{300} \left(\frac{1}{400}x^2 + 200\right) dx = \left(\frac{1}{1200}x^3 + 200x\right)\Big|_{0}^{300}$$

Daraus ergeben sich

$$F(x) = \frac{1}{1200}300^3 + 200 \cdot 300 - \left[\frac{1}{1200} \cdot 0 + 200 \cdot 0\right] = 82.500$$

also 82.500 Quadratmeter.

4.2.2.3 Ökonomische Anwendungen

Beispiel 1: Bekanntlich werden die Preise eines Gutes durch Angebot und Nachfrage bestimmt. In einem Staat gelten folgende Funktionen:

$p = -x + 50$ (= Nachfragefunktion) $p = x$ (= Angebotsfunktion)

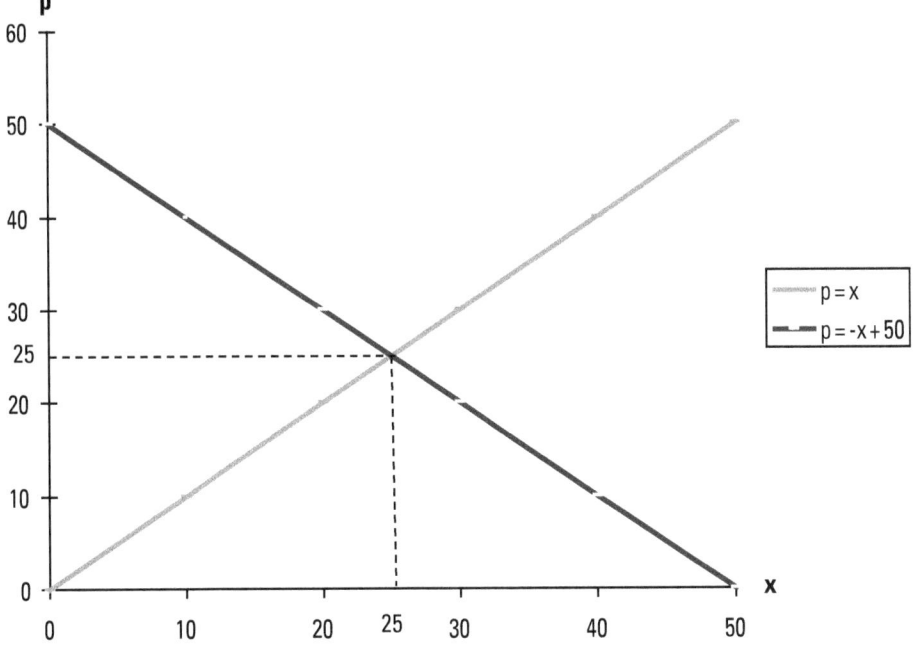

Abbildung 4.5 Angebots- und Nachfragefunktion

Beide Funktionen treffen sich sowohl bei der Menge (x) und dem Preis (p) bei 25 Einheiten/Euro (Abb. 4.5). Verschiedene Nachfrager wären sogar bereit, mehr als 25 Euro zu zahlen. Würde ein Nachfrager bspw. 40,- Euro zahlen – er befindet sich also oberhalb des Gleichgewichtspreises – hätte er eine **Konsumentenrente** in Höhe der Differenz abgeschöpft, also 15,- Euro. Umgekehrt verhält es sich bei diversen Anbietern. Wäre also ein Anbieter bereit, sogar zum Preis von 8,- Euro sein Gut zu verkaufen, hätte er eine **Produzentenrente** von 17,- Euro erzielt.

Diese Rentenkonzepte können mit Hilfe der Integralrechnung exakt berechnet werden. Abbildung 4.6 soll zunächst die Konsumentenrente verdeutlichen.

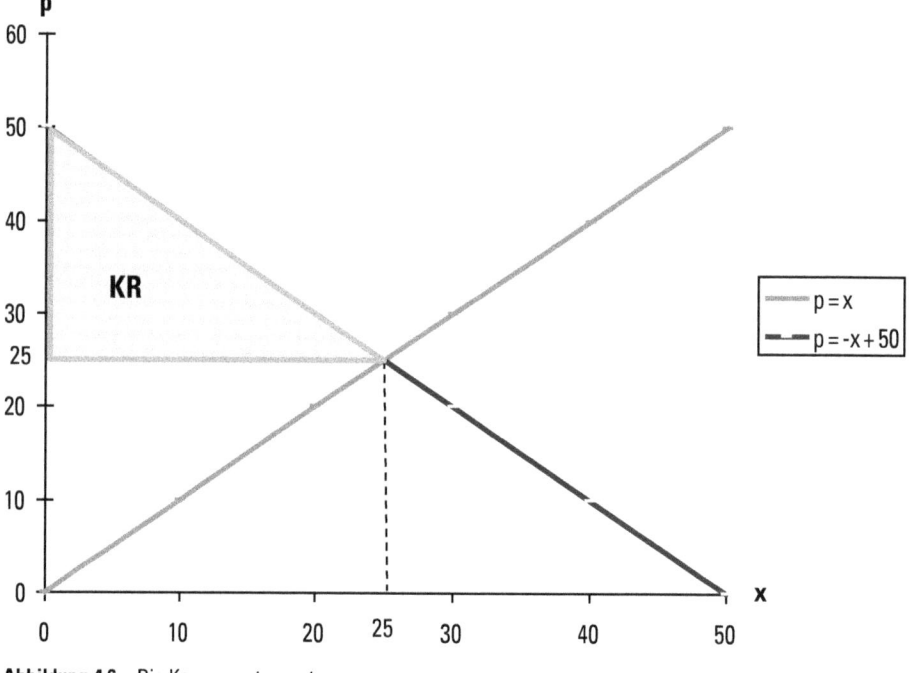

Abbildung 4.6 Die Konsumentenrente

Die Konsumentenrente (KR) beschreibt **graphisch** die Fläche der Nachfragefunktion bis zur Gleichgewichtsmenge x = 25 abzüglich der Gesamtausgaben, die sich aus dem Rechteck aus Preis mal Menge ergeben. **Algebraisch** wird sie durch das Integral wie folgt beschrieben und berechnet:

$$KR = (-x + 100)\, dx - p \cdot x$$

Dies ergibt

$$KR = \int_0^{25} \left(-\frac{1}{2}x^2 + 100x\right) - p \cdot x = -\frac{1}{2} \cdot 25^2 + 100 \cdot 25 - 25 \cdot 25 \Big|_0^{25}.$$

KR = 2.187,5 − 625 = 1.562,50 Euro

Die Konsumentenrente beläuft sich also auf insgesamt 1.562,50 Euro.

Die Produzentenrente verläuft ähnlich. Von den Einnahmen werden die Kosten subtrahiert.

$$PR = p \cdot x - x \cdot dx$$

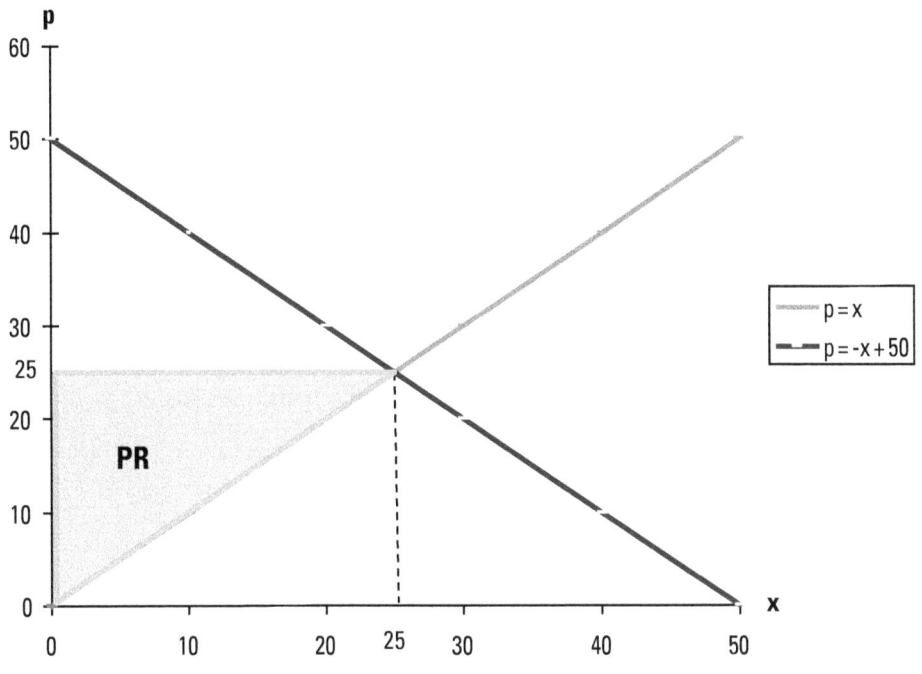

Abbildung 4.7 Die Produzentenrente

Dies ergibt

$$PR = p \cdot x - \int_0^{25} \frac{1}{2}x^2 = 25 \cdot 25 - \frac{1}{2} \cdot 25^2 \Big|_0^{25}.$$

PR = 625 – 312,50 = 312,50 Euro

Die Produzentenrente beläuft sich also auf insgesamt 312,50 Euro.

Beispiel 2: Der Vertriebsmitarbeiter eines Unternehmens plant die Herstellung und den Vertrieb eines neuen Produktes. Durch den Leiter der Produktion erhielt er bereits vorab die Schätzung der Grenzkostenfunktion, die $K' = 3x^2 - 24x + 60$ lautet. Ferner wurde mitgeteilt, dass bei einem Probelauf von 3 ME die Gesamtkosten 199,- Euro ergaben. Auch die Grenzerlösfunktion konnte festgelegt werden, die $E' = 132 - 18x$ beträgt.

a) Der Vertriebsmitarbeiter versucht zunächst, die Stammfunktionen der Kosten- und Erlösfunktion zu berechnen.
b) Dann soll die Menge gefunden werden, die den maximalen Gewinn ergibt.
c) Das Gewinnmaximum kann schließlich auf zweierlei Wegen bestimmt werden. Entweder direkt durch Abzug der Kosten von den Erlösen oder alternativ durch die Integralrechnung.

Lösung:
Zu a) Die Stammfunktion für die Erlöse ist einfach, denn diese enthält keine Konstante (c).

$$\int E'(x)dx = \int (132 - 18x)\, dx \Rightarrow E = 132x - 9x^2$$

Etwas komplexer ist die Stammfunktion für die Kosten. Erforderlich ist hierbei die Berechnung der Konstanten (c), also der Fixkosten, die durch die Angabe der Gesamtkosten (199,- Euro) bei 3 ME zu berechnen ist.

$$\int K(x)\, dx' = \int (3x^2 - 24x + 60)\, dx = x^3 - 12x^2 + 60x + c$$

Bei x=3 (ME) und Gesamtkosten von 199 ergeben sich folgende Fixkosten:

$$K = x^3 - 12x^2 + 60x + c = 3^3 - 12 \cdot 3^2 + 60 \cdot 3 + c = 199 \Rightarrow c = 100 \text{ (Fixkosten)}$$

Somit lautet die Stammfunktion der Gesamtkosten:

$$K = x^3 - 12x^2 + 60x + 100$$

Zu b) Im Abschnitt über die Differentialrechnung wurde bereits erläutert, dass die gewinnmaximale Menge durch Gleichsetzung von Grenzerlös- und Grenzkosten zu berechnen ist:

$$E' = K' \Rightarrow 132 - 18x = 3x^2 - 24x + 60 \Rightarrow 3x^2 - 6x - 72 = 0$$

$$\Rightarrow x^2 - 2x - 24 = 0 \Rightarrow 0 = ax^2 + bx + c$$

Mithilfe der p,q-Formel ergibt sich die Lösung:

$$x_{1,2} = \frac{-b \pm \sqrt{b^2 - 4ac}}{2a} \Rightarrow x_1 = \frac{2 + \sqrt{2^2 - 4 \cdot 1 \cdot -24}}{2 \cdot 1} = 6\,^{91}$$

Die gewinnmaximale Menge beträgt also 6 ME.

Zu c) Durch Abzug der Kostenfunktion von der Erlösfunktion unter Berücksichtigung der Menge $x_1 = 6$ ergibt sich der Gewinn.

$$G = E - K \Rightarrow G = (132x - 9x^2) - (x^3 - 12x^2 + 60x + 100)$$

$$\Rightarrow G = (132 \cdot 6 - 9 \cdot 6^2) - (6^3 - 12 \cdot 6^2 + 60 \cdot 6 + 100) = 468 - 244 = 224$$

---

91 x_2 führt zu -4, was hier nicht gefragt ist.

Zum gleichen Ergebnis führt die Berechnung mit den Integralen: [92]

$$G = \int_0^6 E'(x)\, dx - \int_0^6 K'(x)\, dx \Rightarrow G = (132x - 9x^2)\Big|_0^6 - (x^3 - 12x^2 + 60x + 100)\Big|_0^6$$

$$\Rightarrow G = (132 \cdot 6 - 9 \cdot 6^2) - (6^3 - 12 \cdot 6^2 + 60 \cdot 6 + 100) = 468 - 244 = 224$$

4.3 Makroökonomie

Wie bereits erklärt, werden im Rahmen der Makroökonomie eher gesamtwirtschaftliche Vorgänge beschrieben, während die Mikroökonomie eher einzelwirtschaftliche Vorgänge darstellt. Es folgen nun spieltheoretische Modelle.

4.3.1 Grundlagen der Spieltheorie[93]

4.3.1.1 Grundkonzepte

Die Spieltheorie kann als Spezialgebiet der Entscheidungstheorie aufgefasst werden. Es liegt eine Ungewissheitssituation vor, bei der jedoch im Gegensatz zur herkömmlichen Entscheidungstheorie die Umwelt nicht mehr als „neutral" handelnder Gegenspieler angesehen werden kann, sondern als ein „böswilliger" Gegenspieler, der seinerseits versucht, den optimalen Gewinn (Nutzen) aus einer Entscheidungssituation herauszuholen. Unterschieden werden Spiele häufig nach Merkmal und Ausprägung.

Merkmal	Ausprägung
Anzahl der Spieler/Parteien	Ein-Personen-Spiel Zwei-Personen-Spiel Mehr-Personen-Spiel
Anzahl der Strategien	finite Spiele infinite Spiele
Summe der Zahlungen	Nullsummenspiele Nichtnullsummenspiele
Züge	einmalige Entscheidungen (Knobeln) mehrmalige Entscheidungen (Schach)
Anzahl der Spieldurchführungen	einmalig mehrmalig
Informationsstand	vollkommene Informationen unvollkommene Informationen[94]

Tabelle 4.3 Grundlagen der Spieltheorie

---

[92] Siehe Fallstudie 36 und 37.
[93] Vgl. hierzu auch Sauer M., 2009, S. 79ff.
[94] Beim Schach haben beide Spieler den gleichen Informationsstand, während beim Poker jeder Spieler nur über unvollkommene Informationen (sein eigenes Blatt) verfügt.

Die folgenden Strategien beruhen alle auf dem Maximin-Prinzip, die Spieler versuchen also, ihren minimalen Gewinn (pro Strategie) zu maximieren bzw. ihren maximalen Verlust (pro Strategie) zu minimieren.

4.3.1.2 Sattelpunkt in einem Zwei-Personen-Nullsummenspiel

In diesem Spiel ist der Gewinn des Spielers A gleich dem Verlust des Spielers B (deshalb Nullsummenspiel). Beide Spieler spielen diejenige Strategie, die unter den schlechtesten das beste Ergebnis bringt.

A \ B	b_1	b_2	b_3	Maximin
a_1	8	2	9	2
a_2	6	**5**	7	**5**
a_3	7	3	-4	-4
Minimax	8	5	9	

Tabelle 4.4 Sattelpunkt eines Zwei-Personen-Nullsummenspiels

Die Matrix enthält Geldbeträge, die je nach Strategie von Spieler B an Spieler A zu zahlen sind. Entscheidet sich Spieler A bspw. für die Strategie a_3 und Spieler B für Strategie b_1, so zahlt Spieler B an Spieler A 7GE.
Welche Strategie spielen die Spieler A und B?
Spieler A versucht, den minimalen Gewinn pro Alternative zu maximieren, d. h. er hat für die drei Alternativen a_1 bis a_3 die Minimalbeträge 2, 5 und -4 GE. Die Alternative a_2 maximiert unter diesen Möglichkeiten mit 5 GE seinen Gewinn.
Spieler B versucht, den maximalen Verlust pro Alternative zu minimieren, d. h. er hat für die drei Alternativen b_1 bis b_3 die maximal möglichen Verluste 8, 5 und 9 GE. Die Alternative b_2 minimiert unter diesen Möglichkeiten mit 5 GE seinen Verlust.
In diesem Fall entspricht die Maximinstrategie des Spielers A mit 5 GE der Minimaxstrategie des Spielers B, es handelt sich um eine **Sattelpunkt-** oder auch **Gleichgewichtslösung**. Der Sattelpunkt bezeichnet denjenigen Kreuzpunkt, bei dem kein Spieler Veranlassung dazu hat, seine Strategie zu ändern, da der Punkt gleichsam optimal ist. Daran ändert sich auch nichts, wenn A bereits vor der eigenen Aktion die Aktion von B kennt.

4.3.1.3 Sattelpunkt in einem Zwei-Personen-Nichtnullsummenspiel

Im Gegensatz zur Gleichgewichtslösung im Nullsummenspiel haben hier unterschiedliche Strategiekombinationen der Spieler A und B unterschiedliche Auszahlungsbeträge zur Folge. Beide Spieler spielen aber wieder diejenige Strategie, die unter den schlechtesten das beste Ergebnis bringt.

A \ B	b_1	b_2	Maximin
a_1	200/160	195/210	195
a_2	250/180	**200/250**	200
Maximin	160	210	

Tabelle 4.5 Sattelpunkt eines Zwei-Personen-Nichtnullsummenspiels

Die Matrix ist wie folgt zu interpretieren: Spielt A die Alternative a_1 und B die Alternative b_2, so erzielt A einen Gewinn von 195GE und B 210GE. Gemäß dem Maximinprinzip entscheidet sich hier Spieler A für die Alternative a_2 und B für b_2. Die Lösung ist wiederum stabil, denn kein Spieler hat ein Interesse, seine Strategie zu ändern.

4.3.1.4 Wirtschaftswissenschaften und das Gefangenendilemma

In diesem Buch ist das nun näher zu beschreibende Gefangenendilemma dem Abschnitt über die Makroökonomie zugeordnet, hätte aber auch in einem anderen Abschnitt behandelt werden können. Deshalb wurde die Überschrift etwas allgemeiner formuliert. Würde ich Beispiele mit einem Oligopol oder Monopol vorstellen, hätte ich sie thematisch in die Mikroökonomie eingeordnet. Beispiele zur Fix- oder Deckungsbeitragsrechnung wären dann der Kostenrechnung beigefügt worden. Natürlich wären auch andere VWL- oder BWL-Bereiche denkbar.[95]

Der Klassiker des Gefangenendilemmas beschäftigt sich wirklich mit einem möglichen Gefängnisaufenthalt und verdeutlicht ein kleines, wenn auch zunächst „unökonomisches" Beispiel. Die Diebe A und B werden in der Nähe eines Einbruchs festgenommen. Sie haben nun die folgenden Optionen (in Jahren Gefängnisaufenthalt für A und B):

A \ B	gesteht	schweigt
gesteht	10/10	0/20
schweigt	20/0	1/1

Tabelle 4.6 Das Gefangenendilemma

Erläuterung: Gesteht A seine Tat und B schweigt, so kommt A ungeschoren davon, während B 20 Jahre Gefängnis bekommt. Worin besteht die Besonderheit? Wären sich beide Personen einig, würden sie im Falle des Schweigens in der Summe mit 2 Jahren am besten fahren. Dann aber könnte z. B. A auf die Idee kommen, beim nachhaltigen Gestehen sein Gefängnisaufenthalt eliminieren zu können. Im Anschluss würde das auch B machen, um seine 20 Jahre auf 10 Jahre zu reduzieren. So entsteht das „Gefangenendilemma". Beide müssen 10 Jahre ins Gefängnis und haben ihre gemeinsame

---

95 An dieser Stelle verweise ich gerne auf Hamdy A. Taha, 2011, S. 520ff.

Strategie des „Dichthaltens" verloren und sich verschlechtert. Dieses Gefangenendilemma wird im weiteren Verlauf anhand von ökonomischen Beispielen erklärt.

4.3.1.5 Kooperation bei Spielwiederholungen

Die nachfolgende Matrix beinhaltet wiederum die Auszahlungen an die Spieler A und B.

B A	b_1	b_2	Maximin
a_1	200/220	220/210	200
a_2	210/180	**210/250**	210
Maximin	180	210	

Tabelle 4.7 Kooperation bei Spielwiederholung

Gemäß dem Maximinprinzip wählt Spieler A die Strategie a_2 und Spieler B die Strategie b_2. Die Lösung ist jedoch, wird das Spiel endlich oft wiederholt, nicht stabil, denn Spieler A registriert, dass er bei einem Wechsel zu Strategie a_1 nun einen um 10GE höheren Betrag erhält, dann wiederum reagiert Spieler B mit Strategie b_1 usw.
Fazit: Per Saldo stellen sich die Spieler besser, wenn Sie die ursprüngliche Lösung a_2/b_2 beibehalten.[96]

4.3.1.6 Ökonomische Anwendungen

Beispiel 1: Die beiden Vorstände der größten europäischen Ölkonzerne (X und Y) versuchen, unter Berücksichtigung des einzigen Konkurrenten, möglichst hohe Gewinne zu erzielen. Es ist zu klären, ob es sich bei folgendem Problem um eine Gleichgewichtslösung (Sattelpunkt) handeln kann. Das Tableau enthält Gewinne (in Mrd. Euro), die beide Ölkonzerne erzielen können. Beide verfahren nach der Maximinstrategie und gehen auch, weil es gesetzlich verboten ist, keine Kooperation ein.

X Y	x_1	x_2	x_3
y_1	3	7	3
y_2	8	6	7
y_3	4	5	2
y_4	4	9	5

Lösung: Wenn beide Vorstände nach der Maximinstrategie verfahren, ergibt sich das Tableau.

---

[96] Diese Beziehung wird auch häufig als Nash-Lösung (Nash-Gleichgewicht) bezeichnet. Durch Kooperationen gelingt es dann den Spielern (z.B. Unternehmen, Länder etc.), die „beste" Lösung herbeizuführen.

Y \ X	x_1	x_2	x_3	Maximin
y_1	3	7	3	3
y_2	8	**6**	7	6
y_3	4	5	2	2
y_4	4	9	5	4
Maximin	3	5	2	

Es ergibt sich, ohne Wiederholung bzw. Kooperation, ein Sattelpunkt. Der Vorstand aus Y wählt die Strategie y_2, der Vorstand aus X die Strategie x_2.

Beispiel 2: Nachfolgend sind die Gewinne zweier mittelständischer Unternehmen aufgeführt. Setzt Unternehmer A bspw. den Preis P^2_A und B den Preis P^3_B fest, so erhält Unternehmer A 5 und B 2 Mio. Euro an Gewinn.

	P^1_B	P^2_B	P^3_B
P^1_A	2/2	4/1	6/0
P^2_A	1/4	3/3	5/2
P^3_A	0/6	2/5	4/4

Wie sieht die Lösung nach dem Maximinprinzip und möglichen Kooperationen aus?

Lösung:
Verfahren die beiden Unternehmen nach dem Maximinprinzip, erzielt der Unternehmer A den Preis P^1_A und B den Preis P^1_B bei gleichen Gewinnen von 2 Mio. Euro. Mögliche Kooperationen sind unwahrscheinlich, da sich dann die Kombination P^1_A/P^1_B ergeben könnte, die suboptimal wäre.[97]

4.3.2 Grundlagen der multiplen Regression

4.3.2.1 Das Grundmodell der multiplen Regression

Im Rahmen der speziellen Instrumente der Risikomessung habe ich Ihnen die lineare Einfachregression erklärt. Häufig kommt man mit der linearen Einfachregression, also der Abstimmung zwischen der abhängigen Variablen y durch lediglich eine unabhängige Variable x, nicht weiter. Dann versucht der Statistiker, durch die Aufnahme von weiteren unabhängigen Variablen (den Regressoren) die Erklärung von y zu verbessern.[98]

---
[97] Siehe die Fallstudien 38 und 39.
[98] Siehe Stiefl J., 2011, S. 58ff.

Das Grundmodell der multiplen Regression, die auch häufig als zweistufige KQ-Methode beschrieben wird, hat bei 3 Regressoren den Aufbau:

$y = b_1 x_1 + b_2 x_2 + b_3 x_3 + e$

Allgemein gilt:

$y_1 = b_1 + b_2 x_{21} + \ldots b_k x_{k1} + e_1$
$y_2 = b_1 + b_2 x_{22} + \ldots b_k x_{k2} + e_2$
$y_3 = b_1 + b_2 x_{23} + \ldots b_k x_{k3} + e_3$
.
$y_n = b_1 + b_2 x_{2n} + \ldots b_k x_{kn} + e_n$

In Matrizenform lautet das Gleichungssystem schließlich:

y = Xb + e

$$y = \begin{vmatrix} y_1 \\ y_2 \\ . \\ . \\ . \\ y_3 \end{vmatrix} \quad X = \begin{vmatrix} 1 & x_{21} & x_{31} & \ldots & x_{k1} \\ 1 & x_{22} & x_{32} & \ldots & x_{k2} \\ . & & & \ldots & \\ . & & & & \\ 1 & x_{2n} & x_{3n} & \ldots & x_{kn} \end{vmatrix} \quad b = \begin{vmatrix} b_1 \\ b_2 \\ . \\ . \\ b_k \end{vmatrix} \quad e = \begin{vmatrix} e_1 \\ e_2 \\ . \\ . \\ e_n \end{vmatrix}$$

Ziel ist es, anhand dieser Notation die Regressionskoeffizienten des Spaltenvektors **b** zu bestimmen. Als Lösung für den Vektor **b** ergibt sich dann:

b = (X'X)⁻¹ X'y

Wir benötigen also zur Bestimmung der Regressionskoeffizienten die transponierte Matrix **X'**, bilden dann das Produkt der Transponierten **X'** mit der Standardmatrix **X**, bestimmen dazu die Inverse Matrix **(X'X)⁻¹** und multiplizieren diese abschließend mit dem Produkt aus **X'y**. Dieses Grundmodell wird anhand einer ökonomischen (makroökonomischen) Anwendung nun genauer beschrieben. Sollte Ihnen die Matrizenschreibweise und die Matrizenrechnung unbekannt sein, so möchte ich Sie auf den entsprechenden Abschnitt in diesem Buch verweisen. Dort wird die Matrizenrechnung erklärt.

4.3.2.2 Ökonomische Anwendung

Beispiel: Eine Volkswirtschaft möchte herausfinden, ob die Beschäftigtenzahlen des Staates von den durchschnittlichen Stundenlöhnen und/oder dem Bruttosozialprodukt abhängen. Es gelten:

y = Beschäftigung x_2 = Stundenlohn x_3 = Bruttosozialprodukt

b_1 bis b_3 sind die zu schätzenden Regressionsparameter.

x_1 = sogenannte Scheinvariable, die den Wert 1 annimmt   e = Residuum (Restgröße)

Für 10 Monate wurden folgende Werte zugrunde gelegt:

y (in Tsd.)	42	30	26	32	20	22	20	18	20	16
x_2 (in Euro)	6,0	8,0	9,0	7,5	9,0	8,5	8,5	12,5	11,0	17,0
x_3 (in Mrd. Euro)	4,6	3,2	2,9	3,0	2,3	2,5	2,4	2,2	2,2	2,0

Tabelle 4.8 Multiple Regression

Da für die 2 Regressoren x_2 und x_3 sowie den Regressanden y jeweils n = 10 Beobachtungswerte vorliegen, erhalten wir ein Gleichungssystem mit n = 10 Gleichungen (Monatswerte) nach der Form:

$y_1 = b_1 + b_2 x_{21} + b_3 x_{31}$

$y_2 = b_1 + b_2 x_{22} + b_3 x_{32}$

$y_3 = b_1 + b_2 x_{23} + b_3 x_{33}$

.

$y_{10} = b_1 + b_2 x_{2,10} + b_3 x_{3,10}$

Betrachten wir unser Beispiel zur Erklärung der Beschäftigtenzahlen und berechnen die Regressionskoeffizienten b_1 bis b_3.

Schritt 1: Zunächst multiplizieren wir die transponierte Matrix **X'** mit der **X**-Matrix und erhalten **X'X**.

X
1	6,0	4,6
1	8,0	3,2
1	9,0	2,9
1	7,5	3,0
1	9,0	2,3
1	8,5	2,5
1	8,5	2,4
1	12,5	2,2
1	11,0	2,2
1	17,0	2,0

X'
1	1	1	1	1	1	1	1	1	1
6,0	8,0	9,0	7,5	9,0	8,5	8,5	12,5	11,0	17,0
4,6	3,2	2,9	3,0	2,3	2,5	2,4	2,2	2,2	2,0

X'X
10,00	97,00	27,30
97,00	1029,00	249,85
27,30	249,85	79,79

Tabelle 4.9 Berechnung der Matrix X'X

Schritt 2: Nun folgt die Bildung der Inversen zu X'X, wozu die Determinante und die Adjunkten bestimmt werden müssen.

4 Grundlagen der Volkswirtschaftslehre

Schritt 2a: Berechnung der Determinante mit Hilfe der Regel von Sarrus

$$\det X = \begin{vmatrix} 10{,}00 & 97{,}00 & 27{,}30 & 10{,}00 & 97{,}00 \\ 97{,}00 & 1029{,}00 & 249{,}85 & 97{,}00 & 1029{,}00 \\ 27{,}30 & 249{,}85 & 79{,}79 & 27{,}30 & 249{,}85 \end{vmatrix}$$

$\det X = 10 \cdot 1029 \cdot 79{,}79 + 97 \cdot 249{,}85 \cdot 27{,}3 + 27{,}3 \cdot 97{,}0 \cdot 249{,}85$
$\quad - 27{,}3 \cdot 1029 \cdot 27{,}3 - 249{,}85 \cdot 249{,}85 \cdot 10 - 79{,}79 \cdot 97 \cdot 97 = 2.396{,}93$

$\det X = 2.396{,}93 \neq 0$, somit existiert eine Inverse!

Schritt 2b: Bildung der Unterdeterminanten u_{ij} (Minoren)

$$u_{11} = \begin{vmatrix} 1029 & 249{,}85 \\ 249{,}85 & 79{,}79 \end{vmatrix} \quad u_{12} = \begin{vmatrix} 97 & 249{,}85 \\ 27{,}3 & 79{,}79 \end{vmatrix} \quad u_{13} = \begin{vmatrix} 97 & 1029 \\ 27{,}3 & 249{,}85 \end{vmatrix}$$

$$u_{21} = \begin{vmatrix} 97 & 27{,}3 \\ 249{,}85 & 79{,}79 \end{vmatrix} \quad u_{22} = \begin{vmatrix} 10 & 27{,}3 \\ 27{,}3 & 79{,}79 \end{vmatrix} \quad u_{23} = \begin{vmatrix} 10 & 97 \\ 27{,}3 & 249{,}85 \end{vmatrix}$$

$$u_{31} = \begin{vmatrix} 97 & 27{,}3 \\ 1029 & 249{,}85 \end{vmatrix} \quad u_{32} = \begin{vmatrix} 10 & 27{,}3 \\ 97 & 249{,}85 \end{vmatrix} \quad u_{23} = \begin{vmatrix} 10 & 97 \\ 97 & 1029 \end{vmatrix}$$

Schritt 2c: Bildung und Berechnung der Adjunkten A_{ij}

$$A_{11} = (-1)^2 \cdot \begin{vmatrix} 1029 & 249{,}85 \\ 249{,}85 & 79{,}79 \end{vmatrix} = 19.678{,}89$$

$$A_{12} = (-1)^3 \cdot \begin{vmatrix} 97 & 249{,}85 \\ 27{,}3 & 79{,}79 \end{vmatrix} = -918{,}73$$

$$A_{13} = (-1)^2 \cdot \begin{vmatrix} 97 & 1029 \\ 27{,}3 & 249{,}85 \end{vmatrix} = -3.856{,}25$$

$$A_{21} = (-1)^3 \cdot \begin{vmatrix} 97 & 27{,}3 \\ 249{,}85 & 79{,}79 \end{vmatrix} = -918{,}73$$

$$A_{22} = (-1)^4 \cdot \begin{vmatrix} 10 & 27{,}3 \\ 27{,}3 & 79{,}79 \end{vmatrix} = 52{,}61$$

$$A_{23} = (-1)^5 \cdot \begin{vmatrix} 10 & 97 \\ 27{,}3 & 249{,}85 \end{vmatrix} = 149{,}6$$

$$A_{31} = (-1)^4 \cdot \begin{vmatrix} 97 & 27{,}3 \\ 1029 & 249{,}85 \end{vmatrix} = -3.856{,}25$$

$$A_{32} = (-1)^5 \cdot \begin{vmatrix} 10 & 27{,}3 \\ 97 & 249{,}85 \end{vmatrix} = 149{,}6$$

$$A_{33} = (-1)^6 \cdot \begin{vmatrix} 10 & 97 \\ 97 & 1029 \end{vmatrix} = 881$$

Die adjungierte Matrix X* lautet also:

$$X^* = \begin{vmatrix} 19678{,}89 & -918{,}73 & -3856{,}25 \\ -918{,}73 & 52{,}61 & 149{,}60 \\ -3856{,}25 & 149{,}60 & 881 \end{vmatrix}$$

Schritt 2d: Bildung der Transponierten zu X*

$$X*' = \begin{vmatrix} 19678{,}89 & -918{,}73 & -3856{,}25 \\ -918{,}73 & 52{,}61 & 149{,}60 \\ -3856{,}25 & 149{,}60 & 881 \end{vmatrix}$$

Die adjungierte sowie transponierte Matrizen entsprechen sich also.

Schritt 2e: Bildung der Inversen

$$(X'X)^{-1} = \frac{1}{2396{,}93} \begin{vmatrix} 19678{,}89 & -918{,}73 & -3856{,}25 \\ -918{,}73 & 52{,}61 & 149{,}60 \\ -3856{,}25 & 149{,}60 & 881 \end{vmatrix}$$

Durch Multiplikation entsteht dann:[99]

$$(X'X)^{-1} = \begin{vmatrix} 8{,}210056 & -0{,}383293 & -1{,}608832 \\ -0{,}383263 & 0{,}021949 & 0{,}062413 \\ -1{,}608832 & 0{,}062413 & 0{,}367554 \end{vmatrix}$$

Wir machen die Probe, indem wir die Ausgangsmatrix **A** mit der Inversen **A⁻¹** multiplizieren

$$(X'X) \cdot (X'X)^{-1} = \begin{vmatrix} 10{,}00 & 97{,}00 & 27{,}30 \\ 97{,}00 & 1029{,}00 & 249{,}85 \\ 27{,}30 & 249{,}85 & 79{,}79 \end{vmatrix} \cdot \begin{vmatrix} 8{,}210056 & -0{,}383293 & -1{,}608832 \\ -0{,}383263 & 0{,}021949 & 0{,}062413 \\ -1{,}608832 & 0{,}062413 & 0{,}367554 \end{vmatrix}$$

Daraus ergibt sich: $(X'X) \cdot (X'X)^{-1} = \begin{vmatrix} 1 & 0 & 0 \\ 0 & 1 & 0 \\ 0 & 0 & 1 \end{vmatrix}$. Multiplizieren wir nun die Inverse $(\mathbf{X'X})^{-1}$ mit dem Produkt aus **X'y**, erhalten wir abschließend den Spaltenvektor, der als Information die Regressionskoeffizienten für b_1, b_2 und b_3 enthält:

---

99 Es können sich diverse Rundungsfehler ergeben.

					X'						y	
											42,0	
											30,0	
											26,0	
											32,0	
											20,0	
											22,0	
											20,0	
											18,0	
											20,0	
											16,0	
1	1	1	1	1	1	1	1	1	1	1	246,0	
6,0	8,0	9,0	7,5	9,0	8,5	8,5	12,5	11,0	17,0		2.220,0	X'y
4,6	3,2	2,9	3,0	2,3	2,5	2,4	2,2	2,2	2,0		725,2	

8,210056	−0,383293	−1,608832	2,0377	b_1
−0,383293	0,021949	0,062413	−0,3013	b_2
−1,608832	0,062413	0,367554	9,3352	b_3
(X'X)⁻¹			b	

Tabelle 4.10 Ermittlung der Regressionsparameter

Damit lautet die gesuchte Regressionsfunktion:

$y = 2{,}0377 - 0{,}3013 x_2 + 9{,}3352 x_3 + e$

Betrachten wir auch hier das Bestimmtheitsmaß, um zu überprüfen, ob sich die Güte der Regression durch die Hinzunahme des Regressanden x_3 (Umsatz) verbessert hat.

$$B = \frac{SQE}{SQT} = \frac{550{,}63}{576{,}40} = 0{,}96 = 96\,\%$$

Durch die Hinzunahme des Regressanden x_3 konnte folglich eine deutliche Verbesserung des Regressionsansatzes erzielt werden. Nun werden ca. 96 % durch den Regressionsansatz (Stundenlöhne und Umsatzentwicklung) erklärt und lediglich ca. 4 % gehen auf andere, nicht im Ansatz enthaltene Faktoren zurück.[100]

---

[100] Siehe Fallstudie 40.

y_i [in Tsd.]	x_{2i} [in Euro]	x_{3i} [in Mrd. Euro]	$\hat{y}_i$	$(y_i - \bar{y})^2$	$(\hat{y}_i - \bar{y})^2$	$(y_i - \hat{y}_i)^2$
42	6,0	4,6	43,17	302,76	344,91	1,37
30	8,0	3,2	29,50	29,16	24,01	0,25
25	9,0	2,9	26,40	1,96	3,23	0,16
32	7,5	3,0	27,78	54,76	10,13	17,78
20	9,0	2,3	20,80	21,16	14,46	0,63
22	8,5	2,5	22,81	6,76	3,19	0,66
20	8,5	2,4	21,88	21,16	7,39	3,54
18	12,5	2,2	18,81	43,56	33,54	0,65
20	11,0	2,2	19,26	21,16	28,51	0,55
16	17,0	2,0	15,59	73,96	81,26	0,17
$\bar{y} = 24,5$				$\Sigma = 576,40$	$\Sigma = 550,63$	$\Sigma = 25,77$

Tabelle 4.11 Das Bestimmtheitsmaß der Regression

5 Fallstudien

Fallstudie 1: Arithmetische und geometische Folgen und Reihen
Eine Maschine, deren Anschaffungswert EUR 100.000,- beträgt, ist abzuschreiben. Wie groß ist der Buchwert nach 5 Jahren, wenn

a) jährlich 10 % vom Anschaffungswert
b) jährlich 10 % vom jeweiligen Restbuchwert abgeschrieben werden?
Annahme: Die Maschine wird am Jahresanfang angeschafft!

Fallstudie 2: Modifizierte geometrische Folgen und geometrische Reihen
Herr Sicher, Mitarbeiter einer Vermögensberatungsgesellschaft, legt am 31.12.2014 8.000 Euro auf einem Festgeldkonto an.

a) Über welchen Betrag kann Herr Sicher am 31.12.2019 verfügen, wenn er einen jährlichen Zinssatz von 2,25 % bekommt?
b) Wie lange wird es bei diesem Zinssatz dauern, bis sich das Startkapital verfünffacht hat?
c) Welcher Zinssatz würde Herrn Sicher am 31.12.2019 eine Verdreifachung des eingesetzten Kapitals bringen?
d) Herr Sicher zieht in Erwägung, von dem verfügbaren Geld (EUR 8.000,-) ab dem 31.12.2014 jeweils immer nur EUR 2.000,- zum Jahresende auf dem Festgeldkonto (zu 2,25 %) anzulegen (er zahlt also in vier aufeinander folgenden Jahren jeweils 2000 Euro ein). Wie viel Geld hätte er mit dieser Anlagestrategie am 31.12.2017? Es ist davon auszugehen, dass das übrige verfügbare Geld nicht alternativ angelegt wird, sondern unverzinslich im Tresor des Herrn Sicher verbleibt.

Fallstudie 3: Kapitalwert- bzw. Barwertmethode
Ein Unternehmer hat die Wahl zwischen drei Investitionsobjekten O_1, O_2 und O_3, die jeweils 45.000 Euro kosten, aber unterschiedliche Einzahlungsüberschüsse in den kommenden vier Jahren erwirtschaften (Werte in Euro):

Jahr	O_1	O_2	O_3
1	14.000	0	9.000
2	24.000	38.000	0
3	10.000	0	48.000
4	12.000	16.000	0

Der Unternehmer plant mit einem Kapitalisierungszins von 9 %.

a) Für welches Objekt wird sich der Unternehmer entscheiden?
b) Wie sieht die Entscheidung aus, wenn der Unternehmer eine Mindestverzinsung von 10 % fordert?

Fallstudie 4: Zinsrechnung bzw. Lieferantenkredit

Die Lieferantenrechnung eines Unternehmens beträgt 6.800 Euro. Folgende Zahlungsbedingungen wurden vereinbart: „Zahlbar innerhalb von 10 Tagen unter Abzug von 2 % Skonto, innerhalb von 30 Tagen rein netto". Um Skonto ausnutzen zu können, müsste ein Kredit zu 10 % (p. a.) in Höhe des Überweisungsbetrages aufgenommen werden.

a) Wie viel Euro sind zu überweisen, wenn Skonto in Anspruch genommen wird?
b) Soll ein Kredit aufgenommen werden, um Skonto auszunutzen?
c) Welchem Jahreszinssatz entspricht der Skontosatz?

Fallstudie 5: Vor- und nachschüssige Rentenrechnung

Ein Unternehmensberater hat festgestellt, dass er jährlich durchschnittlich immer 4.500 Euro „zuviel" ausgegeben hat. Deshalb möchte er in den kommenden 12 Jahren jeweils diesen Betrag bei einer Bank anlegen. Diese verspricht ihm eine Verzinsung von 1,2 %. Über wie viel Kapital würde der Unternehmensberater verfügen, wenn er vor- oder nachschüssig investiert?

Fallstudie 6: Ein- und Auszahlungsplan einer vorschüssigen Rentenzahlung

Ein Bachelorstudent der Betriebswirtschaftslehre möchte zu Beginn des Studiums einen Betrag anlegen, der ihm bis zum Ende des achtsemestrigen Studiums reichen soll. Er geht folglich von 4 Jahren aus und kalkuliert mit monatlichen Ausgaben von 400 Euro, die zu Beginn eines Jahres vollständig an ihn gezahlt werden. Der Bankberater möchte ihn unterstützen und räumt einen jährlichen Festzins von 2,5 % ein, der immer auf den verbleibenden Restbetrag zinseszinslich gezahlt wird. Wie wird der vom Bachelorstudent zu zahlende Einmalbetrag aussehen und wie wird der Ein- bzw. Auszahlungsplan dieser Jahre lauten?

Fallstudie 7: Annuitätendarlehen

Der Finanzchef eines Unternehmens hat ein Annuitätendarlehen für den Rückbau einer Lagerhalle abgeschlossen. Der Bankberater erklärt ihm, dass die Kosten in Höhe von 80.000 Euro nach 5 Jahren getilgt sein müssen, er pro Jahr lediglich 0,8 % Zinsen bezahlen muss und die Annuität 16.386,04 beträgt. Stimmt diese Behauptung? Wie lautet der Zins- und Tilgungsplan?

Fallstudie 8: Abzahlungs- bzw. Annuitätendarlehen inkl. tilgungsfreier Jahre

Da ein Unternehmen starke Umsatzanstiege hat, benötigt es, da Wachstum zunächst einmal finanziert sein muss, neue Bankendarlehen in Höhe von 65.000 Euro, was allerdings nach 6 Jahren zu tilgen ist. Die Bank gewährt jedoch zunächst zwei tilgungsfreie Jahre und fixe Jahreszinssätze von 1,8 %. Möglich wäre ein Abzahlungs- oder Annuitätendarlehen.

a) Wie sehen die beiden Zins- und Tilgungspläne aus?
b) Wie hoch ist die Restschuld (bilanzielles Bankendarlehen) zum 31.12. am Ende des 4. Jahres?

Fallstudie 9: Fairer Wert einer Anleihe
Ein Investor möchte in eine Anleihe investieren. Drei Möglichkeiten, die jeweils einen Kurs von 100 Euro und eine Laufzeit von 3 Jahren haben, stehen zur Wahl:

Anleihe 1: Coupon = 1 % Euro jährlich
Anleihe 2: Coupon = 2 % jährlich
Anleihe 3: Coupon = 5 % jährlich.

Die Umlaufrendite betrage 8 %. Wie lauten die „fairen" Preise der Anleihen und für welche würde sich der Investor entscheiden, wenn er diejenige mit dem günstigsten Preis nimmt?

Fallstudie 10: Der faire Gesamtunternehmenswert
Ein Unternehmen möchte 30 % seiner Anteile verkaufen und setzt hierfür die folgenden Parameter als geplant bzw. gegeben voraus. In den kommenden 4 Jahren sind die Cashflow-Überschüsse (nach Steuern) t_1 = 5.200, t_2 = 5.400, t_3 = 6.000 und t_4 = 6.200 Euro angesetzt. Es wird davon ausgegangen, dass weitere Cashflowüberschüsse nicht mehr stattfinden. Die risikolose Verzinsung betrage 1,5 %, der Risikozuschlag 5 %. Heute ist der Bewertungsstichtag der 01. Januar des Jahres t_1. Wie hoch wird der Unternehmensanteil sein, der veräußert werden soll?

Fallstudie 11: Die Entwicklung einer Produktionsfunktion
Ein landwirtschaftlicher Betrieb erzeugt Produkte (y), die verschiedene Düngersorten (x_i) benötigen. Die Produktionsfunktion hat folgenden Aufbau:

$$y = -1{,}5 \cdot x_1^3 + 15 \cdot x_2^2 + 6 \cdot x_3$$

a) Wie viele Produkte werden erzeugt, wenn der landwirtschaftliche Betrieb die 3 Düngersorten bis zu maximal 10 Einheiten einsetzen kann?
b) Wie viele Produkte werden in dieser Konstellation maximal erzeugt?

Fallstudie 12: Sprungfixe Funktion I
Ein deutscher Bachelorabsolvent weiß aufgrund von Nachfragen, dass die zu zahlenden Einkommensteuern in einem Nachbarland günstiger sind als in der Bundesrepublik. Teile der Steuerschuldfunktion liegen ihm bereits vor:

$$y_{nl}(x_{nl}) = \begin{cases} 0 & \text{wenn} \quad 0 \leq x_{nl} \leq 3.000 \\ 0{,}15 \cdot (x_{nl} - 3.000) & \text{wenn} \quad 3.000 < x_{nl} \leq 70.000 \end{cases}.$$

Dabei steht y_{nl} für die zu zahlenden Steuerschulden in Abhängigkeit vom Bruttojahreseinkommen x_{nl}. nl steht dabei für die Währung des Nachbarlandes. Bis zu einem Bruttojahreseinkommen von 3.000 nl werden also keine Steuern erhoben. Zwischen Einkommen von 3.001 und 70.000 nl entfallen dann Steuern mit einem Steuersatz von 15 %. Der Absolvent kann im Nachbarland mit einem Bruttojahreseinkommen von 60.000 nl starten. Er erhält die Information, dass jenseits von 70.000 nl der Steuersatz auf 25 % angehoben wird.

a) Wie hoch wird die zu zahlende Einkommensteuer des Bachelorabsolventen beim Start sein?
b) Wie sieht die Steuerfunktion bei einem Bruttojahreseinkommen von mehr als 70.000 nl aus?
c) Welche Einkommensteuer müsste der Absolvent dann bei einem Bruttoarbeitslohn von 80.000 nl zahlen?

Fallstudie 13: Sprungfixe Funktion II
Für Inlandsbriefe erhebt die Deutsche Post folgende Gebühren:

Standardbrief: 0,60 Euro bis 20 Gramm
Kompaktbrief: 0,90 Euro bis 50 Gramm
Großbrief: 1,45 Euro bis 500 Gramm und
Maxibrief: 2,40 Euro bis 1.000 Gramm

a) Ein Unternehmen möchte für seine Logistikabteilung eine Graphik erstellen, die die entsprechende Briefportofunktion zeigt.
b) Die Logistikabteilung muss an die Finanzabteilung Geld für folgende 50 Briefe überweisen. 10 Briefe wiegen jeweils 18 Gramm, 20 Briefe wiegen 45 Gramm und 20 Briefe wiegen 780 Gramm. Welcher Betrag wird überwiesen?

Fallstudie 14: Zweipunkteform zur Ermittlung einer (linearen) Funktion
Eine Familie verkonsumiert (C) ihr Einkommen (Y) oder spart (S) es. Im ersten Monat wurde kein Einkommen erzielt und trotzdem 100 Euro konsumiert. Dieses Geld wurde also entspart. Im zweiten Monat wurde ein Einkommen von 500 Euro aufgenommen, was komplett ausgegeben wurde. Es konnte also kein Geld angespart werden. Die Einkommensfunktion lautet bekanntlich Y = C + S.

a) Anhand der Zweipunkteform soll die Sparfunktion bestimmt werden.
b) Wie viel Euro würden bei einem Einkommen von 1.000 Euro gespart?
c) Wie groß müsste das Einkommen sein, damit 500 Euro gespart werden könnten?
d) Welche Parameter würden sich ändern, wenn sich die Sparfunktion drehen oder verschieben würde?

Fallstudie 15: Differentialrechnung I
Ein Unternehmen hat die Preisabsatzfunktion $p = -x + 100 + \sqrt{R}$. Der Preis (p) ist also von der Menge (x) und den Werbekosten (R) abhängig. Die Produktionskosten (K) belaufen sich auf $K = 40x + R$.

a) Der Prokurist soll daraus die Umsatz- und Gewinnfunktion ableiten.
b) Anschließend ist der Gewinn zu maximieren, wobei zunächst die Werbekosten, gefolgt von der Menge, dem Preis des Gutes, dem Umsatzerlös und dann die Gesamtkosten zu ermitteln sind.

Fallstudie 16: Differentialrechnung II
In der vergangenen Fallstudie wurde behauptet, dass das Gewinnmaximum bei 1.200 Euro liegt. Dies soll anhand abweichender Werbungskosten untersucht werden.

a) Wie hoch ist der Gewinn, wenn die Werbungskosten R = 300 Euro betragen, sich also die in der letzten Fallstudie ausgerechnete Werbungskosten (400 Euro) um 100 Euro reduzieren?

b) Wie hoch ist der Gewinn, wenn die Werbungskosten 500 Euro betragen, also die ursprünglichen Werbungskosten um 100 Euro übertreffen?

Fallstudie 17: Lineare Optimierung I

Zur Erweiterung einer Pizzeria möchte ein bekannter Pizzabäcker sein Sortiment durch Dönervarianten ergänzen. Dazu bietet er Döner-Standard und Döner-Spezial an. Die Standardvariante wird zu einem Preis von 3 Euro, die Spezialvariante zum Preis von 4 Euro verkauft. Der Brotofen hat eine Kapazität von 500 Fladenbroten/Tag, für Standard werden 100 g und für Spezial 250 g Fleisch benötigt. Aufgrund von Lieferverträgen stehen jeden Tag 50 kg Fleisch zur Verfügung. Standard enthält 100 g Gemüse, Spezial 200 g. Das Gemüse wird in einem Bioladen gekauft, der allerdings nur 40 kg pro Tag zur Verfügung stellen kann. Wie sehen die Funktionen und die optimale Lösung aus?

Fallstudie 18: Lineare Optimierung II

Eine Firma stellt zwei Modelle X_1 und X_2 eines Gerätes her, von denen jedes in den drei Automaten A_1, A_2 und A_3 angefertigt wird. In folgender Tabelle ist angegeben, wie lange jeder Automat für das betreffende Teilstück braucht. Die Automaten können täglich jeweils wie folgt benutzt werden: A_1 hat eine Kapazität von 200 min, A_2 von 120 min und A_3 von 240 min täglich. Wie viele Exemplare von X_1 und X_2 wird man täglich herstellen, wenn der Rohgewinn je Stück 2 Euro bei X_1 und 3 Euro bei X_2 beträgt und der Gesamtgewinn möglichst groß sein soll?

Fallstudie 19: Der Gauss-Algorithmus I

Für einen Produktionsbetrieb gelten folgende Annahmen.

Rohmaterial	Rohmaterialverbrauch in Produkteinheit	
	A	B
1	1	2
2	2	1
3	2	9

a) In welchen Mengen kann der Betrieb die Erzeugnisse A und B herstellen, wenn ihm je Rohmaterial (1, 2, 3) 160, 200 bzw. 400 Mengeneinheiten zur Verfügung stehen?

b) Wie sieht die Lösung graphisch aus und wie sehen alternative Lösungen aus?

Fallstudie 20: Der Gauss-Algorithmus II

Der Sternekoch Johann Lichter kocht in seinem Lokal in 3 aufeinanderfolgenden Tagen die beiden Menüs M_1 und M_2. Am ersten Tag kommen 20 Gäste, von denen jeweils 10 M_1 und M_2 essen. Die Preise liegen bei M_1 = 28 Euro und M_2 = 24 Euro. Am zweiten

Tag kommen 25 Gäste, so dass Herr Lichter die Preise etwas reduziert. 12 Gäste essen M_1 zum Preis von jeweils 25 Euro, während die verbleibenden 13 Gäste zum Preis von 23 Euro M_2 essen. Da am dritten Tag mit 15 Gästen etwas weniger anwesend sind, werden die beiden Preise wieder erhöht. 8 Gäste essen M_1 zum Preis von 30 Euro, die verbleibenden 7 Gäste essen M_2 zum Preis von 28 Euro. Herr Lichter möchte gerne seinen Sohn zur Kochausbildung animieren. Dieser aber bevorzugt lieber ein Mathematikstudium und erklärt dies seinem Vater mit den Worten: „Mit dem Gauss-Algorithmus löse ich alle Probleme dieser Welt!" Daraufhin stellt er für die drei Tage folgende Gleichungen auf:

$10M_1 \cdot P_{11} + 10M_2 \cdot P_{12} = 520$ Gleichung von Tag 1

$12M_1 \cdot P_{21} + 13M_2 \cdot P_{22} = 599$ Gleichung von Tag 2

$8M_1 \cdot P_{31} + 7M_2 \cdot P_{32} = 436$ Gleichung von Tag 3

P_{ij} = i steht für den Tag, j für den entsprechenden Preis.

P_{32} steht z. B. für den Preis von Menü 2 am 3. Tag.

a) Kann der junge Herr Lichter Licht ins Dunkle bringen, indem er mit dem Gauss-Algorithmus die Preise der Menüs herausbekommt?
b) Welche Gleichungen müssten sich möglicherweise ergeben, um die Preise zu berechnen? Dies soll dann mit Hilfe des Gauss-Algorithmus gelöst werden.

Fallstudie 21: Matrizenrechnung I

Ein Unternehmen vertreibt 3 Produkte (x_i) in unterschiedlichen Ländern. In der Bundesrepublik wird im Zeitraum ein Gesamtgewinn in Höhe von 28 Tsd. Euro erzielt. Produkt 1 erzielt pro Stück einen Gewinn von 2 Tsd. Euro, während weder Gewinn noch Verluste beim Produkt 2 anfallen. Produkt 3 erzielt sogar einen Gewinn in Höhe von 7 Tsd. Euro/Stück. Noch positiver sieht es in Österreich (AT) aus. Dort entsteht ein Gesamtgewinn von 35 Tsd. Euro. Am besten schneidet Produkt 3 mit 5 Tsd. Euro Gewinn/Stück ab, gefolgt von Produkt 1 mit 4 Tsd. Euro Gewinn/Stück und dann Produkt 2 mit 1 Tsd. Euro **Verlust**/Stück. Problematischer war die Situation in Südafrika (ZA). Dort entstand ein Gesamtverlust von 29 Tsd. Euro. Produkt 2 erzielte zwar einen Gewinn von 2 Tsd. Euro/Stück, Produkt 1 aber führte zu einem Verlust von 5 Tsd. Euro/Stück. Bei Produkt 3 waren Erlös und Kosten identisch, es gab also weder ein Gewinn noch ein Verlust.

a) Wie sieht das Gleichungssystem aus?
b) Können mit Hilfe der Cramer-Regel die Stückzahlen der drei Produkte berechnet werden?
c) Wie lautet eine mögliche Proberechnung?

Fallstudie 22: Matrizenrechnung II

Ein Unternehmen plant in den kommenden drei Monaten die Herstellung von einflügeligen Holzfenstern, für die die beiden Rohstoffe Holz (laufende Meter) und Glas (Quadratmeter) benötigt werden. Drei Länder aus Skandinavien können diese Rohstoffe zu unterschiedlichen Konditionen liefern.

Mengen der Rohstoffe	Holz (lfd. M.)	Glas (m²)
Januar	3.000	4.000
Februar	1.500	3.200
März	1.800	2.000

Preise pro m² bzw. lfd. M.	Land 1	Land 2	Land 3
Holz	350	380	420
Glas	150	120	100

Das Unternehmen möchte bei dem kostengünstigsten Land einkaufen. Welches Land erhält den Zuschlag? Beachten Sie die Regeln der Matrizenrechnung.

Fallstudie 23: Transportoptimierung I
Ein Unternehmen stellt folgende Transportmatrix auf.

nach\von	B_1	B_2	B_3	B_4	a_i
A_1	10	6	8	7	15
A_2	12	7	16	4	25
A_3	7	14	4	2	5
b_j	9	10	13	8	45

Es soll eine Anfangslösung inklusive der Kosten nach der Nordwest-Eckenregel und der Methode der kleinsten Kosten herbeigeführt werden. Ist die Methode der kleinsten Kosten an dieser Stelle sinnvoll?

Fallstudie 24: Transportoptimierung II
Das Unternehmen versucht, durch die Vogel'sche Approximationsmethode und/oder das Stepping-Stone-Verfahren die Kosten aus der letzten Fallstudie zu minimieren. Ist das möglich?

Fallstudie 25: Lageroptimierung I
Das Material eines Unternehmens soll über das Jahr gesehen in „optimalen" Mengen eingekauft werden. Der Einkauf geht davon aus, dass die Stückzahlen (26.980) und die variablen Kosten (2,78 Euro) des letzten Jahres auch aktuell noch Bestand haben. Kal-

kuliert wird ferner mit bestellfixen Kosten in Höhe von 100 Euro sowie einem Lagerzinssatz von 10 %. Wie lautet die optimale Bestellmenge?

Fallstudie 26: Lageroptimierung II
Handelt es sich bei der berechneten Bestellmenge der vergangenen Fallstudie tatsächlich auch um die kostenminimierende Menge?

Fallstudie 27: Entscheidungen unter Ungewissheit I
Analog Beispiel 2 liegen folgende Aktionen des Händlers und die Nachfragemengen und die daraus abgeleiteten Gewinnsituationen (des Händlers) vor:

Nachfrage	P_i	Aktionen des Händlers (d_1–d_5)				
		$d_1 = 1200$	$d_2 = 1320$	$d_3 = 1440$	$d_4 = 1560$	$d_5 = 1680$
$z_1 = 1200$	0,05	4800 Euro	4320 Euro	3840 Euro	3360 Euro	2880 Euro
$z_2 = 1320$	0,15	4320 Euro	5280 Euro	4800 Euro	4320 Euro	3840 Euro
$z_3 = 1440$	0,30	3840 Euro	4800 Euro	5760 Euro	5280 Euro	4800 Euro
$z_4 = 1560$	0,35	3360 Euro	4320 Euro	5280 Euro	6240 Euro	5760 Euro
$z_5 = 1680$	0,15	2880 Euro	3840 Euro	4800 Euro	5760 Euro	6720 Euro

Welche Aktion wird der Händler durchführen, wenn er nach der Erwartungswert-Standardabweichungsmethode oder der Methode des erwarteten Opportunitätsverlustes verfährt?

Fallstudie 28: Entscheidungen unter Ungewissheit II
Der Manager eines Unternehmens hat die Wahl zwischen vier Projekten (a_1, a_2, a_3 und a_4), bei denen die Gewinne, die in der folgenden Entscheidungsmatrix enthalten sind, abhängig sind von vier möglichen Umweltzuständen (z_1, z_2, z_3 und z_4) der Wirtschaft.

Z \ A	z_1 $p_1 = 0{,}4$	z_2 $p_2 = 0{,}3$	z_3 $p_3 = 0{,}2$	z_4 $p_4 = 0{,}1$
a_1	11	13	18	25
a_2	30	7	8	23
a_3	21	18	10	21
a_4	8	22	19	15

Der Manager möchte das Risiko minimieren und untersucht das „optimale" Projekt nach der Erwartungswert- sowie der Standardabweichungsmethode. Wie werden seine Entscheidungen aussehen?

Fallstudie 29: Risikospezifische Verteilungsfunktion I

Das Risikomanagement eines Unternehmens hat das Ausfallrisiko eines ihrer Schlüsselpersonen zu kalkulieren. Es kommt zu dem Schluss, dass unter normalen Bedingungen der Ausfall einen Schaden von 150.000 Euro verursachen wird. Sollten sich die Rahmenbedingungen hingegen ändern, besteht die Möglichkeit, dass der Schaden im günstigsten Fall auf 40.000 Euro reduziert werden kann. Allerdings kann es auch passieren, dass der Ausfall der Schlüsselperson zu einem deutlich höheren Schaden führt. Das Risikomanagement taxiert den maximalen Schaden auf 400.000 Euro.
Wie groß ist die Wahrscheinlichkeit, dass

a) der Schaden geringer als 100.000 Euro,
b) geringer als 200.000 Euro bzw.
c) höher als 160.000 Euro ist?
d) Wie lauten der Erwartungswert und die Varianz?

Fallstudie 30: Risikospezifische Verteilungsfunktion II

Das Risikomanagement eines Unternehmens hat das Ausfallrisiko eines ihrer Schlüsselpersonen zu kalkulieren. Entgegen der obigen Fallstudie gestaltet sich nun die Situation etwas anders. Das Unternehmen erwartet einen Schaden von 150.000 Euro und geht aufgrund von Erfahrungswerten von einer Varianz in Höhe von 2.250.000 Euro aus. Unterstellt wird eine Gleichverteilung.
Wie groß ist das Risiko, dass

a) der Schaden geringer als 100.000 Euro,
b) geringer als 200.000 Euro bzw.
c) höher als 160.000 Euro ist?
d) Das Unternehmen möchte den Schaden berechnen, der die kleinsten 5 % ausmacht. Wie hoch wird dieser sein?

Fallstudie 31: Spezielle Instrumente der Risikobewertung I

Für ein börsennotiertes KMU-Unternehmen liegen für 16 aufeinander folgende Börsentage deren Kurswerte und die Werte des TecDAX (Vergleichsindex) vor. Es sind die Eigenkapitalkosten r_{EK} über das so genannte Capital Asset Pricing Model zu bestimmen. Es gilt:

$$r_{EK} = r_f + \beta \cdot (r_m - r_f)$$

Bereits bekannt sind:

r_f = risikolose Rendite = 5 %
r_m = durchschnittliche Marktrendite = 8 %

Das Risikomaß in Form des β-Koeffizienten soll aus der nachstehenden Tabelle durch einen Regressionsansatz (Abhängigkeit des KMU-Kurswertes vom TecDAX-Index) berechnet werden. Die Regression ist aufgrund der kontinuierlichen annualisierten Renditen zu berechnen.

	Kurswerte			Kurswerte	
Datum	TecDAX	KMU	Datum	TecDAX	KMU
02.02.2015	772,18	10,21	12.02.2015	809,67	11,34
03.02.2015	779,27	10,48	13.02.2015	814,33	11,51
04.02.2015	784,21	10,67	16.02.2015	818,24	11,71
05.02.2015	783,24	10,42	17.02.2015	804,12	11,34
06.02.2015	794,11	10,82	18.02.2015	798,32	10,99
09.02.2015	805,20	11,27	19.02.2015	778,65	10,78
10.02.2015	806,24	11,13	20.02.2015	784,12	10,77
11.02.2015	811,31	11,47	23.02.2015	794,35	10,82

Fallstudie 32: Spezielle Instrumente der Risikobewertung II
Unser Unternehmer erhält das Angebot, ein Projekt zu den nachstehenden Konditionen durchzuführen. Zusätzlich muss er noch Fixkosten in Höhe von 500.000 Euro einplanen. Der Unternehmer würde das Projekt dann annehmen, wenn der VaR (auf dem 5 %-Niveau) einen Verlust von 100.000 Euro nicht übersteigt. Wie wird die Entscheidung ausfallen?

Deckungsbeitrag in Euro	Wahrscheinlichkeit in %
375.000	8
450.000	12
525.000	30
600.000	30
675.000	12
750.000	8

Fallstudie 33: Spezielle Instrumente der Risikobewertung III
Eine Volkswirtschaft geht davon aus, dass es innerhalb einer Branche zwischen den Stundenlöhnen und der Beschäftigtenzahlen eine besondere Beziehung gibt. Es wird vermutet, dass mit steigendem Stundenlohn die Beschäftigtenzahlen zurückgehen und umgekehrt, die Beschäftigung (y) korreliert dann also negativ mit dem Stundenlohn (x). Man unterstellt eine (negative) Abhängigkeit der Beschäftigung vom Stundenlohn:

Beschäftigung $= -f(\text{Stundenlohn})$

x (in Euro)	6,0	8,0	9,0	7,5	9,0	8,5	8,5	12,5	11,0	17,0
y (in Tsd.)	42	30	26	32	20	22	20	18	20	16

a) Wie lautet die Regressionsgerade?
b) Wie groß ist die Beschäftigtenzahl bei einem Stundenlohn von 20 Euro?
c) Wie lautet das Bestimmtheitsmaß? Welche Konsequenzen ergeben sich daraus?

Fallstudie 34: Elastizitäten

Ein Unternehmen hat einen Maximalpreis seiner Dienstleistung pro Stunde von 50 Euro. Aufgrund von Erfahrungen kennt man die Nachfragefunktion (N) der Kunden, die vom Preis (p) abhängig ist.

$N(p) = 50 - p$

Bei einem Preis > 50 Euro wäre also die Nachfrage gemäß der Formel negativ, was aber ökonomisch keinen Sinn ergibt. Das Unternehmen möchte herausfinden, wie elastisch die Nachfrage auf Preisveränderungen reagiert.
Wie ist die Preiselastizität der Nachfrage bei den Preisen 10, 20, 30, 40 bzw. 50 Euro?

Fallstudien 35: Kreuzpreiselastizitäten

Als Verkäufer einer großen Metzgerei haben Sie erfahren, dass sich eine bestimmte Fleischsorte, die bislang pro kg 15 Euro kostete, in Misskredit geraten ist. Die alternative Fleischsorte wurde in einer Menge von 100 kg verkauft. Durch Preisreduzierung der ersten Ware von 15 Euro auf 10 Euro erhöhte sich der Absatz der Alternative um 30 kg.
Wie hoch ist die Kreuzpreiselastizität und was sagt diese aus?

Fallstudie 36: Integralrechnung I

Der Vorstand einer großen deutschen Bank hat 2 Geldfunktionen (1. Ableitung) und möchte daraus von einem Mitarbeiter die Stammfunktion herleiten lassen. Die beiden 1. Ableitungen lauten:

a) $f'(x) = \sqrt[4]{x}$
b) $f'(x) = 3x^2 + 2x + 1$

Fallstudie 37: Integralrechnung II

Eine Konditorei produziert eine besondere Torte, deren Herstellung sehr zeitintensiv ist, so dass die Kapazitätsgrenze bei 13 Stück/Tag liegt. Der Bachelorstudent des Konditormeisters hat herausgefunden, dass die Grenzgewinnfunktion G'(x) = 4x − 2 beträgt. Gleichzeitig konnten die täglichen Fixkosten, also die beschäftigungsunabhängigen Kosten bestimmt werden, die immerhin 112 Euro/Tag betragen. Der Student möchte folgende Punkte klären:

a) Wie lautet die Gewinnfunktion? Die Integrationskonstante wird durch die Fixkosten bestimmt.

b) Wie sehen die Deckungsbeiträge und die Gewinne bei Ausbringungsmengen von 6 bis 13 Torten/Tag aus?
c) Wo liegen das Gewinnmaximum und die Break-Even-Menge und wie lassen sich die Gewinne durch das Intergral beschreiben?

Fallstudie 38: Spieltheorie I
Im Rahmen der Makroökonomie wird oft die Bedeutung von Glaubwürdigkeit (Credibility) und Zeitinkonsistenz von Regierungen im Rahmen von Stabilisierungsprogrammen angesprochen, was häufig bei hyperinflationären Ländern diskutiert wird. In dieser Fallstudie soll die Regierung eines hyperinflationären Landes durch ein adäquates Stabilisierungsprogramm die gesamte volkswirtschaftliche Situation verbessern bzw. beibehalten. Dabei können vier Situationen eintreten, die sich aus folgenden Merkmalen zusammensetzen:

- R_1 = Regierung kündigt das Stabilisierungsprogramm an und führt es durch
- R_2 = Regierung kündigt das Stabilisierungsprogramm an, führt es aber nicht durch
- B_1 = Bevölkerung schätzt die Regierung als glaubwürdig ein und
- B_2 = Bevölkerung hält die Regierung für unglaubwürdig

Daraus ergeben sich folgende Ausgangsmatrixsowie die daran anknüpfende Kostenmatrix:

Ausgangsmatrix				Kostenmatrix		
	B_1	B_2			B_1	B_2
R_1	A_1	A_2	⇨	R_1	2/1	4/2
R_2	A_3	A_4		R_2	1/8	5/7

Wenn also die Regierung das Stabilisierungsprogramm durchführt (R_1) und die Bevölkerung dies auch akzeptiert (B_1), entstehen Gesamtkosten von 3 Einheiten. 2 davon entfallen auf die Regierung (z. B. in Form von Arbeitsintensität), 1 Einheit auf die Bevölkerung (z. B. in Form von Abgaben). Sollte nun die Regierung in der nächsten Periode das Stabilisierungsprogramm abbrechen (R_2), würden sich ihre Kosten auf 1 Einheit verringern.

a) Sollte sich die Regierung für R_2 entscheiden? Welche Auswirkungen hätte dies auf die gesamte Volkswirtschaft?
b) Existiert eine Nash-Lösung bzw. ein Nash-Gleichgewicht?

Fallstudie 39: Spieltheorie II[101]
In einer sehr großen amerikanischen Stadt planen die beiden Unternehmer Geldgier (G) und Raffzahn (R) die Errichtung von sehr großen Kaufhäusern, die sich alle an einer linear verlaufenden Straße befinden sollen.

---

101 — Vgl. auch Dürr W./Kleibohm K., 1983, S. 179ff.

	Straße 1	2 km	Straße 2	2 km	Straße 3	2 km	Straße 4
Kunden	20		40		20		20

Man geht also aufgrund einer Umsatzprognose davon aus, dass ein Kaufhaus an der Straße 2 pro Tag 40 Kunden (entspricht dem Umsatz) ergeben würde etc. Die geschätzten Umsatzanteile wurden wie folgt berechnet:

	Umsatzanteil in %	
	R	G
wenn R näher an den Kunden liegt als G gilt	80 %	20 %
sind beide Unternehmen gleich entfernt	50 %	50 %
wenn G näher an den Kunden liegt als R gilt	40 %	60 %

Die beiden Unternehmer überlegen sich jetzt, ob eine Preisabsprache von Erfolg gekrönt wäre.

a) Für alle Standortkombinationen soll die potenzielle Anzahl der Käufer für G und R in Matrixform gezeigt werden.
b) Liegt ein Nullsummenspiel vor und wenn ja, kann man aufgrund des Maximinprinzips den „optimalen" Standort beider Unternehmen ableiten?

Fallstudie 40: Multiple Regression
Es wird unterstellt, dass die privaten Konsumausgaben C^{priv} von dem Bruttoinlandsprodukt BIP und den Nettolöhnen/Nettogehältern L^{netto} (Angaben jeweils in Bio. Euro) abhängig sind. Diese Beziehung soll anhand der Daten der vorliegenden 10 Jahre getestet werden.[102]

Jahr	1	2	3	4	5	6	7	8	9	10
C^{priv} (y_i)	0,85	0,91	0,95	0,98	1,02	1,05	1,08	1,11	1,15	1,19
BIP (x_1)	1,50	1,61	1,65	1,73	1,80	1,83	1,87	1,92	1,97	2,03
L^{netto} (x_2)	0,48	0,51	0,52	0,52	0,53	0,52	0,51	0,53	0,54	0,57

Geben Sie den Regressionsansatz und das Bestimmtheitsmaß an. Interpretieren Sie das Ergebnis.

---

102 Vgl. Stiefl J., 2011, S. 58ff.

6 Lösungen zu den Fallstudien

Fallstudie 1: Arithmetische und geometrische Folgen und Reihen
Eine Maschine, deren Anschaffungswert EUR 100.000,- beträgt, ist abzuschreiben. Wie groß ist der Buchwert nach 5 Jahren, wenn
jährlich 10 % vom Anschaffungswert
jährlich 10 % vom jeweiligen Restbuchwert abgeschrieben werden?
Annahme: Die Maschine wird am Jahresanfang angeschafft!

Lösung: Es handelt sich bei Frage a um die arithmetische Folge, bei Frage b um die geometrische Folge, was im Folgenden erläutert wird.

Zu a) $a_0 = 100.000$

Davon werden in jedem Jahr jeweils 10.000 Euro abgeschrieben, was man tabellarisch anhand dieser Entwicklung darstellen kann:

Ende des Jahres	Wertentwicklung in Euro	Endwert
1	100.000 – 10.000	90.000
2	90.000 – 10.000	80.000
3	80.000 – 10.000	70.000
4	70.000 – 10.000	60.000
5	60.000 – 10.000	50.000

Gemäß der arithmetischen Folge wird also in jedem Jahr der konstante Wert d = –10.000 angesetzt. Die Formel lautet:

$$a_n = a_1 + (n-1) \cdot d = 90.000 + (5-1) \cdot -10.000 = 50.000$$

Zu b) $a_0 = 100.000$

Davon werden in jedem Jahr, anders als bei Aufgabe a, nicht jeweils 10.000 Euro abgeschrieben, sondern immer jeweils 10 % vom Restbuchwert.

Ende des Jahres	Wertentwicklung in Euro	Endwert
1	100.000 – 10 % · 100.000	90.000
2	90.000 – 10 % · 90.000	81.000
3	81.000 – 10 % · 81.000	72.900
4	72.900 – 10 % · 72.900	65.610
5	65.610 – 10 % · 65.610	59.049

Gemäß der geometrischen Folge wird also in jedem Jahr der konstante Quotient q = 0,9 angesetzt. Daraus folgt:

$$a_n = a_1 \cdot q^{n-1} = 90.000 \cdot 0{,}9^{5-1} = 59.049$$

Fallstudie 2: Modifizierte geometrische Folgen und geometrische Reihen

Herr Sicher, Mitarbeiter einer Vermögensberatungsgesellschaft, legt am 31.12.2014 8.000 Euro auf einem Festgeldkonto an.

a) Über welchen Betrag kann Herr Sicher am 31.12.2019 verfügen, wenn er einen jährlichen Zinssatz von 2,25 % bekommt?
b) Wie lange wird es bei diesem Zinssatz dauern, bis sich das Startkapital verfünffacht hat?
c) Welcher Zinssatz würde Herr Sicher am 31.12.2019 eine Verdreifachung des eingesetzten Kapitals bringen?
d) Herr Sicher zieht in Erwägung, von dem verfügbaren Geld (EUR 8.000,-) ab dem 31.12.2014 jeweils immer nur EUR 2.000,- zum Jahresende auf dem Festgeldkonto (zu 2,25 %) anzulegen (er zahlt also in vier aufeinander folgenden Jahren jeweils 2000 Euro ein). Wie viel Geld hätte er mit dieser Anlagestrategie am 31.12.2017? Es ist davon auszugehen, dass das übrige verfügbare Geld nicht alternativ angelegt wird, sondern unverzinslich im Tresor des Herrn Sicher verbleibt.

Lösung:
Zu a) Es gilt die (etwas modifizierte) geometrische Folge:

$a_n = a_1 \cdot q^n$ wobei $a_1 = 8000$, $q = 1{,}0225$ und $n = 5$ ist.
$a_n = 8000 \cdot 1{,}0225^5 = 8.941{,}42$ Euro

Am 31.12.2019 wird der Betrag also auf 8.941,42 Euro angestiegen sein.

Zu b) Verfünffacht sich das Kapital, werden aus den 8.000 Euro (a_1) 40.000 Euro (a_n). Gesucht wird bei der Formel der geometrischen Folge also die Auflösung nach dem Jahr n. Durch logarithmieren folgt:

$$n = \frac{\ln a_n - \ln a_1}{\ln q} \Rightarrow n = \frac{\ln 40000 - \ln 8000}{\ln 1{,}0225} = 72{,}33 \text{ Jahre}$$

Zu c) Nun ist die Formel der geometrischen Folge nach q aufzulösen.

$$q = \sqrt[n]{\frac{a_n}{a_1}} \quad \text{wobei n = 5, } a_n = 24.000 \text{ und } a_1 = 8000 \text{ ist.}$$

$$q = \sqrt[5]{\frac{24000}{8000}} = 1{,}2457 = 24{,}57 \%$$

Es bedarf also pro Jahr eines Zinssatzes von (gerundet) 24,57 %, damit sich am Ende des Jahres 2019 24.000 Euro ergeben.

Zu d) Betrachtet man die Entwicklung der jeweiligen Beträge, ergeben sich folgende Endwerte:

Ende des Jahres	Wiederentwicklung in Euro	Endwert
2014	2000	2.000,00
2015	$2000 \cdot 1{,}0225 + 2000$	4.045,00
2016	$2000 \cdot 1{,}0225^2 + 2000 \cdot 1{,}0225 + 2000$	6.136,01
2017	$2000 \cdot 1{,}0225^3 + 2000 \cdot 1{,}0225^2 + 2000 \cdot 1{,}0225 + 2000$	**8.274,07**

Der Endbetrag ergibt sich direkt aus der Formel der geometrischen Reihe:

$$s_n = a_1 \cdot \frac{(1-q^n)}{(1-q)} = 2000 \cdot \frac{(1-1{,}0225^4)}{(1-1{,}0225)} = 8.274{,}07$$

Fallstudie 3: Kapitalwert- bzw. Barwertmethode

Ein Unternehmer hat die Wahl zwischen drei Investitionsobjekten O_1, O_2 und O_3, die jeweils 45.000 Euro kosten, aber unterschiedliche Einzahlungsüberschüsse in den kommenden vier Jahren erwirtschaften (Werte in Euro):

Jahr	O_1	O_2	O_3
1	14.000	0	9.000
2	24.000	38.000	0
3	10.000	0	48.000
4	12.000	16.000	0

Der Unternehmer plant mit einem Kapitalisierungszins von 9 %.

a) Für welches Objekt wird sich der Unternehmer entscheiden?
b) Wie sieht die Entscheidung aus, wenn der Unternehmer eine Mindestverzinsung von 10 % fordert?

Lösung:

Zu a) Die Kapitalwerte der Objekte K_{Oi} lauten:

$$K_{O1} = -45 + \frac{14}{1{,}09} + \frac{24}{(1{,}09)^2} + \frac{10}{(1{,}09)^3} + \frac{12}{(1{,}09)^4}$$

$$= -45 + 12{,}84 + 20{,}20 + 7{,}72 + 8{,}50 = 4{,}26$$

$$K_{02} = -45 + \frac{38}{(1{,}09)^2} + \frac{16}{(1{,}09)^4} = -45 + 31{,}98 + 11{,}33 = -1{,}69$$

$$K_{03} = -45 + \frac{9}{1{,}09} + \frac{48}{(1{,}09)^3} = -45 + 8{,}26 + 37{,}06 = 0{,}32$$

Die Objekte O_1 und O_3 haben einen positiven Kapitalwert, so dass die geforderte Mindestverzinsung des Investors in Höhe von 9 % gewährleistet ist. Da der Kapitalwert von O_1 größer ist, wird dieses Objekt realisiert. O_2 scheidet als Alternative aus, da dessen Kapitalwert negativ ist.

Zu b) Bei einer geforderten Verzinsung von 10 % ergeben sich die Kapitalwerte wie folgt:

$$K_{01} = -45 + \frac{14}{1{,}1} + \frac{24}{(1{,}1)^2} + \frac{10}{(1{,}1)^3} + \frac{12}{(1{,}1)^4}$$

$$= -45 + 12{,}73 + 19{,}83 + 7{,}51 + 8{,}20 = 3{,}27$$

$$K_{02} = -45 + \frac{38}{(1{,}1)^2} + \frac{16}{(1{,}1)^4} = -45 + 31{,}40 + 10{,}93 = -2{,}67$$

$$K_{03} = -45 + \frac{9}{1{,}1} + \frac{48}{(1{,}1)^3} = -45 + 8{,}18 + 36{,}06 = -0{,}76$$

Liegt die geforderte Mindestverzinsung des Investors bei 10 %, erfüllt lediglich das Objekt O_1 die Anforderung eines positiven Kapitalwertes und wird realisiert. O_3 ist jetzt ebenfalls (neben O_2) negativ und scheidet als Investitionsalternative aus.

Fallstudie 4: Zinsrechnung bzw. Lieferantenkredit

Die Lieferantenrechnung eines Unternehmens beträgt 6.800 Euro. Folgende Zahlungsbedingungen wurden vereinbart: „Zahlbar innerhalb von 10 Tagen unter Abzug von 2 % Skonto, innerhalb von 30 Tagen rein netto". Um Skonto ausnutzen zu können, müsste ein Kredit zu 10 % (p. a.) in Höhe des Überweisungsbetrages aufgenommen werden.

a) Wie viel Euro sind zu überweisen, wenn Skonto in Anspruch genommen wird?
b) Soll ein Kredit aufgenommen werden, um Skonto auszunutzen?
c) Welchem Jahreszinssatz entspricht der Skontosatz?

Lösung:
Zu a) Der Überweisungsbetrag liegt bei 6.664 Euro (6.800 Euro abzgl. 2 %). Das Skonto beträgt somit 136 Euro.

Zu b) Die Kreditkosten (Zinsen) für das aufzunehmende Darlehen errechnen sich mit der Zinsformel:

$$\text{Zinsen} = \frac{\text{Kapital} \cdot \text{Zinssatz} \cdot \text{Tage}}{360 \cdot 100} = \frac{6.664 \cdot 10 \cdot 20}{36.000} = 37{,}02 \text{ Euro}$$

Die zu zahlenden Zinsen in Höhe von 37,02 Euro sind niedriger als der Skontogewinn in Höhe von 136 Euro. Deshalb ist es sinnvoll, im vorliegenden Fall Skonto in Anspruch zu nehmen. Damit entspricht der Lieferantenkredit auf jeden Fall einem Jahreszinssatz, der höher ist als die geforderten 10 % von der Bank (siehe Teilaufgabe c).

Zu c) Der Lieferantenkredit wird für 20 Tage gewährt, denn ab dem 10. Tag (Skontozahlungstermin) beginnt er zu laufen und geht bis zum 30. Tag, dem Tag, an dem die Rechnung spätestens (rein netto) zu zahlen ist. Für 20 Tage gewährt der Lieferant also 2 %. Auf das Jahr bezogen ergibt sich damit eine Verzinsung von:

$$x = \frac{360 \cdot 2}{20} = 36\,\% \, .$$

D.h., sofern der kurzfristige Bankkredit zu einem Zinssatz zu bekommen ist, der unterhalb von 36 % liegt, rechnet sich die Ausnutzung des Skontos.

Fallstudie 5: Vor- und nachschüssige Rentenrechnung

Ein Unternehmensberater hat festgestellt, dass er jährlich durchschnittlich immer 4.500 Euro „zuviel" ausgegeben hat. Deshalb möchte er in den kommenden 12 Jahren jeweils diesen Betrag bei einer Bank anlegen. Diese verspricht ihm eine Verzinsung von 1,2 %. Über wie viel Kapital würde der Unternehmensberater verfügen, wenn er vor- oder nachschüssig investiert?

Lösung:

$$\text{Vorschüssig}: \quad R_n = r \cdot q \cdot \frac{(q^n - 1)}{(q - 1)} = 4.500 \cdot 1{,}012 \cdot \frac{(1{,}012^{12} - 1)}{(1{,}012 - 1)} = 58.403{,}00$$

$$\text{Nachschüssig}: \quad R_n = r \cdot \frac{(q^n - 1)}{(q - 1)} = 4.500 \cdot \frac{(1{,}012^{12} - 1)}{(1{,}012 - 1)} = 57.710{,}48$$

Fallstudie 6: Ein- und Auszahlungsplan einer vorschüssigen Rentenzahlung

Ein Bachelorstudent der Betriebswirtschaftslehre möchte zu Beginn des Studiums einen Betrag anlegen, der ihm bis zum Ende des achtsemestrigen Studiums reichen soll. Er geht folglich von 4 Jahren aus und kalkuliert mit monatlichen Ausgaben von 400 Euro, die zu Beginn eines Jahres vollständig an ihn gezahlt werden. Der Bankberater möchte ihn unterstützen und räumt einen jährlichen Festzins von 2,5 % ein, der immer auf den verbleibenden Restbetrag zinseszinslich gezahlt wird. Wie wird der vom Bachelorstudent zu zahlende Einmalbetrag aussehen und wie wird der Ein- bzw. Auszahlungsplan dieser Jahre lauten?

Lösung:
Gemäß der vorschüssigen „Renten"-Zahlung ergibt sich folgender Barwert:

$$R_0 = r \cdot \frac{(q^n - 1)}{(q - 1)} \cdot \frac{1}{q^{n-1}} = 4800 \cdot \frac{(1{,}025^4 - 1)}{(1{,}025 - 1)} \cdot \frac{1}{1{,}025^3} = 18.508{,}91 \text{ Euro}$$

Zahlt der Student also zu Beginn des Semesters (des Jahres) 18.508,91 Euro ein, so erhält er viermalig zu Beginn des Jahres jeweils 4.800 (12 . 400,-) ausgezahlt. Der Rest wird dann zinseszinslich angelegt, wie folgender Ein- bzw. Auszahlungsplan erkennen lässt.[103]

	t_1	t_2	t_3	t_4
Anfangswert	18.508,91	14.051,64	9.482,93	4.800,00
Auszahlung	4.800,00	4.800,00	4.800,00	4.800,00
Restbetrag	13.708,91	9.251,64	4.682,93	0,00
Zinsen	342,72	231,29	117,07	0,00

Fallstudie 7: Annuitätendarlehen

Der Finanzchef eines Unternehmens hat ein Annuitätendarlehen für den Rückbau einer Lagerhalle abgeschlossen. Der Bankberater erklärt ihm, dass die Kosten in Höhe von 80.000 Euro nach 5 Jahren getilgt sein müssen, er pro Jahr lediglich 0,8 % Zinsen bezahlen muss und die Annuität 16.386,04 beträgt. Stimmt diese Behauptung? Wie lautet der Zins- und Tilgungsplan?

$$A = K_0 \cdot q^n \cdot \frac{(q - 1)}{(q^n - 1)} = 80.000 \cdot 1{,}008^5 \cdot \frac{(1{,}008 - 1)}{(1{,}008^5 - 1)} = 16.386{,}04$$

Die Aussage des Bankberaters stimmt also. Zins- und Tilgungsplan sehen wie folgt aus:

Jahr	Restschuld	Annuität	Zinsen	Tilgung
1	80.000,00	16.386,04	640,00	15.746,04
2	64.253,96	16.386,04	514,03	15.872,01
3	48.381,95	16.386,04	387,06	15.998,98
4	32.382,97	16.386,04	259,06	16.126,98
5	16.255,99	16.386,04	130,05	16.255,99

Gemäß Tilgungsplan ist im 5. Jahr die Restschuld vollständig getilgt.

---

103 — Es können Rundungsfehler auftreten.

Fallstudie 8: Abzahlungs- bzw. Annuitätendarlehen inkl. tilgungsfreier Jahre

Da ein Unternehmen starke Umsatzanstiege hat, benötigt es, da Wachstum zunächst einmal finanziert sein muss, neue Bankendarlehen in Höhe von 65.000 Euro, was allerdings nach 6 Jahren zu tilgen ist. Die Bank gewährt jedoch zunächst zwei tilgungsfreie Jahre und fixe Jahreszinssätze von 1,8 %. Möglich wäre ein Abzahlungs- oder Annuitätendarlehen.

a) Wie sehen die beiden Zins- und Tilgungspläne aus?
b) Wie hoch ist die Restschuld (bilanzielles Bankendarlehen) zum 31.12. am Ende des 4. Jahres?

Lösung:
Zu a) Beim **Annuitätendarlehen** sind die ersten beiden Jahre tilgungsfrei. Deshalb gilt:

$$A = K_0 \cdot q^n \cdot \frac{(q-1)}{(q^n-1)} = 65000 \cdot 1{,}018^4 \cdot \frac{(1{,}018-1)}{(1{,}018^4-1)} = 16.987{,}77 \text{ Euro}$$

Es ergibt sich folgender Kapitaldienst:

Jahr	Schuld 01.01	Annuität	Zinsen	Tilgung
1	65.000,00	0	1.170,00	0
2	65.000,00	0	1.170,00	0
3	65.000,00	16.987,77	1.170,00	15.817,77
4	49.182,23	16.987,77	885,28	16.102,49
5	33.079,74	16.987,77	595,44	16.392,34
6	16.687,40	16.987,77	300,37	16.687,40
Summe		67.951,09	5.291,09	65.000,00

Das Abzahlungsdarlehen hat einen ähnlichen Kapitaldienst:

Jahr	Schuld 01.01	Zinsen	Tilgung
1	65.000,00	1.170,00	0
2	65.000,00	1.170,00	0
3	65.000,00	1.170,00	16.250,00
4	48.750,00	877,50	16.250,00
5	32.500,00	585,00	16.250,00
6	16.250,00	292,50	16.250,00
Summe		5.265,00	65.000,00

Zu b) Am Ende des vierten Jahres (zu Beginn des 5. Jahres) würde die Restschuld nach dem Annuitätendarlehen 33.079,74 Euro und beim Abzahlungsdarlehen 32.500 Euro betragen.

Fallstudie 9: Fairer Wert einer Anleihe

Ein Investor möchte in eine Anleihe investieren. Drei Möglichkeiten, die jeweils einen Kurs von 100 Euro und eine Laufzeit von 3 Jahren haben, stehen zur Wahl:

Anleihe 1: Coupon = 1 % jährlich
Anleihe 2: Coupon = 2 % jährlich
Anleihe 3: Coupon = 5 % jährlich.

Die Umlaufrendite betrage 8 %. Wie lauten die „fairen" Preise der Anleihen und für welche würde sich der Investor entscheiden, wenn er diejenige mit dem günstigsten Preis nimmt?

$$P_{f1} = \frac{1 \text{ Euro}}{(1+0{,}08)^1} + \frac{1 \text{ Euro}}{(1+0{,}08)^2} + \frac{101 \text{ Euro}}{(1+0{,}08)^3} = 81{,}96 \text{ Euro}$$

$$P_{f2} = \frac{2 \text{ Euro}}{(1+0{,}08)^1} + \frac{2 \text{ Euro}}{(1+0{,}08)^2} + \frac{102 \text{ Euro}}{(1+0{,}08)^3} = 84{,}54 \text{ Euro}$$

$$P_{f3} = \frac{5 \text{ Euro}}{(1+0{,}08)^1} + \frac{5 \text{ Euro}}{(1+0{,}08)^2} + \frac{105 \text{ Euro}}{(1+0{,}08)^3} = 92{,}27 \text{ Euro}$$

Der Investor würde sich für Anleihe 1 entscheiden, da diese den niedrigsten Preis enthält.

Fallstudie 10: Der faire Gesamtunternehmenswert

Ein Unternehmen möchte 30 % seiner Anteile verkaufen und setzt hierfür die folgenden Parameter als geplant bzw. gegeben voraus. In den kommenden 4 Jahren sind die Cashflow-Überschüsse (nach Steuern) $t_1 = 5.200$, $t_2 = 5.400$, $t_3 = 6.000$ und $t_4 = 6.200$ Euro angesetzt. Es wird davon ausgegangen, dass weitere Cashflowüberschüsse nicht mehr stattfinden. Die risikolose Verzinsung betrage 1,5 %, der Risikozuschlag 5 %. Heute ist der Bewertungsstichtag der 01. Januar des Jahres t_1. Wie hoch wird der Unternehmensanteil sein, der veräußert werden soll?

Lösung:

$$P_{f1} = \frac{5.200}{(1+0{,}065)^1} + \frac{5.400}{(1+0{,}065)^2} + \frac{6.000}{(1+0{,}065)^3} + \frac{6.200}{(1+0{,}065)^4} = 19.430{,}09 \text{ Euro}$$

Der „faire" Gesamtunternehmenswert beträgt somit ca. 19.430 Euro, so dass Anteile für ca. 5.829 Euro (30 %) verkauft werden sollen.

Fallstudie 11: Die Entwicklung einer Produktionsfunktion

Ein landwirtschaftlicher Betrieb erzeugt Produkte (y), die verschiedene Düngersorten (x_i) benötigen. Die Produktionsfunktion hat folgenden Aufbau:

$$y = -1{,}5 \cdot x_1^3 + 15 \cdot x_2^2 + 6 \cdot x_3$$

a) Wie viele Produkte werden erzeugt, wenn der landwirtschaftliche Betrieb die 3 Düngersorten bis zu maximal 10 Einheiten einsetzen kann?

b) Wie viele Produkte werden in dieser Konstellation maximal erzeugt?

Lösung:

Zu a) Folgende Produktionsmengen können erzeugt werden:

x	0	1	2	3	4	5	6	7	8	9	10
y	0	19,5	60,0	112,5	168,0	217,5	252,0	262,5	240,0	175,5	60,0

Zu b) Bei jeweils 7 Düngemittel werden maximal 262,50 Produkte hergestellt.

Fallstudie 12: Sprungfixe Funktion I

Ein deutscher Bachelorabsolvent weiß aufgrund von Nachfragen, dass die zu zahlenden Einkommensteuern in einem Nachbarland günstiger sind als in der Bundesrepublik. Teile der Steuerschuldfunktion liegen ihm bereits vor:

$$y_{nl}(x_{nl}) = \begin{cases} 0 & \text{wenn} \quad 0 \leq x_{nl} \leq 3.000 \\ 0{,}15 \cdot (x_{nl} - 3.000) & \text{wenn} \quad 3.000 < x_{nl} \leq 70.000 \end{cases}.$$

Dabei steht y_{nl} für die zu zahlenden Steuerschulden in Abhängigkeit vom Bruttojahreseinkommen x_{nl}. nl steht dabei für die Währung des Nachbarlandes. Bis zu einem Bruttojahreseinkommen von 3.000 nl werden also keine Steuern erhoben. Zwischen einem Einkommen von 3.001 und 70.000 nl entfallen dann Steuern mit einem Steuersatz von 15 %. Der Absolvent kann im Nachbarland mit einem Bruttojahreseinkommen von 60.000 nl starten. Er erhält die Information, dass jenseits von 70.000 nl der Steuersatz auf 25 % angehoben wird.

a) Wie hoch wird die zu zahlende Einkommensteuer des Bachelorabsolventen beim Start sein?

b) Wie sieht die Steuerfunktion bei einem Bruttojahreseinkommen von mehr als 70.000 nl aus?

c) Welche Einkommensteuer müsste der Absolvent dann bei einem Bruttoarbeitslohn von 80.000 nl zahlen?

Lösung:

Zu a) $y_{nl}(60.000) = 0{,}15 \cdot (60.000 - 3.000) = 8.550{,}- nl$

Zu b) Um die Steuerfunktion erweitern zu können, müssen zunächst einmal die Steuerfixkosten bis zu 70.000nl beim Steuersatz von 15 % berechnet werden.

Aus $y_{nl}(70.000) = 0{,}15 \cdot (70.000 - 3.000) = 10.050{,}- nl$ folgt

$y_{nl}(x_{nl}) = 10.050 + 0{,}25 \cdot (x_{nl} - 70.000) \quad \text{wenn} \quad 70.000 < x_{nl}$

Zu c) $y_{nl}(80.000) = 10.050 + 0{,}25 \cdot (80.000 - 70.000) = 12.550{,}- nl$

Fallstudie 13: Sprungfixe Funktion II

Für Inlandsbriefe erhebt die Deutsche Post folgende Gebühren:

Standardbrief: 0,60 Euro bis 20 Gramm
Kompaktbrief: 0,90 Euro bis 50 Gramm
Großbrief: 1,45 Euro bis 500 Gramm und
Maxibrief: 2,40 Euro bis 1.000 Gramm

a) Ein Unternehmen möchte für seine Logistikabteilung eine Graphik erstellen, die die entsprechende Briefportofunktion zeigt.
b) Die Logistikabteilung muss an die Finanzabteilung Geld für folgende 50 Briefe überweisen. 10 Briefe wiegen jeweils 18 Gramm, 20 Briefe wiegen 45 Gramm und 20 Briefe wiegen 780 Gramm. Welcher Betrag wird überwiesen?

Lösung:

Zu a) Die Graphik zeigt, dass es keine streng monoton wachsende sondern eine sprungfix steigende Funktion ist.

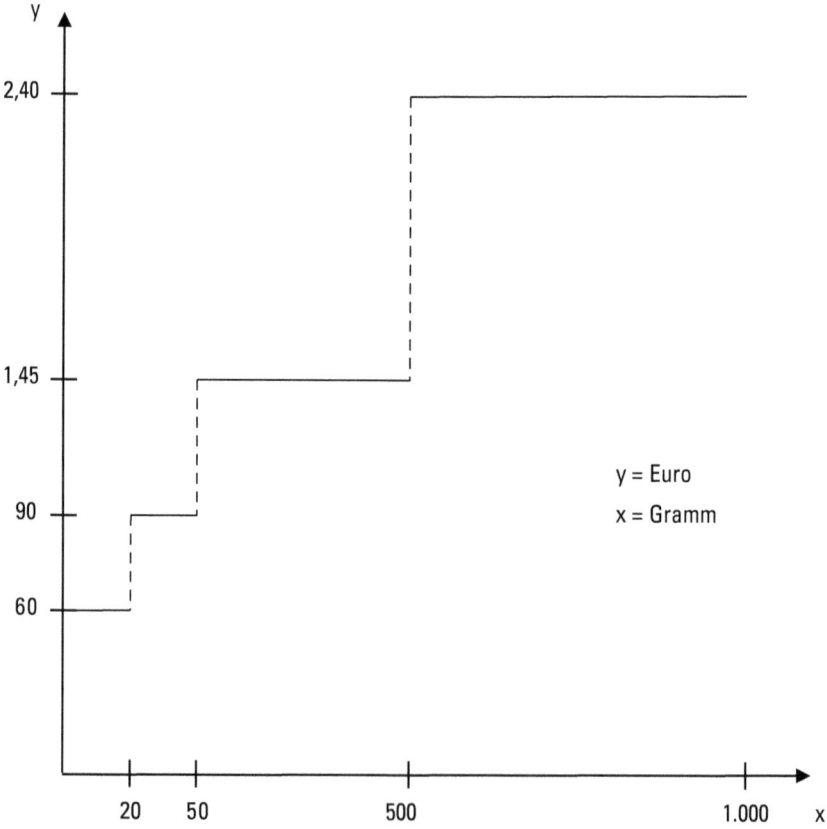

Bis 20 Gramm (x = 20) kostet der Standardbrief 60 Cent, gefolgt von 90 Cent zwischen 20 und 50 Gramm usw.
Zu b) $y = 0{,}60 \cdot 10 + 0{,}90 \cdot 20 + 1{,}45 \cdot 20 = 53$ Euro

Die Logistikabteilung überweist der Finanzabteilung für die 50 Briefe also insgesamt 53 Euro.

Fallstudie 14: Zweipunkteform zur Ermittlung einer (linearen) Funktion

Eine Familie verkonsumiert (C) ihr Einkommen (Y) oder spart (S) es. Im ersten Monat wurde kein Einkommen erzielt und trotzdem 100 Euro konsumiert. Dieses Geld wurde also entspart. Im zweiten Monat wurde ein Einkommen von 500 Euro aufgenommen, was komplett ausgegeben wurde. Es konnte also kein Geld angespart werden. Die Einkommensfunktion lautet bekanntlich Y = C + S.

a) Anhand der Zweipunkteform soll die Sparfunktion bestimmt werden.
b) Wie viel Euro würden bei einem Einkommen von 1.000 Euro gespart?
c) Wie groß müsste das Einkommen sein, damit 500 Euro gespart werden könnten?
d) Welche Parameter würden sich ändern, wenn sich die Sparfunktion drehen oder verschieben würde?

Lösung:

Zu a) Um mit Hilfe der Zweipunkteform die Sparfunktion zu bestimmen, wird zunächst einmal die Einkommensfunktion nach dem Sparen aufgelöst.
Aus $Y = C + S$ wird also $S = Y - C$
Deshalb kann die Zweipunkteform $y = \dfrac{(y_2 - y_1)}{(x_2 - x_1)} \cdot (x - x_1) + y_1$ aufgelöst werden nach:

$$S = \frac{(S_2 - S_1)}{(Y_2 - Y_1)} \cdot (Y - Y_1) + S_1$$

Aus den beiden ersten Monaten leiteten sich ab: $Y_1 = 0$, $S_1 = -100$, $Y_2 = 500$ und $S_2 = 0$.
Daraus ergibt sich die Sparfunktion:

$$S = \frac{(S_2 - S_1)}{(Y_2 - Y_1)} \cdot (Y - Y_1) + S_1 = \frac{0 + 100}{500 - 0} \cdot (Y - 0) - 100 = 0{,}2 \cdot Y - 100$$

Geht man von einer linearen Gleichung aus, lautet die Sparfunktion:

$$S = 0{,}2 \cdot Y - 100 \ .$$

Zu b) Werden 1.000 Euro Einkünfte erzielt, könnten 100 Euro angespart werden, denn es gilt:

$$S = 0{,}2 \cdot Y - 100 = 0{,}2 \cdot 1000 - 100 = 100$$

Zu c) Bei dieser Fragestellung ist nach der **Inversen** (Umkehrfunktion) der Sparfunktion gefragt. Die Sparfunktion wird also nach Y aufgelöst. Aus

$$S = 0{,}2 \cdot Y - 100 \quad \text{folgt} \quad Y = 5 \cdot S + 500$$

Das Einkommen müsste also 3.000 Euro betragen, denn es gilt

$$Y = 5 \cdot 500 + 500 = 3000.$$

Zu d) Die Sparfunktion würde sich drehen, wenn sich die Steigung und somit der Wert 0,2 verändert. Die Sparfunktion würde steiler verlaufen bei > 0,2 und flacher bei <0,2. Die (Parallel)Verschiebung nach links oben erfolgt, wenn der negative Wert (-100) geringer bzw. positiv wird und nach rechts unten, wenn sich der negative Wert (-100) weiter erhöht.

Fallstudie 15: Differentialrechnung I[104]
Ein Unternehmen hat die Preisabsatzfunktion $p = -x + 100 + \sqrt{R}$. Der Preis (p) ist also von der Menge (x) und den Werbekosten (R) abhängig. Die Produktionskosten (K) belaufen sich auf $K = 40x + R$. Alle Preise lauten auf Euro.

a) Der Prokurist soll daraus die Umsatz- und Gewinnfunktion ableiten.
b) Anschließend ist der Gewinn zu maximieren, wobei zunächst die Werbekosten, gefolgt von der Menge, dem Preis des Gutes, dem Umsatzerlös und dann die Gesamtkosten zu ermitteln sind.

Lösung:
Zu a) Die Umsatzfunktion ergibt sich durch Multiplikation der Preisabsatzfunktion mit der Menge.

$$U = p \cdot x = -x^2 + 100x + \sqrt{R} \cdot x$$

Die Gewinnfunktion ergibt sich aus der Differenz von Umsatz- und Kostenfunktion.

$$G = -x^2 + 100x + \sqrt{R} \cdot x - 40x - R$$

Zu b) Um den Gewinn zu maximieren, ist zunächst diese Funktion partiell nach der Menge und den Werbekosten abzuleiten und gleich Null zu setzen. Werden dann beide Ableitungen nach der Menge aufgelöst und gleichgesetzt, ergeben sich zunächst die Werbekosten.

Partielle Ableitung nach der Menge: $\dfrac{\delta G}{\delta x} = -2x + 100 + \sqrt{R} - 40 = 0$

Partielle Ableitung nach den Werbekosten: $\dfrac{\delta G}{\delta R} = \dfrac{1}{2} x \cdot R^{-\frac{1}{2}} - 1 = 0$

Man löst beide Ableitungen nach x auf:

$$x = 30 + \frac{1}{2} R^{\frac{1}{2}} \quad \text{und} \quad x = 2 R^{\frac{1}{2}}$$

Dann setzt man sie gleich und löst nach R auf:

$$2R^{\frac{1}{2}} = 30 + \frac{1}{2} R^{\frac{1}{2}} \Rightarrow 4\sqrt{R}$$
$$= 60 + \sqrt{R} \Rightarrow 3\sqrt{R} = 60 \Rightarrow \sqrt{R} = 20 \Rightarrow R = 400$$

---

[104] Vgl. z. B. Ott E.A., 1984, S. 244ff.

In den nächsten Schritten werden Menge, Preis, Umsatzerlös, Kosten und dann der Gewinn (dessen Maximierung) berechnet.

$$x = 2\sqrt{R} = 2\sqrt{400} = 40 \Rightarrow p = -40 + 100 + \sqrt{400} = 80$$

$$U = -40^2 + 100 \cdot 40 + \sqrt{400} \cdot 40 = 3200 \quad K = 40 \cdot 40 + \sqrt{400} = 2000$$

$$G = 3200 - 2000 = 1200 \text{ Euro}$$

Fallstudie 16: Differentialrechnung II

In der vergangenen Fallstudie wurde behauptet, dass das Gewinnmaximum bei 1.200 Euro liegt. Dies soll anhand abweichender Werbungskosten untersucht werden.

a) Wie hoch ist der Gewinn, wenn die Werbungskosten R = 300 Euro betragen, sich also die in der letzten Fallstudie ausgerechnete Werbungskosten (400 Euro) um 100 Euro reduzieren?
b) Wie hoch ist der Gewinn, wenn die Werbungskosten 500 Euro betragen, also die ursprünglichen Werbungskosten um 100 Euro übertreffen?

Lösung:

Zu a)

$$R = 300 \Rightarrow x = 30 + \tfrac{1}{2} \cdot \sqrt{300}$$
$$= 38{,}66 \Rightarrow p = -38{,}66 + 100 + \sqrt{300} = 78{,}66$$

$$U = -38{,}66^2 + 100 \cdot 38{,}66 + \sqrt{300} \cdot 38{,}66$$
$$= 3.041{,}02 \text{ Euro} \Rightarrow K = 40 \cdot 38{,}66 + 300 = 1.846{,}40$$

$$G = U - K = 3.041{,}02 - 1.846{,}40 = 1.194{,}62$$

Bei Werbungskosten von 300 Euro liegt der Gewinn also um 5,38 Euro unter dem Gewinn von 1.200 Euro, der bei Werbungskosten von 400 Euro entstanden ist.

Zu b)

$$R = 500 \Rightarrow x = 30 + \frac{1}{2} \cdot \sqrt{500}$$
$$= 41{,}18 \Rightarrow p = -41{,}18 + 100 + \sqrt{500} = 81{,}18$$

$$U = -41{,}18^2 + 100 \cdot 41{,}18 + \sqrt{500} \cdot 41{,}18$$
$$= 3.343{,}02 \text{ Euro} \Rightarrow K = 40 \cdot 41{,}18 + 500 = 2.147{,}20$$

$$G = U - K = 3.343{,}02 - 2.147{,}20 = 1.195{,}82$$

Bei Werbungskosten von 500 Euro liegt der Gewinn also um 4,18 Euro unter dem Gewinn von 1.200 Euro, der bei Werbungskosten von 400 Euro entstanden ist.

Fallstudie 17: Lineare Optimierung I

Zur Erweiterung einer Pizzeria möchte ein bekannter Pizzabäcker sein Sortiment durch Dönervarianten ergänzen. Dazu bietet er Döner-Standard und Döner-Spezial an. Die Standardvariante wird zu einem Preis von 3 Euro, die Spezialvariante zum Preis von 4 Euro verkauft. Der Brotofen hat eine Kapazität von 500 Fladenbroten/Tag, für Standard werden 100 g und für Spezial 250 g Fleisch benötigt. Aufgrund von Lieferverträgen stehen jeden Tag 50 kg Fleisch zur Verfügung. Standard enthält 100 g Gemüse, Spezial 200 g. Das Gemüse wird in einem Bioladen gekauft, der allerdings nur 40 kg pro Tag zur Verfügung stellen kann. Wie sehen die Funktionen und die optimale Lösung aus?

Lösung:

Z = Zielfunktion; B = Brotrestriktion; F = Fleischrestriktion; G = Gemüserestriktion
N = Nichtnegativitätsbedingung; x_1 = Döner-Standard; x_2 = Döner-Spezial

$$Z: \quad 3x_1 + 4x_2 = \text{Umsatz}$$
$$B: \quad x_1 + x_2 \leq 500$$
$$F: \quad 0{,}1 \cdot x_1 + 0{,}25 \cdot x_2 \leq 50$$
$$G: \quad 0{,}1 \cdot x_1 + 0{,}2 \cdot x_2 \leq 40$$
$$N: \quad x_1, x_2 \geq 0$$

0	x_1	x_2	RS	Q
Z(Max)	−3	−4	0	
B	1	1	500	500
F	0,1	0,25	50	200
G	0,1	0,2	40	200

2	x_2	G	RS	Q
Z(Max)	2	30	1200	
B	−1	−10	100	
F	0,05	−1	10	
x_1	1	10	400	

Oben primale Entartung. Wahl der 2. Spalte

1	x_1	G	RS	Q
Z(Max)	−1	20	800	
B	0,5	−5	300	600
F	−0,025	−1,25	0	0
x_2	0,5	5	200	400

Vom Standard-Döner werden also 400 Stück am Tag bei einem Umsatz von 1.200,− produziert. Das Gemüse ist der Engpaßfaktor, so dass also der Spezial-Döner nicht mehr abgesetzt wird.

Fallstudie 18: Lineare Optimierung II

Eine Firma stellt zwei Modelle X_1 und X_2 eines Gerätes her, von denen jedes in den drei Automaten A_1, A_2 und A_3 angefertigt wird. In folgender Tabelle ist angegeben, wie lange jeder Automat für das betreffende Teilstück braucht. Die Automaten können täglich jeweils wie folgt benutzt werden: A_1 hat eine Kapazität von 200 min, A_2 von 120 min und A_3 von 240 min täglich. Wie viele Exemplare von X_1 und X_2 wird man täglich herstellen, wenn der Rohgewinn je Stück 2 Euro bei X_1 und 3 Euro bei X_2 beträgt und der Gesamtgewinn möglichst groß sein soll?

Automat	Benötigte Zeit (min je Stück)	
	X_1	X_2
A_1	2	1
A_2	1	1
A_3	1	3

Lösung:
Algebraisch ergeben sich folgende Ungleichungen:

$x_1 =$ Modell 1 $x_2 =$ Modell 2

$Z:\ 2x_1 + 3x_2 =$ Summe Rohgewinn

$A_1:\ 2x_1 + 1x_2 \leq 200$

$A_2:\ 1x_1 + 1x_2 \leq 120$

$A_3:\ 1x_1 + 3x_2 \leq 240$

$N:\ x_1, x_2 \geq 0$

1	x_1	x_2	RS	Q
Z(max)	−2	−3	0	
A_1	2	1	200	200
A_2	1	1	120	120
A_3	0	3	240	80

2	x_1	A_3	RS	Q
Z(max)	2	1/3	320	
A_1	−2	1/3	40	
A_2	1	−1/3	40	
x_2	0	1	80	

3	x_1	A_3	RS	Q
Z(max)	−2	1	240	
A_1	2	−1/3	120	60
x_1	1	−1/3	40	40
x_2	0	1/3	80	n.d.

Es werden also $x_1 = 40$ und $x_2 = 80$ Stück produziert, die einen Rohgewinn von 320 Euro ergeben, denn $40 \cdot 2 + 80 \cdot 3 = 320$.

Die Maschinen A_2 und A_3 bilden den Engpass, während A_1 noch freie Kapazitäten von 40 Minuten hat.

Fallstudie 19: Der Gauß-Algorithmus I

Für einen Produktionsbetrieb gelten folgende Annahmen.

Rohmaterial	Rohmaterialverbrauch je Produkteinheit	
	A	B
1	1	2
2	2	1
3	2	9

a) In welchen Mengen kann der Betrieb die Erzeugnisse A und B herstellen, wenn ihm je Rohmaterial (1, 2, 3) 160, 200 bzw. 400 Mengeneinheiten zur Verfügung stehen?

b) Wie sieht die Lösung graphisch aus und wie sehen alternative Lösungen aus?

Lösung:

Zu a)

0	A	B	RS	1	A	B	RS	2	A	B	RS
1	1	2	160	1	-3	0	-240	1	0	0	22,5
2	2	1	200	2	2	1	200	2	0	1	25
3	2	9	400	3	-16	0	-1400	-3/16	1	0	87,5

Erzeugnis A verbraucht 87,5 Einheiten von Rohstoff 1 (Rohmaterial 3), Erzeugnis B benötigt 25 Mengeneinheiten von Rohstoff 2 (Rohmaterial 2).

Zu b)

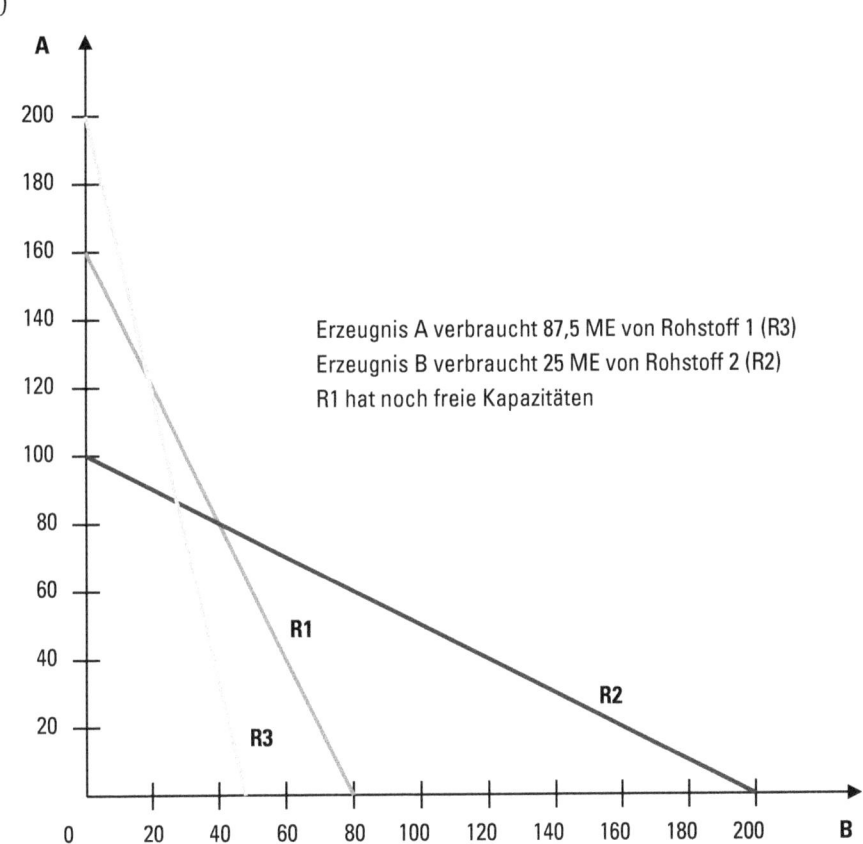

Es handelt sich um ein überbestimmtes Gleichungssystem, denn 3 Gleichungen stehen 2 Unbekannte gegenüber. Die Rohstoffmaterialien 2 und 3 werden aufgebraucht (25/ 87,5 ME), das Rohmaterial 1 ist noch übrig. Lässt man bei der Geraden R1 die ≤-Beziehung zu, kann man die Gerade nach links verschieben. Rohmaterial 1 ist dann eingelagert.

Fallstudie 20: Der Gauß-Algorithmus II

Der Sternekoch Johann Lichter kocht in seinem Lokal in 3 aufeinanderfolgenden Tagen die beiden Menüs M_1 und M_2. Am ersten Tag kommen 20 Gäste, von denen jeweils 10 M_1 und M_2 essen. Die Preise liegen bei M_1 = 28 Euro und M_2 = 24 Euro. Am zweiten Tag kommen 25 Gäste, so dass Herr Lichter die Preise etwas reduziert. 12 Gäste essen M_1 zum Preis von jeweils 25 Euro, während die verbleibenden 13 Gäste zum Preis von 23 Euro M_2 essen. Da am dritten Tag mit 15 Gästen etwas weniger anwesend sind, werden die beiden Preise wieder erhöht. 8 Gäste essen M_1 zum Preis von 30 Euro, die verbleibenden 7 Gäste essen M_2 zum Preis von 28 Euro. Herr Lichter möchte gerne seinen Sohn zur Kochausbildung animieren. Dieser aber bevorzugt lieber ein Mathematikstudium und erklärt dies seinem Vater mit den Worten: „Mit dem Gauß-Algorithmus löse ich alle Probleme dieser Welt!" Daraufhin stellt er für die drei Tage folgende Gleichungen auf:

$10M_1 \cdot P_{11} + 10M_2 \cdot P_{12} = 520$ Gleichung von Tag 1
$12M_1 \cdot P_{21} + 13M_2 \cdot P_{22} = 599$ Gleichung von Tag 2
$8M_1 \cdot P_{31} + 7M_2 \cdot P_{32} = 436$ Gleichung von Tag 3

P_{ij} = i steht für den Tag, j für den entsprechenden Preis.
P_{32} steht z. B. für den Preis von Menü 2 am 3. Tag.

a) Kann der junge Herr Lichter Licht ins Dunkle bringen, indem er mit dem Gauß-Algorithmus die Preise der Menüs herausbekommt?
b) Welche Gleichungen müssten sich möglicherweise ergeben, um die Preise zu berechnen? Dies soll dann mit Hilfe des Gauß-Algorithmus gelöst werden.

Lösung:

Zu a) Die nachfolgende Tabelle zeigt, dass das obige Gleichungssystem nicht lösbar ist, denn den insgesamt 6 Preisen stehen lediglich drei Gleichungen gegenüber.

0	P_{11}	P_{21}	P_{31}	P_{12}	P_{22}	P_{32}	RS
1	10	0	0	10	0	0	520
2	0	12	0	0	13	0	599
3	0	0	8	0	0	7	436

Zu b) Folgenden Gleichungen können für Klarheit sorgen, da man so für die 6 unbekannten Preise die gleiche Anzahl von Gleichungen erhält:

$P_{11} + P_{21} = 53$ Euro $P_{11} + P_{31} = 58$ Euro $P_{21} + P_{31} = 55$ Euro

$P_{12} + P_{22} = 47$ Euro $P_{12} + P_{32} = 52$ Euro $P_{22} + P_{32} = 51$ Euro

In sechs Schritten gelangt man zur Lösung:

0	P_{11}	P_{21}	P_{31}	P_{12}	P_{22}	P_{32}	RS	2	P_{31}	P_{12}	P_{22}	P_{32}	RS
	10	0	0	10	0	0	520		0	0	10	10	0	0	540
	0	12	0	0	13	0	599		0	0	-12	0	13	0	-61
	0	0	8	0	0	7	436		0	0	8	0	0	7	436
	1	1	0	0	0	0	53	P_{11}	1	0	-1	0	0	0	-2
	1	0	1	0	0	0	58		0	0	2	0	0	0	60
	0	1	1	0	0	0	55	P_{21}	0	1	1	0	0	0	55

0	P_{11}	P_{21}	P_{31}	P_{41}	P_{22}	P_{32}	RS	2		P_{11}	P_{21}	P_{31}	P_{22}	RS
	0	0	0	1	1	0	47		0	0	0	1	1	0	47
	0	0	0	1	0	1	52		0	0	0	1	0	1	52
	0	0	0	0	1	1	51		0	0	0	0	1	1	51

1		P_{21}	P_{31}	P_{12}	P_{22}	P_{32}	RS	3		P_{21}	P_{31}	P_{22}	RS
	0	−10	0	10	0	0	−10		0	0	10	0	−10	0	70
	0	12	0	0	13	0	599		0	0	−12	0	13	0	−61
	0	0	8	0	0	7	436		0	0	8	0	0	7	436
P_{11}	1	1	0	0	0	0	53		1	0	−1	0	0	0	−2
	0	−1	1	0	0	0	5		0	0	2	0	0	0	60
	0	1	1	0	0	0	55	P_{21}	0	1	1	0	0	0	55
	0	0	0	1	1	0	47		0	0	0	1	1	0	47
	0	0	0	1	0	1	52		0	0	0	0	−1	1	5
	0	0	0	0	1	1	51	P_{22}	0	0	0	0	1	1	51

4			P_{31}			P_{32}	RS	5						P_{32}	RS
	0	0	10	0	0	10	580		0	0	0	0	0	10	280
	0	0	−12	0	0	−13	−724		0	0	0	0	0	−13	−364
	0	0	8	0	0	7	436		0	0	0	0	0	7	196
P_{11}	1	0	−1	0	0	0	−2		1	0	0	0	0	0	28
	0	0	2	0	0	0	60		0	0	1	0	0	0	30
	0	1	1	0	0	0	55		0	1	0	0	0	0	25
P_{12}	0	0	0	1	0	−1	−4		0	0	0	1	0	−1	−4
	0	0	0	0	0	2	56		0	0	0	0	0	2	56
	0	0	0	0	1	1	51		0	0	0	0	1	1	51

Diese fünf Iterationsschritte führen zum sechsten und damit letzten Schritt, inklusive der Lösung:

6							RS
	0	0	0	0	0	0	0
	0	0	0	0	0	0	0
	0	0	0	0	0	0	0
P_{11}	1	0	0	0	0	0	28
P_{31}	0	0	1	0	0	0	30
P_{21}	0	1	0	0	0	0	25
P_{12}	0	0	0	1	0	0	24
P_{32}	0	0	0	0	0	1	28
P_{22}	0	0	0	0	1	0	23

Es ergeben sich also die sechs Preise, die in der Ausgangssituation der Fallstudie bereits angegeben sind.

Fallstudie 21: Matrizenrechnung I

Ein Unternehmen vertreibt 3 Produkte (x_i) in unterschiedlichen Ländern. In der Bundesrepublik wird im Zeitraum ein Gesamtgewinn in Höhe von 28 Tsd. Euro erzielt. Produkt 1 erzielt pro Stück einen Gewinn von 2 Tsd. Euro, während weder Gewinn noch Verluste beim Produkt 2 anfallen. Produkt 3 erzielt sogar einen Gewinn in Höhe von 7 Tsd. Euro/Stück. Noch positiver sieht es in Österreich (AT) aus. Dort entsteht ein Gesamtgewinn von 35 Tsd. Euro. Am besten schneidet Produkt 3 mit 5 Tsd. Euro Gewinn/Stück ab, gefolgt von Produkt 1 mit 4 Tsd. Euro Gewinn/Stück und dann Produkt 2 mit 1 Tsd. Euro **Verlust**/Stück. Problematischer war die Situation in Südafrika (ZA). Dort entstand ein Gesamtverlust von 29 Tsd. Euro. Produkt 2 erzielte zwar einen Gewinn von 2 Tsd. Euro/Stück, Produkt 1 aber führte zu einem Verlust von 5 Tsd. Euro/Stück. Bei Produkt 3 waren Erlös und Kosten identisch, es gab also weder ein Gewinn noch ein Verlust.

a) Wie sieht das Gleichungssystem aus?
b) Können mit Hilfe der Cramer-Regel die Stückzahlen der drei Produkte berechnet werden?
c) Wie lautet eine mögliche Proberechnung?

Lösung:

Zu a) Das (lineare) Gleichungssystem hat folgenden Aufbau:

$BRD \Rightarrow 2x_1 + 0x_2 + 7x_3 = 28$

$AT \Rightarrow 4x_1 - 1x_2 + 5x_3 = 35$

$ZA \Rightarrow -5x_1 + 2x_2 + 0x_3 = -29$

Zu b) Cramer-Regel

Zunächst berechnen wir die Determinante der Matrix **A**, im Anschluss werden die Produktspalten jeweils durch den Spaltenvektor der rechten Seite substituiert. Es folgen die Determinanten A_j. Es schließen sich dann die Berechnungen der Stückzahlen (x_i) an.

$$Det\,A = \begin{vmatrix} 2 & 0 & 7 & 2 & 0 \\ 4 & -1 & 5 & 4 & -1 \\ -5 & 2 & 0 & -5 & 2 \end{vmatrix} = 0 + 0 + 56 - 35 - 20 - 0 = 1$$

$$Det\,A_1 = \begin{vmatrix} 28 & 0 & 7 & 28 & 0 \\ 35 & -1 & 5 & 35 & -1 \\ -29 & 2 & 0 & -29 & 2 \end{vmatrix} = 0 + 0 + 490 - 203 - 280 - 0 = 7$$

$$Det\,A_2 = \begin{vmatrix} 2 & 28 & 7 & 2 & 28 \\ 4 & 35 & 5 & 4 & 35 \\ -5 & -29 & 0 & -5 & -29 \end{vmatrix} = 0 - 700 - 812 + 1225 + 290 - 0 = 3$$

$$Det\,A_3 = \begin{vmatrix} 2 & 0 & 28 & 2 & 0 \\ 4 & -1 & 35 & 4 & -1 \\ -5 & 2 & -29 & -5 & 2 \end{vmatrix} = 58 + 0 + 224 - 140 - 140 - 0 = 2$$

Aus den Werten der Determinanten entstehen die Stückzahlen in Tsd.:

$$x_1 = \frac{|A_1|}{|A|} = \frac{7}{1} = 7 \qquad x_2 = \frac{|A_2|}{|A|} = \frac{3}{1} = 3 \qquad x_3 = \frac{|A_3|}{|A|} = \frac{2}{1} = 2$$

Es werden also im Beobachtungszeitraum in den drei Ländern x_1 = 7.000, x_2 = 3.000 und x_3 = 2.000 Stück der Ware verkauft.

Zu c) Auch die Proberechnung ist möglich, da die Ausgangsdeterminante ≠ 0 war.

$2 \cdot 7 + 0 \cdot 3 + 7 \cdot 2 = 28$

$4 \cdot 7 - 1 \cdot 3 + 5 \cdot 2 = 35$

$-5 \cdot 7 + 2 \cdot 3 + 0 \cdot 2 = -29$

Die verkauften Stückzahlen können also durch die Probe bestätigt werden.

Fallstudie 22: Matrizenrechnung II

Ein Unternehmen plant in den kommenden drei Monaten die Herstellung von einflügeligen Holzfenstern, für die die beiden Rohstoffe Holz (laufende Meter) und Glas (Quadratmeter) benötigt werden. Drei Länder aus Skandinavien können diese Rohstoffe zu unterschiedlichen Konditionen liefern.

Mengen der Rohstoffe	Holz (lfd. M.)	Glas (m²)
Januar	3.000	4.000
Februar	1.500	3.200
März	1.800	2.000

Preise pro m² bzw. lfd. M.	Land 1	Land 2	Land 3
Holz	350	380	420
Glas	150	120	100

Das Unternehmen möchte bei dem kostengünstigsten Land einkaufen. Welches Land erhält den Zuschlag? Beachten Sie die Regeln der Matrizenrechnung.

Lösung:

Die erste Matrix $A_{(3,2)}$ enthält die drei Zeilen (Monate), sowie die beiden Spalten (Holz und Glas), während die zweite Matrix $B_{(2,3)}$ die beiden Zeilen (Holz und Glas) und die drei Spalten der Länder enthält.

$$A_{(32)} = \begin{vmatrix} 3000 & 4000 \\ 1500 & 3200 \\ 1800 & 2000 \end{vmatrix} \quad B_{(23)} = \begin{vmatrix} 350 & 380 & 420 \\ 150 & 120 & 100 \end{vmatrix}$$

Durch Multiplikation ergibt sich die Matrix $C_{(3,3)}$

$$C_{(33)} = \begin{vmatrix} 1.650.000 & 1.620.000 & 1.660.000 \\ 1.005.000 & 954.000 & 950.000 \\ 930.000 & 924.000 & 956.000 \end{vmatrix}$$

Folgende Kosten entstehen bei den Ländern:

Land 1: 1.650.000 + 1.005.000 + 930.000 = 3.585.000 Euro
Land 2: 1.620.000 + 954.000 + 924.000 = 3.498.000 Euro
Land 3: 1.660.000 + 950.000 + 956.000 = 3.566.000 Euro
Land 2 ist somit am günstigsten und wird gewählt.

Fallstudie 23: Transportoptimierung I

Ein Unternehmen stellt folgende Transportmatrix auf.

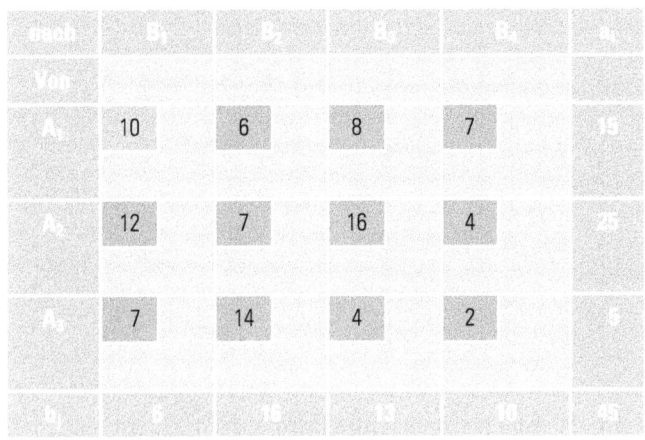

Es soll eine Anfangslösung inklusive der Kosten nach der Nordwest-Eckenregel und der Methode der kleinsten Kosten herbeigeführt werden. Ist die Methode der kleinsten Kosten an dieser Stelle sinnvoll?

Lösung:

Die Anwendung der Nordwestecken-Regel verursacht Kosten in Höhe von 401 Euro, wie folgende Transportmatrix zeigt:

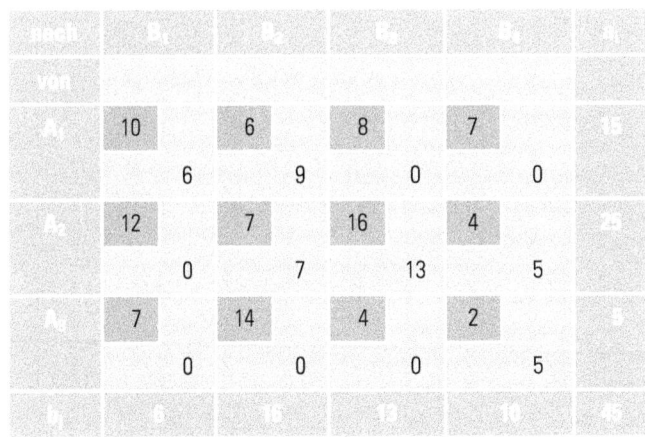

Kosten: K = 6 · 10 + 9 · 6 + 7 · 7 + 13 · 16 + 5 · 4 + 5 · 2 = 401 Euro

Die Methode der kleinsten Kosten führt zu folgender Transportmatrix:

nach \ von	B_1	B_2	B_3	B_4	a_i
A_1	10	6	8	7	15
	0	15	0	0	
A_2	12	7	16	4	25
	6	1	13	5	
A_3	7	14	4	2	5
	0	0	0	5	
b_j	6	16	13	10	45

Kosten: K = 15 · 6 + 6 · 12 + 1 · 7 + 13 · 16 + 5 · 4 + 5 · 2 = 407 Euro

Die Anwendung der Methode der kleinsten Kosten ist in diesem Falle sogar um 6 Euro teurer als die der Nordwest-Eckenregel.

Fallstudie 24: Transportoptimierung II

Das Unternehmen versucht, durch die Vogel'sche Approximationsmethode und/oder das Stepping-Stone-Verfahren die Kosten endgültig zu minimieren. Ist das möglich?

Lösung:

Nach der Vogel'schen Approximationsmethode ergibt sich unter Berücksichtigung der Transportmatrix folgendes Szenario:[105]

nach \ von	B_1	B_2	B_3	B_4	a_i	Δc_1	Δc_2	Δc_3	Δc_4
A_1	10	6	8	7	15	1	1	1	4
	6	1	8	0					
A_2	12	7	16	4	25	3	3	3	5
	0	15	0	10					
A_3	7	14	4	2	5	2	-	-	-
	0	0	5	0					
b_j	6	16	13	10	45				
Δc_1	3	1	4	2					
Δc_2	2	1	8	3					

---

105 Die Δc_i beschreiben die Kostenänderungen des i-ten Schrittes.

nach	B_1	B_2	B_3	B_4	a_i	Δc_1	Δc_2	Δc_3	Δc_4
Δc_3	2	1	–	3					
Δc_4	2	1	–	–					

Die Kosten sind nun wesentlich günstiger.

Kosten: K = 6 · 10 + 1 · 6 + 8 · 8 + 15 · 7 + 10 · 4 + 5 · 4 = 295 Euro

Das Stepping-Stone-Verfahren erweitert die Vogel'sche Approximationsmethode, führt aber zu keinem neuen Ergebnis.

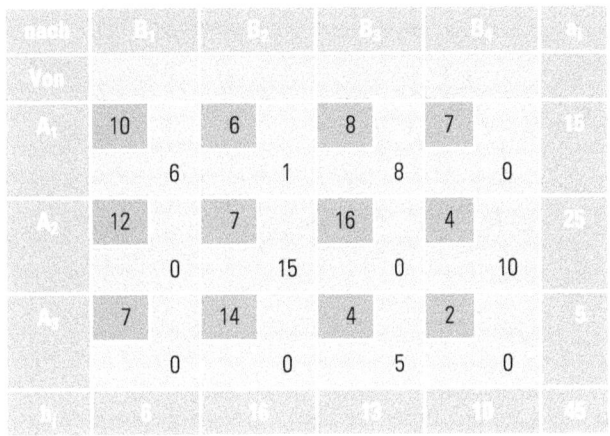

$V_{14} = +7 - 6 + 7 - 4 = +3$ $V_{21} = +12 - 7 + 6 - 10 = +1$
$V_{23} = +16 - 8 + 6 - 7 = +7$ $V_{31} = +7 - 4 + 8 - 10 = +1$
$V_{32} = +14 - 4 + 8 - 6 = +12$ $V_{34} = +2 - 4 + 8 - 6 + 7 - 4 = +3$

Es kann kein Kosteneinsparungspotenzial mehr ausfindig gemacht werden, da alle Werte positiv sind! Die Kosten bleiben bei 295 Euro. Die obige Tabelle enthält bezogen auf die Kosten den optimalen Bestand.

Fallstudie 25: Lageroptimierung I

Das Material eines Unternehmens soll über das Jahr gesehen in „optimalen" Mengen eingekauft werden. Der Einkauf geht davon aus, dass die Stückzahlen (26.980) und die variablen Kosten (2,78 Euro) des letzten Jahres auch aktuell noch Bestand haben. Kalkuliert wird ferner mit bestellfixen Kosten in Höhe von 100 Euro sowie einem Lagerzinssatz von 10 %. Wie lautet die optimale Bestellmenge?

Lösung:
Die optimale Bestellmenge ergibt sich wie folgt:

$$x_{opt} = \sqrt{\frac{2 \cdot 26.980 \cdot 100}{2,78 \cdot 0,1}} = 4.405,69 \text{ Stück}$$

Fallstudie 26: Lageroptimierung II

Handelt es sich bei der berechneten Bestellmenge der vergangenen Fallstudie tatsächlich auch um die kostenminimierende Menge?

Lösung:

Vergleicht man diese Stückzahl mit vergleichbaren Größen gemäß der Kostenfunktion

$$K = B \cdot p + \frac{K_f}{x} \cdot B + \frac{x \cdot p}{2} \cdot q$$

so ergeben sich folgende Einzel- und Gesamtkosten:

Bestell-menge (x)	Beschaffungs-Kosten $B \cdot p$	Mittelbare Beschaffungskosten $K_f \cdot B/x$	Lagerkosten $x \cdot p \cdot q/2$	Gesamtkosten (K)
4.205,69	75.004,40	641,51	584,59	76.230,50
4.355,69	75.004,40	619,42	605,44	76.229,26
4.405,69	75.004,40	612,39	612,39	76.229,18
4.455,69	75.004,40	605,52	619,34	76.229,26
4.605,69	75.004,40	585,80	640,19	76.230,39

Unter der Bedingung, dass Mengen auch teilbar lieferbar sind, entstehen die niedrigsten Gesamtkosten in Höhe von 76.229,18 Euro Bei einer Bestellmenge von 4.405,69 Stück. Es handelt sich also um die gesamtkostenminimierende Bestellmenge.

Fallstudie 27: Entscheidungen unter Ungewissheit I

Analog zu Beispiel 2 liegen folgende Aktionen des Händlers und die Nachfragemengen und die daraus abgeleiteten Gewinnsituationen (des Händlers) vor:

Nachfrage	p_i	Aktionen des Händlers (d_1–d_5)				
		$d_1 = 1200$	$d_2 = 1320$	$d_3 = 1440$	$d_4 = 1560$	$d_5 = 1680$
$z_1 = 1200$	0,05	4800 Euro	4320 Euro	3840 Euro	3360 Euro	2880 Euro
$z_2 = 1320$	0,15	4320 Euro	5280 Euro	4800 Euro	4320 Euro	3840 Euro
$z_3 = 1440$	0,30	3840 Euro	4800 Euro	5760 Euro	5280 Euro	4800 Euro
$z_4 = 1560$	0,35	3360 Euro	4320 Euro	5280 Euro	6240 Euro	5760 Euro
$z_5 = 1680$	0,15	2880 Euro	3840 Euro	4800 Euro	5760 Euro	6720 Euro

Welche Aktion wird der Händler durchführen, wenn er nach der Erwartungswert-Standardabweichungsmethode oder der Methode des erwarteten Opportunitätsverlustes verfährt?

Lösung:
Nach der Erwartungswert-Standardabweichungsmethode sind zunächst einmal gemäß der Formel

$$Var = \sigma^2 = \sum_{j=1}^{n} p_j \cdot (e_{ij} - \mu)^2$$

die Varianzen zu berechnen (die Erwartungswerte μ liegen ja bereits dem 2. Beispiel vor) und daraus durch Wurzelziehen die Standardabweichungen σ zu bestimmen. Je geringer dieser Wert ist, desto weniger volatil (am risikoärmsten) ist das Angebot und wird bevorzugt.

Die Varianz und die daraus entstehende Standardabweichung für die Aktion d_1 führen zu folgenden Ergebnissen:

$$Var = \sigma^2 = 0{,}05 \cdot (4800 - 3648)^2 + 0{,}15 \cdot (4320 - 3648)^2 \\ + 0{,}3 \cdot (3840 - 3648)^2 + 0{,}35 \cdot (3360 - 3648)^2 \\ + 0{,}15 \cdot (2880 - 3648)^2 = 262.656$$

$$\sigma = \sqrt{262656} = 512{,}5$$

Die Varianzen/Standardabweichungen für die anderen Aktionen lauten:

$$d_2 \Rightarrow \sigma^2 = 195.266{,}77 \Rightarrow \sigma = \sqrt{195.266{,}77} = 441{,}89$$

$$d_3 \Rightarrow \sigma^2 = 236.730{,}90 \Rightarrow \sigma = \sqrt{236.730{,}90} = 486{,}55$$

$$d_4 \Rightarrow \sigma^2 = 651.249 \Rightarrow \sigma = \sqrt{651.249} = 807$$

$$d_5 \Rightarrow \sigma^2 = 1.050.625 \Rightarrow \sigma = \sqrt{1.050.625} = 1.025$$

Das Angebot 2 (1.320 Stück) hat die geringste Volatilität und wird gewählt.
Wird nach erwarteten Opportunitätsverlusten gesucht, ergibt sich zunächst diese Tabelle:

		Aktionen des Händlers (d_1–d_5)				
Nachfrage	P_i	$d_1 = 1200$	$d_2 = 1320$	$d_3 = 1440$	$d_4 = 1560$	$d_5 = 1680$
$z_1 = 1200$	0,05	0 Euro	960 Euro	1920 Euro	2880 Euro	3840 Euro
$z_2 = 1320$	0,15	480 Euro	0 Euro	960 Euro	1920 Euro	2880 Euro
$z_3 = 1440$	0,30	960 Euro	480 Euro	0 Euro	960 Euro	1920 Euro
$z_4 = 1560$	0,35	1440 Euro	960 Euro	480 Euro	0 Euro	960 Euro
$z_5 = 1680$	0,15	1920 Euro	1440 Euro	960 Euro	480 Euro	0 Euro

Um den erwarteten Verlust zu bestimmen, werden nun die Beträge mit den Wahrscheinlichkeiten gewichtet und ergeben bei z_1:

$EOL_{z1} = 0,05 \cdot 0 + 0,15 \cdot 960 + 0,3 \cdot 1920 + 0,35 \cdot 2880 + 0,15 \cdot 3840 = 2.304$

Die übrigen Aktionen ergeben:

$EOL_{z2} = 1.416$ $EOL_{z3} = 744$ $EOL_{z4} = 504$ $EOL_{z5} = 768$

Der geringste erwartete Verlust liegt also bei 504. Somit wird Angebot 4 gewählt.

Fallstudie 28: Entscheidungen unter Ungewissheit II

Der Manager eines Unternehmens hat die Wahl zwischen vier Projekten (a_1, a_2, a_3 und a_4), bei denen die Gewinne, die in der folgenden Entscheidungsmatrix enthalten sind, abhängig sind von vier möglichen Umweltzuständen (z_1, z_2, z_3 und z_4) der Wirtschaft.

Z / A	z_1 $p_1 = 0,4$	z_2 $p_2 = 0,3$	z_3 $p_3 = 0,2$	z_4 $p_4 = 0,1$
a_1	11	13	18	25
a_2	30	7	8	23
a_3	21	18	10	21
a_4	8	22	19	15

Der Manager möchte das Risiko minimieren und untersucht das „optimale" Projekt nach der Erwartungswert- sowie der Standardabweichungsmethode. Wie werden seine Entscheidungen aussehen?

Lösung:
Beispielhaft soll zunächst der Erwartungswert µ, dann die Ermittlung der Varianz und der Standardabweichung für das Projekt a_1 vorgestellt werden.

$$\mu_{a1} = 0{,}4 \cdot 11 + 0{,}3 \cdot 13 + 0{,}2 \cdot 18 + 0{,}1 \cdot 25 = 14{,}4$$

$$\sigma_{a1}^2 = 0{,}4 \cdot (11 - 14{,}4)^2 + 0{,}3 \cdot (13 - 14{,}4)^2$$
$$+ 0{,}2 \cdot (18 - 14{,}4)^2 + 0{,}1 \cdot (25 - 14{,}4)^2 = 19{,}04$$

$$\sqrt{\sigma_{a1}^2} = 4{,}36$$

Es ergeben sich folgende Werte für die Projekte:

A	z_1 $p_1=0{,}4$	z_2 $p_2=0{,}3$	z_3 $p_3=0{,}2$	z_4 $p_4=0{,}1$	μ	σ^2	σ
a_1	11	13	18	25	14,40	19,04	4,36
a_2	30	7	8	23	18,00	116,40	10,79
a_3	21	18	10	21	17,90	17,29	4,16
a_4	8	22	19	15	15,10	37,49	6,12

Nach der Erwartungswertmethode würde sich der Manager also für a_2 entscheiden, da hier mit 18 Euro der höchste erwartete Gewinn anstehen würde. Aus der Volatilität ergibt sich dann allerdings das Projekt a_3. Hier besteht die geringste (durchschnittliche) Abweichung vom Erwartungswert.

Fallstudie 29: Risikospezifische Verteilungsfunktion I

Das Risikomanagement eines Unternehmens hat das Ausfallrisiko eines ihrer Schlüsselpersonen zu kalkulieren. Es kommt zu dem Schluss, dass unter normalen Bedingungen der Ausfall einen Schaden von 150.000 Euro verursachen wird. Sollten sich die Rahmenbedingungen hingegen ändern, besteht die Möglichkeit, dass der Schaden im günstigsten Fall auf 40.000 Euro reduziert werden kann. Allerdings kann es auch passieren, dass der Ausfall der Schlüsselperson zu einem deutlich höheren Schaden führt. Das Risikomanagement taxiert den maximalen Schaden auf 400.000 Euro.
Wie groß ist die Wahrscheinlichkeit, dass

a) der Schaden geringer als 100.000 Euro,
b) geringer als 200.000 Euro bzw.
c) höher als 160.000 Euro ist?
d) Wie lauten der Erwartungswert und die Varianz?

Lösung:
Zu a) Es gilt generell: a = 40.000; c = 150.000; b = 400.000

$$F(x \leq 100.000) = \frac{(100.000 - 40.000)^2}{(400.000 - 40.000) \cdot (150.000 - 40.000)} = 0{,}09 = 9\,\%$$

Die Wahrscheinlichkeit für einen Schaden, der geringer als 100.000 Euro ausfällt, liegt bei 9 %.

Zu b) Im Gegensatz zur Aufgabenstellung a) wird nun der zweite Bereich der Verteilungsfunktion benötigt, da 150.000 ≤ 200.000 ≤ 400.000 gilt.

$$F(x \leq 200.000) = 1 - \frac{(400.000 - 200.000)^2}{(400.000 - 40.000) \cdot (400.000 - 150.000)}$$
$$= 0{,}555 = 55{,}5\,\%$$

Die Wahrscheinlichkeit für einen Schaden, der geringer als 200.000 Euro ausfällt, beläuft sich auf 55,5 %.

Zu c) Der Schaden in Höhe von 160.000 Euro befindet sich im zweiten Bereich der Verteilungsfunktion, ähnlich wie in Aufgabenstellung b). Allerdings ist nun, bezogen auf die Verteilungsfunktion, nach der Gegenwahrscheinlichkeit gefragt. Es gilt:

$$F(x > 160.000) = 1 - \left(1 - \frac{(400.000 - 160.000)^2}{(400.000 - 40.000) \cdot (400.000 - 150.000)}\right)$$
$$= 0{,}64 = 64\,\%$$

Die Wahrscheinlichkeit für einen Schaden, der höher als 160.000 Euro ausfällt, beläuft sich auf 64 %.

Zu d) Der Erwartungswert E(x) und die Varianz V(x) der Dreiecksverteilung haben die Werte:

$$E(x) = \frac{(a+b+c)}{3} = \frac{(40.000 + 400.000 + 150.000)}{3} = 196.666{,}67 \text{ Euro}$$

$$V(x) = \frac{a^2 + b^2 + c^2 - ab - ac - bc}{18} = \frac{(a-b)^2 + (b-c)^2 + (a-c)^2}{36}$$
$$= \frac{(40.000 - 400.000)^2 + (400.000 - 150.000)^2 + (40.000 - 150.000)^2}{36}$$
$$= 5.672.222.222 \text{ Euro}$$

Im Beispiel beträgt der Erwartungswert folglich 196.666 Euro bei einer Varianz von 5.672.222.222 Euro, aus der sich eine Standardabweichung von 75.314 Euro ergibt. Diese Abbildung zeigt die Dichtefunktion für dieses Beispiel (in TEuro):

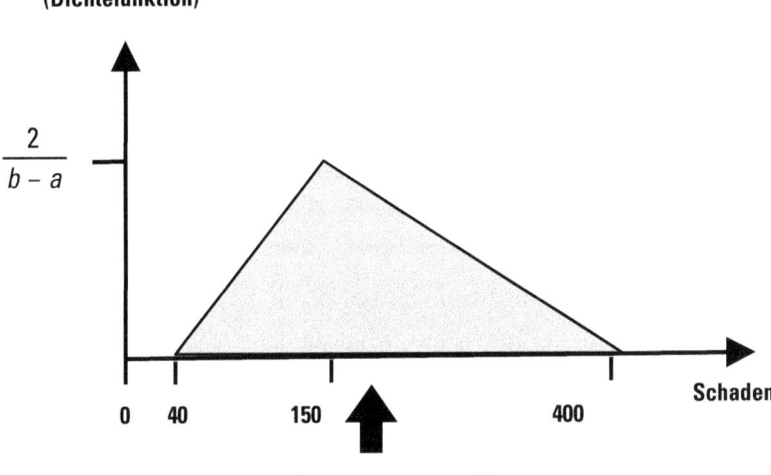

Fallstudie 30: Risikospezifische Verteilungsfunktion II

Das Risikomanagement eines Unternehmens hat das Ausfallrisiko eines ihrer Schlüsselpersonen zu kalkulieren. Entgegen der obigen Fallstudie gestaltet sich nun die Situation etwas anders. Das Unternehmen erwartet einen Schaden von 150.000 Euro und geht aufgrund von Erfahrungswerten von einer Varianz in Höhe von 2.250.000 Euro aus. Unterstellt wird eine Gleichverteilung.

Wie groß ist das Risiko, dass

a) der Schaden geringer als 100.000 Euro,
b) geringer als 200.000 Euro bzw.
c) höher als 160.000 Euro ist?
d) Das Unternehmen möchte den Schaden berechnen, der die kleinsten 5 % ausmacht. Wie hoch wird dieser sein?

Lösung:

Allgemein: Es ist von einer Standardnormalverteilung auszugehen. Aus der z-Verteilung

$$z = \frac{x - \mu}{\sigma}$$

ergeben sich die Werte

μ = Erwartungswert = 150 Tsd. Euro σ^2 = Varianz = 2.500 Tsd. Euro
und σ = 50 Tsd. Euro

Zu a) Gesucht ist die Wahrscheinlichkeit für einen Schaden < 100 Tsd. Euro.

$$z = \frac{x - \mu}{\sigma} = \frac{100 - 150}{50} = -1,00$$

Daraus ergibt sich eine Wahrscheinlichkeit von 15,87 %.

Zu b) Gesucht ist die Wahrscheinlichkeit für einen Schaden < 200 Tsd. Euro.

$$z = \frac{x - \mu}{\sigma} = \frac{200 - 150}{50} = 1,00$$

Daraus ergibt sich eine Wahrscheinlichkeit von 84,13 %.

Zu c) Gesucht ist die Wahrscheinlichkeit für einen Schaden > 160 Tsd. Euro.

$$z = \frac{x - \mu}{\sigma} = \frac{160 - 150}{50} = 0,2$$

Daraus ergibt sich eine Wahrscheinlichkeit von 100 % − 57,93 % = 42,07 %.

Zu d) Gesucht ist der Schaden, der höchstens 5 % ausmacht. Deshalb ist die z-Funktion nach x aufzulösen.
Es ergibt sich: $x = z \cdot \sigma + \mu$.

Bekannt sind z = −1,645 (da x < μ), μ=150 und σ = 50. Daraus erfolgt:

$x = -1,645 \cdot 50 + 150 = 67,75$ Tsd. Euro

Der Schaden beläuft sich auf maximal 67,75 Tsd. Euro belaufen.

Fallstudie 31: Spezielle Instrumente der Risikobewertung I
Für ein börsennotiertes KMU-Unternehmen liegen für 16 aufeinander folgende Börsentage deren Kurswerte und die Werte des TecDAX (Vergleichsindex) vor. Es sind die Eigenkapitalkosten r_{EK} über das so genannte Capital Asset Pricing Model zu bestimmen. Es gilt:

$r_{EK} = r_f + \beta \cdot (r_m - r_f)$

Bereits bekannt sind:

r_f = risikolose Rendite = 5 %
r_m = durchschnittliche Marktrendite = 8 %

Das Risikomaß in Form des β-Koeffizienten soll aus der nachstehenden Tabelle durch einen Regressionsansatz (Abhängigkeit des KMU-Kurswertes vom TecDAX-Index) berechnet werden. Die Regression ist aufgrund der kontinuierlichen annualisierten Renditen zu berechnen.

	Kurswerte			Kurswerte	
Datum	TecDAX	KMU	Datum	TecDAX	KMU
02.02.2015	772,18	10,21	12.02.2015	809,67	11,34
03.02.2015	779,27	10,48	13.02.2015	814,33	11,51
04.02.2015	784,21	10,67	16.02.2015	818,24	11,71

	Kurswerte			Kurswerte	
Datum	TecDAX	KMU	Datum	TecDAX	KMU
05.02.2015	783,24	10,42	17.02.2015	804,12	11,34
06.02.2015	794,11	10,82	18.02.2015	798,32	10,99
09.02.2015	805,20	11,27	19.02.2015	778,65	10,78
10.02.2015	806,24	11,13	20.02.2015	784,12	10,77
11.02.2015	811,31	11,47	23.02.2015	794,35	10,82

Lösung:
Der Beta-Koeffizient ergibt sich aus einer Tabelle auf der Grundlage annualisierten kontinuierlichen Renditen.

Datum	TecDAX	KMU	r_{TecDAX}	r_{KMU}	$(r_{TecDAX}-\bar{r})^2$	$(r_{TecDAX}-\bar{r})(r_{KMU}-\bar{r})$
02.02.2015	772,18	10,21				
03.02.2015	779,27	10,48	2,285	6,525	3,288	10,078
04.02.2015	784,21	10,67	1,580	4,492	1,228	3,906
05.02.2015	783,24	10,42	−0,309	−5,927	0,610	5,386
06.02.2015	794,11	10,82	3,446	9,417	8,844	25,130
09.02.2015	805,20	11,27	3,467	10,187	8,972	27,617
10.02.2015	806,24	11,13	0,323	−3,125	0,022	0,610
11.02.2015	811,31	11,47	1,567	7,523	1,200	7,181
12.02.2015	809,67	11,34	−0,506	−2,850	0,956	3,731
13.02.2015	814,33	11,51	1,435	3,720	0,927	2,651
16.02.2015	818,24	11,71	1,198	4,307	0,527	2,424
17.02.2015	804,12	11,34	−4,352	−8,027	23,267	43,383
18.02.2015	798,32	10,99	−1,810	−7,838	5,205	20,088
19.02.2015	778,65	10,78	−6,237	−4,823	45,007	38,847
20.02.2015	784,12	10,77	1,750	−0,232	1,634	−1,533
23.02.2015	794,35	10,82	3,241	1,158	7,666	0,528
	Mittelwerte		0,472	0,967		
	Summe				109,354	190,027

Die Spalten 4 und 5 enthalten die logarithmierten annualisierten Renditen. Der Wert 2,285 vom 03.02.2015 bspw. ist das Ergebnis von $\ln\frac{779{,}27}{772{,}18} \cdot 250$ etc.

Der Betakoeffizient ist das Steigungsmaß des Regressionsansatzes, bei dem die Renditeentwicklung der KMU-Aktie in Abhängigkeit von der Renditeentwicklung des TecDAX betrachtet wird.

$$\beta = \frac{(r_{\text{TecDAX}} - \bar{r}) \cdot (r_{\text{KMU}} - \bar{r})}{(r_{\text{TecDAX}} - \bar{r})^2} = \frac{190{,}027}{109{,}354} = 1{,}738$$

Der Betakoeffizient besagt, dass die Aktie des KMU deutlich volatiler ist als der Vergleichsindex des TecDAX. Steigt/sinkt der TecDAX um 1 %, steigt/sinkt unsere Aktie um 1,738 %.

Aus diesen Informationen und den gegebenen Zinssätzen für die risikolose Rendite (5 %) und der durchschnittlichen Marktrendite (8 %), leiten sich die Eigenkapitalkosten ab.

$r_{EK} = r_f + \beta \cdot (r_m - r_f) = 5\ \% + 1{,}738 \cdot (8\ \% - 5\ \%) = 10{,}21\ \%$

Fallstudie 32: Spezielle Instrumente der Risikobewertung II

Unser Unternehmer erhält das Angebot, ein Projekt zu den nachstehenden Konditionen durchzuführen. Zusätzlich muss er noch Fixkosten in Höhe von 500.000 Euro einplanen. Der Unternehmer würde das Projekt dann annehmen, wenn der VaR (auf dem 5 %-Niveau) einen Verlust von 100.000 Euro nicht übersteigt. Wie wird die Entscheidung ausfallen?

Deckungsbeitrag in Euro	Wahrscheinlichkeit in %
375.000	8
450.000	12
525.000	30
600.000	30
675.000	12
750.000	8

Lösung:
Subtrahiert man vom Deckungsbeitrag die Fixkosten, ergeben sich alternative Gewinn-/Verlustsituationen:

Deckungsbeitrag in Euro	Gewinn in Euro	Wahrscheinlichkeit in %
375.000	−125.000	8
450.000	−50.000	12
525.000	25.000	30
600.000	100.000	30
675.000	175.000	12
750.000	250.000	8

Gewichtet mit den Eintrittswahrscheinlichkeiten ergibt sich der erwartete Gewinn:

$\mu_G = -125.000 \cdot 0{,}08 - 50.000 \cdot 0{,}12 + 25.000 \cdot 0{,}3$
$ + 100.000 \cdot 0{,}3 + 175.000 \cdot 0{,}12 + 250.000 \cdot 0{,}08 = 62.500$ Euro

Daraus leiten sich die Varianz und die Standardabweichung ab:

$\sigma^2 = (-125.000 - 62.500)^2 \cdot 0{,}08 + (-50.000 - 62.500)^2 \cdot 0{,}12$
$ + (25.000 - 62.500)^2 \cdot 0{,}3 + (100.000 - 62.500)^2 \cdot 0{,}3$
$ + (175.000 - 62.500)^2 \cdot 0{,}12 + (250.000 - 62.500)^2 \cdot 0{,}08$
$ = 9.506.250.000$

$\sigma = 97.500$

Daraus ergibt sich der VaR: -1,645 · 97.500 + 62.500 = **-97.887,50 Euro**

Mit einer Wahrscheinlichkeit von 95 % wird also der Verlust von 97.887,50 Euro nicht überschritten, d. h. das Projekt wird realisiert.

Fallstudie 33: Spezielle Instrumente der Risikobewertung III

Eine Volkswirtschaft geht davon aus, dass es innerhalb einer Branche zwischen den Stundenlöhnen und der Beschäftigtenzahlen eine besondere Beziehung gibt. Es wird vermutet, dass mit steigendem Stundenlohn die Beschäftigtenzahlen zurückgehen und umgekehrt, die Beschäftigung (y) korreliert dann also negativ mit dem Stundenlohn (x). Man unterstellt eine (negative) Abhängigkeit der Beschäftigung vom Stundenlohn:

$\qquad$ Beschäftigung $= -f(\text{Stundenlohn})$

a) Wie lautet die Regressionsgerade?
b) Wie groß ist die Beschäftigtenzahl bei einem Stundenlohn von 20 Euro?
c) Wie lautet das Bestimmtheitsmaß? Welche Konsequenzen ergeben sich daraus?

Zu a) Zur Bestimmung der Regressionsgerade dient folgende Tabelle:

x_i [in Euro]	y_i [in Tsd.]	$x_i - \bar{x}$	$y_i - \bar{y}$	$(x_i - \bar{x}) \cdot (y_i - \bar{y})$	$(x_i - \bar{x})^2$	$(y_i - \bar{y})^2$
6,0	42	−3,7	17,4	−64,38	13,69	302,76
8,0	30	−1,7	5,4	−9,18	2,89	29,16
9,0	26	−0,7	1,4	−0,98	0,49	1,96
7,5	32	−2,2	7,4	−16,28	4,84	54,76
9,0	20	−0,7	−4,6	3,22	0,49	21,16
8,5	22	−1,2	−2,6	3,12	1,44	6,76
8,5	20	−1,2	−4,6	5,52	1,44	21,16
12,5	18	2,8	−6,6	−18,48	7,84	43,56
11,0	20	1,3	−4,6	−5,98	1,69	21,16
17,0	16	7,3	−8,6	−62,78	53,29	73,96
$\bar{x} = 9,7$	$\bar{y} = 24,6$			$Q_{xy} = -166,20$	$Q_{xx} = 88,10$	$Q_{yy} = 576,40$

Bereits an den Zahlen erkennt man den steigenden Verlauf des Stundenlohns (x) und den fallenden Verlauf der Beschäftigtenzahlen (y). Es ergeben sich folgende Werte:

$$b_2 = \frac{Q_{xy}}{Q_{xx}} = \frac{-166,20}{88,10} = -1,89$$

$$b_1 = \bar{y} - b_2 \cdot \bar{x} = 24,6 + 1,89 \cdot 9,7 = 42,93$$

Die Regressionsgerade lautet somit $\hat{y} = 42,93 - 1,89 \cdot x$

Graphisch lässt sich der negative Zusammenhang zwischen den beiden Merkmalen Stundenlohn und Beschäftigtenzahl anhand der negativ verlaufenden Punktewolke sowie der darin liegenden Regressionsgeraden verdeutlichen.

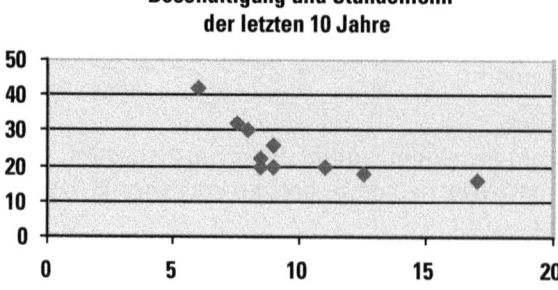

Zu b) Bei einem Stundenlohn von 20 Euro wird die (geschätzte) Zahl der Beschäftigung weiter zurückgehen, und zwar auf 5,13 Tsd.

$$\hat{y} = 42{,}93 - 1{,}89 \cdot 20 = 5{,}13$$

Zu c) Das Bestimmtheitsmaß ergibt:

$$B = \frac{Q_{xy}^2}{Q_{xx} \cdot Q_{yy}} = \frac{-166{,}20^2}{88{,}10 \cdot 576{,}4} = 0{,}54$$

Somit hat der Stundenlohn keinen signifikanten Einfluss auf die Zahl der Beschäftigten. Es könnte also eine andere erklärende Variable aufgenommen werden. Man kann die Berechnung auch mittels der linearen Mehrfachregression durchführen.

Fallstudie 34: Elastizitäten

Ein Unternehmen hat einen Maximalpreis für seine Dienstleistung pro Stunde von 50 Euro. Aufgrund von Erfahrungen kennt man die Nachfragefunktion (N) der Kunden, die vom Preis (p) abhängig ist.

$$N(p) = 50 - p$$

Bei einem Preis > 50 Euro wäre also die Nachfrage gemäß der Formel negativ, was aber ökonomisch keinen Sinn ergibt. Das Unternehmen möchte herausfinden, wie elastisch die Nachfrage auf Preisveränderungen reagiert.
Wie ist die Preiselastizität der Nachfrage bei den Preisen 10, 20, 30, 40 bzw. 50 Euro?

Lösung:
Für die allgemeine Preiselastizität der Nachfrage gilt:

$$\varepsilon = \frac{\frac{\delta N(p)}{N(p)}}{\frac{\delta(p)}{p}} = \frac{\delta N(p)}{\delta(p)} \cdot \frac{p}{N(p)}$$

Daraus folgt:

$$\frac{\delta N(p)}{\delta(p)} = -1,$$

denn es handelt sich um die erste Ableitung der Nachfragefunktion.

$$N(p) = 50 - p$$

Für einen Preis p = 10 ergibt sich also eine Elastizität von –0,25, wie die Lösung zeigt:

$$\varepsilon_{10} = \frac{\delta N(p)}{\delta(p)} \cdot \frac{p}{N(p)} = -1 \cdot \frac{10}{(50-10)} = -0{,}25$$

Bei den alternativen Preisen 20 bis 50 Euro ergeben sich die Elastizitäten:

$$\varepsilon_{20} \approx -0{,}67 \quad \varepsilon_{30} = -1{,}5 \quad \varepsilon_{40} = -4 \quad \varepsilon_{50} = 0$$

Bei einem Preis von 50 Euro ist die Nachfrage also kurzfristig vollkommen unelastisch, reagiert folglich überhaupt nicht. Sieht man von Zwischenpreisen ab, also bspw. zwischen 40 und 50 Euro, so reagiert die Nachfrage auf Preisänderungen zwischen 30 und 40 Euro sehr elastisch. Steigt der Preis bspw. von 30 auf 40 Euro, würde die Nachfrage um das 4fache zurückgehen. Zwischen 10 und 20 Euro ist die Nachfrage unelastisch. Hier z.B. würden Preiserhöhungen von 10 auf 20 Euro zwar einen Nachfragerückgang bewirken, der aber nur ca. zwei Drittel des Preisanstiegs ausmacht. Zu erkennen ist also, dass sich Elastizitäten ganz unterschiedlich berechnen lassen. Entscheidend ist die Frage, auf welchem Gebiet sich die unabhängige Variable, hier der Preis, verändert.

Fallstudien 35: Kreuzpreiselastizitäten

Als Verkäufer einer großen Metzgerei haben Sie erfahren, dass eine bestimmte Fleischsorte, die bislang pro kg 15 Euro kostete, in Misskredit geraten ist. Die alternative Fleischsorte wurde in einer Menge von 100 kg verkauft. Durch die Preisreduzierung der ersten Ware von 15 Euro auf 10 Euro erhöhte sich der Absatz der Alternative um 30 kg. Wie hoch ist die Kreuzpreiselastizität und was sagt diese aus?

Lösung:

Der Preis der ersten Ware p_1 reduziert sich um 5 Euro. Die Menge des alternativen Produktes x_2 steigt von 100 kg um 30 kg. Somit ergibt sich die Kreuzpreiselastizität.

$$\varepsilon = \frac{\frac{\Delta x_2}{x_2}}{\frac{\Delta p_1}{p_1}} = \frac{\frac{30}{100}}{\frac{-5}{15}} = -0{,}9 < 0$$

Die Kreuzpreiselastizität ist negativ. Es handelt sich folglich um komplementäre Güter. Bei einer einprozentigen Preisreduktion des ersten Gutes steigt die Stückzahl der Alternative um 0,9 % an.

Fallstudie 36: Integralrechnung I

Der Vorstand einer großen deutschen Bank hat 2 Geldfunktionen (1. Ableitung) und möchte daraus von einem Mitarbeiter die Stammfunktion herleiten lassen. Die beiden 1. Ableitungen lauten:

a) $f'(x) = \sqrt[4]{x}$

b) $f'(x) = 3x^2 + 2x + 1$

Lösungen:

Zu a) $f(x) = \frac{4}{5}x^{\frac{5}{4}} + c$

Zu b) $f(x) = x^3 + x^2 + x + c$

Fallstudie 37: Integralrechnung II

Eine Konditorei produziert eine besondere Torte, deren Herstellung sehr zeitintensiv ist, so dass die Kapazitätsgrenze bei 13 Stück/Tag liegt. Der Bachelorstudent des Konditormeisters hat herausgefunden, dass die Grenzgewinnfunktion G'(x) = 4x - 2 beträgt. Gleichzeitig konnten die täglichen Fixkosten, also die beschäftigungsunabhängigen Kosten bestimmt werden, die immerhin 112 Euro/Tag betragen. Der Student möchte folgende Punkte klären:

a) Wie lautet die Gewinnfunktion? Die Integrationskonstante wird durch die Fixkosten bestimmt.
b) Wie sehen die Deckungsbeiträge und die Gewinne bei Ausbringungsmengen von 6 bis 13 Torten/Tag aus?
c) Wo liegen das Gewinnmaximum und die Break-Even-Menge und wie lassen sich die Gewinne durch das Intergral beschreiben?

Lösung:

Zu a) Man berechnet die Gewinnfunktion, indem von der Erlösfunktion die Kostenfunktion abgezogen wird. Diese entsteht durch die variablen Kosten, die sich aus der Grenzerlösfunktion bereits ableiten lassen, sowie den vorher berechneten Fixkosten, die die Integrationskonstante darstellt und 112 Euro/Tag beträgt. Die Gewinnfunktion lautet somit:

$$\int G'(x)dx = G(x) - K_f = 2x^2 - 2x - 112$$

Zu b und c) Der Deckungsbeitrag (DB) entsteht durch Abzug der variablen Kosten vom Erlös. Bei einer Ausbringungsmenge von 6 Torten beträgt er also

$$DB = 2 \cdot 6^2 - 2 \cdot 6 = 60$$

Ausbringungsmenge	6	7	8	9	10	11	12	13
Deckungsbeitrag	60	84	112	144	180	220	264	312
Gewinn	-52	-28	0	32	68	108	152	200

Bei einer Ausbringungsmenge von 6 Torten reicht der Deckungsbeitrag folglich noch nicht aus, um die Fixkosten decken zu können. Die Break-Even-Menge beträgt x=8 Stück, denn dort werden die Fixkosten gerade abgedeckt. Das Gewinnmaximum ist bei der Kapazitätsgrenze erreicht und liegt bei 200 Euro/Tag.
Betrachtet man die Gewinne anhand der Integralrechnung, so ergibt sich:

$$F = F(13) - F(6) = \int_{6}^{13} (2 \cdot 13^2 - 2 \cdot 13 - 112) - (2 \cdot 6^2 - 2 \cdot 6 - 112)$$
$$= 200 - (-52)$$

Die beiden Integrale beschreiben also die Gewinne, die bei x = 13 insgesamt 200 Euro betragen und bei x = 6 noch bei einem Verlust von 52 Euro liegen. Könnte man also den Verlust „abfangen", hätte man sogar einen täglichen Gewinn von 252 Euro.

Fallstudie 38: Spieltheorie I

Im Rahmen der Makroökonomie wird oft die Bedeutung von Glaubwürdigkeit (Credibility) und Zeitinkonsistenz von Regierungen im Rahmen von Stabilisierungsprogrammen angesprochen, was häufig bei hyperinflationären Ländern diskutiert wird. In dieser Fallstudie soll die Regierung eines hyperinflationären Landes durch ein adäquates Stabilisierungsprogramm die gesamte volkswirtschaftliche Situation verbessern bzw. beibehalten. Dabei können vier Situationen eintreten, die sich aus folgenden Merkmalen zusammensetzen:

- R_1 = Regierung kündigt das Stabilisierungsprogramm an und führt es durch
- R_2 = Regierung kündigt das Stabilisierungsprogramm an, führt es aber nicht durch
- B_1 = Bevölkerung schätzt die Regierung als glaubwürdig ein und
- B_2 = Bevölkerung hält die Regierung für unglaubwürdig

Daraus ergeben sich folgende Ausgangsmatrix sowie die daran anknüpfende Kostenmatrix:

Ausgangsmatrix	B_1	B_2		Kostenmatrix	B_1	B_2
R_1	A_1	A_2	⇨	R_1	2/1	4/2
R_2	A_3	A_4		R_2	1/8	5/7

Wenn also die Regierung das Stabilisierungsprogramm durchführt (R_1) und die Bevölkerung dies auch akzeptiert (B_1), entstehen Gesamtkosten von 3 Einheiten. 2 davon entfallen auf die Regierung (z. B. in Form von Arbeitsintensität), 1 Einheit auf die Bevölkerung (z. B. in Form von Abgaben). Sollte nun die Regierung in der nächsten Periode das Stabilisierungsprogramm abbrechen (R_2), würden sich ihre Kosten auf 1 Einheit verringern.

a) Sollte sich die Regierung für R_2 entscheiden? Welche Auswirkungen hätte dies auf die gesamte Volkswirtschaft?

b) Existiert eine Nash-Lösung bzw. ein Nash-Gleichgewicht?

Lösung:

Zu a) Entscheidet sich die Regierung für R_2, würde im Anschluss die Regierung die Glaubwürdigkeit verlieren, so dass sich deren Kosten kurzfristig von 8 auf 7 Einheiten verringern würden. Die volkswirtschaftlichen Kosten ergäben dann das Maximum von 12 Einheiten. Die Regierung sollte sich also nicht für R_2 entscheiden.[106]

---

[106] In der Vergangenheit wurden der Regierung auch häufig Auflagen gemacht (z.B. des IWF), um die Stabilisierungsprogramme beizubehalten. Vgl. Stiefl J., 1993, S. 155f.

Zu b) Ja, es existiert eine Nashlösung und somit ein Nashgleichgewicht, denn nur durch Kooperation zwischen der Regierung und (Teilen) der Bevölkerung kann eine „optimale" gesamtwirtschaftliche Lösung erreicht werden. Langfristig benötigt ein Land folglich eine aktive Stabilisierungspolitik, so dass die Glaubwürdigkeit erhalten bzw. wieder aufgebaut wird.

Fallstudie 39: Spieltheorie II

In einer sehr großen amerikanischen Stadt planen die beiden Unternehmer Geldgier (G) und Raffzahn (R) die Errichtung von sehr großen Kaufhäusern, die sich alle an einer linear verlaufenden Straße wie folgt befinden sollen:

Straße 1	2 km	Straße 2	2 km	Straße 3	2 km	Straße 4
Kunden 20		40		20		20

Man geht also aufgrund einer Umsatzprognose davon aus, dass ein Kaufhaus an der Straße 2 pro Tag 40 Kunden (entspricht dem Umsatz) ergeben würde etc. Die geschätzten Umsatzanteile wurden wie folgt berechnet:

	Umsatzanteil in %	
	R	G
wenn R näher an den Kunden liegt als G gilt	80 %	20 %
sind beide Unternehmen gleich entfernt	50 %	50 %
wenn G näher an den Kunden liegt als R gilt	40 %	60 %

Die beiden Unternehmer überlegen sich jetzt, ob eine Preisabsprache von Erfolg gekrönt wäre.

a) Für alle Standortkombinationen soll die potenzielle Anzahl der Käufer für G und R in Matrixform gezeigt werden.
b) Liegt ein Nullsummenspiel vor und wenn ja, kann man aufgrund des Maximinprinzips den „optimalen" Standort beider Unternehmen ableiten?

Lösung

Zu a) Die Standortkombinationen ergeben folgendes Bild:

	Gesamtzahl der Kunden in % von R			
R / G	S1	S2	S3	S4
S1	50	72	60	56
S2	48	50	56	50
S3	52	64	50	48
S4	64	66	72	50

	Gesamtzahl der Kunden in % von G			
R / G	S1	S2	S3	S4
S1	50	28	40	44
S2	52	50	44	50
S3	48	36	50	52
S4	36	34	28	50

Z. B. berechnen sich die 72 % Umsatzanteile von R bei der Kombination S1/S2, d. h., G bezieht das Gebäude in der Straße 1 und R in Straße 2 entsprechend:

$$\text{Prozent}_{S2/S1} = 0{,}4 \cdot 20 + 0{,}8 \cdot 40 + 0{,}8 \cdot 20 + 0{,}8 \cdot 20 = 72$$

Zu b) Ja, es liegt ein Nullsummenspiel vor. Beide werden sich für die Straße 2 (S2) entscheiden, denn nach dem Maximin-Prinzip würden sich die Beteiligten bei anderen Varianten u. U. schlechter stellen.

Fallstudie 40: Multiple Regression

Es wird unterstellt, dass die privaten Konsumausgaben C^{priv} von dem Bruttoinlandsprodukt BIP und den Nettolöhnen/Nettogehältern L^{netto} (Angaben jeweils in Bio. Euro) abhängig sind. Diese Beziehung anhand der Dtanten der vorliegenden 10 Jahre getestet werden.[107]

Jahr	1	2	3	4	5	6	7	8	9	10
C^{priv} (y_i)	0,85	0,91	0,95	0,98	1,02	1,05	1,08	1,11	1,15	1,19
BIP (x_{2i})	1,50	1,61	1,65	1,73	1,80	1,83	1,87	1,92	1,97	2,03
L^{netto} (x_{3i})	0,48	0,51	0,52	0,52	0,53	0,52	0,51	0,53	0,54	0,57

Geben Sie den Regressionsansatz und das Bestimmtheitsmaß an. Interpretieren Sie das Ergebnis.

Lösung

Gesucht sind die Regressionskoeffizienten des Spaltenvektors **b**, was durch das Gleichungssystem

$b = (X'X)^{-1} X'y$ beschrieben wird.

Schritt 1: Bildung der transponierten Matrix X'
Schritt 2: Produktbildung $X'X$
Schritt 3: Bildung der Inversen $(X'X)^{-1}$
Schritt 4: Produktbildung $X'y$
Schritt 5: Produktbildung $(X'X)^{-1} X'y$

---

107 — Vgl. Stiefl J., 2011, S. 194ff.

Zu Schritt 1 und 2:[108]

										X		
										1	1,50	0,48
										1	1,61	0,51
										1	1,65	0,52
										1	1,73	0,52
										1	1,80	0,53
										1	1,83	0,52
										1	1,87	0,51
										1	1,92	0,53
										1	1,97	0,54
										1	2,03	0,57
1	1	1	1	1	1	1	1	1	1	10,0	17,9	5,2
1,50	1,61	1,65	1,73	1,80	1,83	1,87	1,92	1,97	2,03	17,9	32,3	9,4
0,48	0,51	0,52	0,52	0,53	0,52	0,51	0,53	0,54	0,57	5,2	9,4	2,7
				X′							X′X	

Zu Schritt 3:

84,79	19,53	−228,83
19,53	13,72	−84,32
−228,83	−84,32	726,29

Zu Schritt 4 und 5:

y
0,85
0,91
0,95
0,98
1,02
1,05
1,08
1,11
1,15
1,19

				X′							
1	1	1	1	1	1	1	1	1	1	10,29	
1,50	1,61	1,65	1,73	1,80	1,83	1,87	1,92	1,97	2,03	18,59	X′y
0,48	0,51	0,52	0,52	0,53	0,52	0,51	0,53	0,54	0,57	5,40	

84,7884	19,5350	−228,8251	−0,139	b1
19,5350	13,7164	−84,3233	0,633	b2
−228,8251	−84,3233	726,2871	0,067	b3
	(X′X)$^{-1}$		b	

---

108   Es ergeben sich Rundungsfehler bei einzelnen Werten.

Damit lautet die gesuchte Regressionsfunktion:

y = −0,139 + 0,633x_2 + 0,067x_3 + e

Die Tabelle zur Berechnung des Bestimmtheitsmaßes ergibt sich wie folgt:

C^{priv} (y_i)	BIP (x_{2i})	L^{netto} (x_{3i})	$\hat{y}_i$	$(y_i - \bar{y})^2$	$(\hat{y}_i - \bar{y})^2$	$(y_i - \hat{y}_i)^2$
0,85	1,50	0,48	0,8420	0,0320	0,0355	0,0001
0,91	1,61	0,51	0,9136	0,0142	0,0130	0,0000
0,95	1,65	0,52	0,9396	0,0062	0,0080	0,0001
0,98	1,73	0,52	0,9902	0,0024	0,0015	0,0001
1,02	1,80	0,53	1,0352	0,0002	0,0000	0,0002
1,05	1,83	0,52	1,0535	0,0004	0,0006	0,0000
1,08	1,87	0,51	1,0781	0,0026	0,0024	0,0000
1,11	1,92	0,53	1,1111	0,0066	0,0067	0,0000
1,15	1,97	0,54	1,1434	0,0146	0,0131	0,0001
1,19	2,03	0,57	1,1834	0,0259	0,0238	0,0000
$\bar{y}$ = 1,03				Σ = 0,1051	Σ = 0,1044	Σ = 0,0007

$$B = \frac{SQE}{SQT} = \frac{0,1044}{0,1051} = 0,993 = 99,3\,\%$$

Das Bestimmtheitsmaß deutet darauf hin, dass der private Konsum sehr gut durch das Bruttoinlandsprodukt und die Nettogehälter/Nettolöhne erklärt worden ist.

Literaturverzeichnis

Beck, C., *Finanzmathematik – Formelsammlung*, Fachhochschule Stralsund, 2003

Dürr, W./Kleibohm K., *Operations Research – Lineare Modelle und ihre Anwendungen*, München/Wien, 1983

Hamdy, A. Taha, *Operations Research*, New York, 2011

Hennies, M., *Volkswirtschaftslehre für Betriebswirte*, Berlin, 2001

Klum, R., Das Triffin-Dilemma, in: *Wirtschaftswissenschaftliches Studium*, Band 17, Nr. 2, 1988, S. 79–82

Markowitz, H., *Portfolio Selection: Die Grundlagen der optimalen Portfolio-Auswahl*, München, 2008

Rinne, H./Thomas R., *Mathematik I – Analysis*, München, 1979

Rinne, H./Thomas R., *Mathematik II – Lineare Algebra*, München 1979

Sauer, M., *Operations Research kompakt*, München, S. 2009

Schumann, J., *Grundzüge der mikroökonomischen Theorie*, 4. Auflage, Heidelberg, 1984

Stiefl, J., *Inflation und Stabilisierung lateinamerikanischer Schwellenländer – Eine makroökonomische Analyse für Argentinien* (1970–1991)

Stiefl, J., *Finanzmanagement unter besonderer Berücksichtigung von kleinen und mittelständischen Unternehmen*, 2. Auflage, München, 2008

Stiefl, J., *Risikomanagement und Existenzsicherung*, München, 2010

Stiefl, J., *Wirtschaftsstatistik*, 2. Auflage, München, 2011

Sydsaeter, K./Hammond, P./Strom, A., *Mathematik für Wirtschaftswissenschaftler*, München, 2013

Anhang A: Tabelle der Standardnormalverteilung

z	$F_{SN}(-z)$	$F_{SN}(z)$	$D(z)$	z	$F_{SN}(-z)$	$F_{SN}(z)$	$D(z)$	z	$F_{SN}(-z)$	$F_{SN}(z)$	$D(z)$
	0.	0.	0.		0.	0.	0.		0.	0.	0.
0.01	4960	5040	0080	0.51	3050	6950	3899	1.01	1562	8438	6875
0.02	4920	5080	0160	0.52	3015	6985	3969	1.02	1539	8461	6923
0.03	4880	5120	0239	0.53	2981	7019	4039	1.03	1515	8485	6970
0.04	4840	5160	0319	0.54	2946	7054	4108	1.04	1492	8508	7017
0.05	4801	5199	0399	0.55	2912	7088	4177	1.05	1469	8531	7063
0.06	4761	5239	0478	0.56	2877	7123	4245	1.06	1446	8554	7109
0.07	4721	5279	0558	0.57	2843	7157	4313	1.07	1423	8577	7154
0.08	4681	5319	0638	0.58	2810	7190	4381	1.08	1401	8599	7199
0.09	4641	5359	0717	0.59	2776	7224	4448	1.09	1379	8621	7243
0.10	4602	5398	0797	0.60	2743	7257	4515	1.10	1357	8643	7287
0.11	4562	5438	0876	0.61	2709	7291	4581	1.11	1335	8665	7330
0.12	4522	5478	0955	0.62	2676	7324	4647	1.12	1314	8686	7373
0.13	4483	5517	1034	0.63	2643	7357	4713	1.13	1292	8708	7415
0.14	4443	5557	1113	0.64	2G11	7389	4778	1.14	1271	8729	7457
0.15	4404	5596	1192	0.65	2578	7422	4843	1.15	1251	8749	7499
0.16	4364	5636	1271	0.66	2546	7454	4907	1.16	1230	8770	7540
0.17	4325	5675	1350	0.67	2514	7486	4971	1.17	1210	8790	7580
0.18	4286	5714	1428	0.68	2483	7517	5035	1.18	1190	8810	7620
0.19	4247	5753	1507	0.69	2451	7549	5098	1.19	1170	8830	7660
0.20	4207	5793	1585	0.70	2420	7580	5161	1.20	1151	8849	7699
0.21	4168	5832	1663	0.71	2389	7611	5223	1.21	1131	8869	7737
0.22	4129	5871	1741	0.72	2358	7642	5285	1.22	1112	8888	7775
0.23	4090	5910	1819	0.73	2327	7673	5346	1.23	1093	8907	7813
0.24	4052	5948	1897	0.74	2296	7704	5407	1.24	1075	8925	7850
0.25	4013	5987	1974	0.75	2266	7734	5467	1.25	1056	8944	7887
0.26	3974	6026	2051	0.76	2236	7764	5527	1.26	1038	8962	7923
0.27	3936	6064	2128	0.77	2206	779,4	5587	1.27	1020	8980	7959
0.28	3897	6103	2205	0.78	2177	7823	5646	1.28	1003	8997	7995
0.29	3859	6141	2282	0.79	2148	7852	5705	1.29	0985	9015	8029
0.30	3821	6179	2358	0.80	2119	7881	5763	1.30	0968	9032	8064
0.31	3783	6217	2434	0.81	2090	7910	5821	1.31	0951	9049	8090
0.32	3745	6255	2510	0.82	2061	7939	5878	1.32	0934	9066	8132
0.33	3707	6293	2586	0.83	2033	7967	5935	1.33	0918	9082	8165
0.34	3669	6331	2661	0.84	2005	7995	5991	1.34	0901	9099	8198
0.35	3632	6368	2737	0.85	1977	8023	6047	1.35	0885	9115	8230
0.36	3594	6406	2812	0.86	1949	8051	6102	1.36	0869	9131	8262
0.37	3557	6443	2886	0.87	1922	8078	6157	1.37	0853	9147	8293
0.38	3520	6480	2961	0.88	1894	8106	6211	1.38	0838	9162	8324
0.39	3483	6517	3035	0.89	1867	8133	6265	1.39	0823	9177	8355
0.40	3446	6554	3108	0.90	1841	8159	6319	1.40	0808	9192	8385
0.41	3409	6591	3182	0.91	1814	8186	6372	1.41	0793	9207	8415
0.42	3372	6628	3255	0.92	1788	8212	6424	1.42	0778	9222	8444
0 43	3336	6664	3328	0.93	1762	8238	6476	1.43	0764	9236	8473
0.44	3300	6700	3401	0.94	1736	8264	6528	1.44	0749	92 51	8501
0.45	3264	6736	3473	0.95	1711	8289	6579	1.45	0735	9265	8529
0.46	3228	6772	3545	0.96	1685	8315	6629	1.46	0721	9279	8557
0.47	3192	6808	3616	0.97	1660	8340	6680	1.47	0708	9292	8584
0.48	3156	6844	3688	0.98	1635	8365	6729	1.48	0694	9306	8611
0.49	3121	6879	3759	0.99	1611	8389	6778	1.49	0681	9319	8638
0.50	3085	6915	3829	1.00	1587	8413	6827	1.50	0668	9332	8664

z	$F_{SN}(-z)$	$F_{SN}(z)$	$D(z)$	z	$F_{SN}(-z)$	$F_{SN}(z)$	$D(z)$	z	$F_{SN}(-z)$	$F_{SN}(z)$	$D(z)$
	0.	0.	0.		0.	0.	0.		0.	0.	0.
1.51	0655	9345	8690	2.01	0222	9778	9556	2.51	0060	9940	9879
1.52	0643	9357	8715	2.02	0217	9783	9566	2.52	0059	9941	9883
1.53	0630	9370	8740	2.03	0212	9788	9576	2.53	0057	9943	9886
1.54	0618	9382	8764	2.04	0207	9793	9586	2.54	0055	9945	9889
1.55	0606	9394	8789	2.05	0202	9798	9596	2.55	0054	9946	9892
1.56	0594	9406	8812	2.06	0197	9803	9606	2.56	0052	9948	9895
1.57	0582	9418	8836	2.07	0192	9808	9615	2.57	0051	9949	9898
1.58	0571	9429	8859	2.08	0183	9812	9625	2.58	0049	9951	9901
1.59	0559	9441	8882	2.09	0183	9817	9634	2.59	0048	9952	9904
1.60	0548	9452	8904	2.10	0179	9821	9643	2.60	0047	9953	9907
1.61	0537	9463	8926	2.11	0174	9826	9651	2.61	0045	9955	9909
1.62	0526	9474	8948	2.12	0170	9830	9660	2.62	0044	9956	9912
1.63	0516	9484	8969	2.13	0166	9834	9668	2.63	0043	9957	9915
1.64	0505	9495	8990	2.14	0162	9838	9676	2.64	0041	9959	9917
1.65	0495	9505	9011	2.15	0158	9842	9684	2.65	0040	9960	9920
1.66	0485	9515	9031	2.16	0154	9846	9692	2.66	0039	9961	9922
1.67	0475	9525	9051	2.17	0150	9850	9700	2.67	0038	9962	9924
1.68	0465	9535	9070	2.18	0146	9854	9707	2.68	0037	9963	9926
1.69	0455	9545	9090	2.19	0143	9857	9715	2.69	0036	9964	9929
1.70	0446	9554	9109	2.20	0139	9861	9722	2.70	0035	9965	9931
1.71	0436	9564	9127	2.21	0136	9864	9729	2.71	0034	9966	9933
1.72	0427	9573	9146	2.22	0132	9868	9736	2.72	0033	9967	9935
1.73	0418	9582	9164	2.23	0129	9871	9743	2.73	0032	9968	9937
1.74	0409	9591	9181	2.24	0125	9875	9749	2.74	0031	9969	9939
1.75	0401	9599	9199	2.25	0122	9878	9756	2.75	0030	9970	9940
1.76	0392	9608	9216	2.26	0119	9881	9762	2.76	0029	9971	9942
1.77	0384	9616	9233	2.27	0116	9884	9768	2.77	0028	9972	9944
1.78	0375	9625	9249	2.28	0113	9887	9774	2.78	0027	9973	9946
1.79	0367	9633	9265	2.29	0110	9890	9780	2.79	0026	9974	9947
1.80	0359	9641	9281	2.30	0107	9893	9786	2.80	0026	9974	9949
1.81	0351	9649	9297	2.31	0104	9896	9791	2.81	0025	9975	9950
1.82	0344	9656	9312	2.32	0102	9898	9797	2.82	0024	9976	9952
1.83	0336	9664	9328	2.33	0099	9901	9802	2.83	0023	9977	9953
1.84	0329	9671	9342	2.34	0096	9904	9807	2.84	0023	9977	9955
1.85	0322	9678	9357	2.35	0094	9906	9812	2.85	0022	9978	9956
1.86	0314	9686	9371	2.36	0091	9909	9817	2.86	0021	9979	9958
1.87	0307	9693	9385	2.37	0089	9911	9822	2.87	0021	9979	9959
1.88	0301	9699	9399	2.38	0087	9913	9827	2.88	0020	9980	9960
1.89	0294	9706	9412	2.39	0084	9916	9832	2.89	0019	9981	9961
1.90	0287	9713	9426	2.40	0082	9918	9836	2.90	0019	9981	9963
1.91	0281	9719	9439	2.41	0080	9920	9840	2.91	0018	9982	9964
1.92	0274	9726	9451	2.42	0078	9922	9845	2.92	0018	9982	9965
1.93	0268	9732	9464	2.43	0075	9925	9849	2.93	0017	9983	9966
1.94	0262	9738	9476	2.44	0073	9927	9853	2.94	0016	9984	9967
1.95	0256	9744	9488	2.45	0071	9929	9857	2.95	0016	9984	9968
1.96	0250	9750	9500	2.46	0069	9931	9861	2.96	0015	9985	9969
1.97	0244	9756	9512	2.47	0068	9932	9865	2.97	0015	9985	9970
1.98	0239	9761	9523	2.48	0066	9934	9869	2.98	0014	9986	9971
1.99	0233	9767	9534	2.49	0064	9936	9872	2.99	0014	9986	9972
2.00	0228	9772	9545	2.50	0062	9938	9876	3.00	0013	9987	9973

Anhang B: Abbildungsverzeichnis

1.1	Aufbau und Inhalt des Buches	12
1.2	Aufbau und Inhalt der BWL	13
1.3	Aufbau und Inhalt der VWL	13
1.4	Aufbau und Inhalt der Wirtschaftsmathematik	14
1.5	Zielkonflikte zwischen Wirtschaftsmathematik und Wirtschaftswissenschaften?	15
3.1	Bilanz als Ausgangsbasis der Finanzmathematik	24
3.2	Quadranten von volks- und betriebswirtschaftlichen Funktionen	49
3.3	Eine lineare Funktion	50
3.4	Steigungsverhalten zweier Funktionen	50
3.5	Quadratische Funktionen	51
3.6	Potenzfunktionen	53
3.7	Exponentialfunktionen	54
3.8	Kosten- und Erlösfunktion	56
3.9	Erlös-, Kosten- und Gewinnfunktion	57
3.10	Verschiebung von Funktionen	59
3.11	Drehung von Funktionen	60
3.12	Angebots- und Nachfragefunktionen	60
3.13	Verschiebung der Wurzelfunktion	61
3.14	Inverse Funktion	62
3.15	Grundlagen der Differentialrechnung	65
3.16	Graphen von Funktionen	69
3.17	Die 5 Schritte des Horner-Schemas	72
3.18	Eine variable Stückkostenfunktion und ihre Ableitungen	76
3.19	Eine Stückkostenfunktion und ihre Ableitungen	78
3.20	Eine Kostenfunktion und ihre Ableitungen	79
3.21	Gewinnschwelle und Gewinngrenze	81
3.22	Gewinnfunktion, Grenzerlös- und Grenzkostenfunktion	83
3.23	Lösung der linearen Optimierung	86
3.24	Lineare Gleichungssysteme	99
3.25	Lineare Gleichungssysteme II	100
3.26	Lineare Gleichungssysteme III	101
3.27	Die optimale Bestellmenge der C-Güter	139
3.28	Dichtefunktion der Dreiecksverteilung	163
3.29	Dichtefunktion der Normalverteilung	165
3.30	Beispiel I zur Standardnormalverteilung	167
3.31	Beispiel II zur Standardnormalverteilung	168
3.32	Beispiel III zur Standardnormalverteilung	168
3.33	Wahrscheinlichkeits- und Verteilungsfunktion der Binomialverteilung	171
3.34	Dichtefunktion der Gleichverteilung	172
3.35	Konfidenzintervalle auf dem 95 % bzw. 99 %-Niveau	175

3.36	Der VaR	179
3.37	Der Portfoliomix	183
4.1	Mögliche Elastizitäten der Volks- und Betriebswirtschaft	195
4.2	Nachfragefunktionen von substitutiven, komplementären und unabhängigen Gütern	198
4.3	Die Berechnung einer Fläche durch ein Integral.	203
4.4	Die Fläche unterhalb eines Bachlaufs	204
4.5	Angebots- und Nachfragefunktion	205
4.6	Die Konsumentenrente	206
4.7	Die Produzentenrente	207

Tabellenverzeichnis

3.1	Entwicklung einer geometrischen Reihe	27
3.2	Entwicklung einer geometrischen Folge	27
3.3	Diskrete und kontinuierliche Verzinsungen	29
3.4	Ermittlung von jährlichen Einzahlungsüberschüssen	32
3.5	Entwicklung einer Tilgungsrechnung	33
3.6	Ermittlung einer fünfjährigen Pensionsrückstellung	38
3.7	Zins- und Tilgungsplan eines Festdarlehens	41
3.8	Zins- und Tilgungsplan eines Abzahlungsdarlehens	41
3.9	Zins- und Tilgungsplan eines Annuitätendarlehens	41
3.10	Darstellung von Potenzfunktionen	53
3.11	Darstellung von Exponentialfunktionen	54
3.12	Darstellung einer inversen Funktion I	61
3.13	Darstellung einer inversen Funktion II	61
3.14	Einfache Ableitung bekannter Funktionen	66
3.15	Beispiel einer linearen Optimierung	84
3.16	Simplexmethode I	87
3.17	Simplexmethode II	88
3.18	1. Schritt der Simplexmethode	89
3.19	2. Schritt der Simplexmethode	89
3.20	3. Schritt der Simplexmethode	90
3.21	Simplexmethode – duale Entartung	90
3.22	Simplexmethode – duale Entartung	91
3.23	Simplexmethode – primale Entartung I	91
3.24	Simplexmethode – primale Entartung II	92
3.25	Simplexmethode – mehrere optimale Lösungen	92
3.26	Einfache lineare Gleichung	98
3.27	Gauß-Algorithmus für den regulären Fall	102
3.28	Gauß-Algorithmus für den nichtregulären Fall I	103
3.29	Gauß-Algorithmus für den nichtregulären Fall II	104
3.30	Gauß-Algorithmus für den nichtregulären Fall III	105
3.31	Gauß-Algorithmus für den nichtregulären Fall IV	105
3.32	Gauß-Algorithmus für den nichtregulären Fall V	106
3.33	Gauß-Algorithmus für den nichtregulären Fall VI	106
3.34	Gauß-Algorithmus für den nichtregulären Fall VII	107
3.35	Das Grundmodell eines Transportproblems I	129
3.36	Das Grundmodell eines Transportproblems II	129
3.37	Die Nordwest-Eckenregel	130
3.38	Die Methode der kleinsten Kosten	131
3.39	Die Vogelsche Approximationsmethode I	132
3.40	Die Vogelsche Approximationsmethode II	133
3.41	Die Vogelsche Approximationsmethode III	133

3.42	Das Stepping-Stone-Verfahren	133
3.43	Materialklassifizierung der ABC-Analyse	136
3.44	Die ABC-Analyse	137
3.45	Die Lagerplanung	138
3.46	Grundlagen der Entscheidungsfindung unter Ungewissheit I	143
3.47	Grundlagen der Entscheidungsfindung unter Ungewissheit II	144
3.48	Grundlagen der Entscheidungsfindung unter Ungewissheit III	144
3.49	Grundlagen der Entscheidungsfindung unter Ungewissheit IV	144
3.50	Die Maximin-Regel I	145
3.51	Die Maximin-Regel II	145
3.52	Die Maximin-Regel III	146
3.53	Die Maximax-Regel I	146
3.54	Die Maximax-Regel II	147
3.55	Die Hurwicz-Regel I	148
3.56	Die Hurwicz-Regel II	148
3.57	Die Laplace-Regel	150
3.58	Die Savage-Niehans-Regel I	151
3.59	Die Savage-Niehans-Regel II	152
3.60	Zusammenfassung der Entscheidungsfindung unter Ungewissheit	152
3.61	Grundlagen der Entscheidungsfindung unter Risiko	153
3.62	Das Maximum-Likelihood-Kriterium	153
3.63	Das Erwartungswertkriterium	154
3.64	Die Erwartungswert-Standardabweichungsmethode	155
3.65	Die Methode des erwarteten Opportunitätsverlustes I	155
3.66	Die Methode des erwarteten Opportunitätsverlustes II	156
3.67	Zusammenfassung der Entscheidungsfindung unter Risiko	156
3.68	Die Volatilität zur Risikobewertung I	174
3.69	Die Volatilität zur Risikobewertung II	174
3.70	Volatilitätsmessung aufgrund unterjähriger Daten I	176
3.71	Volatilitätsmessung aufgrund unterjähriger Daten II	177
3.72	Der Value at Risk zur Risikobewertung	179
3.73	Die Konvarianz zur Risikobewertung I	181
3.74	Die Konvarianz zur Risikobewertung II	182
3.75	Der Minimum-Varianzansatz zur Risikobewertung	183
3.76	Die Regressionsanalyse zur Risikobewertung	186
3.77	Die Monte-Carlo-Simulation zur Risikobewertung I	188
3.78	Die Monte-Carlo-Simulation zur Risikobewertung II	189
4.1	Grundlagen der Elastizitätsanalyse	194
4.2	Das „klassische" Marktformenschema	198
4.3	Grundlagen der Spieltheorie	209
4.4	Sattelpunkt eines Zwei-Personen-Nullsummenspiels	210
4.5	Sattelpunkt eines Zwei-Personen-Nichtnullsummenspiels	211
4.6	Das Gefangenendilemma	211

4.7	Kooperation bei Spielwiederholung	212
4.8	Multiple Regression	215
4.9	Berechnung der Matrix X'X	215
4.10	Ermittlung der Regressionsparameter	218
4.11	Das Bestimmtheitsmaß der Regression	219

Index

ABC-Analyse 136
Ableitung 65
Absatz 48
Abzahlungsdarlehen 39f., 42
Alles dominierende Alternative 144
Anleihe
  Barwert 46
Annuität 39
Annuitätendarlehen 39f.

Barwert 31f.
Basisvariable 87
Bestellmenge
  optimale 138
Bestimmtheitsmaß 186
Binomialverteilung 159f.
Binomische Formeln 19
Brüche
  Addition 19
  Multiplikation 19
  Subtraktion 19

Dichtefunktion
  dreigeteilte 162
Differentialquotient 65
Differentialrechnung 64
Diskrete Verzinsung 29
Dominierende Alternative 144
Drehung 59
Dreiecksverteilung 162

e-Funktion 54
Effektivverzinsung 42
Einfache (lineare) Regression 184
Elastizitäten ökonomischer Funktionen 194
Entscheidungen unter Ungewissheit 143
Erlösfunktion 56
Erwartungswert-Kriterium 158
  Standardabweichungsmethode 154
Erwartungswertkriterium 154
Exponentialfunktion 54
  natürliche 53

Festdarlehen 39, 42
  Effektivzins 43
Finanzmathematik 24
Folge
  arithmetische 24

Funktionen
  Extremwerte 73
  Graph 69
  inverse 61
  lineare 49
  Monotonie 62
  Nullstellen 70
  Potenz 52
  quadratische 51
  Unstetigkeitsstellen 70
  Wendepunkt 74

Gauß-Algorithmus
  nichtregulärer Fall 103
  regulärer Fall 101
Gefangenendilemma 211
Gesamtkostenfunktion 63
Gewinnschwellen 57
Gleichgewichtslösung 210
Gleichungen
  lineare 95
Gleichungssystem
  Aufstellung 96
  graphische Lösung 98
  Lösung 20, 95
  Typologie 96
Gleichverteilung 161
Grundgesamtheit
  dichotome 159

Horner-Schema 71
Hurwicz-Regel 147f.

Indifferente Alternative 144
Integral
  bestimmt 203
  unbestimmt 203
Integralrechnung ökonomischer Funktionen 202
Inversen Funktionen 61

Kapitalwert 31
Kapitalwertmethode 31f.
Kettenregel 67
Kommutativgesetz 18
Komplementärgüter
  Elastizität 196
Konsumentenrente 206

Kontinuierliche Verzinsung   29
Kostenfunktion   55
Kovarianz   180
KQ-Methode   214
Kreuzpreiselastizität   196
Kursrechnung   45
Kurvendiskussion   68

Lagerkosten   135
Lageroptimierung   134
  Grundmodell   139
Lagerplanung   138
Laplace-Regel   150
Lineare Funktionen   49
Lineare Gleichung   95
  mit einer Unbekannten   20
  mit mehreren Unbekannten   21
Lineare Gleichungssysteme
  Inverse   118
Lineare Optimierung   83
Lineare Programmierung   128
Logarithmusfunktionen   54
Losgröße   134

Materialbedarfsermittlung   135
  programmgebundene   135
  verbrauchsgebunden   135
Materialklassifizierung   136
Matrizen
  Addition   112
  Subtraktion   112
Matrizenrechnung   110
Maximax-Regel   146
Maximin-Regel   145
Maximum-Likelihood-Kriterium   153, 158
Methode der kleinsten Quadrate   185
Minimum-Varianz-Ansatz   182
Monte-Carlo-Simulation   173, 187
Multiple Regression   213

Nichtbasisvariable   87
Nichtlineare Regression   184
Nordwest-Eckenregel   130
Normalverteilung   164
Nullstellen   70
Nullstellenbestimmung   71

Opportunitätsverlust
  erwarteter   155

Polynomdivision   70
Portfolio Selection Theory   191
Potenzfunktionen   52
Potenzgesetze   20
Preisabsatzfunktion   55
Produktion   48
Produktregel   67
Produzentenrente   206
Programmierung
  lineare   128
Punkt-Steigungsform   50

Quadratische Funktionen   51
Quadratische Gleichung   21
  Beispiel   21
Quasilineare Regression   184
Quotientenregel   67

Rechnungswesen
  externes   23
  internes   23
Rechteckregel   88
Regressand   215
Regression
  einfache lineare   184
  multiple   213
Regressionsanalyse   184
Regressionsansatz   185
Regressionsgerade   269 f.
Regressor   215
Reihe
  arithmetische   25
  geometrische   26
Rentenbarwert   35
  Formel   36 f.
Rentenendwert
  Formel   37
Rentenperiode   36
Rentenrate   36
Rentenzahlung
  Formel   36 f.
  vorschüssige   37
Residuen   186
Risikobewertung   159
  spezielle Instrumente   173
Risikomanagement   142
Risikospezifische Verteilungsfunktionen
  Binomialverteilung   159

Savage-Niehans-Regel   151 f.
Schlupfvariable   87

Sekundärbedarf 135
Sicherheitslagerbestand 140
Simplexmethode 87
Skalar
  Definition 111
Skalarprodukte 112
Spieltheorie 209
Spielwiederholungen 212
Standardisierungsformel 166
Standardnormalverteilung 164, 166
Stepping-Stone-Verfahren 132
Substitutionsgüter
  Elastizität 196
Summenregel 66

Tilgungskonditionen 40
Tilgungsrechnung 33
Transposition 111
Triffinsche Koeffizient 197

Umlaufrendite 46
Unstetigkeitsstellen 70
Unternehmensbewertung 46

Value at Risk 173, 178
Vektor
  Definition 111
Verschiebung 58
Verteilungsfunktion 171
Verzinsung
  mehrperiodige 30
  unterjährige 28
  unterjährigen kontinuierlichen 29
Vogel'sche Approximationsmethode 131 f.
Volatilität 173

Wahrscheinlichkeitsfunktion 171
Wiedergewinnungsfaktor 39

z-Transformation 164
Zahlen
  ganze 17
  natürliche 17
  rationale 17
Zahlenmengen 17
Zwei-Personen-Nichtnullsummenspiel 210
Zwei-Personen-Nullsummenspiel 210
Zwei-Punkte-Form 50

www.ingramcontent.com/pod-product-compliance
Ingram Content Group UK Ltd.
Pitfield, Milton Keynes, MK11 3LW, UK
UKHW050410240426
12048UKWH00020B/1444